李澤厚論著集

走我自己的路

新訂版

我

李澤厚／著

三民書局

再版說明

　　一九八六年的北京街頭，書報攤小販高喊著「李澤厚」、「中國古代思想史論」來拉攏買氣，證明了李澤厚先生家喻戶曉的知名程度。在美學方面，《美的歷程》、《美學四講》、《華夏美學》的出版，奠定了他美學大師的地位。在思想史方面，《中國古代思想史論》、《中國近代思想史論》、《中國現代思想史論》的發表，更在國內外掀起高潮迭起的論戰，引領著當時代學術發展的方向。

　　「李澤厚」三個字代表著深刻思考、理性批評，因此追隨者眾，其著作更是被廣泛盜版、翻印，劣質品充斥於市。一九九〇年代，在余英時教授的引介下，本局不惜鉅資取得李澤厚先生的著作財產權，隨即重新製版、印刷，以精緻美觀的高品質問世。

　　此次再版，除重新設計版式、更正舊版疏漏之處外，並以本局自行撰寫的字體加以編排，不惟美觀，而且大方，相信於讀者在閱讀的便利性與舒適度上，能有大幅的提升。

三民書局編輯部　謹識

李澤厚論著集總序

　　在大陸和臺灣的一些朋友，都曾多次建議我出一個「全集」，但我沒此打算。「全集」之類似乎是人死之後的事情，而我對自己死後究竟如何，從不考慮。「歸日急翻行戍稿，把空名料理傳身後」，那種立言不朽的念頭，似乎相當淡漠。聲名再大，一萬年後也仍如灰燼。所以，我的書只為此時此地的人們而寫，即使有時收集齊全，也還是為了目前，而非為以後。

　　而且，我一向懷疑「全集」。不管是誰的全集，馬克思的也好，尼采的也好，孫中山、毛澤東的也好，只要是全集，我常持保留態度，一般不買不讀，總覺得它們虛有其表，徒亂人意。為什麼要「全」呢？第一，世上的書就夠多了，越來越多，越來越讀不過來；那麼多的「全集」，不是故意使人難以下手和無從卒讀麼？第二，人有頭臉，也有臀部；人有口才，也放臭氣；一個人能保留一兩本或兩三本「精華」，就非常不錯了。「全」也有何好處？如果是為了研究者、崇拜者的需要，大可讓他們自己去搜全配齊；如果是因對此人特別仇恨（如毛澤東提議編蔣介石全集），專門編本「後臀集」或「放屁集」以揚醜就行了，何必非「全集」不可？難道「全集」都是精華？即使聖賢豪傑、老師宿儒，也不大可能吧？也許別人可以，但至少我不配。我在此慎重聲明：永

遠也不要有我的「全集」出現。因之，關於這個「論著集」，首先要說明，它不全；第二，雖然保留了一些我並不滿意卻也不後悔的「少作」或非少作，但它是為了對自己仍有某種紀念意義，對別人或可作為歷史痕跡的參考；第三，更重要的是由於我的作品在臺灣屢經盜版，錯漏改竄，相當嚴重，並且零零碎碎，各上其市，就不如乾脆合編在一起，不管是好是壞，有一較為真實可信的面貌為佳。何況趁此機會，尚可小作修飾，訂正誤會，還有正式的可觀稿酬，如此等等；那麼，又何樂而不為呢？這個「論著集」共十冊，以哲學、思想史、美學、雜著四個部分相區分。

前數年大陸有幾家出版社，包括敝家鄉的一家，曾與我面商出「全集」，被我或斷然拒絕或含糊其辭地打發了。我也沒想到會在臺灣出這個「論著集」。至今我沒好好想，或者沒有想清楚，為什麼我的書會在臺灣有市場，它們完全是在大陸那種特殊環境中並是針對大陸讀者而寫的。是共同文化背景的原因嗎？或者是共同對中國命運的關心？還是其他什麼原因？我不清楚。人們告訴我，在日本和韓國，我的書也受歡迎，而且主要也是青年學人，與大陸、臺灣情況近似。對此我當然非常高興，但也弄不清楚是什麼原因。臺灣只來過一次，時不過五週，一切對我還很陌生，但有幸能繞島旅遊一周。東海岸的秀麗滄茫，令人心曠神怡，太魯閣的雄偉險峻，令人神驚目奪。但使我最難忘懷的，卻是那最南邊頗為奇特的墾丁公園。在那裡，我遇到了一批南來渡假的女大學生，她們笑語連連，任情打鬧，那要滿溢出來的青春、自由和歡樂，真使我萬分欽羨。如此風光，如此生命，這才是美的本身和哲學本體之所在。當同行友人熱心地把我介紹給她們時，除

一兩位似略有所知外，其他大都茫然，當然也就是說並未讀過我的什麼著作了。那種茫然若失、稚氣可掬的姿態神情，實在是太漂亮了。這使我特別快樂。我說不清楚為什麼。也許，我不是作為學者、教授、前輩，而是作為一個最普通的老人，與這批最年輕姑娘們匆匆歡樂地相遇片刻，而又各自東西永不再見這件事本身，比一切更愉快、更美麗、更富有詩意？那麼，我的這些書的存在和出版又還有什麼價值、什麼意義呢？我不知道。

最後，作為總序，該說幾句更嚴肅的話。我的書在臺灣早經盜版，這次雖增刪重編，於出版者實暫無利可圖。在此商業化的社會氛圍中，如非余英時教授熱誠推薦，一言九鼎；黃進興先生不憚神費，多方努力；劉振強先生高瞻遠矚，慨然承諾；此書是不可能在臺問世的。我應在此向三位先生致謝。特別是英時兄對我殷殷關注之情，至可銘感。

是為「論著集」總序。

李澤厚

1994 年 3 月於科泉市

李澤厚論著集 分冊總目

序

　　《走我自己的路》（下簡稱《路》）初版於1987年，此次刪去了重見於前數卷的一些大小文章；「中編」曾收入《路》的臺北「風雲時代」版（1990年），這次訂正了不少錯漏、誤排；「下編」則為此次新補入的近作。

　　關於這本書，好像沒有多少話可說。總之，如初版自序所開章明義地告白：它是一個「亂七八糟」集，大小論著、散文、雜文、演講記錄、記者訪談，大小俱全，應有盡有。因此，也如以前序文中所兩次說明，這本書也許只對作者本人有些意義，因為它存錄了這十年多來作者的一些感觸、感慨、經歷和故事。當然，序中也說過，通過這些，也許能在極小的鏡面和限度中，反射出這十餘年中國大陸的時代歷程。不知是否這個原因，海內外好些讀者告訴我，他們願意甚至喜歡看這本書；我也注意到還常有文章徵引這本書。同時這幾年大陸對我的大批判，這本書甚至書名也成了主要對象之一。什麼要推翻共產黨、另建共和國，什麼走民主個人主義的路云云，洋洋灑灑，偌大帽兒，其批判依據也大都取自本書。看來，僅此兩端，也使我有足夠的理由將此書收入這個合集了。

　　不過今日翻閱起來，這本書裡好些作品，不是應酬文字（如

各種序文），便是應景隨談（如各種訪談錄之類），實在膚淺得很；但即使如此，也仍然可以看出，從 1976 年毛逝世以來，到 1989 年「六四」之前，大致可以分出兩段各有不同特色的時光：

從一九七〇年代末到八〇年代中，從這本書的一些文章可以看出，這是一個剛剛覺醒、但日益強烈地要求從幾十年政治重壓和舊有秩序中解脫出來的艱難時期。此時春寒猶重，時有冷風，社會思想還相當沉悶、保守。當年我穿一件帶不同顏色的夾克衫去參加一次專家學者雲集卻一律藍、灰毛服（甚至沒人穿西服）的會議時，被許多人側目甚至怒目而視，不由得使我頗感孤獨和惶恐的情景，至今記憶猶新。我當時提出主編一套主要翻譯西方作品的「美學譯文叢書」，遭到多少好心的勸阻和惡意的刁難，也使我至今記得。當時青年們剛剛起步學飛，倍感壓抑、苦惱，處境比我更為困難。於是反映在《路》一書中的，便是為青年們的鼓噪吶喊，反對各種權威和阻力，目標集中在舊勢力、舊標準、舊規範。

但自八〇年代中期特別是 1986 年下半年以來，情況有了很大不同。而自 1987 年「反自由化」繼 1983 年「反精神污染」失敗後，官方（主要恐是趙紫陽，時為總書記）有點撒手不管的味道，學術氛圍和文化情緒開始急劇變易。不但青年一代嶄露頭角，顯示身手，各種書刊叢書層出不窮，主編或實際負責者都是青年學人（研究生或大學助教），其言論之大膽，表述之自由，論議之廣泛，都是空前絕後的。只要比較一下 1988 年與今日的文章論著，便可具體知曉。而且當時隨著所謂「文化熱」的討論高潮，激進青年們那股不滿現實的反叛情緒，便以否定傳統、否定中國，甚

至否定一切的激烈形態，在學術文化領域中出現了。論證失去邏輯，學術不講規範，隨心所欲地泛說中外古今，主觀任意性極大，學風文風之浮淺燥熱，達到了極點。青年們一片歡呼，好些人風頭十足。對這些，我是頗不以為然而加以譏彈的。於是，我被視為保守、陳舊，成為被某些青年特別「選擇」出來的批判對象。

我接受了這一挑戰。從此，便變成了兩面應戰：一面是正統「左派」，一面是激進青年。對前者，我一仍舊貫，韌性鬥爭；對後者，我也毫不客氣，給以回敬；這便是反映在《路》特別是它的「中編」中那些小文和訪談。我主張要「學點形式邏輯、平面幾何」，便是對這些激進青年學人們的半忠告半嘲諷的答覆。我強聒不捨地論說學術要重微觀研究，要注意理性訓練等等，都是針對當時那股風尚而發，我擔憂那種反理性的情緒泛濫成災。當然，言者諄諄，聽者藐藐，不被注意，無人理睬。這一直到「六四」之後，青年人重新反思，重視微觀，回歸傳統，開始去搞實證研究了。也許真是因禍得福，可以徹底改變一下數十年來空談義理的學風和文風。儘管某些人又搞過了頭，例如完全鄙棄思想，大捧乾嘉，以之作為唯一學術標準等等。但即使如此，也沒有什麼關係。

「下編」是「六四」以後特別是1992年春來海外後的作品，當然這已完全是另外一個時期。抱歉的是，我的所有這些存錄，分量既小又輕，幾乎全係短文。但比之過去，卻直接了當一些。例如反對革命、懷疑群眾運動、不相信烏托邦社會工程，強調法治、形式、心理、教育，主力漸進、改良和建設等等，看法一如往昔，但表達得更為確定、鮮明。由於記者提及，同時留作紀念，

「下編」中還附錄了三份批判我的材料，二為文章，一為報導，以見聲勢和內容之一斑，時間跨度則從 1990 年到 1994 年，應該說也是頗有意思的。當年使我開始非常驚訝、既而十分欣慰的是，為什麼官方左派偏偏選擇我而不選擇那些比我遠為急進激烈的人物和論著作為主要批判對象呢？為什麼要花費那麼多的人力物力來批判我呢？（例如批判我的「全國性」會議開了兩次，各有數天，據說食、住均「高標準」。）是不是因為我這些被激進者斥為保守、卑之無甚高論的東西，比那些貌似急進、實則空洞的言辭論著，反而可能更有影響，從而被官方左派視為「極為有害」，必需「肅清流毒」呢？那我自然有理由為之感到欣慰甚至驕傲的了。當然，我也不會太快樂，至今我仍是腹背受責，既獲罪於左派巨室，又得罪於青年朋友，日子是不會好過的。不過，我也不想顧及了。人活在世上並沒有多少年頭，何必如此瞻前顧後、戰戰兢兢呢？一生所望唯真理，雖不能至，心嚮往之，如此而已。

是為序。

李澤厚
1994 年 3 月於 Colo-Springs

走我自己的路

目 次

上編

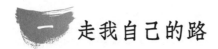

一 走我自己的路

談起我走的道路，必須從我的母親開始。

1930 年 6 月 13 日，我出生在漢口，但籍貫是湖南長沙。父親是郵局高級職員，英語很好。他在我小時候便死去了。父親死後，家境頓陷困境。做著小學教師的母親，慘淡經營，備嘗艱苦，勉強送我兄弟二人上學。當時有人說，等兒子長大，你就可以享福了。母親回答：「只問耕耘，不求收穫。」至今這句話似乎還在耳邊，卻不幸竟成為讖語。母親也沒活到四十歲就死去了。每念及「樹欲靜而風不止，子欲養而親不在」，總不免泫然涕下。記得當年為了幾個臭錢受多少氣，如今有錢，又有什麼用？也記得當年春節，親戚家大魚大肉，熱鬧非常；而我們貧困的母子三人，冷冷清清，相依為命。魯迅說，「有誰從小康人家而墜入困頓的麼，我以為在途路中，大概可以看見世人的真面目」。我初中時之所以酷愛魯迅和冰心，大概也與自己的家境和母愛有關。魯迅叫我冷靜地、批判地、憤怒地對待世界；冰心以純真的愛和童心的美給我以慰藉與溫暖；而母親講的「只問耕耘」的話語和她艱苦奮鬥的榜樣，則教我以不求功名富貴，不怕環境困苦，一定要排除萬難去追求真理的決心和意志。國外有人認為，要歷史地、具體地分析一個人在學術上、文藝上的某些個性特徵，應該注意到

他的少年時代。我最近講，搞美學最好具備兩個方面的條件：清醒的思辨能力和比較敏銳的感受能力。我終於放棄了中學時代成績一直很好的數理化，而搞上了美學，不知是否也應追溯到自己那個孤獨的、清醒的、感傷的少年時代？

的確，在十四、五歲的少年時代，我就帶著憂傷和感慨，寫過新詩和小說，模仿過艾青和艾蕪，也填過「憑欄欲向東風惱，莫笑年華早」、「無言獨自倚危樓，千里沉雲何處放離憂」之類的詞。一半可能是無病呻吟，一半也有真實性。例如，我愛上了一位表姐，卻長期不能表白，她倔強、冰冷而美麗……。總之，大概是情感方面的因素，使我沒能去鑽研那畢竟更為枯燥、單純、嚴格的自然科學。至今好些人為我惋惜，包括一些老同學、老朋友，我自己搞不清是否應該惋惜，也許應該。

我研究哲學社會科學的另一個重要原因，並且可能是主要原因，就是時代。1945 年秋，我初中畢業後，考上了當時湖南最著名的省立一中，卻因沒錢入學，只好進了吃飯也有公費補助的省立第一師範。也是名學校，但當時學校充滿一種復古氛圍，死氣沉沉。在安化橋頭河上了一個學期之後，搬到了長沙岳麓山左家壠山坡上。校前有兩株日本人留下的櫻花，暮春時節，開得極為熱烈。而極目遠望，湘江如白帶，似與樓齊，非常好看。當時進步學生運動開始風起雲湧，時局也日趨動盪，學校卻保守到連《大公報》之類小罵大幫忙的報刊都少見。我只好每星期天過河，在城裡的各家書店站上一整天，餓著肚皮貪婪地翻閱著各種雜誌、報紙和書籍，這其中的主要讀物就是哲學社會科學方面的新書。

正是在這種大量閱讀和比較中，我選擇了馬克思主義。所以，我的一些馬列基本知識，是在書店裡站著讀、在課堂上偷著讀得來的（我故意選擇靠最後的排次，上課時我也可以偷看自己的書），有好些是「禁書」，是冒著一定的危險來讀的。也許正因為這樣，比被動灌輸的東西印象要深得多。並且，在這種閱讀中，自己逐漸培養和增強了判斷是非和獨立思考的能力。應該說，這對我後來的研究工作起了很大作用。我不喜歡人云亦云的東西，不喜歡空洞、繁瑣的東西，比較注意書籍、文章中的新看法、新發現，比較注意科學上的爭辯討論……，這恐怕都應追溯到自己那個窮困、認真、廣泛閱讀的青年時期。

1948 年夏，我在一師畢業後，經歷了失學、失業，直到 1949 年解放前夕才當上鄉村小學的教師。1950 年，以第一志願考上北京大學哲學系。在大學時期，我生活上仍然非常窮困。當時吃飯不要錢，有時還發衣服，每月有三元生活補助費。記得我那時只能買零星的活頁紙，硬本沒用過，甚至有時連牙膏也不買，用鹽刷牙，把那幾元錢積存下來，寄給正在上中學、父母雙亡的堂妹。可能是因為歡樂總與我無緣，加上又得了肺結核，一些活動不能參加，便把更多的時間放在讀書和寫文章上了。當時我獨自住在樓頂上的一間「閣樓」裡讀書。那間房並不是宿舍，光線極暗，白天也要開燈。1958 年出版的《康有為譚嗣同思想研究》一書，基本是那時寫成的初稿。特別是當時很少有人搞資料，我利用藏書極為豐富的北大圖書館，翻閱、抄錄了許多原始資料。直到 1979 年出版《中國近代思想史論》一書中的某些材料，仍利

用了當年所作的卡片。有的年輕人看我現在寫文章很快，以為這是「天分」，其實我是下過笨功夫的。

　　我的經歷相當簡單，但生活的波折仍然不少。當時二十幾歲發表了一些有影響的文章，因而環境壓力更大了，「白專」之類的非議頗多，下放勞動和工作，我在單位中大概是時間最長的一個。因此身體上、精神上所受的創傷折磨所在多有。這也許是我比較抑鬱和孤獨的性格一直延續下來的原因。但也有一個好處，就是學會了使思想不受外來影響。我堅守自己的信念，沉默頑固地走自己認為應該走的路。毀譽無動於衷，榮辱在所不計。自己知道自己存在的價值和意義就是了。我的《批判哲學的批判（康德述評）》一書，是在相當惡劣的條件下開始動手的。當時在幹校，只准讀《毛選》，連看馬列也受批評，要讀其他書就更困難了。只好又像回到解放前的祕密讀書一樣，我在行裝中偷偷放了本英文版「人人叢書」本的康德的《純粹理性批判》，不很厚，但很「經看」，閱讀時上面放一本《毛選》，下面是我自己想讀的書……。1972 年從幹校回來後，在家裡我便利用幹校時的筆記正式寫了起來。那時我雖然深信江青等人必垮，卻沒想到會這麼快，所以寫的時候，是沒想到會很快出版的。但是只要一念及「只問耕耘」的話，我就繼續幹下去，決不把時間浪費在當時在知識分子中也相當流行的做沙發和木器上。1976 年發生地震，我住在「地震棚」裡，條件很差，我倒感覺很充實，因為我的寫作已接近尾聲了。在「地震棚」裡，我寫完了《批判哲學的批判》一書。

　　當然，我在《批判哲學的批判》和《中國近代思想史論》中，

好些思想遠沒有充分展開，許多地方只是點到一下、暗示一下而已。那兩本書是在「四人幫」剛垮臺和垮臺不久交出去的，當時「凡是」氣氛仍濃，不能多說，只好那樣。現在趁此機會說明一下。因為好幾位同志曾問我：為什麼好些重要論點都一筆帶過，語焉不詳？

不過，「語焉不詳」的也不只是那兩本書。我的美學文章，特別是《美的歷程》，這種現象也很突出，但那是另一種情況，另一種原因。我的好些文章都寫得相當「粗」（如《美的歷程》、〈美學三題議〉），因為我喜歡先畫出一個粗線條的輪廓，我想先有個大致的框架，以後有時間和機會再去「工筆重彩」，細細描畫。「先立乎其大者，則其小者不可奪也」。我有過先搞「小」的經驗，愈鑽愈細，不能自拔，繼續下去，很可能我這一輩子就只能研究一個人、一本書、一個小問題了，這與我的興趣、個性頗不合適，所以非常苦惱。治學之法有多途，各人宜擇性之所近。一些細緻的、愛好精密分析、仔細考證的同志可以做的，我做卻不一定適宜（儘管我也愛看這類文章）。當然，「見木不見林」和「見林不見木」都不好，最好兩者都見，但畢竟可以有所偏重。分析與綜合、推理與直覺、微觀與宏觀、細與粗等，也如是。科學事業需要大家分工合作來搞，不是一個人所能包得下來的，所以不妨各就性之所近，發揮所長。這個看法，不知對否。

據說有人曾說我「雜」，又是中國思想史，又是外國哲學，又是美學……，我欣然接受。因為我從來不想做一生治一經的「專家」。據史載，這種專家就四個字可以寫上數萬言，這當然很可以

自炫，但我確無此本領。我倒是覺得，今天固然不可能再出現一個如亞里士多德那樣的百科全書式的學者，科學分工愈來愈細。但另方面也要看到，今天我們正處在邊緣科學方興未艾，各科知識日益溝通融合的新歷史時期，自然科學如此，人文社會科學亦然。中國文史哲素來不分，這其實是個好傳統。如今（至少是目前）好些中、青年同志在知識方面的主要問題，恐怕也不在於雜、多、亂，倒在狹、少、貧。而古今中外，第一流的哲學社會科學名家都幾乎無一不是知識極為廣博，能多方面著書立說的。取法乎上，僅得乎中，雖不能至，心嚮往之。我以為，一方面確乎應該提倡狹而深的專題研究和狹而深的專家學者，但另方面也不應排斥可以有更高更大的目標，特別是對搞理論的同志來說，更加如此。我自恨太不「雜」，例如對現代自然科學知識太少，沒有發言權，否則我想自己的研究工作將另是一番天地。

最後，回過頭來說，我對中外哲學史和美學的研究，其目的仍在為以後的哲學研究作些準備工作。因此，已出的四本書，似乎題目很散，但也有有心的讀者看出它們指向了一個共同的方向。至於這個方向究竟是什麼，我想，還是暫時不說為好吧。

1981 年 4 月 1 日

（原載：《書林》1982 年第 6 期）

 二 讀書與寫文章

今天我和中文系七七級同學座談，感到很親切。首先祝大家今後取得遠遠超過我們這一代人的成就。

你們年輕一代人都走過一段自己的不平凡的道路。在過去的若干年中，你們耽誤了不少時間，受到很大損失，付出了很大代價。但是，可以把付出的代價變為巨大的財富，把你們所體會的人生，變成人文─社會科學的新成就。要珍惜自己過去的經歷，因為它能更好地幫助你們思考問題。你們這一代在自然科學方面要取得很大成就恐怕很難了，恐怕要靠更年輕的一代。但是，我希望你們在文學藝術創作方面、在哲學社會科學方面、以及在未來的行政領導工作方面發揮力量。有些同學剛才跟我說，感到知識太貧乏。我覺得，知識不夠，不是太大的問題。其實，一年時間就可以讀很多的書。文科和理工科不同，不搞實驗，主要靠大量看書。因此我以為有三個條件：一、要有時間，要盡量爭取更多的自由的時間讀書；二、要有書籍，要依賴圖書館，個人買書藏書畢竟有限；三、要講究方法。我不認為導師是必要條件。有沒有導師並不重要。連自然科學家像愛因斯坦都可以沒有什麼導師，文科便更如此。當然有導師也很好。不過我上大學的時候，就不願意做研究生，覺得有導師反而容易受束縛。這看法不知對

不對。不過，我覺得重要的是應盡早盡快培養自己獨立研究和工作的能力。

　　學習，有兩個方面。除了學習知識，更重要的是培養能力。知識不過是材料。培養能力比積累知識更重要。我講的能力，包括判斷的能力，例如：一本書，一個觀點，判斷它正確與否，有無價值，以定取捨；選擇的能力，例如，一大堆書，選出哪些是你最需要的，哪些大致翻翻就可以了。培根的〈論讀書〉講得很好，有的書嘗嘗味就可以了，有的要細細嚼，有的要快讀，有的要慢慢消化。有的書不必從頭到尾地讀，有的書則甚至要讀十幾遍。讀書的方法很重要。讀書也不能單憑興趣，有些書沒興趣也得硬著頭皮讀。我說要爭取最多的時間，不僅是指時間量上的多，而且更是指要善於最大限度地利用時間，提高單位時間的效果。有些書不值得讀而去讀就是浪費時間。比如看小說，我從小就喜歡看小說，但後來限制只看那些值得看的小說。讀書最好是系統地讀、有目的地讀。比如看俄國小說，從普西金到高爾基，讀那些名著，讀完了，再讀一兩本《俄國文學史》，具體材料和史的線索結合起來就組織起你對俄國文學的知識結構。這就是說要善於把知識組織起來，納入你的結構之內。讀書的方法也是多種多樣的。要善於總結自己的讀書方法和學習經驗，在總結中不斷改進自己的方法，改進、豐富自己的知識結構，這也就算「自我意識」吧。培養快讀習慣，提高閱讀速度，也屬於爭取更多時間之內。古人說「一目十行」，我看可以做到，未嘗不好，對某些書，便不必逐字逐句弄懂弄通，而是盡快抓住書裡的主要東西，獲得總體

印象。看別人的論文也可以這樣。

　　文科學生不要單靠教科書和課堂，教科書和課堂給我們的知識是很有限的，恐怕只能占 5% 到 10%。我在大學裡基本上沒怎麼上課，就是上了兩年聯共（布）黨史課，因為你不去不行，他點名。我坐在課堂裡沒辦法，只好自己看書，或者寫信，別人還以為我在做筆記。（眾笑）其實，我的筆記全是自己的讀書筆記。我上大學時，好多課都沒有開，中國哲學史沒有開，辯證唯物主義和歷史唯物主義則是我沒有去聽。那時候，蘇聯專家來講課，選派一些學生去，我沒有被選上，當時我自己暗暗高興，謝天謝地。當時蘇聯專家名聲高，號稱馬列，其實水平不高。他們經常把黑格爾罵一通，又講不出多少道理，我當時想，這和馬克思列寧講的並不一致。當時翻譯了不少蘇聯人寫的解釋馬克思主義的小冊子，但是我翻讀了幾本之後就不再看了。現在看起來，我在大學占便宜的是學習了馬列的原著，不是讀別人轉述的材料。所以還是讀第一手材料，讀原著好。我在解放前，偷偷讀過幾本馬克思寫的書，那時是當做禁書來讀的，比如《路易·波拿巴政變記》等。我從這些書裡看到一種新的研究社會歷史的方法，一種新的理論，十分受啟發。我們讀了第一手材料以後就可以作比較判斷，不必先看轉述的東西。總之，我是主張依靠圖書館，依靠自己，依靠讀原始材料。

　　下面談談「博」的問題。這個問題歷來存在，也不容易解決好。我以為，知識博一些，知識領域寬泛一些比較好。在上大學的時候，我對文史哲三個系的弱點有個判斷。我以為哲學系的缺

點是「空」，不聯繫具體問題，抽象概念比較多，好處是站得比較高。歷史系的弱點是「狹」，好處是鑽得比較深，往往對某一點搞得很深，但對其他方面卻總以為和自己無關，而不感興趣，不大關心；中文系的缺點是「淺」，缺乏深度，但好處是讀書比較博雜，興趣廣泛。說到貴系，大家可不要見怪呀。（眾笑）我當時在哲學系，文史哲三方面的書全看。上午讀柏拉圖，下午讀別林斯基，別人認為沒有任何聯繫，我不管它。所以我從來不按照老師布置的參考書去看，我有自己的讀書計畫。其中讀歷史書是很重要的，我至今以為，學習歷史是文科的基礎，研究某一個問題，最好先讀一兩本歷史書。歷史揭示出一個事物的存在的前因後果，從而幫助你分析它的現在和將來。馬克思當年是學法律的，但是他最愛哲學和歷史。現在一些搞文學史的人，為什麼總是跳不出作家作品的圈子？就是因為對歷史的研究不夠。一般搞哲學史的人不深不透，原因大半也如此。你們的前任校長侯外廬先生的思想史研究，之所以較有深度，就因為他對中國歷史比較重視。研究社會現象，有一種歷史的眼光，可以使你看得更深，找出規律性的東西。規律是在時間中展示的。你有歷史的感受，你看到的就不只是表面的東西，而是規律性的東西。馬克思主義的基本要點就是歷史唯物論。對於一個事物，應該抓住它的最基本的東西，確定它的歷史地位，這樣也就了解了它。讀歷史書也是擴展知識面的一個方面。現在科學發展，一方面是分工越來越細，不再可能出現亞里士多德那樣的百科全書式的學者；另一方面，又是各個學科的互相融合，出現了很多邊緣科學。比如說控制論，是幾

個學科湊起來搞，這是從五〇年代以來的科學發展的特點。做學生時知識領域面寬一些，將來可以觸類旁通。學習上不要搞狹隘的功利主義。學習，要從提高整個知識結構、整個文化素養去考慮。如果自己的知識面太狹窄，分析、綜合、選擇、判斷各種能力必然受影響受限制。

　　再來談談「專」的方面。這裡只就寫文章來說。讀書要博、廣、多，寫文章我卻主張先要專、細、深，從前者說是「以大觀小」，這可說是「以小見大」、「由小而大」。你們現在搞畢業論文，我看題目越小越好。不要一開始就搞很大的題目。就我接觸到的說，青年人的通病是開頭就想搞很大的題目，比如說，「論藝術」、建立「新的美學體系」，等等，但一般很難弄好。你們也許會說，你一開始不也是搞體系，什麼「研究題綱」之類的嗎？其實那不是我的第一篇文章。我在大學裡先搞的題目是近代思想史方面的一些很小的題目。著手研究，先搞大而空的題目，你無法駕馭材料，無法結構文章，往往事倍功半。開始搞的研究題目可以具體一點、小一點，取得經驗再逐步擴大。所以，雖然有好些熱心的同志建議，我現在仍不打算寫建立哲學體系的專著。不是不能寫，如果現在寫出來，在目前思想界也可以出點風頭，但是我覺得靠不住，我想以後更成熟時才能寫吧。康德的哲學體系建立至今整整二百年了，今年在西德紀念他的主要著作出版二百週年。康德當時寫書的時候，思想界充塞了多少著作啊，而唯有康德的書給予人類思想史以如此長遠的影響。所以我們要立志寫出有價值的書，寫出的東西能經得起時間的檢驗才好。寫出的東西一定要對

人類有所貢獻，必須有這樣的遠大抱負。總之，如果讀書多、廣，又善於用這些較廣泛淵博的知識，處理一個小問題，那當然成功率就高了。所以可以有一個大計畫，但先搞一個點或者從一個點開始比較好。此外，選擇研究題目也很重要，我以為題目不應由別人出。我有某種觀點、見解，才去選擇題目。寫文章和做詩一樣，都要有感而發。有的人找不到研究題目，要別人代出題目，自己不知道搞什麼，這就搞不好。應該在自己的廣泛閱讀中，發現問題，找到前人沒有解決的問題或空白點，自己又有某些知識和看法，就可以從這個地方著手研究。選擇題目，要想想這個題目有多大意義，成功的可能性有多大，要盡量減少盲目性，不能盲目選擇目標。就好像石油鑽井，要確實估計這個地方有油，才去打井。如果毫無估計，盲目地打，沒有油，又隨便挪一個地方，挪來挪去，人壽幾何？

　　學術文章有三個因素，前人早已說過。一是「義理」，用我們的話說，就是新觀點、新見解。二是「考據」，也就是材料，或者是新鮮的材料，或者是豐富的材料，或者是舊材料有了新的使用和新的解釋。三是「詞章」，就是文章的邏輯性強，有文采。你每寫一篇文章，也應該估計一下可以在哪個方面做得比較突出，有自己的特色。總之，寫文章要有新意，沒有新意，最好不要寫文章。

　　學術研究與各人的氣質也有關係。有的人分析能力強，可以搞細緻的精深的問題。現在國外的許多研究細極了，一個作家一部作品的細枝末節考證得十分清楚詳細，這也是很有用的。不過

就我個人來說，不習慣這樣，不習慣一輩子只研究某一個人、考證某一件事、鑽某個細節。我也是個人，他也是個人，為什麼我就得陪他一輩子呢？划不來。（眾笑）但是只要有人有興致，也可以一輩子只研究一個作家、一本書、一個小問題。這也可以做出很有價值的貢獻，現在似乎更應該提倡一下這種細緻的專題研究。總之，研究題目、途徑、方法可以百花齊放，不拘一格。既不能認為只有考據才算學問，其他都是狗屁、空談（這其實是二流以下的學者偏見）；也不能認為考據毫無用處，一律取消，這是左的觀點。

當有的同學反映目前高校教育同李先生讀書時的情況沒有多大差別，大家普遍感到不大適宜有創造性的人才的培養時，

李說：你們現在的情況比我那時要好一些。那時候思想更僵化，全是蘇聯的那一套。這幾十年來，我受到的挫折也是很多的。但是要自己掌握人生的價值，樹立自己內在的人格價值觀念，毀譽無動於衷，榮辱可以不計。

有的同學談到學術研究上的困難時，

李說：學術研究要講究多謀善斷，一個小問題可能越鑽越小，以至於鑽進牛角尖，出不來了。一個小問題也可能越想越大，大到無邊，這樣一來，也無法搞了。所以要善斷。研究問題要一步

步地來，否則「剪不斷，理還亂」，永無窮盡。要求把一切都搞懂了以得到絕對真理似的研究結果，這是不可能的。

　　學術研究要善於比較，在比較中發現特點。比較可以見出現象上的規律，但是不等於見出本質規律。研究和學習都要善於揚長補短，要發現自己的能力，發展自己的特長。

本文是 1979 年夏作者在西北大學中文系

座談會上發言記錄稿

（原載：《書林》1981 年第 5 期）

 三 我的選擇

　　1982 年，《文史哲》編輯部約我寫篇談治學經驗的文章，推而又拖，迄今四年，仍然難卻。我之所以推、拖，是因為第一，我自省確乎很少值得認真談論的所謂「經驗」；第二，關於談經驗已經寫過了。《書林》雜誌上就發了兩篇，還有一些「訪問記」之類。不過現在既已提筆，只好硬著頭皮再寫一點。講過的不再重複，下面結合自己談談選擇問題。

　　在人生道路上，偶然性非常之多。經常一個偶然的機緣，便可以影響、制約、決定相當一段時期甚至整個一生的發展前途。因之，一般說來，如何在面臨各種偶然性和可能性時，注意自我選擇，注意使偶然性盡量組合成或接近於某種規律性、必然性（社會時代所要求或需要的必然和自我潛能、性格發展的必然），似乎是一種值得研究的問題。在學術道路上，也如此。如何選擇在客觀上最符合時代、社會或學科發展的需要性，同時有具體環境、條件中的可行性；在主觀上又最適合自己的基礎、能力、氣質、志趣的方向、方法、專業和課題，而不是盲目地隨大流或與各種主客觀條件「對著幹」，便是一件並不容易而最好能自覺意識到的事情。

　　我的好些選擇就因為吃了這種盲目性的虧而遭受損失。以後

因為注意糾正、補救這盲目性而得到一點成效。

　　我開始著手進行研究工作是在大學一年級。現在看來，為時略嫌早一點：自己太性急了，在基礎還不夠寬廣的時候，犧牲了許多學外文和廣泛閱讀的時間而鑽進了小專題之中。當時正值抗美援朝捐獻運動，學校支持身無分文的窮學生們以編卡片或寫文章的方式來參加這個運動。記得當時我的同學和朋友趙宋光同志寫了一篇講文字改革的文章在《新建設》雜誌發表了。我則努力在寫關於譚嗣同哲學思想的稿子。之所以選擇譚嗣同也相當偶然，由於中學時代讀過一些肖一山、陳恭祿、譚丕謨等人的書，對清史有些知識，對譚嗣同這位英雄同鄉的性格有些興趣，同時又認為譚只活了三十三歲，著作很少，會比較好處理，便未經仔細考慮而決定研究他。應該說，這是相當盲目的。結果一鑽進去，就發現問題大不簡單，譚的思想極其矛盾、混亂、複雜，涉及古今中外一大堆問題，如佛學、理學、當時的「聲光電化」等等，真是「剪不斷，理還亂」，很難梳理清楚；遠比研究一個雖有一大堆著作卻條理清楚自成系統的思想家要艱難得多。所以我這篇講譚嗣同思想的文章易稿五次，直到畢業之後才拿出去發表。我研究康有為是在 1952 年秋，比著手搞譚嗣同要晚，但我第一篇學術論文，卻是 1955 年 2 月發表在《文史哲》上的〈論康有為的「大同書」〉，因為康的思想就比譚要系統、成熟，比較好弄一些。時隔三十年，這篇講《大同書》的文章現在看來似乎也還可以，最近《大同書》手稿和康的早年著作的發現倒恰好印證了該文的一些基本判斷。而講譚嗣同的那篇卻一直到收入 1979 年出版的《中國

近代思想史論》文集中才似乎改得勉強使自己滿意。這個「經驗」實際上是給自己的一個「教訓」。

我常常想，當年我對明清之際也極有興趣，如果不過早地一頭鑽進譚嗣同，也許會研究《紅樓夢》、李卓吾、王船山……；這塊未開墾的處女地更為肥沃，更有問題可提，更有寶藏可發。如當時搞下來，年富力強，勁頭十足，到今天大概可以更有成績更有收穫吧。儘管至今仍然對這段有興趣，但時一過往，何可攀援；臨淵羨魚，退而不能結網，畢竟心有餘而力不足了。這就是面臨偶然性、盲目性缺乏足夠的自我選擇的後果。我有時遺憾地回想起這一點，但已經沒有辦法。

我在搞譚嗣同的同時及稍後，逐漸認識到只鑽一點是搞不好這一點的。於是便有意識地把研究面擴展到康有為及整個維新派，並由此而下及革命派和孫中山。當時，像《戊戌變法》一類的資料書還沒出版，我用任繼愈老師借我使用的借書證（因為學生借書數量限制頗嚴）在藏書極為豐富的北大圖書館中看了和抄了許多原始資料。（這使我至今覺得，真正要作歷史研究應該盡可能查閱原始材料，而不能依靠像上述那種第二手的資料彙編。）這就是說，我意識到，不了解整個維新運動的前前後後，便不能真正了解譚嗣同；中國近現代的個別人物如不與時代思潮相聯繫，便常常失去了或模糊了他的地位和意義；特別是一些並無突出思想貢獻或思想體系的思想家，更如此。這樣一來，對譚嗣同思想的研究逐漸變成對中國近代思想史的研究。而中國近代思想史的研究又與當前現實有著深刻的聯貫關係。譚嗣同以及近代思想史上

的人物和問題便可以不只是對過往思想的單純複述或史實考證，而似乎還能聯繫到今日現實的身影。這裡並不需要故意的影射，而是昨天的印痕本來就刻記在今日的生活和心靈中。中國近現代的關係尤其如此。於是，對此作出認真的自我意識的反思研究，難道不是一件很有興趣很有意義的事情嗎？

但這種意義的真正發現卻是在「文化大革命」前幾年和「文革」之中。民粹主義、農民戰爭、封建傳統……，無不觸目驚心地使我感到應該說點什麼。而這點「什麼」恰好可以與自己近代思想史的研究結合在一起。所以，當我在「文革」之後連續發表這方面的文章和 1978 年結集時，我似乎因三十年前盲目闖入的這個偶然性，終於取得它的規律性必然性的路途而感到某種慰安。特別是收到好些青年同志當面或寫信來說明他們感受的時候。

我的研究工作的另一領域是美學。走進這個領域的盲目性似乎不太多：自己從小喜歡文學；中學時代對心理學、哲學又有濃厚興趣；剛入大學時就讀了好些美學書，並且積累了某種看法。所以 1956 年遇上美學討論，也就很自然地參加了進去。當時主要是批評朱光潛教授，但我當時覺得，要真能批好，必須有正面的主張。用今天的話，就是「不立不破」，自己倒是較早就明確地意識到了這一點。幾十年來我很少寫單純批評的文章。我覺得揭出別人的錯誤一、二、三並不太難，更重要的應該是能針對這些問題提出一些新意見新看法。我總以為，沒有自己的新意，就不必寫文章。自然科學絕沒有人去完全重複論證前人早已發現的定理、定律，社會科學領域其實也應如此。「人云亦云」「天下文章一大

抄」……的做法、說法，我是不大贊同的。因此，在第一篇批評朱光潛的文章中，我提出了美感二重性、美的客觀性與社會性以及形象思維等正面論點。這些論點雖然一直受到一些同志的批評、反對，但我覺得這樣比光去批評別人更有意思。

美學領域極廣大，因此即使確定在這裡活動，仍然有許多選擇問題。搞什麼？如何搞？是對審美心理或藝術現象作實證研究呢？還是研究美的本質？等等。這裡有方向的選擇問題，也有方法、課題的選擇問題。

我對微觀研究是有興趣的。歷來便喜歡看那些材料翔實、考證精當、題目不大而論證充分的文章，對某些巧妙的考據也常拍案叫絕，驚喜不已。我曾戲稱之曰發現了「絕對真理」。對自己的學生、研究生，我也一貫提倡微觀研究。我想中國人那麼多，搞學問的人也多，如果你攻一點，我鑽一點，把每一點的微觀世界都搞得繁針密線、清楚翔實，那麼合起來便大可觀。這比大家擠著去做某些空洞而巨大的題目，有意思得多。我當年搞譚嗣同的哲學思想，研究康有為的《大同書》思想，也是從這種比較細小的專題著手的。

但由於自己主要興趣仍在哲學，當年考北大，哲學系是第一志願。同班及高班好友如趙宋光、王承祒等紛紛在第二年轉系時，我仍巋然未動。從而儘管對近代思想史、中國思想史、美學、藝術史、心理學以及中國古代史中的好些具體問題都極有興趣，但我總不能忘情哲學。而且以自己一生精力去鑽這些領域內的一兩個專題，即使成了專家、權威，似乎也難以滿足自己原有學哲學

的願望。而哲學卻總是要求更空靈更綜合更超越一些。至於自己為什麼會對哲學有這麼大的興趣，則大概與自己的個性、氣質、經歷……有關吧。 我還記得十二歲上初中一年級時的 「精神危機」：想到人終有一死而曾廢書曠課數日，徘徊在學校附近的山丘上，看著明亮的自然風景，惶惑不已……

我羨慕人們當專門家，但命運似乎注定我當不了；而且也並不太想當。這觀念經過「文化大革命」便變得更為明確。從而我的近代思想史、古代思想史、美學、康德……，便都採取了宏觀的方向和方法。我不求我的著作成為「絕對真理」，不朽永垂。在微觀研究尚不甚發達的情況下，去追求準確的宏觀勾畫是幾乎不可能的事情，而稍一偏離，便可以相去甚遠。但這種宏觀勾畫在突破和推翻舊有框架，啟發人們去進行新的探索，給予人們以新的勇氣和力量去構建新東西，甚至影響到世界觀人生觀，只要做得好，卻又仍然是很有意義的。而這，不也就正是具體的哲學興趣麼？

我自知做得很不好，只能表達一點意向，但我想努力去做。我的好些著作粗疏籠統，很可能不久就被各種微觀或宏觀論著所否定、推翻、替代，但「蜀中無大將，廖化作先鋒」，在目前這種著作似乎還沒有出現的情況下，為什麼不可以承乏一時呢？等將來日月出了，爝火也就可以心安理得地自然消失而毫無遺憾。魯迅早說過這樣的話，他自己便是一個光輝的榜樣。晚年他寧肯放棄寫中國文學史的重要計畫，而撰寫一些為當時教授、專家極其看不起的「報屁股文章」──雜文。魯迅也沒再創作，而寧肯去

搞那吃力不討好的《死魂靈》翻譯。他為了什麼？他選擇了什麼？這深深地感動著我和教育著我。魯迅不愧是偉大的愛國者和思想家，而決不只是專門家。

在小時候，母親就教導我要「取法乎上」。但我做得很差。大量的時間無可奈何地被浪費掉了。我雖盡可能避免轉入任何無聊的人事糾紛，但各種糾紛卻總要找上門來。也沒有辦法。這使得我的寫作也變得扭曲模糊。有如我在《批判哲學的批判》修訂本後記中所說「這些在這本書裡都不可能充分展開，只是稍稍提及或一帶而過，但即使是一兩句話，如能引起注意，在當時我以為便是很有意義的事情」。當然有的也並不只是一兩句話，不過總的說來還是相當簡略粗疏，「因陋就簡」。但有趣的是，拿我的中國近代思想史的研究文章說，五〇年代寫的那些是比較細緻的，例如對譚嗣同「以太」與「仁」的分析、《大同書》年代的辯論等等，1958 年曾將這幾篇論文合成《康有為譚嗣同思想研究》一書在上海出版。前兩年在海外，才知道香港有此書的翻印本，好些海外學人也對我提及此書。但這本書和這些論文在國內卻似乎沒引起什麼注意或反響。相反的是，近幾年我那些粗枝大葉講章太炎、太平天國、革命派、魯迅的文章卻出我意料地被好些同志特別是青年同志們所關注和歡迎。講康德的書、講孔子的文章、《美的歷程》也如此。這倒成了自己上述選擇的某種鼓勵：看來，這方面的工作還是值得和需要去做的。

與這種宏觀微觀相關，在材料上也有方法選擇的問題。例如，是孤本祕籍法還是點石成金法？前者當然很有價值，發現、搜尋

前人所未知未見的新材料以作出論證，當然很重要。我自己便非常關心新材料的發現，例如最近王慶成同志從倫敦帶回來的關於太平天國的材料便是從來未為人所知而極有價值的，這使我非常興奮。但是我沒有也不可能採取這種方法，我不可能去大量閱讀，沙裡淘金。我所引用的大都是習見熟知的東西，只是力圖作出新的解釋而已。又例如，在研究和表述過程中，既可以採取異常清晰的歸納、演繹，條理井然的論議敘述，像馮友蘭教授那樣；也可以注意或採取非歸納非演繹的直觀領悟的描述方式；這兩種方法也同樣有價值，並無高下之分。我以為，學術作為整體，需要多層次、多角度、多途徑、多方法去接近它、處理它、研究它。或宏觀或微觀、或邏輯或直觀、或新材料或新解釋……，它們並不相互排斥，而毋寧是相互補充相互協同相互滲透的。真理是在整體，而不只在某一個層面、某一種方法、途徑或角度上。中國古人早就強調「和而不同」，「聲一無聽，物一無文」，不要把學術領域搞得太單一化、乾巴巴，而應該構成一個多層面多途徑多角度多方法的豐富充實的整體。這才接近客觀真理。

愛因斯坦的《自述》是很值得讀的好文章。其中實際也談了選擇。例如他談到「……物理學也分成了各個領域，其中每一個領域都能吞噬短暫的一生，而且還沒能滿足對更深邃的知識的渴望」，從而他「學會了識別出那種能導致深邃知識的東西，而把其他許多東西撇開不管，把許多充塞腦袋、並使它偏離主要目標的東西撇開不管」。這不正是選擇嗎？又如「當我還是一個相當早熟的少年的時候，我就已經深切地意識到，大多數人終生無休止地

追逐的那些希望和努力是毫無價值的。而且，我不久就發現了這種追逐的殘酷，……精心地用偽善和漂亮的字句掩飾著。」（均見《愛因斯坦文集》第 1 卷）這不也是選擇嗎？於是，一切的選擇歸根到底是人生的選擇，是對生活價值和人生意義的選擇。「吾寧悃悃款款，朴以忠乎？將送往勞來，斯無窮乎？寧誅鋤草茅，以力耕乎？將游大人，以成名乎？……」（《楚辭‧卜居》）從屈原到愛因斯坦，古今中外這麼多人，每個人都只生活一次，而且都是不可重複和不可逆轉的，那麼作什麼選擇呢？人生道路、學術道路將如何走和走向哪裡呢？這是要由自己選擇和擔負責任的啊。

（原載：《文史哲》1985 年第 5 期）

快

　　問：在您讀過的書籍中，最早給您較大影響的是哪一本書？
為什麼？

　　答：這個問題很難回答。完全想不起一定是哪一本書籍「最
早」對我有「較大影響」。我倒想起有一個字對我影響很大，這就
是「快」。辦事、讀書、做功課、寫文章……，我都主張快、習慣
於快（當然，「快」也有弊病，例如「粗」，出錯等等）。主張快快
地讀（當然不排斥而且也以少量精讀、慢讀互補）、有計畫地廣泛
讀。因之常常不是讀一本書，而是讀一批書。最早（十歲以前）
對我有影響的一批書是中國武俠小說：什麼定身法，什麼鼻孔裡
哼出兩道劍光……，即使荒誕，其中也有一些頗能滿足兒童的想
像愉快的東西。想像力是心理發展中的重要因素，對以後影響大。
我並非特別提倡武俠小說，而是覺得少兒讀物中應該重視這個因
素。

　　以後上中學，喜歡讀小說。「我很喜歡魯迅的書，它叫我清醒
地冷靜地認識世界；我也喜歡冰心的書，它在感情上給我充滿創
傷的幼小心靈以溫暖、慰藉」（《美育》1981 年第 4 期）。現在看
來，也許我讀魯迅的書為時過早，但確乎對我影響至深。不但魯
迅剛韌、頑強的一面，而且他作品中孤獨、悲涼、沉重的一面（沒

有這一面便不是魯迅），在我性格、情感、思想、興趣上，留下了
明顯的痕跡。讀魯迅的書使人深刻，使人更嚴肅地面對人生——
這就是我所能回答的。如答非所問，則只好抱歉，請予原諒了。

（原載：《人民日報》1982 年 1 月 4 日）

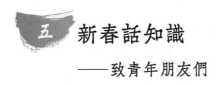

新春話知識

——致青年朋友們

　　我喜歡和青年朋友在一起聊天，但懶於寫信。《文史知識》要我為青年們講點 「治學之道」， 我深知自己確無資格來講這種「道」，但推托不掉，只好藉此機會聊聊天，替代一些回信。既然是聊天，也就不算文章，更非正式議論，只是些閑話罷了。

　　《文史知識》銷路據說很好，而且愈來愈好。目前各種讀書活動更非常之多，也愈來愈多。知識的重要性在廣大青年心目中看來已不成問題。這實在是件大好事。但另一方面，「吾生也有涯，其知也無涯」，我倒似乎有點杞人憂天了。面對書山冊海，老師宿儒，艱難試題，各種測驗，據說年輕人也頗有困惑恐懼之感。同時，我也經常聽到對年輕人的一些批評：這個「不紮實」，那個太浮……，據說這也使某些想搞學問的青年同志們背起了精神包袱，總感到自己底子薄、知識少、沒基礎、不紮實。並且，據說要 「紮實」，搞文史的就得從背四書五經、讀 《龍文鞭影》 開始……

　　事實究竟如何？年輕人是不是 「不紮實」？究竟什麼叫 「紮實」？聽得一多，倒不免使我有些懷疑起來。我記得年輕時，自己便親耳聽人批評過「郭沫若不紮實」、「馮友蘭不紮實」、「侯外廬

不紮實」……，言下之意是他們都沒有「真學問」，萬萬不可學。我想大概是由於他們幾位的論著中論議較多而考據較少的緣故吧，或者是在考證、材料上有某些失誤的緣故吧。因為郭沫若也搞過不少考據，但我卻聽說郭的考據「太大膽」、「太浮躁」、「憑才氣」、「絕不可信」，總之還是「不紮實」。這些批評給我的印象很深，所以至今也還記得。嗟予小子，當時何敢吭一聲，只好眼巴巴地靜候批評者們拿出「紮實」的「真學問」來以便遵循。不過，也很遺憾，等了幾十年，終於沒有見到這個「真學問」。如今，倒不再聽到有人說郭、馮、侯諸位「不紮實」了，但這帽子不知怎的又落到好些年輕朋友們頭上，似乎成了某種定論。這使我不由得懷疑起來。

我想，這倒不一定就是人們的主觀偏見或「嫉賢妒能」，而是有某種客觀緣由在。這種緣由之一可能就是所持標準的不同吧。因為學問有時代性，知識有淘汰性。上下兩代對知識和學問的觀念、要求、需要不必盡同，但人們卻並不經常意識到這一點。用舊尺來量新裝，於是也就產生了紮實不紮實、有學問沒學問的問題。今天，背不出「四書」的年輕人卻在研究孔孟，有人皺眉頭：「不紮實」。但是，在「四書」朱注也能背的前清舉子眼裡，能背「四書」白文又算得什麼「紮實」？今天年輕人不搞考證卻又研究文史，有人發脾氣：「不紮實」。但是，在王念孫父子眼裡，現代「紮實」的考證又真有多少分量？章太炎也許還會嘲笑今天的教授們連字都不認識卻侈談學問吧？實際上，現代青年們學外語，懂科學，知道耗散結構和第 x 次浪潮，我看，在某種意義上，即

使比王念孫、章太炎，也自有其優勢和「紮實」在。那麼，又何必如此自愧勿如，誠惶誠恐呢？年輕人應該自信，不要被龐大的中國故紙堆嚇倒了、壓壞了。不必老念念於自己基礎不好、沒有知識。其實，中國文史方面的書，兩三年就可以讀很多，而有些知識則毫無用處，大可「不屑一顧」。例如某次讀書試題中的「知識」──「《紅樓夢》中一共有多少個夢」──便屬於此類。大腦畢竟有限，缺乏這種連紅學專家也未必須知的「知識」，又有什麼了不起，又何必羞慚於自己讀《紅樓夢》讀得「不紮實」呢？

年輕人應該具有自己時代所要求、所需要的知識，而不必處處向老輩看齊，不必過分迷信什麼「師承」、「親授」。老師有的知識可以不必全有，老師所沒有的知識有時卻必不能無。研究中國文史，也該懂外語、學科學，明瞭世界大勢，「中國書都讀不過來，哪有工夫念外語」之類的論調，我以為是不妥的。記得有個材料說，陳寅恪回國時去見夏曾佑，夏說，你懂幾國外語多好，我現在感到沒書讀了。陳當時心裡頗不以為然：中國書那麼多，怎能說沒書讀了呢？但後來，陳暮年時卻深感夏的話有道理，因為中國書說來說去也就是那些基本東西。這個故事給我的印象也極深。這使我感到魯迅當年說「不讀中國書」、讀中國書使人消沉下來等等，也並不完全是氣話。

中國要走向現代化的未來，學習、研究中國文史的青年也要走向未來。我們應該在這樣一個大前提之下來看待、衡量和估計知識學問的紮實或不紮實。例如，我們今天確乎還需要各種「活字典」和各種博聞強記舉一援十的學者專家，但這是不是文史領

域中的唯一的方向、標誌和道路呢？老實說，如果比死記硬背、比知識量的多寡、字典的大小，人大概比不過將來的機器。前人所艷稱的某些「紮實」的學問，至少如編引得、造年表以及某些考證之類，將來很可能要讓給機器去做。又譬如，以前讀書人都講究抄書，所謂買書不如抄書。魯迅就抄過書。抄書當然非常「紮實」，非常有助於知識獲得的準確牢靠，但在知識不斷爆炸、信息極為龐大，連複印機、計算機也忙不過來的現時代，我們還能盲目地強調不抄書、不背書就「不紮實」的老套嗎？有一些研究生來找我，他們說，老師叫他們現在不必考慮什麼問題，先讀多少多少書，抄多少多少張卡片再說，「這才是真正的學問」。我自己也作卡片，並且從大學時代就作起。但我就不贊成腦子裡毫無問題、自己毫無想法去盲目地作卡片，特別是對研究生來說。一大堆卡片並不等於學問。

　　將近百年前，嚴復對照中西異同以倡導改革時，除指出「中國首重三綱而西人最明平等」「中國尊君而西人隆民」「中國委天數而西人恃人力」等等之外，還說過：「中國夸多識，而西人尊新知」。現在這一點似乎仍然如此。只要你掌握、羅列、知道的材料多，能繁徵博引，便是「有學問」，而值得或可以吹捧炫耀。否則便不行。我總感覺這好像是原始社會的遺風。在原始社會，誰的鬍子長，誰的權威就最大。因為他活得長，經歷的事情多，「學問」當然也就最大。但近現代社會卻並不是這樣。真正的創新家經常有青年人。他們並沒有那麼多的學問、知識、經驗，卻偏偏能作出非常重要的發現或發明。從愛迪生到愛因斯坦，我看如果

講知識、學問，恐怕就比不過那些鬍子長、頭髮白的教授專家們。但真正對人類作出了巨大貢獻的卻是他們的「新知」，而並不是那些教授專家們的「多識」。

其實，在中國也有例子。章學誠的名著《文史通義》、《校讎通義》，檢查起來，便「徵文考獻，輒多謬誤」，「其讀書亦大鹵莽滅裂矣」（《余嘉錫論學雜著》卷下）。大家如蘇東坡，當年也經常被人（是劉貢父？記不清了）嘲笑有各種學問上的錯漏，但笑者不知何處去，今人仍愛蘇東坡。遊談無根，「不紮實」，再抄引另一個故事如下：

東坡〈刑賞忠厚之至論〉用「皋陶曰『殺之三』，堯曰『宥之三』」，……歐公曰：「此郎必有所據。」及謁謝，首問之，東坡亦對曰：「何須出處！」……公賞其豪邁。（一作：坡曰……某亦意其如此。歐退而大驚曰：「此人可謂善讀書，善用書，他日文章必獨步天下。」）（見《宋人軼事彙編》中冊）

當然，我並不是提倡「何須出處」、「意其如此」、「讀書亦大鹵莽滅裂」以造成各種基本知識的錯漏欠缺；我自己便強調過：「現在有許多愛好美學的青年人耗費了大量的精力和時間苦思冥想，創造龐大的體系，可是連基本的美學知識也沒有。因此他們的體系或文章經常是空中樓閣，缺乏學術價值。……科學的發展必須吸收前人和當代的研究成果，不能閉門造車」（《美學譯文叢書》序〉）。因此這裡我想說的不過是：不要迷信，不要困惑壓抑

在「不紮實」、「沒學問」的重力下而失去如歐陽修稱讚蘇軾的那種年輕人所具有的「善讀書善用書」的「豪邁」銳氣。因此我倒非常欣賞車爾尼雪夫斯基二十七歲寫的博士學位論文（即中譯本《生活與美學》）也是以「鹵莽滅裂」地貶低藝術，使得學問甚大的老一代名作家屠格涅夫氣得發抖的故事；我也仍然相信毛澤東講的年輕人不要怕教授是至理名言（我如今也是教授，大概不致有某種嫌疑）。

我並不想把「新知」與「多識」、「創造」與「學問」、年輕人與老教授對立起來，恰恰相反，如在《美學譯文叢書》序中所認為的，創新必須有學問。在一定意義上，新知是建築在舊識的基礎之上的。因此，我想說的又不過是：創造需要知識，但知識卻並不等於創造。培根說：「知識就是力量」。我覺得從知識到力量，其中還需要某種轉換。即是說，要使知識（對象）變成力量（主體），還得要有某種科學的選擇、組織、建構、融化的工夫，這樣才使知識納入你的智力結構，成為你的能力，符合你的需要而為你所自由駕馭，而不只是像機器那樣被動地貯存，憑外在指令來輸入輸出而已。也就是說，要善於讀書，善於吸收融化知識，善於主動地選擇、建構、運用和支配知識，使合規律性的知識趨向於、接近於、符合於你的合目的性的意願和創造。

這裡面，問題就很多，就很值得了解探究。青年們在貪婪地熱情地吸取知識時，最好有意識地注意到這些問題，以採取最適合自己的具體方法、途徑、方式，根據自己的主客觀條件和特徵去做出可能人各不同的選擇和考慮。例如，包括做學問，當學者，

便可以有各種不同的形式和類別。海耶克 (F. A. Hayek) 曾把學者分為頭腦清晰型和頭腦困惑型兩種，也有人分為狐狸型和刺蝟型的。大體說來，前一類型善於分析和講授，知識豐富，論證清楚，博聞強記，條理燦然。後一類型則相反，他不見得能記得很多知識，他的論證、講授也可能很不充分或很不明晰，甚至含混晦澀。他經常忽視或撇開各種細節，卻善於抓住或提出一些最重要、最根本的問題、觀念或關鍵，其中蘊含著或具有著極大的創造性、新穎性、原動性。前一類型更善於複述、整理、發展前人的思想、學說和材料；後者卻更多沉溺於執著於自己所關注的新事物、新問題，而不知其他。如果借庫恩 (Thomas Kuhn) 的話，前者大抵是常規科學，後者則屬創造範式 (paradigm)。前者無論在課堂上、輿論界、同行中一般容易被歡迎，後者卻常常不為人所注意或接受。當然，這種二分法只是某種抽象化了的分類，在現實中，這兩種類型、這兩種因素經常是交織、混合在一起，只有程度和比例不同的差異而已。本文之所以講這些，也只是想說明學問並無一定之規，知識也非僵死之物，我一直認為，「治學之法有多途……不妨各就性之所近，發揮所長」(〈走我自己的路〉)，「研究題目、途徑、方法可以百花齊放、不拘一格。既不能認為只有考據才算學問，其他都是狗屁、空談……；也不能認為考據毫無用處」(〈讀書與寫文章〉)。對知識，恐怕也是如此。

　　總之，我們不是玩賞知識，也不是為知識而知識，而是為創新而學知識。青年恰恰是創新欲望和能力最旺盛的時期，不要錯過啊。

　　《文史知識》以知識為刊名，我卻講了這些即使不算反知識，大概也屬非知識的閑話，不識時務，必將挨罵。但既然編輯同志如此熱誠，那我又豈敢退縮？「雖千萬人，吾往矣」，可能有點阿Q精神，也罷，只好如此了。

（原載：《文史知識》1985 年第 1 期）

方法論答問：找最適合自己的方法

　　我從來不談「方法論」，這個題目太大。如果說到對現在種種「方法論」的熱烈討論，我倒有一點看法：

　　一、現在有些「方法論」提倡者好像急於找到一把適用於任何人、任何事的萬能鑰匙，我覺得這似乎是不大可能的。沒有一成不變就能打開所有鎖的萬能鑰匙，也不要期望有一種對所有問題和所有人都適用的方法。即使是萬能鑰匙，開不同的鎖也還要調整一下，治學方法恐怕也是這樣。

　　二、將系統論、控制論、信息論的方法（其實「三論」是一論，即系統論）應用於社會科學的研究，我是最早支持的。當時有「動態」說，這是反馬克思主義的，我不同意，在《讀書》一次座談會上明確談過自己的意見。但是，將自然科學的這些方法運用到社會科學領域，不能只是直接地簡單地套用一些新的名詞、圖表、公式，如反饋、黑箱，等等，這並不能真正解決多少問題；對於不同的領域、不同的課題、不同的對象，所運用和處理的方法也應隨之修正、改造和變化，否則科學研究就未免太簡單、太容易了。並且「三論」也有它自身的局限性，它與結構主義一樣，基本上是平面的、共時態的研究方法，對歷史過程重視不夠。在這方面，它可能還不及現代解釋學的方法。所以，不要盲目地一

窩蜂地抄襲、搬用所謂新方法，而應該是根據所研究的課題、對象的性質，有選擇地在運用新方法中有所變革和創新，方法本身隨著研究的發展也將得到發展和豐富。

三、我一貫主張多樣的方法，即多途徑、多層次、多角度地研究問題。從各個方面、不同角度和層次去研究同一個問題，才能反映得比較全面。很長一段時間以來，我們似乎習慣於搬用軍事的方法，把一切都分為兩大陣營。唯物主義──唯心主義，現實主義──反現實主義，農民階級──地主階級，等等，總是兩軍對戰的思維方式。我想，也應該不排斥其他方法，允許各種各樣的方法存在。客觀真理是一個，而我們可以各有分工地用各種各樣的方法進行探索，以求更多地接近真理。多樣的方法可以相互補充，彼此相得益彰，共同構成一個豐滿的學術整體。

四、同時，在研究方法上，還應研究一下自己。這也是重要問題。人們的性格、氣質、背景、基礎、興趣、潛力、才能因人而異，每個人都可以具體地考慮、斟酌如何最大程度地發揮自己的潛能。文史哲研究的方法、成果，有時可以顯示出研究者的個性、才能和特點。例如有人適合於搞精確考證，有人更長於提出理論問題；有的長於分析，有的喜歡概括；有的更偏於冷靜的客觀描述，有的則不免主觀情感傾向的注入……因為個性、才能、潛力、背景、基礎等等不同，照搬別人的方法不一定對自己合適。善於發現自己的特點，也不容易，但如果有意識地自覺地注意這個問題，注意尋找最適合自己運用的研究方法，也許可以少走些彎路。

　　五、至於美學，我主張當前要多做一些實證研究，研究一些
細緻的具體的問題。我對研究生就是這樣要求的，要求他們深入
了解和研究現代美學中的一些問題，如審美心理、藝術史等等，
而不要去寫那種實在沒有什麼意思的空洞的所謂討論或「爭鳴」
的文章。

　　　　　　　　　　（原載：《文史知識》1985 年第 10 期）

七　社會科學要現代化

　　我經常逃會，但這個會我不逃，因為我覺得這會規模雖不大，但討論的問題很有價值。我於自然科學是外行，只能講點外行話。

　　我們現在面臨著社會科學現代化的問題，「四化」裡有一條是「科學技術現代化」，社會科學作為科學，當然也應包括在內。社會科學要現代化，一個重要問題就是要注意能從數學、自然科學中吸取些什麼。

　　我經常感到社會科學中許多基本概念極不清楚，極不精確。我們整個社會科學的古典風味太濃。比如說哲學中的反映、認識、基礎與上層建築，文學理論中的現實主義、浪漫主義、創作方法、形象思維等等，這些概念到底是什麼意思，其確定含義究竟是什麼，並不清楚。數學、自然科學中的概念是人工語言，人們先下了確切定義，社會科學的概念大都從日常語言中提取，是自然語言，因之一些爭論都是由於概念不清楚所引起或越爭越糊塗，比如關於「形象思維」的爭論就是如此。但我們卻習以為常了，其實極不科學。我以前曾提倡要講一點分析哲學，即有感於此。分析哲學作為一種哲學來說，它的分量是不夠的，甚至是不夠格的。但三〇年代以來它為什麼在西方那麼流行，我想這恐怕與現代科學的發展要求概念和科學語言的精確不無關係，時代需要這個東西。

　　再就是自然科學方法論的一些東西怎樣應用到社會科學中來。金觀濤用控制論來研究歷史，文章沒有發表以前，我就是支持的。我們哲學研究所的劉長林用系統論來探討中醫的哲學，這也有意思，我給他的書寫了一篇序言。應用自然科學的方法來解決一些社會科學方面的問題，改變我們社會科學狀況，我覺得不僅是允許的，而且是應該的。經濟學領域中應用這些方法，我們不是已經習慣了嗎？國外用結構主義來分析文藝作品，也取得了一定的成績。我覺得，不要禁止探索，可以先讓人們去摸索、去嘗試，開始的時候總有些不成熟甚至牽強的東西，那有什麼關係呢。任何事物在它的開始總有不成熟的東西。至於一些自然科學的方法在社會科學領域內是不是有局限性，它們的適用範圍究竟有多大，這個問題需要我們注意和研究。但不要有人一搞這方面的東西，就認為不行。整個理論都需要現代化。馬克思主義也要隨著時代的發展而發展，它本身也要吸收現代自然科學方面的成果，在方法方面尤其是這樣。

　　還有一個問題，就是怎樣把數學應用到社會科學中來。這當然更困難一些。記得馬克思就講過，一種科學只有在成功地運用數學時，才算達到了真正完善的地步。所以，這個問題也很值得我們重視。我相信，將來美學研究美感心理，能夠用上某種數學方程，這在目前還不可能，因為現在心理學還不成熟。但在將來，比如說一百年後也許就可能。總之，不要把理論封得死死的，這不利於科學的發展，我們的視野應該更寬廣一些，封死了我覺得倒是不符合馬克思主義的。應該讓大家去探索，如果有不成功的

地方，可以不斷改善。另外，通過這種探索，也可以了解某種方法的某種限度。比如，用結構主義的方法研究文學的形式（例如詩歌韻律）很有用處，但涉及內容方面恐怕就無能為力。即使如此也很好嘛，我們可以由此了解到這種方法的適用程度。假如某種方法是普遍適用，那也可以研究一下，它為什麼會成為普遍性的東西。

　　但是全部哲學是否都能夠應用數學和自然科學的方法？這一點我還有懷疑；哲學中屬於「科學的哲學」這部分是可以的，但哲學裡面是不是還包括另外一些東西？我把哲學看成是科學＋詩。哲學中的有些東西，常常是某一時代、社會、階級、人群某種主觀的、朦朧的願望、情感、意向和要求，這種東西的確接近於詩，而詩是很難用上數學和自然科學的。電子計算機能否作詩，能否完全等同於人，這問題還很難說。像存在主義哲學這樣的東西，是不是完全能夠用數學、自然科學來表示？這有待研究。反正在分析哲學家們看來，存在主義哲學不過是一堆廢話。我覺得，哲學不會等同於數學、自然科學，也不會等同於社會科學。這也許是我的職業偏見。但整個社會科學領域既然是科學，就都可以逐漸用上數學和自然科學。

（原載：《讀書》1981 年第 11 期）

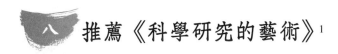

八　推薦《科學研究的藝術》[1]

　　這是一本好書。我之所謂好書，除了那些能直接影響人的情感、理想、意志者外，大抵還可分兩類：一類是資料豐富而不煩瑣，讀後使人眼界開闊，知識增多；一類是時有新見，益人神智，即具有啟發性。當然有的好書兼此二美，不過較為少見。這本書似屬後一類。它通過自然科學和自然科學家的事例，講了一些我覺得重要而實際又非常有趣的問題，暫錄一斑，略窺全豹：

　　做研究工作的學生若是自己負選題的主要責任（厚按：似亦可釋為主要由學生自己考慮、選擇或決定選題），那麼成功的可能性更大。（第9頁）
　　對於創造性思維來說，見林比見樹更重要。（第5頁）
　　成功的科學家往往是興趣廣泛的人……多樣化會使人觀點新鮮，而過於長時期鑽研一個狹窄領域則易使人愚鈍……。（第4頁）

　　甚至表面看來似乎偏頗的某些看法也有意思，例如認為過多

---

1 貝弗里奇：《科學研究的藝術》，陳捷譯。

地學習語言容易束縛思維，例如說「邏輯推理常常有礙於接受新的真理」，「具有發明天才的人不能積累知識」……等等，可能有片面性，但對我們考慮如何在學習和科學研究中更大更多地獲得創造性，似乎仍有參考價值。不知大家以為如何？

（原載：《書林》1984 年第 2 期）

九　紀念齊白石

記得在美國到比較大的超級市場買菜時，總喜歡看看有沒有「中國白菜」，也就是我們常吃、在國內異常普通的大白菜。美國人一般似乎不大吃，也不盛產，所以並不是隨處都可買到。當時很奇怪地使我突然想起齊白石畫的大白菜來。我記得這張大白菜的畫上還有齊的題詞，大意是說，人稱牡丹為花中之王，而不知白菜乃菜中之王。準確的詞句記不清楚了，這意思是不會錯的。因為這畫和這題詞的特別，給了我相當深刻的印象。但是，就是這個菜中之王，最大眾化的普通蔬菜，在美國卻有時看不到買不著。因之我當時想，在菜的領域裡，這大白菜名副其實，大概有點代表中國的意味？

我之喜歡齊白石，勝過喜歡許多別的大家，也勝過喜歡徐悲鴻，大概就由於這個原故。我總覺得齊白石的構圖、畫境、筆墨，是地地道道根底深厚的中國意味、中國風韻。它的確是代表中國民族的東西。它是民族的，卻又並不保守。我於繪畫所知極少，但似乎古人還少有人以大白菜為題材而大寫一番的。由此我經常想，這是否與齊的勞動者出身、與他青少年時代的農村生活有關係呢？齊白石的詩、畫以及篆刻既不乏上層讀書人的風雅韻味，同時又兼有一股粗獷、潑辣、生機勃勃的民間氣勢。他的特色是

把這二者結合得那麼好。吳昌碩也很好，但就在這一點上遜色。他的金石味有時使人略感枯索而不及齊之豐潤活潑⋯⋯

　　離開家鄉已經三十多年了，平常很少聯繫，這次由齊白石的畫又突然想起少年時代在便河後園弟弟挑水、祖母種菜的一些瑣事。此情此景，似猶在目，然而又畢竟那麼遙遠了。今天收到湖南寄來的紀念齊白石一百二十週年（1983 年 12 月 25 日）誕辰的通知，仰望南天，就以這不成樣子的短文，來紀念這位大藝術家和寄托我對故鄉的懷念吧。

（原載：《人民日報》1983 年 12 月 20 日）

 海南兩記

（一）五公祠

　　海南島，心嚮往也久矣，這次算了夙願。但原來遐想南國的椰林會帶來異邦的情調，結果我的第一個突出感覺卻是中華文化的大一統。記得在美國曾覺得「自然猶相似耳而文化各殊」，到這裡倒恰好相反。其實，就拿自然說，除聳立著的高高的椰子樹使久居北地的遊客感到有些異樣外，青山碧水，金黃色的收割了的田疇，點綴著一些悠閑漫步的大水牛……，也完全是一片江南秋色。語言聽不懂，但那服飾、姿態、儀容，那笑臉、語調、表情，那些年輕大學生們提出的問題、意見、看法、行為模式……竟和我今年在北京、在上海、在曲阜、在蘭州遇到的是那樣的相同或相似。我深深地感到：這是一個統一的文化啊。這是好還是壞呢？不知道。但它反正已是一個由來久遠的事實了。

　　當我們的第一個參觀項目是五公祠時，這種現實的感覺便變成了歷史的確證。凝聚在海南人心中的傳統竟形象地凸現在眼前。「五公」是唐的李德裕，宋的李綱、趙鼎、胡銓、李光。他們或曾積極削藩鞏固中央，或因主張抗金反秦檜賣國，都一度被貶到這蠻荒島上。他們並無蘇東坡那樣的顯赫文采，他們的事跡、功

勳與海南也毫無直接聯繫，即使在中原，似也未見有祀奉的專祠，這些「貶官罪人」在這裡卻偏偏受到了如此的崇敬。這確乎使我有點震驚。那時候，從長安、從杭州貶到這裡該是多麼遙遠，「獨上高樓望帝京，鳥飛猶是半年程」（李德裕詩），巨大的時空阻隔倒突出了由這種倫理敬意所顯現的文化統一性。遙遠的海南原來與中原的命運息息相通，而真實的歷史正義總存留在人們的心底。無怪乎五公祠內有好些精彩的對聯，如「天地幾人才置諸海外，乾坤有正氣在此樓中」；「唐宋君王非寡德，海南人士有奇緣」……。無怪乎海南本身就出了位大家都知道的抗顏直諫剛正不阿的海瑞。

（二）猴島與石山

所謂猴島乃是半島。但由於要坐船涉水過去，我們還經歷了幾次「浪遏飛舟」，島的印象就更自然些。我們在這個獼猴保護區裡看到了一群猴子。猴子也沒看出有什麼特別。我感興趣並記住了的是飼猴者的某些解說。他看來只有二十來歲，瘦瘦的典型海南人，操著蹩腳的普通話，說得卻非常詼諧。他指著那猴群告訴我們，一群獼猴一般有五六十隻，其中必有猴王，常一正一副或一正兩副，每年「競選」一次，有力者勝；敗者或臣伏或他走。猴王有特權，例如他可占有一些母猴，其他猴子只有當他不在時才能和她們調笑。可見，食、色都頗有一定的規矩和等級。這使我立即想起當代一些社會生物學家要把人類社會與動物社會銜接、等同起來。同行中有人開玩笑說，猴群沒有終身制和世襲制，

比人還「進步」一點。那麼，人與動物的劃線究竟應該在哪裡呢？

　　來到海南應該講海。我卻總想起那不高也不大、但怪石聳立、曲徑通幽很引人入勝的石山。石山上有好些題刻，如「丹灶」、「洞中有天天中有洞，山外無景景外無山」，都有特色。於是又一下聯想起海南島的最南端——那在海灘旁冒出的大石上刻著「天涯」「海角」字樣的地方。這些只習慣於詩句中碰到的詞彙，在這裡似乎成了現實。面對那一望無際的茫茫海洋，接受的不僅是自然美景，不僅是一種浩大的獨立的空間意識，而且人文的時間也融化於其中了。對自然風物的觀賞變而為「俯仰成古今」的百年孤獨式的宇宙感懷。自然與人文在這裡滲透了起來，而相互支撐著⋯⋯。這，大概是中國人總喜歡在自然名勝處留下文學的歷史的自我意識印記的緣故？

　　難道，人與動物的劃線也在這裡？

（原載：《人民日報》1986 年 1 月 27 日）

 故園小憶

春節之前,《湖南日報》的朋友約我寫篇「故園情」的千字文。提起故鄉的春節,「大人盼插田,細伢子望過年」,這小時候聽來並記住的諺語,使我覺得千字根本不夠寫。不過,如今坐下真正動筆時,又覺得填不滿這一千字了。

因為我不知道說什麼好,也不知道從哪裡說起好。紛至沓來的回憶和思念使我傷感而困惑。冷靜算一下,我在湖南先後不過十餘年,最長的一段,在寧鄉道林和長沙,也不過八個春秋。但我總覺得那十多年特別是那八年,比我在這裡(北京)的三十五年要長得多。有人說,少年的時日比成人長幾倍;有人說,記憶像篩子,只留住美好的東西;小時候無憂無慮,美好的記憶多,所以覺得長……這些也許都有道理,但又似乎並不能使我信服。實際上,少年時日並不長,而且也多創傷和痛楚,只是不願意想它罷了。經常想起並願隨意寫下的,大都是早經無意識編選過了的那些寧靜、閑散、日長如小年式的悠悠歲月。

這可能與自己偏愛二〇年代的某些散文也有關係。記得魯迅說過,故鄉一些東西「也許要哄騙我一生,使我時時反顧」(《朝花夕拾》)。便河老屋早已拆除,是一去不復返了。但那庭院中的金銀桂花樹,那大門前的兩個大石凳,那有著枇杷樹的花園,那

似乎很長、繞著水塘和竹林的圍牆……，不仍然存留在記憶中，時時哄騙我去尋覓麼？是不是這些給我幼年的心靈成熟中打上印記的東西，老潛在地引導我對時間、存在和人生之謎去時時反顧呢？

我家既非地主，也不是農民，長時期住在城市。但我懷想最深的，卻仍然是那些大片金黃色油菜花的田疇，那漫山遍野熱情執著的映山紅，那充滿了甜蜜的潤濕感的江南農村的春天氣息……。這些，確乎已經闊別多年了。

當然，回憶中還有人。親愛的媽媽，敦厚的弟弟，偏愛我的祖母，比我大兩歲的聰明的表姐……

當然，還有靳江中學。它離家三十里。我每週往返一次，回家過星期天。記得我總願意邀表姐同路。我們是同班同學，家同在那個便河老屋。當時我十三四歲。有一次在路上，我用硬紙折成戒指形狀給她戴在手指上。她只戴了片刻，我們一句話沒說，我卻感到很高興。為什麼呢？當時並不大明白。只是留下來的記憶，還如此鮮明。但有的時候，卻是我一個人走。三十里路長而又長，我只好在路上背要考試的古文，背不出來，便拼命想，這樣不知不覺走了不少路。我當時對自己這種既打發長路又利用了時間的「發明」沾沾自喜。

湖南中等教育一向發達。靳江只有初中，地處鄉村，且屬初辦；但回想起來，教員、校舍、圖書、同學……都相當不錯。我在這裡讀了不少課外新書，交了張先讓、楊章鈞、謝振湘等好朋友。還辦過壁報，每期四版，刊名《乳燕》，小說創作占了大半篇

幅。比我高兩班的龔振滬（龔育之）也辦了個叫《洞觀》的壁報，兩版，多自然科學內容，頗有水平。這些都是「民辦」的，還有「官辦」和班級辦的。當時在我們這些小小學生裡，自發的辯論和議論似乎還不少，其中一部分，便是針對著學校和校長的。

記得有一次週會，校長周忠箸把我和龔振滬叫上講臺，讓我們把一隻胳臂舉起來，捲起衣袖給全校師生看。他說，這兩個學生成績都非常好，但身體太差，這麼瘦弱，這怎麼行?! 當時我既害怕，又高興，印象至深。幾年前我問龔育之同志，他說他也記得。去年我在桂林看望這位分別了四十多年的校長，談及此事時，他當然早已淡忘了。他已八十高齡，仍在大學帶研究生，孜孜不倦地搞翻譯。想起自己比他當年認真負責地當校長時，年歲大多了，日月不居，盛年難再，雖然發胖，仍苦於身體不好，回首往事，真有點感慨系之的味道。

靳中還有好些事，以後還有更熱鬧的第一師範……。但所有這些「故園情」，不但是瑣碎拉雜地往後看，無關大事，而且也毫無關乎春節。於是，我該知趣收場，下筆可以自休矣。

（原載：《湖南日報》1986 年 2 月 9 日）

十二　悼朱光潛先生

　　朱光潛先生逝世了，我應該寫點什麼，卻不知道寫什麼才好。凌晨四點鐘，我坐在屋裡發呆，四周是那樣的寂靜。

　　我和朱先生是所謂「論敵」，五〇年代激烈地相互批評過，直到朱先生暮年，我也不同意他的美學觀點。這大概好些人知道。但是，我和朱先生兩個人一塊喝酒，朱先生私下稱讚過我的文章……。這些卻不一定有許多人知道。那我就從這寫起？

　　我那第一篇美學文章是在當時批朱先生的高潮中寫成的。印出油印稿後，我寄了一份給賀麟先生看。賀先生認為不錯，便轉給了朱先生。朱回信給賀說，他認為這是批評他文章中最好的一篇。賀把這信給我看了。當時我二十幾歲，雖已發了幾篇文章，但畢竟是言辭凶屬而知識淺薄的「毛孩子」。這篇文章的口氣調門便也不低，被批評者卻如此豁達大度，這相當觸動了我，雖未對人常說，卻至今記得。賀先生也許早淡忘了，但不知那封信還在不？當然，朱先生在一些文章中也動過氣，也說過重話，但與有些人寫文章來羅織罪狀，誇張其辭，總想一舉搞垮別人，相去何止天壤？我想，學術風格與人品、人格以至人生態度，學術的客觀性與個體的主觀性，大概的確有些關係。朱先生勤勤懇懇，數十年如一日地寫了特別是翻譯了那麼

多的東西，造福於中國現代美學……，這是我非常敬佩而想努力學習的。朱先生那半彎的腰，盯著你看時那炯炯有神的大眼睛，帶著安徽口音的沉重有力的聲調，現在異常清楚地呈現在我的眼前。

　　因為自己懶於走動，我和朱先生來往不多。在「文革」中，去看過他幾次。我們只敘友情，不談美學。聊陳與義的詩詞，談恩斯特·卡西爾……，雖絕口不涉及政治，但我當時那股強烈的憤懣之情總有意無意地表露了出來。我把當時填的一首詞給朱先生看了，朱先生卻以「牢騷太盛防腸斷」來安慰、開導我。並告訴我，他雖然七十多歲，每天堅持運動，要散步很長一段路程，並勸我也搞些運動。朱先生還告訴我，他每天必喝白酒一小盅，多年如此。我也是喜歡喝酒的，於是朱先生便用酒招待我，我們邊喝邊聊。有一兩次我帶了點好酒到朱先生那裡去聊天，我告訴他，以後當妻子再干涉我喝酒時，我將以高齡的他作為擋箭牌，朱先生聽了，莞爾一笑。

　　「文革」後，朱先生更忙了，以耄耋之年，編文集、選集、全集，應各種訪問、邀請、講學、開會，還要翻譯維柯……。於是我沒再去朱先生那裡了。最近兩年，聽說朱先生身體已不如前，但我消息既不靈通，傳聞又時壞時好，加上自己一忙，也就沒十分注意。

　　如今，一聲驚雷，先生逝去。回想起當年情景，我真後悔這十年沒能再去和朱先生喝酒聊天，那一定會痛快、高興得多。但這已經沒有辦法了，生命只有一次，人生不能重複。只是記憶和

感情將以更豐富的形態活在人的心底。而這也就是死亡所不能吞噬的人類的有活力的生命和生命的活力。

1986 年 3 月 7 日晨五時匆草

（原載：《人民日報》1986 年 3 月 20 日）

 地　壇

　　住在地壇附近二十多年了，不覺得什麼；如今要搬走，卻分外地留戀它起來。

　　地壇是個很不著名也很不惹眼的公園。幾年前，還簡直很難說是什麼公園，不過是用圍牆繞起來有幾片樹木的大塊方地罷了。但對我來說，它卻是一塊聖地。記得「文化大革命」那年月，上午開完烏煙瘴氣的各種批鬥會、「學習」會、小組會，下午我總要一個人到這裡來散步、透氣，也想一些自己願意想的問題。

　　久而久之，便成了習慣。儘管不是每天必到，但只要有空就來，而且都在下午。在這裡，我看過許多次桃李花紅白盛開，然後是落英遍地；也欣賞過黃葉滿林，西風蕭瑟；真是「春花秋月何時了，往事知多少」。特別是黃昏日落，這裡人很少，稀疏的樹林、寬闊的道路、寧靜的氛圍，可以使人心曠神怡，悠然自得。平常生活空間小，生存質量低，這時似乎突然得到了解放和充實，感到非常愉快。所以，即使風雨冰雪，即使有一堆事要作，只要下午能抽空，我總要來的。

　　與我似乎抱同樣態度但動力有異的，是有時可以看到的那一對對的戀人。他們不管天有多冷，頂著大棉猴，也要緊湊在那些冰涼的椅子上。當然我知道，這是因為沒有供給他們更好的約會

地方，但我仍為這些熱戀所感動。比起北海來，地壇作為戀愛場地，確乎太單調了。我記得在北海有划船、鑽山洞、看星空……在地壇，只有這種平凡的安祥寧靜。但如果習慣了，你卻更喜歡它，喜歡這種寧靜的厚實和沉著。

　　前些年，地壇毫無修飾，也不收門票。並且總有一群人，大概是北京的老工人、老居民吧，優哉游哉地在離北門不遠的內圍牆邊蹲著下棋，三五人一堆，有好幾堆。每次我都要走過那裡，有時站著看半小時。如今，這些似乎都不見了。地壇北門外的平房已變成樓房，地壇裡面也裝修一新，增添了好些亭臺迴廊，還有兒童遊藝場、茶室、小賣部、售票處。這兩年春節還有人山人海的廟會。星期天，這裡也是遊人如織，熙熙攘攘，非常熱鬧的了。

　　這些時候我都不去。我好像仍然偏愛那個似乎荒蕪了的安靜的地壇。高興的是，直到今天下午，我到地壇散步時，仍然是那樣地遊人稀少，仍然可以領略那四顧無人、安寧靜美、令人心醉的氣氛。

　　可惜，我畢竟要搬家了，搬到西城之西，再來這裡散步的機會大概是沒有了。這更使我覺得，我真有幸在它身旁生活多年，度過了那曾有許多艱難的歲月。

1986 年 2 月於和平里九區一號

（原載：《北京晚報》1986 年 2 月 10 日）

十四 答記者問

記者：當前關心美學和對美學問題進行探討的人越來越多，有人說是出現了一股「美學熱」。您對這股「美學熱」如何看？

答：建國以來，「美學熱」出現了兩次，五〇年代美學討論算一次，現在算一次。解放前美學並不是熱門，搞美學的人不多，除了朱光潛先生兩本書（《文藝心理學》、《談美》）以外，真正能起到廣泛影響的美學書很少。解放後，五〇年代中期，由批評朱先生的美學觀開始，掀起了一場大討論，形成了好幾個學派，影響很大。現在搞美學的中年人那時還是青年，他們大都是通過那場討論，引起了興趣，以後選擇了美學的。現在的「美學熱」從某種程度說，是五〇年代那股「美學熱」的繼續和發展。當然，歷史條件並不一樣。

記者：你認為，五〇年代的那股「美學熱」與現在的「美學熱」，有沒有帶規律性的東西？

答：那當然有。任何學術文化的繁榮，都可以從當時的經濟、政治、心理的狀況找到原因。五〇年代中期，我們的經濟狀況還是不錯的，人的精神面貌也很好。記得馬克思說過，窮困的人是沒有心思去看戲的。當時雖說不上富，但比起解放前好得多了。五〇年代中期那股「美學熱」是不是與當時整個國家欣欣向榮的

局面也有關係？另外，1956 年，黨中央和毛主席提出了「雙百」方針，各種不同學術意見都可以發表。那時的「美學熱」也可以說是雙百方針的成果。

從五〇年代的那場美學討論可以得出一條很寶貴的經驗。解放來有很多次學術討論，總是開始時宣稱執行「雙百」方針，結果大多數討論都變成了政治批判，只有美學沒有搞成這個局面。儘管在討論中也互相說對方是唯心主義甚至修正主義，但沒搞成政治批判。美學那時基本上是三種觀點，現在也還是三種觀點，誰也沒有說服誰，如果當時一定要以哪種意見統一天下，就沒有什麼「美學熱」了。這倒是一條歷史經驗，值得注意。

目前美學研究又是一個熱潮，原因是多方面的。第一，十年內亂，醜惡的東西實在太多了，以醜為美的現象太多了，一些野蠻的、愚蠢的、原始的行為也被說成是革命的，給人們的教訓太深了。也大概是這場浩劫把美與醜的問題搞得很亂，這樣，詢問什麼是美，什麼是醜就帶有很大的普遍性。這中間，有些青年告訴我，他們是為了追求一種美的人生理想，人生境界而對美學有興趣，來研究美學的。第二，文學藝術方面的問題引起大家對美學的興趣。積三十年的經驗教訓，現在大家普遍感到，文學藝術要提高質量，要發展，要引人入勝，要群眾願意看，不從審美的角度去探索它的規律是不行的。不管從歷史還是從現實來看，真正站得住腳的還是藝術上成功的作品，美的作品。第三，打倒「四人幫」以後，特別是近兩年來，物質生活有所改善，人們不只求吃飽穿暖，而且日益講究穿得美一點，吃得好一點，多添點家具

服飾，養點花鳥，把室內外環境弄好一點，等等。這樣，日常生活中美的問題突出了，喇叭褲、蛤蟆鏡到底美不美等等問題，也突出了。例如現在做家具買家具很普遍。人們不僅要考慮實用，還要考慮美不美的問題。所以現在這股「美學熱」不是偶然的現象，是有原因和意義的。

記者：談到精神文明，您能否談談當前正在開展的「五講」、「四美」活動的意義和它今後發展的趨勢？

答：上面我其實已談到了這個問題。「五講」、「四美」是建設社會主義精神文明，它不只是美學的，很大部分是倫理學的問題。我們知道，美是要在一定的形式中得到表現的。美在形式，但又超乎形式。「五講」、「四美」中一些倫理的、政治的內容要通過形式表現出來，這就有美學上的東西了。

「五講」、「四美」活動是建設社會主義精神文明的一個步驟，需要長期堅持，它不是政治運動，政治運動往往是短時期的。「五講」、「四美」在實踐中也會不斷地充實內容，向前發展。

記者：現在有同志提出，要將文學批評提高到美學批評的高度，您能說說文學批評與美學批評的區別嗎？

答：我覺得美學批評與當前的文學批評的最大區別是：美學批評是從審美經驗、審美感受出發的。讀一個作品，欣賞一幅畫或一齣戲，你的情緒是怎樣的？是高興、悲傷、喜悅、憤怒，還是悲傷中夾有喜悅，高興中又有憤怒？……它們是如何錯綜複雜地交織在一起的？如此等等。從這些具體審美感受出發分析、研究、評價作品，探討它何以有這種藝術感染力，它的藝術魅力與

它的人物塑造、情節設置、環境描寫關係如何，這種批評就是美學批評。這種美學批評跟現在好些文藝批評，只講講情節、人物、結構、主題等等大不相同。

　　記者：您是主張實踐觀點的美學的，您能談談實踐觀點美學的主要點嗎？

　　答：從哲學上說，有兩個要點，一是實踐，二是自然人化，這兩點當然又是一回事。首先，「實踐」這個概念國內外都很流行，但它的確切涵義並不十分清楚。

　　我認為人跟動物的區別就在實踐。動物喝水，人也喝水，可是動物性的活動不能叫實踐，人的活動之所以叫實踐，根本的就在於人能製造工具、使用工具。人是通過工具來征服自然的。這是從猿到人的轉折點。馬克思的最大貢獻，就是發現了這一歷史唯物主義的基本原理。我是基於對實踐的這種理解來談自然人化的。自然人化是美的根源。但自然人化也不是那麼簡單的，大致有兩種情況，一種自然人化，是人通過勞動使自然物發生改變的，比如，種一株果樹，修一條公路；還有一種自然人化就是人和自然關係的根本改變。這部分自然，雖然人沒有加工過，但它和人的社會關係發生了根本的變化，這也是人化。物質生產越發展，人類社會越進步，自然對人就越沒有害處，就越成為人化的自然，也越能成為人們的審美對象，所以在物質文明高度發展的今天，人們倒對那些荒涼的、與人無關甚或有害的自然物和不規則的奇形怪狀的自然形式美更感興趣。所以，我總強調自然的人化是一種歷史學的觀念，它是一個歷史的尺度。這就是說，談自然人化

要從整個人類來看，從歷史的尺度來看，不能簡單、狹隘地來理解「人化」。

記者：朱光潛先生也談實踐觀點的美學，您能談談您的美學觀點與他的美學觀點有什麼區別嗎？

答：朱先生是我國美學界的老前輩，對他我是很尊敬的，這些年我跟朱先生都講自然人化，都講實踐，這就造成一種假象，似乎我的觀點與朱先生的觀點合流了，其實，我跟他的區別是很清楚的。只要看看我 1962 年發表的〈美學三題議〉（這篇文章可說是我最主要的美學論文，收在《美學問題討論集》第六集和我的《美學論集》中）就可以了。概括地來說，我跟朱先生的分歧是：我把物質生產看成是人類最基本的活動，把它與人的其他活動（如藝術實踐活動）作了一定的區分。而朱先生卻把物質生產活動與藝術生產活動混為一體。他是運用移情說來解釋自然人化的，即認為自然是人的認識對象、情感對象，人認識了或情感表達了，對象也就人化了。這當然也可說是一種人化，但不是馬克思講的人化，馬克思講的人化是客觀物質實踐的成果，朱先生講的人化是主觀情感作用的成果。所以，朱先生最近出版的《談美書簡》、《美學拾穗集》還是說美感產生美，沒有美感就沒有美。雖然朱先生在論述時前面加了個「實踐」，但後面的論述基本還是原來的。我跟朱先生的分歧還是〈美學三題議〉中所談的分歧。

順便說，我更重視康德的美學，朱先生也許更重視黑格爾的美學。一般都認為馬克思的美學繼承的是黑格爾和費爾巴哈的美學，而我更重視的是從康德——席勒——馬克思這樣一條線索。

我以為席勒很接近馬克思，當然他沒有唯物史觀（即實踐觀點）這個根本基礎。

記者：你現在很少發表美學論文，卻傾注很大精力一手抓中國美學史的編寫工作，一手組織中青年大力翻譯、介紹現代西方有影響的美學名著。那麼，關於美學這一學科的建設你有什麼設想？你認為該怎樣才能使我國的美學研究走上一條健康發展的道路？

答：「美學」這個詞很好聽，頗能吸引人，據說現在形成了一股美學熱，有這麼多人關心美學當然是好事情，可是，似乎也有熱過了頭的現象。比如，出版了很多小冊子，這些小冊子發行量很大，但多半水平低，質量差，實際只是把美學當作商標到處亂貼。例如什麼「愛情美學」，這根本不能成立，愛情中有美的問題就成立愛情美學，那麼愛情中也有經濟問題，莫非還要成立愛情經濟學學科？還有什麼倫理美學、新聞美學等等，不一而足，似乎成了一種時髦，這不能不說是對美學的庸俗化，這些冠以美學的名詞常常使人感到莫名其妙，搞不清楚是什麼意思。再就是不斷發表一些所謂「爭鳴」的空洞無物的美學討論文章，盡在一些毫無意義的抽象問題上搞煩瑣論證，實在是對己對人都沒好處。

我覺得，與其這樣嘩眾取寵、趕美學時髦，或苦思冥想、編造體系，還不如老老實實地具體地介紹、研究、探索中外美學中的一些具體問題，諸如審美心理、藝術發生學、藝術形態學等等。像「美的本質」這類哲學問題，要形成自己的看法，在現代條件下，不具備心理學、藝術史的堅實基礎，也是很難做到的。目前，

我做的兩方面工作：一是注意挖掘民族文化遺產，整理我們民族自己的美學思想；一是注意掌握現代外國美學的新成果，弄清楚像現象學、符號論、解釋學等等到底是些什麼東西，有哪些價值。目前已出版了七、八種翻譯著作，還有幾十種將陸續翻譯出版。當然，這些著作中的真理成分是參差不齊的，其中也有許多片面和錯誤的東西，這要靠我們自己去判斷、消化和改造。但這樣做，我認為，遠比寫些缺乏學術價值的所謂論文、著作有益得多。

記者：現在絕大多數美學論文的作者都聲稱自己是馬克思主義的，可是，馬克思主義美學是什麼內容？馬克思著作中有沒有一個完整的美學體系？

答：我不認為馬克思著作中有一個完整的美學體系。馬克思當時從事理論批判和研究的主要精力不在這方面。體系是完整的、系統的、有意識地構造的理論形態，很顯然，這種美學理論形態在馬克思那裡找不到。不錯，馬克思發表過一些有關美學的意見，這主要講的是文學藝術中某些問題，並且多半與當時階級鬥爭和政治需要密切有關。恩格斯、列寧、斯大林、毛澤東，更是如此，都是對文藝現象或作品發表了一些具有美學意義的看法。但美學的內容遠遠不止這些。盧卡奇、葛蘭西有專門討論美學或藝術的專著或論著，普列漢諾夫、梅林，也有一些著作。但我看，除了盧卡奇、阿多諾外，其他人還難說是體系。而盧卡奇、阿多諾作為馬克思主義美學體系，我以為也很不完善精當。馬克思《一八四四年手稿》裡講的則主要是哲學和經濟學，其中包括一些對美學有基礎意義的重要觀點，我們可以從中獲得深刻的啟示或以此

作為研究起點，補充、豐富和發展，並結合我前面所強調的兩方面工作，才可能逐步建立起馬克思主義的美學體系。

　　記者：你對當前用自然科學「三論」方法研究社會科學這種「方法論」熱有什麼看法？

　　答：我從來不寫一般方法論的文章。我不相信可以拿一個方法作為公式到處套用就能見效的方法論。想找一把萬能鑰匙恐怕不行。在技術上或許有這種可能性，但即使有一把萬能鑰匙，在開每一扇門時也要作些修改。任何方法運用到具體領域、具體課題、具體對象時，都要有所變化、修訂、革新。我是最早支持用「三論」（其實「三論」乃一論即系統論）研究社會科學的，我曾經在《讀書》雜誌上公開表過態，問題是如何運用才得法。既然沒有萬能鑰匙，那麼，系統論的方法引入到社會科學領域的研究必然要適應所研究的課題、對象而有所變化，有所修改。現在有一種傾向，這也是趕時髦的表現，就是拿幾個自然科學的新名詞，諸如「系統」、「反饋」、「黑箱」、「效應」等等，簡單地、直接地套用在研究課題中，彷彿這樣一來立即就能創造出新東西來，我對此深表懷疑。有的同志對自然科學本來並不熟悉，對好些術語的準確含義並不清楚，卻想當然地隨意套用，這就使人越發糊塗了。例如，有人在美學上大講什麼熵、熱力學第二定律，等等。自己並不懂，卻來吸引好新奇的年青人，這不是自欺欺人麼？此外，系統論理論本身也有它的局限性，它常常是平面的、共時態的，比較注意結構內部的關係，而對歷史因素有所忽視。在這點上，解釋學就比系統論優越。因此，不要把某種方法神化，到處

套用，這樣做沒多少意義。我主張方法多元化，即多途徑、多層次、多角度地研究一個問題或領域。客觀真理只有一個，但研究方法卻可以很多，方法也有強弱、好次之分，有的方法更接近問題的核心，有的可能遠些，但也可達到問題的某一層面。所有這些，要根據研究對象的性質而定。不同對象、不同課題可以採用不同方法。此外，還要注意研究自己，自己適於採取什麼研究方法，每個人的個性、才能、基礎、知識是有差別的，要善於在學術上發揮自己的潛能，選擇方法也如此。

記者：最近讀到兩篇對你的美學觀點質疑的署名文章 [1]，這兩篇文章幾乎都指出「實踐觀點的美學」或「美的社會屬性說」這一派的許多基本觀點「違背了馬克思主義的基本原則」，甚至指責你的有些觀點是唯心主義的。你對此有什麼感想？是否要給予反駁？

答：除了這兩篇而外，以前也有人指責我的美學觀點是存在主義云云。我誠懇歡迎來自各方面的學術批評。但讓我寫反駁文章，我實在提不起興趣。老實說，有些文章只夠作雜文的材料。我仔細拜讀了〈評李澤厚同志的美學觀〉一文，本想有點收穫，得些啟發，可是讀後大失所望。作者要批評什麼、說明什麼？根本沒講清楚。自己都講不清楚，讓人家怎麼辦呢？我實在看不懂

---

1 指〈美的社會屬性說是馬克思主義的美學觀嗎？〉（載《爭鳴》1985 年第 1 期）和〈評李澤厚同志的美學觀〉（載《晉陽學刊》1985 年第 1 期）兩文。

這篇文章，真是玄之又玄，一團漿糊。我問過劉再復同志的印象，他的意見和我一樣，他說這篇文章「糟透了」（原話如此）。這篇文章自相矛盾之處很多，論證極無條理，常常不知所云，有的地方甚至連形式邏輯都不遵守。文中還不乏曲解之處，而且僅局限於我五〇年代末六〇年代初的文章，對近十年來我所發表的哲學、美學論文似乎一篇也沒看，卻氣勢洶洶地寫批評文章，並且到處散發，一直發到好些根本不搞美學的同志們的手中。具體的我就不說了，反正讀者自己去閱讀去判斷。蔡儀同志從五〇年代起到今天為止，不斷地尖銳、嚴厲批評我，我並沒感覺什麼不好。而像這位同志的好些搞法，就不大像是在弄學術了。還有人或口頭或在文章中（主要是口頭上）說我有「大量」常識性的錯誤，我仔細一查，發現自己沒錯多少，他倒錯得更多。這些，實際上都越出了學術討論的範圍了。還有的人也很有意思，他只是說「錯了」、「不行」，但「錯」在何處，如何「不行」，卻又一句不說或說不出來。這些，其實都是早已有之的某種社會現象，魯迅當年就曾揭示過。

記者：你如何看，如何培養有開拓精神、有創造性的人才？

答：開拓精神實際上是一種能力、素質。中國留學生的考試成績突出，但實驗動手能力卻不如外國學生，長期以來我們只重視讓青年學到書本上的知識，卻不注意培養他們的能力，忘記了學習知識的目的是什麼。不學知識當然得不到能力，但知識本身並不能代表能力。有位科學家說過，科學發現就是選擇，這就要善於判斷。我們應該培養青年判斷、選擇的能力。對待知識本身，

也需要選擇。

　　前段時間報刊掀起了各種知識競賽熱，知識競賽不應太濫。我見到不少瑣碎無聊的題目，連專家也未必需要知道或記憶的「知識」。青年的讀書熱情很可貴，讓他們去學、去記這樣一些沒有意義的知識，不是好的方向。在接受具體的知識時，青年人首先要注意的是科學的學習方法，建立合理的知識結構，要以創新為目標，而不應把任何東西都當知識來記，這樣記的結果，只能使思維遲鈍。世界上的大多數科學發明，都是由知識積累有限、但富於創新、挑戰精神的年輕人完成的。

　　記者：那麼是否知識不重要呢？

　　答：不，恰好相反。知識面越寬廣越好。有的同志提倡青年自學要早一點專起來，這當然是好意，也不無道理；不過，我覺得現在青年讀書存在的問題還是狹，知識面太狹。我主張青年要博覽群書，不要過早地去鑽某一點。「術業有專攻」，在什麼基礎上去攻呢？最好能在雄厚的基礎上去攻。只有這樣，才能較快地攻出成果。過早地去攻，恐怕難以出成果，欲速則不達。現在的大學分科分得太細，各科之間「雞犬之聲相聞，老死不相往來」，這不利於廣泛地吸取知識營養。魯迅早就提倡搞自然科學的讀一點文史書籍，搞文學的學一點自然科學知識，「觸類」可以「旁通」。聽說清華大學準備開辦中文系，這倒是一件大好事！

　　記者：哲學年鑑中有你喜歡的格言，引起了一些青年的興趣，它們是什麼？

　　答：「有得於內，無待乎外」；「靜如處子，動如脫兔」；「先立

乎其大者，則其小者不可奪也」。

　　記者：在當前研究工作上應注意些什麼？

　　答：盡量倡導客觀研究。有些同志好做價值判斷，其實，先不用太急。例如，對中西方文化的價值判斷下得太急，便容易把問題搞亂，不利研究的深入。當然，做學問免不了傾向性，但判斷應採取科學態度、實證態度。不要受傳統文化中實用理性思維的影響，對研究問題採取實用主義的態度。

　　記者：目前年輕人很想接觸一些新東西，但又十分盲目，因此產生了許多苦惱，您能不能介紹一下西方與美學有關的學派，以及您愛讀的書籍？

　　答：西方的學派，我比較感興趣的是文化人類學、發生認識論、海德格爾、解釋學、後期維特根斯坦。文化人類學對我們了解馬克思主義，尤其是對了解歷史唯物主義很有好處。可惜這些學問在國內還很少為人所研究。希望年輕人能衝破這種僵化的局面。至於我喜歡讀的書，五〇年代初在大學念哲學時，我喜歡馬克思的《法蘭西階級鬥爭》、列寧的《哲學筆記》、萊布尼茲的單子論、康德的《批判》、黑格爾的《小邏輯》，以及歷史、文學方面的書籍。文學方面，小學時愛看《福爾摩斯探案》，中學、大學喜歡讀俄國小說，如屠格涅夫、托爾斯泰、陀思妥耶夫斯基和契訶夫的作品。我打過一個比喻：屠格涅夫的小說像一杯清茶，托爾斯泰像一席佳肴，陀思妥耶夫斯基像一瓶烈酒，契訶夫則如極富餘味的澀果。現在我對中國當代的文學作品也很感興趣，可惜很少有時間讀。

記者：你是怎樣走上美學道路的？

答：其實我搞美學不說是半路出家，也可說是業餘興趣。我原來主要是搞中國思想史的。但由於從小愛讀詩看小說，對文學很有興趣，同時又對哲學、心理學有興趣。

我發表的第一篇文章不是有關美學，而是中國近代思想史方面的，題目是〈論康有為的「大同書」〉，發表在《文史哲》上。寫作時剛入大學不久，發表時大學已畢業。我的《中國近代思想史論》中許多材料和想法就是在北大做學生時積累的。好些美學書也是在大學讀的，記得剛上大學的第一年便念了不少，並開始有了些想法。所以我主張在大學時代起步研究，但不一定立即發表東西。

大學畢業後，沒做研究生，也不想做，被分配到哲學研究所辯證唯物主義和歷史唯物主義組工作。不久恰逢我國美學界開展大辯論，我寫了第一篇美學論文〈論美感、美和藝術〉，以後又陸續寫了一些。但我的美學文章寫得並不算多，我主張寫文章不求量，要以質勝。

記者：你近年來主要從事哪些方面的研究？

答：近幾年來，主要力量用於研究中國思想史。在《中國社會科學》、《哲學研究》等雜誌發表了一些文章，我試圖改變一下中國哲學史陳陳相因的面貌。幾十年來，哲學史只是簡單地分割、羅列成唯物主義與唯心主義的鬥爭史，可是，鬥來鬥去，意義何在？不清楚；經過鬥爭，思想是如何上升、如何進步的？也不大清楚。這種研究格局似乎也可以打破一下。我想從中國文化心理

結構等角度進行研究，也就是說，把中國哲學史放在文化心理結構中加以展開和探討。我希望這種研究能略有新意。

記者：您所著的《中國近代思想史論》、《批判哲學的批判》和《美的歷程》，出版後很受歡迎，尤其是在青年人中間。從研究範圍上看，三部書一部講近代思想史，一部講康德，而另一部則談美學。它們之間，有什麼實質性的聯繫嗎？

答：若說聯繫，我想也許在於書中談到的問題，都或多或少與現實生活有所關聯。從題目上看，三本書全在講過去，但起點卻出於對現實的思考。例如，講康德我是聯繫當代馬克思主義哲學中的重要問題來講的。《中國近代思想史論》和《美的歷程》也是想對我們時代、民族、文化、藝術以及我們的哲學，獲得某種自我意識。回顧過去是為了展望未來，也許，這就是三本書的共同點吧。

記者：您現在正進行什麼工作？

答：我正在弄一本《中國古代思想史論》的論文集。過去寫哲學只講唯物論、唯心論、辯證法，我想是否可以換換方式。「條條道路通羅馬」，學術研究領域似乎也應提倡在不同方法論指導下的多樣化，不必都圈定在一種固定格式或路子上。我這本書所研究的問題和現在的一些著作不完全一樣，比如孔子吧，有多少部哲學史就可以說有多少位孔子，每個人都有他所理解的孔子，並且都認為這才是那個「真正的」孔子思想。我的興趣卻不在這裡，而主要是想探究一下兩千多年來已融化在中國人的思想、意識、風俗、習慣、行為中的孔子，看看他給中國人留下了什麼痕跡，

給我們民族的文化心理結構帶來了些什麼長處和弱點。這個孔子，倒是個活生生的，就在你、我、他以及許多中國人中間。

記者：看來這也是一部有現實意義的書？

答：我希望如此。我們長期閉關自守，現在正真正走向世界，和各民族大接觸大交流。在這樣的情形之下，反省一下自身的文化和心理，獲得清醒的自我意識，減少盲目性，我覺得這正是哲學史工作者在中國的現代化建設道路中可以或應該做的工作。

記者：從您所談的看，您每寫一部著作都有現實的追求？

答：我不想為寫書而寫書。我常想，圖書館有那麼多書，我再加上一本，究竟有多少意義？有些同志搞學問則是因為覺得「好玩」，是出於某種高雅趣味，但我也很少這種興致。

記者：人們在讀您的著作時，往往有這樣一個印象：您的觀點很新鮮、論述很簡潔，但引證、考據比較少，和好些學術著作的寫法不太相同。在這個問題上，您有什麼想法？

答：我在一篇文章中說過，我現在做的工作基本上是粗線條的，《美的歷程》、《批判哲學的批判》、《中國近代思想史論》等幾本書都是這樣，說到考據，我其實也有興趣。列寧說，拿破崙死在哪年哪月可以是所謂「絕對真理」，誰也改變不了。我們若去考證一條材料、一句話、甚至一個字，也可以得出這樣一些「絕對真理」來，後人也許永遠得利用我們的結論。這是一種有意義的工作，也很有價值。但是，我並沒有走這條路，這是根據各種情況所自覺作出的個人選擇。我覺得，在某些情況下，先「見林」比先「見樹」更重要。坦率地說，對於當今一些大的理論框架，

我是不太滿意的，很希望自己的書能在大的方面見見「林」，也許是比較模糊的「林」，但希望能對別人有所幫助。我的工作，主要是提出問題，如此而已。就思想史而言，研究至少可以有兩種方法，一種是歷史學家的方法，一種是哲學家的方法，歷史學家的方法主要著眼於歷史事實本身的真實、準確和清晰，對任何細節都不放過；哲學家則主要是借歷史來發表個人的見解，所以往往把歷史和現實聯繫起來……

記者：看來，您更願意做一位哲學家了？

答：這並不是我想做什麼，而是現實的需要。魯迅大可去寫他的文學史，但他偏偏選擇了雜文。為什麼呢？我們的事業不是個人的，需要大家一起幹。我的書也許沒有什麼長久價值，但只要有一兩句話能夠引起當代人們的思考，對青年人有所啟發，我也就感到欣慰和滿足了。我不追求和空想「永恆價值」。

記者：您談到的「永恆價值」，恐怕是人們很難繞開的問題。在某些人看來，那些立論小心、考證周密的著作，那些高質量的注釋、集解，才是最有「永恆價值」的。目前看來，您沒有從事多少這方面的工作。但這恐怕並不能說明您不追求「永恆價值」吧？您對您的著作以及您生命本身的「永恆價值」，恐怕不是沒有考慮的吧？

答：那當然。我從來不為稿費寫文章，也不為名聲和「好玩」而工作。人的一生很短促，怎樣使生命變得更有意義？這也許是促使我寫作的真正動力。其實我完全可以幹別的，或許也能幹得好。為什麼選擇現在這項工作？這問題一兩句話談不清楚。我常

勸青年人去讀讀歌德的《浮士德》，這是一部很有意義的著作。在浮士德的幾個生命里程中，愛情也好，功名富貴也好，都沒能滿足他。那麼最後是什麼使他滿足了呢？這就是一個有關人生意義的問題。海德格爾說，哲學中的一個根本問題是死亡問題。如果你知道你很快會死去，你同時也就意識到你現在還活著。那麼，活著又意味著什麼？為了什麼？如何活著？這確實是人們難以繞開的問題。

至於我的工作，我想沒有人願意自己的書很快就被人們遺忘。我的書主要是為青年人服務，不過寫作時我從沒有想過怎樣迎合青年人。我希望能找到一些時代所需要的、應該有的東西，能抓住一些客觀的、有價值的東西。我相信，真正有價值的東西是不會被埋沒的。

記者：您選擇了「做學問」的道路，但您並不認為這是實現生命價值的唯一途徑吧？

答：對。我一直主張：年輕人與其做半吊子的學者，不如去做生意，當企業家，或者幹什麼別的。人生的道路寬廣得很，人生的價值也不那麼單一。擠在做官、讀書這兩條路上只是封建傳統的價值觀念。

記者：不知是否是受一種難以擺脫的文化傳統的影響，許多年輕人（包括我本人），都把「做學問」作為人生最後的歸宿。我常常感到，在這裡面，「學問」有時簡直成為一種「異化物」了……

答：是呀，倘若被「學問」所控制、所奴役，沒有更高的追

求，不懂得生命的意義，那未免可悲或可笑了。倘若一個人不僅不懂得生命的意義，連生活本身是什麼樣子也不知道，整個人就像一本書一樣，那就簡直有些可怕了。

摘自《美育》、《北京晚報》、《解放日報》、《文匯讀書周報》、《中國青年報》、《湖南日報》、《智慧泉》等報刊訪問記

十五 美學入門書四種

(一)《生活與美學》

〔俄〕車爾尼雪夫斯基　著

周揚翻譯的這部書，在五、六〇年代的中國很流行。作者是偉大的革命民主主義者，他在本書中提出了一個非常重要的思想：美是生活，把美學問題同生活聯繫起來，比較通俗易懂。但是書中有為強調生活而故意貶低藝術的片面性。

(二)《藝術論》

〔俄〕列夫・托爾斯泰　著

這是由文學大師撰寫的美學專著。書中以簡明的文字介紹了西方各種有關美的理論，提出了交流情感是藝術的本質的重要觀點。托爾斯泰強調宗教情感的交流感染，並以此為標準來論定作品的優劣。由於不符合所謂宗教情感，他把莎士比亞、貝多芬以至他自己的作品都說成是壞的。對這種片面性要有正確的認識。

（三）《藝術論》

〔俄〕普列漢諾夫　著

普列漢諾夫在本書中對原始藝術等問題進行了馬克思主義觀點的研究、闡釋，把藝術的產生同生產勞動聯繫起來，提出了美與功用的歷史聯繫和認識差別等重要觀點。三〇年代由魯迅先生從日文轉譯成中文，並作了長序。現亦有根據俄文重譯的，即《論藝術（沒有地址的信）》。

（四）《文藝心理學》

朱光潛　著

朱光潛是我國著名美學家，這部書初版於三〇年代。書中評介了現代西方幾種主要美學理論，並結合好些中國文藝中的例證，寫得深入淺出，細緻而不煩瑣。書中的好些觀點並不見得正確，但不失為初學者有用的參考書。

如要進一步深造，還可讀兩種高級讀物：一、朱光潛的《西方美學史》；二、〔德〕黑格爾的《美學》（3 卷本，朱光潛譯）。當然還有其他不少書籍。

（原載：《解放軍報》1985 年 4 月 7 日）

 推薦書目

1.對您一生所從事的事業影響最大的幾部書：

書　名	作　者	出版單位
魯迅三十年集	魯　迅	
小邏輯	黑格爾	商務印書館
法蘭西階級鬥爭	馬克思	人民出版社
陶淵明集	陶淵明	中華書局

2.您向青年美學愛好者推薦幾部書：

書　名	作　者	出版單位
藝術論	托爾思泰	人民文學出版社
普列漢諾夫美學文集	普列漢諾夫	人民出版社
藝術哲學	丹　納	人民文學出版社
西方美學史（上、下冊）	朱光潛	人民文學出版社

（原載：《主人翁》1984 年第 7 期）

十七　從《海瑞罷官》談起

　　首先，建議《海瑞罷官》這個戲再演出一下，這很有政治意義，以這個行動本身為吳晗同志徹底昭雪。因為「四人幫」一開始就是通過它搞政治陷害和政治陰謀的。吳晗同志寫《海瑞罷官》，本來很清楚，與彭老總沒有關係。大家也都知道，毛澤東提倡過海瑞精神。但突然一下，情況完全變了。這個戲我未看過，劇本是在批判時才看到，但結尾兩句至今還記得：「海父南歸留不住，萬家生佛把香燒。」為什麼印象這麼深，恐怕主要還不在於文詞的漂亮，這個劇本沒有聯繫彭老總，但「四人幫」批判的結果，反而使人聯繫起來了。清官海瑞的形象在歷史劇的舞臺上是高大的，彭老總在人民心中的形象也是高大的。儘管這麼多年來，「四人幫」怎樣批，怎樣罵，但這個高大形象沒有辦法抹殺；相反，現在彭老總的英雄形象不僅在於他的南征北戰，赫赫戰功，而且還更在於他剛正不阿，為民請命。實踐是檢驗真理的唯一標準，人民群眾的實踐，十多年來歷史經驗的實踐，都說明他是正確的。老百姓對這個問題一直有自己的看法，只是以前不敢說出來罷了。現在老百姓也還歌頌青天，總希望多有幾個真正為人民說話辦事、為人民利益著想的人。戲曲中的海瑞戲、包公戲是封建時代人民把希望寄托在清官身上的反映，今天也還有這種意義。

但是要看到，人民群眾今天對清官已經不滿足了，人民群眾要徹底跨越封建時代，要求自己的社會主義民主。「四五」運動就是這樣，它的真正意義在於這是一個偉大的新起點。最近西單民主牆周圍群眾的討論會，聽說秩序很好，提了許多問題。這並不是對哪一個人的問題，而是在實現社會主義民主方面，人民群眾要求有重要的改革和保證。這當然就遠遠超過清官問題了。文藝是時代的尖兵，應該跑在前面，反映出人民群眾的這種社會主義民主要求，說出人民想說的話。

溫故以知新。也應該從文藝民主這個角度總結一下這二、三十年來的經驗和教訓。建國以來，文藝取得了極大的成績，與解放前相比有根本變化，面貌一新。但也有缺點錯誤，問題在於主要的缺點錯誤是什麼？文藝常常是整個革命的一面鏡子。這問題值得實事求是地、歷史具體地好好總結。二十年來，造成國民經濟以及各個方面的巨大損失的，主要問題恐怕不是右而是「左」。中國有一個長時期的、廣大的小生產的基礎和傳統並未經徹底變化或改造；民主革命中三次「左」傾曾經造成過巨大損失；社會主義時期是否也有這個問題呢，值得認真研究。拿文藝來說，「四人幫」借以整垮文藝界所大批特批的「黑八論」，卻大多是文化大革命前就挨批的。其實，這「八論」又何黑之有？有的是正確的，有的是可以作為學術問題展開不同意見的爭論的，只因為當時在政治上一律都打成右，就沒有人敢講話了。這就給了「四人幫」以可乘之機。「四人幫」為什麼總愛批「黑八論」？因為這對它非常有利：他們利用了我們工作中的「左」的錯誤缺點。他們可以

說，我是按照你的邏輯走下去的呀。多年以來，由於似乎「左」就是革命，「四人幫」這伙陰謀家野心家，這伙真正地道的反革命派，也就乘機以「左」的面孔出現：你「左」，我比你還「左」；你批右，我說你仍右。「文化大革命」初期，「四人幫」所以能夠欺騙、嚇唬一些人，使青年學生跟著跑，使人們失去還手的力量，好像自己是真錯了，等等，這不正是原因之一嗎？於是乎，你批「中間人物」，只許寫英雄人物，我就搞個「三突出」；你片面地誇張地批判「寫真實」、「現實主義深化論」等等，我就徹底地反對「寫真人真事」，搞那種極其虛假的東西。在戲劇界，「文化大革命」前批判「有鬼無害論」「有益無害論」等等，也都是強詞奪理，給「四人幫」大肆禁演、整人造成口實。其實，除了恐怖、黃色和荒誕的鬼戲外，舞臺上出現鬼有什麼不得了呢？演出一些即使無大益也並無害處的劇目，給人們以娛樂、休息，又有什麼不好呢？何況，我們通過戲曲改革，整理、創作了好些有積極內容的新劇目（包括新編「鬼戲」在內）呢？

文藝界這兩年沒有很好滿足人民群眾的巨大企望，心有餘悸和「禁區」還相當多，刊物上真正有分量、有內容、有意義的文藝作品和理論文章還不多。應當看到群眾中還蘊藏著巨大的創作力量，有待我們去發掘、幫助和引導。人民群眾對文藝的強烈要求，應該引起我們注意。這些都應該與總結過去的經驗教訓聯繫起來考慮研究。當然，文藝領域這些年來的痛苦教訓，其來由和原因並不在文藝界本身，也不在文藝界領導。彭老總不是文藝界的人物，他的遭遇就充分說明上述種種並非文藝界的問題，恐怕

主要來源於多年來對整個國內形勢和階級鬥爭作了某種不符合實際的「左」的錯誤估計，離開了實事求是的原則，文藝則不過是這整個估計的一個組成部分罷了。陳伯達和某某「理論」惡棍利用這種估計，無端誣蔑和「批判」彭老總是所謂「同路人」，終於嚴重損害了國民經濟的發展，造成多年惡果；江青一伙也正是抓住、利用、誇大種種「左」的估計、提法，渲染文藝界走到了反革命的邊緣，通過批《海瑞罷官》打開缺口，大搞政治陷害，製造出了這十多年來的巨大歷史悲劇。這一教訓不應該好好總結一下以利於前進嗎？

（原載：《戲劇報》1979 年第 2 期）

兩點祝願

（一）加強審美的批評

《文藝報》改版，提兩點希望：

⋯⋯例如對《綠化樹》的兩種截然對立的評論，說它肯定了「左」或批判「左」，但似乎只是某種外在的社會學、政治學的評論，沒有緊緊地從作品本身給人的審美感受和藝術味道的特徵著眼。《綠化樹》確乎不同於《青春之歌》，它寫的知識分子的所謂思想改造不像後者那樣單純、明瞭和痛快，而要複雜得多。其中除結尾的敗筆和描寫饑餓等可貴的細節真實外，有對那原始、質樸、粗獷、富有生命力的闊大的美的歌頌，在這背景上襯托出知識者個體的渺小與淺薄；在這些「沒文化、無知識」的剛健的勞動者面前，一肚子學問文章滿腦子心思巧計的知識者是可以也確然會自慚形穢的。我曾說它有點屠格涅夫《獵人筆記》中描寫歌手等篇的味道，儘管作者說他並沒有讀過這本書。其實，其中還有一些像陀思妥耶夫斯基的東西：通過對肉體和精神的極度痛苦、折磨和摧殘來求得道德上的超升或靈魂的淨化：讀《資本論》就像讀《聖經啟示錄》，不好的家庭出身就好像被注定了的原罪⋯⋯本來，每個人總都是有缺點錯誤

的，在「全知全能」的上帝面前，便都可以感到自己有罪過，覺得需要改造，需要檢討、懺悔；正好像「文化大革命」一開始許多幹部感到自己的確犯了修正主義錯誤，需要好好檢查一樣。而每個人也可以就此尋根究底上綱上線，並通過檢討罪過、否定自己而得到精神上的寬慰和意念上的新生，即所謂「脫胎換骨」。二十世紀仍然演出這種道德神學式的狂熱，回顧起來，似乎是不可思議的愚蠢；然而，只要是過來人，便知道那是有其現實的、歷史的甚至人性上的根由。我曾問過張賢亮同志，引那麼多《資本論》是不是有點嘲諷的意義？他嚴肅地回答說，「沒有。當時確乎是非常認真的」。我完全相信他的話。本來，追求道德上的完善、精神上的聖潔又有什麼不好呢？它本來就是件值得畢生努力（所謂「活到老、學到老、改造到老」）的極端嚴肅認真的事情。中國儒家幾千年來有「一是以修身為本」的準宗教性的道德教義……

所以，你能因此否定《綠化樹》嗎？不能，它給你的感覺是複雜而真實的。作為藝術作品，這就夠了。文藝最忌諱的是假。只要是真的東西，就能牽動你的情感，豐富你的心靈，引起你的思索，這就行了。

什麼是真？必須是鏡子式的複寫嗎？恐怕沒有這樣的鏡子。與《綠化樹》迥然相異的《你別無選擇》（劉索拉），採用了遠非鏡子的音樂式的文學手法，但也很真。那是與《綠化樹》完全不同的另一代人的真。似乎瘋瘋癲癲、稀奇古怪，卻表現出在生活的荒誕無稽、無目的、無意義中要追求點什麼。如果說《綠化樹》

是在靈魂的淨化中追求人生；那麼這裡便是在認定人生荒誕中探尋意義。也許，探尋意義本身便無意義？也許，人生意義就在這奮力生活之中而並不在別處？加繆不是這麼寫過嗎？……這大概是我第一次看到的真正的中國現代派的文學作品。它並不深刻，但讀來輕快，它是成功的。

高德華斯和傑克‧倫敦有兩個短篇，都是幾十年前看的，但至今有印象。只不知這印象還可靠不？前者描寫一個小手工業者靴匠因競爭不過機器生產而失敗的故事，作者對靴匠寄予了極大的同情，描寫他如何正直、善良、工藝精巧等等，但他到底失敗了。誰的過失呢？誰也沒有錯。歷史就是這樣前進的。電影《鄉音》也很好地表現了這矛盾。我在理論上曾稱之為悲劇性的歷史二律背反。又如，黑格爾、恩格斯都說過貪婪的惡是歷史前進的槓桿，但是，文藝能夠去歌頌同情這種惡嗎？傑克‧倫敦描寫的是一個白人為賣高價運雞蛋自願歷經千辛萬苦挨饑受凍，而他所雇傭的黑人同伴卻極不了解極不願意的故事。前者似乎是資本主義「開拓者」的形象，而後者似乎是愚昧、原始、懶惰、沒有長遠眼光……但是，為賺錢、發財就甘願去吃那麼多的苦，值得麼？到底誰對呢？誰的價值觀念正確呢？

所以，問題是複雜的。文藝不同於科學，除情感因素外，在認識上也有其特點，它常常並不也不能提供或作出什麼準確的是非判斷對錯答案，而只是在玩味感嘆中引起人們去思索、去考慮、去探求、去發現。可見，外在的社會學政治學的評論固然有其必要，但遠非充分的。如果加強對作品的藝術意味和審美特徵的分

析研究，倒也許能在一定程度或範圍內減輕或避免一些無端打來的社會學的簡單棍棒。

（二）要有戰鬥性

逐步建立審美的批評有助於加強文藝評論的戰鬥性，因為真正的戰鬥性並不在棍子和帽子。隨著商品生產的發展，市場規律必然而且已經湧進了文藝領域，商業文化在開始泛濫。武俠、探案、明星照片不脛而走，銷路很大。怎麼辦？去迎合這種趣味和風尚？或者，《文藝報》閉著眼睛，不聞不問？這我是不贊成的。商品都有不同的檔次，何況文藝有不同層次的讀者，同一讀者也有不同層次的口味。《文藝報》以及有關部門應該就此作些專題研究和社會調查。我在一次座談會上說過，要分析研究為何通俗文學、為何武打、破案、性愛……為廣大讀者所接受。這裡面有心理學、社會學和美學的問題，要注意研究俗文學的特點，以了解為什麼讀者接受它。與我們的純文學不同，俗文學的一個特點，常常是要離開現實，搞些幻想的非現實性的東西，如曲折離奇的案情，神乎其技的武俠，刀光劍影，血痕足跡……，日常生活中根本不會遇到或不可思議的事情，在我們生活單調或疲勞的時候，就想看看這類東西。我們看武打電影、滑稽電影，看完後笑笑，很舒服。俗文學的另一個特點是人物單純，好壞分明。這當然公式化，但它本不要你老回味、思考，看過就可以忘。俗文學是一種世界性的現代文藝現象，它突出了本能與人性的關係。只有清醒地分析研究了，才能予以具體的分門別類的引

導。大量庸俗的、小市民趣味的東西是很難禁的，這裡不就需要文藝評論的戰鬥性嗎？這戰鬥性不是簡單的批評，而是認真的分析。所以戰鬥性與加強審美評論不但不對立，而且應該是彼此滲透的。

　　我不了解情況。也許正是為了逃避和反抗這種市場價值商業文化的侵襲，一些作家便跑到深山野林中，荒涼大漠中去歌頌那拙樸、原始、粗獷、純淨、嚴峻、神祕的生命力量，在其中感嘆、表達、歌頌人性，去探求那似乎是超時代超現實的永恆的人生之謎，的確創造出了一些在審美和藝術上有相當水平的好作品。但就我個人來說，卻總感到不滿足。正如沈從文的《邊城》儘管寫得如何美，我總覺得它並不代表三〇年代中國文藝的主流一樣，我希望能看到反映時代主流或關係到億萬普通人（中國有十億人，不是小國）的生活，命運的東西。這方面的作品也有一些，但在藝術上卻又差一點。我仍然認為，只有戰鬥才有人生。剛才提到的那些藝術性強的作品其實也如此認為，也如此描寫。但為什麼一定都要在那少有人跡的林野中、洞穴中、沙漠中而不在千軍萬馬中、日常世俗中去描寫那戰鬥、那人性、那人生之謎呢？像巴爾扎克、托爾斯泰、陀思妥耶夫斯基、曹雪芹、魯迅、卡夫卡那樣？當然，這要難得多……

　　戰鬥性這個詞現在似乎很不時髦了。但我仍愛引用它。我經常受夾攻，有人定我異端，有人罵我保守，還有一些莫名其妙的明槍暗箭、人身攻擊。就是為了自己，我也得戰鬥。其實，文藝家更可以盡量少受任何外來的干擾，「笑罵由他笑罵，創作我自為

之」。文藝是喜歡講人性、人情、人生的，創作道路與人生道路經常連在一起，作家們更應該自己選擇自己負責。

根據與《文藝報》記者談話整理

（原載：《文藝報》1985 年 7 月 27 日）

十九　電視劇藝術的多樣化

　　電視劇與其他文學藝術門類一樣，擔負著提高我們整個民族的文化素養和藝術欣賞水平的任務。我國目前還沒有多種多樣的娛樂方式和場所，不少人只能坐在家裡看電視，從這個角度看，電視具有某種強迫性，因此，電視工作者應該有一種強烈的責任感，與其「強迫」群眾看那些《八仙過海》，看那些概念化的說教，不如著重播映一些真正藝術性比較強的東西，「強迫」他們提高一點藝術修養。這麼來看待提高電視劇質量的問題，意義就大了。

　　藝術需要多樣化，因為正是在這種多樣中，才能更好地提高人們的審美水平，電視劇恰巧為多樣化提供了極大的可能性。它的自由性大，比電影大得多。電視劇可長可短，既有十幾集以至幾十集的連續劇，也有十分鐘、二十分鐘的小品文。我看了一個《小巷通向大街》，就覺得很好，時間短，但是藝術品。如果買張票到劇院裡去看一個這樣的電影就不可能。電視劇還非常活，可以政論，可以抒情，還可以非常快地將生活中的事件變成藝術作品。比如前一晌北京買菜困難，如果編一個電視劇反映買菜困難，大家就願意看，而這是電影趕不上的。

　　藝術的多樣化有其美學的根據，它適應了人的精神需要。就

拿穿衣服來說吧，時裝很流行，但服裝式樣老是變來變去。假如你認為這件衣服是美的，你就選擇這件，老穿這件好了，為什麼要變呢？因為人是作為感性個體而存在的，是一個有血有肉的動物體，不是一個神，也不是一個機器，人的感官、感知也有疲勞，這是生理的疲勞。再好吃的菜，你天天吃它，保證吃一個星期就不想吃了，所以慈禧太后要吃窩窩頭。感知需要變異。這是生理層次的需要，還有心理層次的需要。為什麼要旅遊？因為旅遊到一個地方，總覺得新鮮、好看。天天到北海去，你就覺得沒意思。好久不去了，再去看看，就覺得挺美的。在太緊張的時候，就不願意看緊張的作品，而願意看輕鬆的作品。我記得報上說，有人問從前線回來的戰士想看什麼，他回答說想看喜劇片。戰爭太緊張，他就想看點輕鬆愉快的。還有第三個層次的需要，這就是不同集團、不同地區的人的需要也不一樣，而同一個人也有不同的需要。愛因斯坦就喜歡看偵探小說。維特根斯坦也喜歡看，他認為看偵探小說所獲得的智慧，比一篇蹩腳的哲學論文包含的智慧要多得多。可見一個人文化上的需要和口味是多樣的。這說明藝術需要多種多樣，並不是只有一種藝術就是好的，只有一種招式就是對的。我們需要情節片，也需要非情節片；我們需要武打片、偵探片，也需要言情片，當然這裡有一個比例問題，但從美學角度來說，需要這樣做。電視劇更應該利用它的多樣化的可能性。

我覺得，馬克思主義的哲學不僅是批判的哲學，更重要的是建設的哲學。建設就包括兩方面：物質文明的建設和精神文明的建設。因此我們對文藝的理解，就不是簡單地為當前的政治服務，

而是一個怎樣建設人的心靈的問題。不是今天來改革，就宣傳改革，明天來節育，就宣傳節育。不是這樣一個簡單的目的，它是要建設你的心靈。而人的心靈是很複雜的，而這恰恰是人類進步的一個結果。人類思想是進步的，兩個方面的進步：一個是外在世界的進步，一個是內在世界的進步。外在的物質文明建設是很複雜的，現在可以上天，航天飛機是多複雜的技術！我們的心靈實際也變得越來越複雜，變得細緻、豐富、深沉了。藝術便創造著也借助於這個內在世界的進步。單純確有單純的美，希臘雕塑非常美，但是我們看了希臘雕塑並不滿足，還要有羅丹的雕塑，亨利·摩爾的雕塑。假使美只有一種的話，那就沒意思了，那將變得非常單調。但藝術恰巧多種多樣，豐富複雜。我在美學上強調人化的自然，有兩個「人化的自然」，一個是外在的自然，一個是內在的自然。內在的自然指人本來是一個動物，後來變成了人。人包括了動物性與社會性。社會性主要是時代的，還包括階級的、集團的、民族的等等。人性是動物性與社會性的不同比例、不同程度的綜合。藝術是培養人性的，所以我們說要「陶冶性情」，是要從一個動物的人變成一個真正社會的、時代的人。這可以說是藝術多樣化在美學上、哲學上的依據。

（原載：《文藝報》1985 年 11 月 16 日）

二十　略論書法

　　一個有意思的現象是，近幾年來書法熱和美學熱同時並興，平行發展，持續不衰。但兩者的聯繫卻又好像看不出。為什麼？我不清楚。聯繫不密切似乎說明用西方美學原理（我國的現代美學來自西方）來解說中國的獨有藝術，大概還不是件容易的事。而二熱同時興起，似乎又點明美學與書法有著走向未來的共同基礎。馬克思不早說過嗎，人們是按照美的規律來造形的，而到共產主義，人人可以是藝術家。今天、明天，會有越來越多的人在自己的生產和生活中自覺地追求美的規律，也會有越來越多的人來捉筆舞墨，寫意抒情。書法是每個人都可以自由遊戲的藝術。從離休退休的老幹部到年方幾歲的小兒童，如今不都在手握巨筆，率性揮毫嗎？這大概是歷史上尚未曾有的事。

　　書法如此廣大的群眾性和前景給美學提出了一大堆問題。美學屬於哲學，而哲學，根據現代西方學院派的觀念，是分析語言的學問。書法界關於抽象、形象的激烈論辯，倒首先在這一點可以聯繫上美學－哲學：如不對概念進行分析、釐定，不先搞清「形象」「抽象」等詞彙的多種含義，討論容易成為語言的浪費，到頭來越辯論越糊塗。

　　何謂「形象」？我想一般是指生活中各種現實存在的或幻想變

形的具體物象：山水花鳥，人物故事，體貌動作以及妖魔鬼怪等等。何謂「抽象」？則大概是指非此類具體物象的形體狀貌，如線條、色彩、音響等等。足見，「抽象」也者，並非無形體無物質結構之謂。園林裡的怪石聳立，寺廟中的香煙繚繞，沙丘風跡，屋漏雨痕……均為有形之物，而與形體全無的思辨抽象不同。思維抽象也有其物質載體的形狀符號，書法與它們的不同在於：作為思維抽象的物質形體的符號、記號（從大街上的紅綠燈到紙上的數學公式、化學方程……），指示的是一些確定的觀念、意義、判斷、推理……而書法及其他作為藝術作品的「抽象」卻蘊含其全部意義、內容於其自身。就在那線條、旋律、形體、痕跡中，包含著非語言非概念非思辨非符號所能傳達、說明、替代、窮盡的某種情感的、觀念的、意識和無意識的意味。這「意味」經常是那樣的朦朧而豐富，寬廣而不確定……它們是真正美學意義上的「有意味的形式」。這「形式」不是由於指示某個確定的觀念內容而有其意味，也不是由於模擬外在具體物象而有此意味。它的「意味」即在此形式自身的結構、力量、氣概、勢能和運動的痕跡或遺跡中。書法就正是這樣一種非常典型的「有意味的形式」的藝術。

　　書法一方面表達的是書寫者的「喜怒窘窮，憂悲愉佚，怨恨思慕，酣醉無聊不平……」（韓愈），它從而可以是創作者有意識和無意識的內心秩序的全部展露；另方面，它又是「觀於物，見山水崖谷，鳥獸蟲魚，草木之花實，日月列星，風雨水火，雷霆霹靂，歌舞戰鬥，天地事物之變，可喜可愕，一寓於書」（同上），

它可以是「陰陽既生，形勢出矣」（蔡邕〈九勢〉），「上下與天地同流」（孟子）的宇宙普遍性形式和規律的感受同構。書法藝術所表現所傳達的，正是這種人與自然、情緒與感受、內在心理秩序結構與外在宇宙（包括社會）秩序結構直接相碰撞、相鬥爭、相調節、相協奏的偉大生命之歌。這遠遠超出了任何模擬或借助具體物象具體場景人物所可能表現再現的內容、題材和範圍。書法藝術是審美領域內人的自然化[1]與自然的人化的直接統一的一種典型代表。它直接地作用於人的整個心靈，從而潛移默化地影響著人的身（從指腕神經到氣質性格）心（從情感到思想）的各個方面……

　　前面所引韓愈的話主要講的是人的自然化方面，即人的情感和書法藝術應該是對整個大自然的節律秩序的感受呼應和同構。自然的人化則表現為在審美捕捉和藝術物態化這個同構中無意識地積澱著社會性時代性的寬廣內容。漢碑晉帖，唐法宋意，明清個性……同樣的「憂悲愉佚」，同樣的「日月列星」，卻又仍然有所不同。它們仍然是積澱著不同社會時代特色的韻味風流。那麼，在今天，新的韻味風流，新的書法創造又該是些什麼呢？這不正是向書法熱和美學熱共同提出的問題嗎？

　　新時代的書法藝術是否一定要離開漢字去創造呢？曰：唯唯

---

1 我所說的「人的自然化」不是說退回到動物性，去被動地適應環境；剛好相反，指的是超出自身生物族類的局限，主動地與整個自然的功能、結構、規律相呼應相建構。

否否。那樣的確可以更自由更獨立地抒寫建構主體感受情緒的同構物，實際上它約略相當於抽象表現主義的繪畫。但是，獲得這種自由和獨立的代價卻是：（一）失去了繼續對漢字原有結構中的美的不斷發現、發掘、變化和創新；（二）失去書法藝術美的綜合性。

　　如前所說，書法的美本是獨立的，並不依存於其作為漢字符號的文字內容和意義；所以，斷碑殘簡，片楮隻字，仍然可以具有極大的審美價值。不過，中國人的審美趣味卻總是趨向綜合，小說裡有詩詞，畫面中配詩文，詩情又兼畫意，戲曲更是如此：集歌、舞、音樂、文學於一爐；即使手工藝品，也以古董為佳，因為除欣賞其技藝外，還可發思古之幽情。總之，似乎在各種藝術的恰當的彼此交疊中，可以獲得更大的審美愉快。書法何不然？掛在廳室裡的條幅一般不會是無意義的漢字組合，而總兼有一定的文學的內容或觀念的意義。人們不唯觀其字，而且賞其文，品其意，而後者交織甚至滲透在前者之中，使這「有意味的形式」一方面獲得了更確定的觀念意義，另方面又不失其形體結構勢能動態的美。兩者相得益彰，於是乎玩味流連，樂莫大焉。

（原載：《中國書法》1986 年第 1 期）

 舞蹈美學研究會成立祝辭

　　舞蹈，與音樂一起，是整個遠古中華藝術的魂靈，正如書法
（那紙上的舞蹈）是中國造型藝術的魂靈一樣。祝願這源遠流長
的偉大國魂伴隨著今日的民族振興而重新煥發，大放光芒，在藝
術中，在生活中。

1985 年冬

二十二　談工藝美術

　　事實上，我和這方面的接觸非常之少，只好說些外行話，總之是盛情難卻。但是我覺得這個公司的領導，在考慮工藝美術這個商品經濟時，不僅僅著眼在賺錢上，而是超出了這範圍。他們想到了藝術價值，提出了對這個古老藝術的保護和發展，這是從物質文明和精神文明的統一關係來考慮問題，很有遠見，很有氣魄。

　　在兩個文明的範疇內，工藝美術品的屬性問題，應該很好地研究一下。當然這是專家們的事了。不過，我想工藝美術品不完全是屬於吃穿用的吧？它屬於觀賞的一類，因此應該擺在精神文明這個範疇。可是很有意思的是，它又是可以買賣的東西。這說明它一方面在市場上作為商品具有一般的經濟價值，另一方面又不僅僅如此，它還有一個藝術價值。而在某種情況和某種意義上，這種藝術價值比經濟價值更重要。所以工藝美術事業的保護和發展問題，也就自然而然地提出來了。這一點我以前注意得就很不夠，恐怕和社會上的傳統意識有關係，即認為真正的書畫裡面有匠氣就不好，這是值得商榷的認識。我覺得這其實就是對工藝美術的一種貶低、排斥的作法。其實藝術本身就是從技術裡來的。「技進乎道」就是藝術，中國也好，西方也好，藝術這個詞本來

就是技術，達到一種最高水平的技術！正是從這個角度來看，我們才不應該把某些工藝領域內的最好的產品單純地當作一般商品而隨便賣掉，因為這些東西在以後常常就成為「只此一件」的藝術珍品。總之，在技術上達到了最高水平，這本身就屬於藝術，就應該考慮它的藝術價值，予以重視和發展。同時也應當看到工藝美術這種傳統的技術特點是手工藝，只要社會的物質生產越發達，機器生產越自動化，手工藝品的價值也就越高。正因為時間就是金錢，所以你花了那麼多時間，幾年或更長的時間，甚至是幾個老藝人好多年搞成那麼一個東西，這就絕不是任何機器產品所能比擬、替代或等價的。從這個角度來說，也應該珍視。所以，不管從哪個角度來說，從商品的角度，從勞動時間的角度來說，或者從達到完美境界的藝術作品來說，都應該受到人們和社會的珍視，不能僅僅把它們作為商品隨意處置。

這是一個現實問題，應該引起我們的領導和各界人士的重視並加以解決。

本文是在北京市工藝美術品總公司關於工藝美術的座談會上的發言摘要

（原載：《人民日報》1985 年 10 月 26 日）

 偏　愛

編輯同志：

　　我所捲入的爭論已夠多，不想再添新的了。但我也從不願掩蓋自己的傾向性。如僅就個人偏愛來說，我寧肯欣賞一個真正的歷史廢墟，而不願抬高任何仿製的古董。記得在成都，我對遊人冷落的王建墓非常讚嘆，這是五代藝術的真跡；而一點也不喜歡那著名的、掛滿了名人字幅的、虛構的杜甫草堂。當然，得再次申明，這只是我個人的審美興趣，與修復古物無關。如何？

　　握手

李　澤　厚

1984 年 9 月 11 日

（原載：《湖南日報》1984 年 10 月文化生活創刊號）

 《美學譯文叢書》序

　　1980 年 6 月全國第一次美學會議簡報說：「中國社會科學院哲學所李澤厚同志在發言中強調指出：現在有許多愛好美學的青年人耗費了大量的精力和時間苦思冥想，創造龐大的體系，可是連基本的美學知識也沒有。因此他們的體系或文章經常是空中樓閣，缺乏學術價值。這不能怪他們，因為他們不了解國外研究成果和水平。這種情況也表現在目前的形象思維等問題的討論上。科學的發展必須吸收前人和當代的研究成果，不能閉門造車。目前應該組織力量盡快地將國外美學著作翻譯過來。我認為這對於改善我們目前的美學研究狀況，具有重要意義。有價值的翻譯工作比缺乏學術價值的文章用處大得多。我對研究生就是這樣要求的，要求他們深入研究、批判現代美學某家某派，而不要去寫那種空洞的討論文章。」

　　這確乎是我對當前也只是當前中國美學情況的基本看法之一，得到了與會同志們特別是社會科學出版社的熱情支持後，就籌備出一套以整本著作為主的《美學譯文叢書》（單篇文章已出版有《美學譯文》刊物），以近現代外國美學為主，只要是有學術參考價值的，便都拿來，盡量翻譯，爭取書前加一批判性的介紹序文，但消化和批判主要仍交給讀者們自己去作。我想，博採眾家

之長，不拒一得之見，批判改造對方，以豐富發展自己，是符合馬克思主義的基本精神的。所譯的書盡量爭取或名著或名家，或當年或今日具有影響的著作。譯文則因老師宿儒不多，大都出自中、青年之手，而校閱力量有限，錯譯誤解之處可能不少。但我想，值此所謂「美學熱」，大家極需書籍的時期，許多人不能讀外文書刊，或缺少外文書籍，與其十年磨一劍，慢騰騰地搞出一兩個完美定本，倒不如放手先譯，幾年內多出一些書。所以，一方面應該提倡字斟句酌，力求信、達、雅，另方面又不求全責備，更不吹毛求疵。總之，有勝於無，逐步提高和改善。

　　願我們這個美學翻譯事業興旺發達。同志們，大家都來幫忙吧！

　　　　　　　　　　　　　　　　　　1980 年 12 月於北京

 《美學叢書》序

　　寫完了《美學譯文叢書》序後，再寫這個叢書序，頗感跼蹐。老實說，真正近代形態的美學輸進中國並沒多久，研究力量和經驗都單薄，對這門學科的掌握水平還不高，加上十來年的停頓和倒退，哪有可能出一套論叢呢？我不贊成憑空構造龐大體系，而具體的實證研究至今還很少人作……

　　怎麼辦呢？也不能光出翻譯書而沒有寫作成果。千里之行，始於足下。就在目前的狀況下，先試著出一些著作吧。字數可多可少，範圍盡量廣泛，性質、題目、體裁不拘一格，中國外國咸宜，介紹、論說均可，或專題，或綜合，或重資料，或談觀點，或理論評述，或文藝欣賞，或高頭講章，或論文匯集。水平不求多高，只要言之有物、實而不空就好。而文責自負，編者不問。但願它們作為前驅先路，斬榛劈莽，從各方面，通過各種方式，為我們中國的馬克思主義的美學研究積磚累瓦，並從而為開創一條走向燦爛未來的廣闊通道，為在美學領域裡樹立起腳踏實地的良好學風，貢獻出自己的力量。

　　是所望焉。謹序。

　　　　　　　　　　　　　　　　　　　　1980 年 12 月於北京

 《技術美學譯叢》序

　　五年前我寫了《美學譯文叢書》序和《美學叢書》序。今天來寫這個新譯叢序，使我感到非常高興。在〈談美〉一文中，我說，「天人合一，首先不是指使個人的心理而首先是使整個社會、人類從而也使社會成員的個體身心與自然發展處在非常和諧統一的現實狀況裡。所以我這個『天人合一』不是靠個人的主觀意識，而是靠人類的物質實踐來達到，靠科技工藝生產力的極大發展來作為基礎」（《李澤厚哲學美學文選》，第469頁）。我不贊成各種感傷主義的浪漫派，我不認為科技是造成異化的根本原因。恰恰相反，現代科技給了人類走向真正自由的堅實的現實基礎。在科學發現中存在審美的問題，在技術創新、技術改造中更存在這個問題。如何把審美的規律用到科技工藝，用到組織社會生產和私人生活，使它們更富有生命力和節奏韻律感，如何使我們的政經管理、機構效能、社會各部門的協同合作能選擇最佳方案，如何使每個人的個性、潛能得到充分發揮全面發展，總之，如何使合目的性與合規律性得到交融統一，雖然其中的美學基本問題已超出了科技範圍，卻是以社會的科技水平和生產力為根本基礎的。在今天尤其是這樣。這遠比文藝美學等等重要多了。所以，我主持編輯了這套技術美學叢書，希望開一個頭，更希望得到大家的支持、幫助和指教。

二十七　劉再復《魯迅美學思想論稿》序

　　再復要我為他的這本新著寫一篇序，這使我想起我們的書確乎很久很久不見有別人的序跋了。大概是怕「株連」之類的緣故吧，前些年人和人之間的交往和關係竟然小心謹慎到最好不留任何可以作為「把柄」的痕跡，更不必說這種「白紙黑字，鐵證如山」的東西了。這又使我想起一篇小說中描寫一個被迫害狂的「罪人」，他總是神經質地銷毀寫過的、見過的一切筆痕墨跡……。這偶發的聯想有些不倫不類，但總之，我們的書是很久很久沒有別人的序跋了。本來，又何苦雙倍地彼此牽連和一塊倒霉呢？

　　今後還會不會讓再復因為這本書上有我的序而倒霉呢？我不知道。但是，我想時代畢竟在前進。現在已經不是十八世紀的「康乾盛世」，而且也不是二十世紀五〇年代或六〇年代了。中國廣大的並且愈來愈增多的知識分子，看來已更難被哄騙威嚇，他們將不會再愚蠢而徒勞地踐踏自己的價值和尊嚴，他們將讀著馬克思和魯迅的書，理解歷史所賦予的重任，在黨的正確領導下，不怕風吹雨打，為十億人民的社會主義現代化而矯健地走在前列。

　　我們的書缺乏別人的序跋的另一原因，大約是過去的序跋不少是些無原則的吹拍捧場或說些「今天天氣哈哈哈」之類等於什麼也沒說的廢話，缺少和革掉這種序跋，應該算是一種進步。不

過，書有一些序跋總是更為人喜歡，人們——至少我是如此——總是要先看看這些序跋。魯迅就給別人和自己寫了那麼多的序跋或後記。

說了這許多，與魯迅的美學又有什麼關係呢？確乎沒有。但又似乎有。因為魯迅美學思想從來就不是關在屋子裡供人觀賞的花卉，從來就與作為整體的魯迅本人、與魯迅的創作、思想、人格、風貌不可分割。從描寫流著血的「過客」、在沙漠裡獨自撫摸著傷痕的戰士，到翻譯、介紹普列漢諾夫的美學理論，從複製珂勒惠支、《死魂靈百圖》到讚賞漢唐藝術、刻印《十竹齋箋譜》，……哪裡不是這同一巨大身影的不同側面呢？我在另一個地方曾提到中國社會有兩面鏡子：一是《紅樓夢》，一是魯迅。而魯迅的美學觀，當然是有關研究明鏡的重要課題之一。從提倡美育到引入、傳播馬克思主義藝術論，魯迅實際上是我們今天的美學工作者的先驅。我們的美學研究還貧弱得可憐，因此一定要攀上這位闊親戚才行。魯迅以其百科全書式的智慧、知識和審美觀念，給我們以無窮的教益。

記得是上初中的時候，就喜歡魯迅的書，不大懂也硬著頭皮看，而且越看越有味，似乎從中可以悟出些什麼道理來；但是，我卻不贊成把各種美妙的桂冠全戴在魯迅頭上。例如，儘管經魯迅而可以「悟道」，我並不因此認為魯迅是哲學家，有什麼系統的哲學理論需要去大衍發微，正如我不認為因為魯迅寫過礦物學的文章，進過醫學堂，談論過政治、教育兒童等等，就一定是了不起的科學家、醫生、政治家、教育家一樣。硬塞給魯迅一些他本

來沒有，也不會承認有的思想、情感、觀點、「立場」等名目，我
認為這是多年來魯迅研究中的一大毛病。但是，再復研究魯迅的
美學思想，我卻是贊成的。他下了許多功夫，我是佩服的。看到
第一次有同志對魯迅思想的這個側面，作如此詳細系統的探究，
自然感到喜悅。所以我就寫了這篇不大像序文的序。

　　　　　　　　　　1980 年 2 月 6 日於北京和平里九區一號

二十八 李丕顯《美學初鳴集》序

　　不知道別人也完全同我一樣否？我來美國已經一年多了，工作不閑，生活習慣，也有很好很好的朋友。這裡自然環境特別優美。我經常漫步湖邊，欣賞那各種各樣的早霞落日、冬凍春波。除了建築物和風帆樣式給人不同的感覺外，我似乎又回到了中國。自然猶相似耳，唯文化各殊。也許就是因為這個緣故？在這裡儘管一切順利，我卻總覺得少了點什麼似的。因之就非常喜歡閱讀國內來信，也盼望朋友們常有信來，講點什麼重要的或不重要的事情。打開信箱，看到有中文信件時，心裡總蕩漾著一種格外的喜悅。我知道我顧戀著什麼，但過去從未想到會這麼強烈，是那樣一種滋味。

　　不過，我的朋友們卻偏偏不來信或很少來信，來信也常是短短幾行而已。我知道他們極忙，現在正落實知識分子政策，大家幹勁十足，時間抓得緊，哪有工夫顧及我呢？然而，這仍然使我覺得氣悶甚至氣惱，有時想將來如何報復他們一下才好。於是，當今天意外地收到李丕顯同志的信，要我為他的書作序時，我覺得特別的高興，就一口答應了，並且即刻就寫。

　　照理，我不會這麼痛快。我會猶豫的。在國內，大半會拒絕。因為至少我應自覺避嫌。我和丕顯同志相識時間不長，平常來往

甚少，但他這本書中的好些文章卻大都是支持、贊同我的美學看法並批評別人的。「君子和而不同」，我若為此書作序，豈不有點違背聖人之道，大大有些「集團」或「集團的主觀意識」之類的危險嗎？提起「集團」，不寒而慄，儘管我也知道大凡憑空說別人如何如何者，大抵自己有此心病，大可一笑置之。不過很可能由於半輩子受到的攻擊已經夠多了，看到這些東西就有點條件反射，腦子發脹。所謂攻擊云云，當然不是指與朱、蔡諸位的學術爭論，也並不指過去那種正式的批判鬥爭，而是指那些不明不白、似有似無、好像非常嚴重而又模模糊糊、當面「你好我好」背後又暗槍暗箭的各種新舊武器。真是品種豐富，花樣繁多……。這確乎比那種鬥爭會更可怕。我讀魯迅的書，近來發現世上許多事情真有點「何其相似乃爾」，發現改變人原來真大不易。但同時也激發與之奮鬥的決心。可能這很有點唐吉訶德，因為自己經常就被這種意想不到的槍、箭射得暈頭轉向……。言歸正傳，我如今為此書作序，豈不又授人以口實，反而連累丕顯同志嗎？例如，丕顯同志是否會因我寫序也犯上「集團的主觀意識」了呢？但如今在海外，這一切畢竟有些淡漠，那些射擊也暫無切膚之痛。

　　也是為了追求真理，了解情況，我來到了這異域殊方。窗外下著小雨，已漸黃昏，北京應正好是侵晨。小雨似乎總帶來春天的滋味，那麼柔潤和甜美。這裡一位美學教授曾告訴我，他正在撰寫自然美的專著。我不知道他如何寫法。我想，他那美國專門家的欣賞和我這有著一番空想又兼半腹牢騷的中國遊子的欣賞，大概並不完全一致吧。自然美的欣賞是有不同種類和層次的，的

確需要各種專著來分析研究。所以，儘管遭人反對，我仍然堅持
審美心理的研究與美的本質的研究至少是同樣重要的，美學不能
完全等同或僅僅歸結為哲學認識論。丕顯同志這些文章過去讀過
一些，但畢竟記不太清了，但我記得，他在研究審美心理和美的
本質這兩方面都開了個很好的頭。我希望他繼續努力，多讀些哲
學和現代心理學、文化人類學的書，多思考，作出更多成績來。

1983 年 3 月於威斯康星－麥迪搎

（原載：《人民日報》1983 年 10 月 4 日）

二十九 祝《美學新潮》創刊

　　不遠千里，四川《美學新潮》編輯部的同志們，在出版前夕，要我趕寫一篇發刊詞，「為我們說幾句話」。盛意殷殷，情不可卻。但發刊詞是不敢寫的，只能寫幾句祝賀的話。

　　好幾年了，在中國的所謂「美學熱」竟持續不衰；愈來愈多的年輕人或自覺自願地或情不自禁地捲進了這個熱潮，我便遇到過搞環保工作的女大學生，學自然科學的研究生，年輕的海關檢查，僻遠鄉村的中學教師……層出不窮、銷路不壞的美學書刊也是一種證明。這都出我意料，是以前根本沒想到的。在世界範圍內，這似乎也是罕見現象。為什麼會這樣？我至今也不很清楚。

　　記得在美國偶爾談及這個情況時，一些人要我解釋。我只好說，這有多方面的原因。其中，中國沒有宗教傳統，而年輕一代卻有著對人生理想的執著追求，也許，「美學熱」與此不無關係吧？

　　所以，當這個由青年人獨立主辦的刊物發刊時，我不想再嘮叨美學的種種了。我看到的正是廣大的青年一代，帶著前幾代人所沒有的對動亂生活的深沉體驗、對生活真理的痛苦尋覓，帶著他們的回顧和展望，帶著他們的憂慮、感傷、歡樂和奮進情懷在勇敢地探索著；在文藝中，在科學中，在平凡的工作中，在領導

的崗位上。這一切，難道與我們時代的美沒有關係嗎？今天，那古典式的寧靜已經打破，喧囂的市聲在取代田園的牧歌，金科玉律的傳統邏輯開始失靈，面臨的是一個更豐富更複雜也更有趣的多樣化的世界。祖國、人類、生命、前途……，再一次以新的圖景和形式誘惑著美的追求者們。

有如編輯部給我的信中所說：「刊物起名《美學新潮》，我們的目的就是想讓它代表新的潮流。這既是學術問題的新，又是研究方法的新，更是研究者的新。……用這『三新』，在美學界形成一股勢頭，這一點我們一定要做到」。我沒有看到任何稿件，只看到創刊號的部分目錄。從這部分目錄中，我似乎看到了這「三新」。當然，我知道，在任何真正的創新之道上，今天正如昨天和明日，總會有彎路，有跌跤，有迷失。然而，我也知道，任何真正新生的勢頭總是不可阻擋的。從而，我們沒有理由去充當那舊時代愛吆喝的警官，只有義務去作支持新生者健康成長的土壤。

……
　我為你舉手加額
　為你窗扉上閃熠的午夜燈光
　為你在書櫃前彎身的形象
　當你向我袒露你的覺醒
　說春洪重又漫過了
　你的河岸
　你沒有問問

走過你的窗下時
每夜我怎麼想
如果你是樹
我就是土壤
想這樣提醒你
然而我不敢

（舒婷：〈贈〉）

我祝賀踏上旅途的新的開拓者們，我盼望他們的勝利。

（原載：《人民日報》1985 年 1 月 3 日）

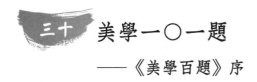

美學一○一題

——《美學百題》序

「美學熱」持續不衰，似乎愈來愈多的人對美學發生了興趣，想學習，想了解。於是，繼許多書刊之後，合肥中國科技大學的一些同志有是書之編撰。我未看到稿件，顧名思義，這該是一本簡明扼要地回答或解答美學一些基本問題的通俗或半通俗讀物。書的目錄，我看了，不能說使人很滿意，但畢竟涉及或接觸、紹介了許多有關的美學知識，對讀者應該是有幫助的。

「百題」者，大概是取這個數字有好記、圓滿、大全之意。不過事實上美學並沒有那麼圓滿。這裡，我倒想提出一個一○一問題：即學習美學要注意或具備一些什麼基本知識或基本條件？

我不打算擠進本書作者隊伍，所以只提問，不作答。但最近有些頭痛的事也使我想回答一條。這就是，學習美學特別是寫作美學文章，起碼要注意或學點形式邏輯。不要誤認美學即文藝或以為美學乃表現情感者，可以毫不顧及思維或論證的邏輯性、科學性。

之所謂「頭痛的事」云者，是近來仔細拜讀了幾篇批評我的美學大作，都洋洋灑灑，下筆萬言；有篇大抵是作者得意之作，在全國範圍內免費散發贈閱，一直贈到許多與美學無干的人（當

然是名人)手中,並也確被某科研部門看中,摘入「學術」新「動態」之內。兩篇都是反對我的美的客觀社會性的主張的。我這主張自五〇年代提出後,曾不斷受到各種嚴厲的駁難、反對;今天有新的批評,我本來應不意外。不料這次新批評又確乎使我意外得目瞪口呆。例如,我主張美是客觀的;他卻說,難道客觀的都是美嗎?你看那蒼蠅蚊子不都屬客觀,美嗎?我說,人化的自然是美的本質;他駁斥道,那樣,自然不就都變成了社會,自然不就消失了嗎?唯心主義!!!……當然他講得要曲折複雜得多,不過說穿了,就是用的這種論證。

於是乎,我只好張開大嘴,無話可說;想答辯卻不能,欲一笑置之又十分困難。因為,如果連形式邏輯也不遵守,如何能進行辯論呢?如果不辯論,這些文章又都口誅筆伐,極有氣派……。考慮良久,決定還是甘心被誅吧。因為「人是動物」推論不出「動物是人」,「加糖的水」推不出「加糖後,水就變成了糖」……似乎是頭腦健全的人的常識;不知為何,一到這些撰寫學術論文的大筆之下,就都變了。既然如此,又何必去分辨呢?美學如此,亦可哀也矣。

於是乎,我想「美學熱」畢竟並非好事,已經把某些人熱昏了頭。只顧寫文章出名,寫得玄祕難懂,似通非通,引上幾段馬克思,免費到處散發……,就可以發生影響,而且被作為重要的「學術動態」。

是不是「學術動態」呢?是,又不是。文中對我的批評,從五〇年代到八〇年代,好些同志表述得遠為清楚、尖銳、詳盡,

這些文章相比起來，實在遜色得多，以至搞到連形式邏輯也不講的地步，從而這似乎很難說是學術。但這種行文、辦事之法，又確乎是新動態。什麼動態呢？商業心理動態？成名捷徑動態？不得而知。而學術竟如此「動態」，亦可哀也矣。

於是乎，我想切切實實地普及些美學基本知識，編寫些美學百題，還是大有好處大有必要的。只是我狗尾續貂地添上這個一〇一題，不知作者們讀者們見怪否？

（原載：《人民日報》1985 年 7 月 17 日）

三十一　李黎《詩與美》序

看到李黎同志的新詩評論處女集《詩與美》，我既高興又感慨。

高興的是，終於到了出整本書為「朦朧詩」作全面肯定的時候了。「朦朧詩」終於度過了它那苦難的朦朧歷程，由貶詞變為愛稱，不但在海外，不僅在年輕人心中，而且也在所謂文壇中，在整個新詩的歷史上。

我決不申訴
我個人的遭遇
錯過的青春
變形的靈魂
無數失眠之夜
留下來痛苦的回憶
我推翻了一道道定義
我打碎了一層層枷鎖，心中只剩下
一片觸目的廢墟……
但是，我站起來了
站在廣闊的地平線上

再沒有人，沒有任何手段
能把我重新推下去

（舒婷：〈一代人的呼聲〉）

幾年以前，我曾這樣寫過：「⋯⋯在那些變形、扭曲或『看不
懂』的造形中，不也正好是經歷了十年動亂，看遍了社會上、下
層的各種悲慘和陰暗，嘗過了造反、奪權、派仗、武鬥、插隊、
待業種種酸甜苦辣的破碎心靈的對應物嗎？政治上的憤怒，情感
上的悲傷，思想上的懷疑；對往事的感嘆與回想，對未來的苦悶
與徬徨，對前途的期待和沒有把握；缺乏信心仍然憧憬，儘管渺
茫卻在希望，對青春年華的悼念痛惜，對人生真理的探索追求，
在蹣跚中的前進與徘徊⋯⋯，所有這種種難以言喻的複雜混亂的
思想情感，不都是一定程度地在這裡以及在近年來的某些小說、
散文、詩歌中表現出來了嗎？它們美嗎？它們傳達了經歷了無數
苦難的青年一代的心聲」（〈畫廊談美〉，載《文藝報》1981 年第
2 期）。這是 1980 年為「星星畫展」寫的。當時心裡想的卻主要
是朦朧詩。我想著在斗室裡悄悄地讀著《今天》油印小刊上的北
島詩作，我想著不斷傳來的對舒婷、顧城的斥責聲⋯⋯，一切都
似乎如此艱難，黎明的風仍那麼凌厲，我準備再過冬天⋯⋯。但
曾幾何時，卻已春暖花開，連小說園地也開始了千紅萬紫；我當
年把它看作新文學第一隻飛燕的朦朧詩，終於「站起來了」，不僅
有北島，而且還有楊煉和更年輕的一批，沒有任何力量、任何手
段「能把我重新推下去」了。時代畢竟在迅速前進，儘管要穿過

各種回流急湍，但一代新人的心聲再也休想擋住，歷史是這樣的無情而公正。我怎能不高興又感慨？！

我把李黎的這本書中的文章大體都翻了一遍。儘管沒有完全細讀，儘管我覺得文章還相當幼嫩粗略，儘管有一些看法我大概不會完全同意，但整個書稿強調詩歌評論要從感受出發，要分析意象，強調審美評論的重要性和獨立性，反對以「民族化」的名義排斥吸收外來東西等等基本觀點，我是非常欣賞和贊成的。

評論難寫，詩歌評論更如此。因為「詩家聖處，不離文字，不在文字」（元好問），評論卻要以文字準確地和細緻地講出詩的「不在文字」之處。李黎的書不但批判了多少年來文藝評論那種沒出息的依附性格和棍棒作用，而且提出了這樣一些建設性的莊嚴任務。我想他和他的年輕夥伴們一定會去努力探索、接近和實現它的。我們的各種評論將日益成熟起來。

（原載：《讀書》1986 年第 1 期）

三十二　馬正平編《意境論集》序

「意境」是中國美學基本範疇之一。在古代文獻中，已經有不少關於它的各種描寫和論述，儘管不一定都用「意境」這個詞。王國維提出「境界說」，把「意境」研討推到了新階段。王國維的美學思想，包括他的境界說的特點在於，它一方面是中國古典美學的繼承和終結，同時又是走向中國現代文藝的先聲。自此以後，關於意境和中國文藝現象的許多討論，便經常是或聯繫或借用西方一些概念、理論或詞彙來加以比較、研究或論說。把「意境」以及中國文藝和美學思想放在世界標準的光照之下來加以驗證，因此也才有所謂直覺說、典型說等等。

四川南充馬正平同志不憚煩難，收集編選了自王國維以來的多種有關意境的不同觀點和論證的文章，字數總計在數十萬字，相當齊備。編寫者還有他的長篇評述。這本書對於一般讀者和研究者們來說，無疑節省了許多翻檢之勞，所以是一件有益於學術的好事。

其中，也收選了我1957年夏天發表的〈意境雜談〉一文。這幾年國內學術發展的迅速和對意境問題探討的深入，使我已經沒有勇氣去重新閱讀自己的舊作和這篇文章。當年憑著那股年輕勁頭，不管地厚天高，便在一篇文章裡上下古今地談了一大通這個

艱難的題目。居然這篇文章竟發生了一些影響,至今還有好些文章徵引它或批評它。這使我真有點感愧交集,臉紅而無所措手足了。

我想,如果讓我今天再寫這個題目,大概會不同一些,看法和說法大概都會有些改變。雖然我仍然認為「意境」是有關藝術作品的本體性範疇,但大概會從人生境界的角度來談論它們,也會注意從中國人的文化心理結構的整體背景上來考慮它的內容、意義和地位。如果再與西方典型說相比較,大概會提出更多的異同,而不只停留在形神情理四因素的簡單分析上。

但畢竟是三十年前的舊文了。我儘管不滿意,已沒有時間去重寫它。只好借馬正平同志要我作序的機會,先作這個聲明吧。最近幾年來,「意境」問題似乎越來越被重視,一定會出現越來越深刻越細緻的文章論著,我這個聲明大概也屬多餘了。

希望不久能看到有關「意境」問題更新的成果,更新的論集。

三十三　王世仁《中國建築的民族形式》序

　　我不懂建築，王世仁同志要我寫序，又推不掉，只好誠惶誠恐地亂說幾句。既惶恐，又亂說，這有點矛盾，但只好如此。

　　這本書的好些文章，或在發表前或在發表後，我大體都看過，雖然看得很不仔細。當年王世仁同志在哲學研究所美學研究室工作的時日，我們也相互交換過一些意見，雖然談得並不太多。但總起來看，我們的一些看法是大體相近的。例如談及建築的民族形式等問題時，便如此。

　　我可能屬於頑固派，雖不懂建築，卻依然一直堅持六〇年代初自己文章中的好些基本看法，如認為建築的「民族形式、傳統不是原封搬用古代某些固定的技巧、格式、形象（如紅綠彩色、對稱結構、大屋頂等），而是在新的實用目的、新的材料技術的藝術運用的前提下，來批判地繼承古代建築所表現出來的民族精神和氣派（如平易近人、親切理智、恢宏大度……）和造成這種氣派的某些傳統的形式結構原則」（見拙著《美學論集》，第 397頁，原載《文匯報》1962 年 11 月 15 日）。在文化藝術中，我一般非常討厭那種脫離甚或違背現代性來強調所謂民族性，或把某種固定、僵硬的外在形象、框架、公式當作民族性的理論和創作。總之我反對用「民族性」來排拒現代性。其實，中國民族性的特

徵正在於，它極善於大膽吸收消化外來事物，作出適合於自己的
現實生存和發展的獨立創造。這才是中國人真正的歷史精神和民
族風貌。

王世仁同志的文章，從「明堂」講到寶塔，既有宏觀的鳥瞰，
又有細部的討論，例如關於中國建築中的數的問題，等等。後一
方面是我更感興趣的，特別願意介紹給讀者，並希望王世仁同志
會寫出更多更細緻的論著來。

1986 年 1 月

三十四　朱亞宗《人類思想的巨人——愛因斯坦》序

　　我和作者朱亞宗同志並不相識。我們共同的朋友崔之元同學給我來信說，他是 1981 年畢業的復旦大學哲學系研究生，與丁學良、陳奎德、謝遐齡同班，並說他這本書「受到您《批判哲學的批判》中關於愛因斯坦與康德（自由想像與非演繹非歸納）關係論點很大啟發」云云，希望我寫篇序。丁、陳、謝諸位我都見過面，廣泛交談過。復旦哲學系近些年學術氣氛似乎比較活躍，在開始湧出一批人才。所以，儘管我未能翻閱這部書稿，只能寫幾句題外的話，但看到哲學系的年輕同志們在不斷寫書、出書，無畏地發表議論，這使我這個老同行感到非常喜悅。

　　確乎應該好好想一想哲學和哲學史如何搞下去的問題了。據我所知，五六〇年代以來，搞哲學或哲學史的師生便很少有人研究愛因斯坦，更不用說其他的科學家和科學思想了。西方哲學史只講到黑格爾和費爾巴哈，再加點車爾尼雪夫斯基，以後便均屬「反動」；科學也只大講十七世紀「三大發現」，現代便均屬「偉大的科學家、渺小的哲學家」。但是，這樣行嗎？現代科學給哲學提出了一大堆問題、事實和意見，現代第一流的科學家，例如從玻爾到玻恩、玻姆，從普里高津到惠勒，都在不斷地考慮、寫作、

討論哲學問題，不但在方法論、認識論、宇宙觀領域，而且也在
人生觀、倫理學等方面。自然科學在日益走入人文領域，並將日
漸與社會學科融合起來。科學哲學中的歷史主義也反映出這種勢
頭。所有這些，難道不應該引起搞哲學的同志們關心和重視嗎？
我們還能故步自封，只重複恩格斯講的「三大發現」而置愛因斯
坦和現代科學思想於不顧嗎？

　　我是異常欽佩愛因斯坦的。不但為他的偉大科學貢獻，不但
為他那雖不系統、清晰卻仍然深刻、準確的哲學觀念，而且也為
他那反納粹的英勇精神。他與卓別林在希特勒不可一世、氣焰十
分囂張，幾乎舉國若狂行舉臂禮的歲月裡，在像海森堡、海德格
爾這樣一些科學界哲學界的大人物或俯首屈從或衷心信服的時
候，他們卻大聲疾呼，揭發批判，欲挽狂瀾於既倒。這在今天看
來也許簡單，但在當時黑白混淆是非不明的時刻，卻是多麼需要
判斷力和勇氣啊。偉大科學家和偉大藝術家的「良心」，總是指向
人類的善的。

　　我沒能看這部書稿，無法評論其好壞。但我以為，以愛因斯
坦為主題，寫出來，能出版，就是成功。不好可以重寫，再接再
厲。而愛因斯坦，看來也遠遠不是一本書就能寫完的。

　　是為序。

（原載：《書林》1985 年第 5 期）

三十五　劉長林《「內經」的哲學》序

　　長林要我給他的《「內經」的哲學》寫篇序，說得很早，我當時貿然答應下來；如今，事到臨頭，卻寫不出，真不知如何是好。看來，只能隨手寫點感想性的東西了。

　　自己從小就極愛讀魯迅的書，對魯迅佩服得五體投地。但對他關於中醫的一些議論，卻總有些半信半疑。到二十歲的時候，終於不相信「魯迅論中醫」了。記得當時想考醫學院，動機之一，便是想在西醫基礎上來研究中醫，當年還和一些同學說過這種看法。以後解放了，我終於沒有學醫，雖至今引為遺憾，也無可如何，誰叫自己被當時對哲學社會科學的熱情捲走了呢？「再回頭已百年身」，只好羨慕人家了。但儘管如此，我對中醫問題仍然注意而有興趣，長林幾年前要研究中醫，我自然舉雙手贊成。記得1977年春天還和他一起去中醫學院聽過十幾堂課，聽講《傷寒論》之類的東西。所以，雖不懂，心嚮往之，固久矣。

　　建國以來，提倡西醫學中醫，提倡用現代醫學研究中醫，很熱鬧，具體情況如何，我不很了解。總的成果似乎與理想相距尚遠。道理在哪裡呢？當然這不是我所能妄說的。但有時也想，其中是否有一個對中醫整體理論缺少足夠認識的問題呢？中醫理論產生在中國很古很古的年代，包裹著種種今天看來頗為牽強附會、

稀奇古怪的觀點、思想和說法，例如什麼「天人感應」「五運六氣」之類，因之極容易被現代人們斥為迷信，視同胡說，特別是在近現代如此發達的實證科學，在顯微鏡、透視機的比較對照之下。然而，奇怪的是，數千年的實踐經驗，也包括今天極為廣泛的實踐經驗，卻又仍然不斷地證明著中醫講的理論。就比如說經絡理論吧，不僅有其存在的根據，而且還頗為靈驗，儘管至今經絡的物質實體始終沒有發現。而經絡理論與中醫的五行學說、藏象理論又是不可分地聯在一起，構成完整體系的。只此一例，似即可說明，如何準確地判斷、分析、估量作為整體的中醫理論的重要性了。我以為，中醫決不只是幾張有效的常用藥方，幾點破碎的臨床經驗，幾個簡單的辨證觀念……因此，長林從系統論、控制論一般原則的整體角度來講中醫，便有可能抓住要害。至於抓住了什麼和如何抓住的，請看此書，無容我說。

　　記得在 1977 年春天聽課回家的路上，我發感想說，西醫的方法是從具體到抽象，中醫相反，有點從抽象到具體的味道。西醫看病，問了某些病情病況後，經常把它歸入某類某病，一般即用治此病的普遍法則治療，注射青黴素，敷石膏，服雷米封等等。中醫則從它那套抽象的陰陽五行的原理出發，結果卻非常具體地落實到此時此地此人此病來「辨證論治」，所以春秋朝暮，方頗不同，男女長幼，治病異樣……中西醫治病均有常規，中醫的常規則似乎充滿著更多的靈活性、變異性和多樣性，甚至有點「不可捉摸」式的「神祕」。中西醫的這些不同是否蘊含著某種道理呢？我常以為，現代醫學大概需要再發展幾十年之後，才可能真正科

學地嚴密地解釋和回答中醫憑千百年經驗所歸納和構造的這一整套體系。因為目前西醫的科學水平還處在局部經驗概括的理論階段，對作為整體性的人的生物—生理機制還極不了解，也就暫時還不可能真正解答中醫所提供的種種實踐經驗及其理論體系，儘管這個體系攜帶著那樣明顯的落後時代的深重痕記，那樣直觀、荒唐、牽強、可笑……

　　既然從科學上來全面徹底地解析中醫體系目前尚非可能，於是從哲學上來予以研究估量，現在就顯得更重要了。哲學可以比科學先走一步。這種先行的意義在於從根本上指出今後研究、對待和發展的方向。長林的書於此作了可貴的努力，指出中醫五行藏象學說的樸素的系統論性質。他的好些分析是細緻的、深入的、實事求是的。它盡可能地給以後從這個方向這個角度去進行具體的科學探索提供理論觀念的依據。而哲學的重要正在於提供一種新的觀念、新的角度、新的眼界。

　　講到哲學，又不免想發點議論。多年以來中國哲學史的研究，總喜歡固守於某家某人，特別是幾個熟人，無非是孔孟老莊等等。並且，講來講去，總是世界觀、認識論、歷史觀、社會論……如是云云，實在乏味。一部活生生的中國哲學史弄成了羊肉串，卻很少去研究中國哲學所體現出來的我們這個民族的精神、氣質、思維方法等等。其實，像《內經》這部書所表現的中國哲學的特徵就極為鮮明：陰陽互補、五行反饋、動態平衡、中庸和諧、整體把握……這樣一些思維方法、觀念、習慣乃至愛好，不是至今在中國人的實際生活中仍然起作用麼？如何研究、分析它們的歷

史成因、現實意義和優點缺點，不正是中國哲學史本應承擔的任務麼？我們這個民族及其文化遺產、精神氣質確乎源遠流長，有它許多極為嚴重的毛病，也有它頗為優良的傳統。中醫和中哲在這兩個方面都表現得很突出。如何總結它們，分析它們，以提高我們適應現時代的自覺性，難道不是一個重要問題嗎？長林的書在這方面，我以為也是具有啟發性的。

答應兩千字的序文快寫完了，其實還有話想說。例如中國的陰陽有對實體、功能和屬性相當具體的規定，大不同於西方和我們現在講的「矛盾」，其性質和價值何在？這既是中國醫學也是中國哲學的重要問題，同時具有一般理論的意義。像這類問題還有許多，是很需要進一步深入研究的，但我這個序文卻該結束了。

（原載：《讀書》1982 年第 1 期）

三十六　何新《諸神的起源》序

　　記得已經兩次寫過，我雖不搞考據，卻特別喜歡讀一些考證精當的文章。這似乎有點像我從小就不愛猜謎，卻一直欣賞那些做得很好的謎語一樣。因為它們確乎是相當高級的智力遊戲，一語破的，快何如之？可以給人以智慧的愉快。何況讀精彩的考證文章，又遠不止於智力遊戲，而且還有一種發現真理的強烈的喜悅。所以我多次說過，我非常讚賞和羨慕這些能考出「絕對真理」來的朋友們。

　　何新是我的老朋友了，他好讀書，求甚解，斐然成章，多才多藝，除辦事利落絕無書生氣外，文章寫得也不少，涉及面相當廣。但我喜歡的卻是他的那些考據訓詁文章。例如他對「儒」「德」等字義的考證，文章很短，卻頗有新意，使我油然而生「夫子言之於我心有戚戚焉」的感覺。這本講太陽神的古史考證，我雖未及細讀，但大意是知道的。何新把上古神話歸結為日神崇拜，倒使我想起臺灣的杜而未先生依據德國學派的理論，把中國古代神話歸結為月亮神話。他們二人正好交相輝映。可以競賽一番。我不懂上古史，更無權判定，不過我的感覺，何新的考據和論證似乎比杜先生的要高出一籌。門外狂言，不知專家學者們以為然否？

考據是中國傳統學術之一，古已有之，於今雖未為烈，但仍有不少治者。可惜其中平庸者、考了半天仍不知所云者相當之多。對比起來，何新就顯得有特色了。

之所以有特色，我想，原因之一在於何新有現代文化人類學的知識和觀念背景，這樣就可以改變角度，突破傳統，邁越前人，不再停留在乾嘉以來或《古史辨》以來的那老一套上。看來，雖考據也在隨時代而變化，也須憑藉近現代科學成果來開拓新局面，致使一代有一代之所勝，這是值得欣喜的。

（原載：《文匯報》1985 年 11 月 4 日）

三十七　金春峰《漢代思想史》序

　　金春峰同志要我為這本書寫序，我非常痛快地答應了。我願意寫這個序。

　　之所以願意，原因之一大概由於這本書對漢代思想的一些基本看法與自己的觀點不約而同，大體接近。當然，也有許多不相同的地方，例如，我對《淮南子》的評價很高，老金卻恰好相反，評價甚低。

　　大家都承認，漢代是中國歷史上一個非常重要的時代。但幾十年來對漢代思想卻研究得很少。徐復觀有三本《兩漢思想史》的論著，大陸學人很少見到。徐書有好些可取之處。它對漢代專制政權摧殘知識分子詳加發掘，大書特書，證明文字獄由來已久，為前人所未道或語焉不詳者；但由於這些論證似乎總有某種另外因素蘊藏其中，就不免顯得片面或偏頗。特別是對漢代作為綿延數百年的統一大帝國在思想史上的投影的積極方面重視太不夠了——而這，畢竟是事情的主要方面。

　　不是嗎？中華民族之有今天，十億人口，廣大疆域，共同文化……，難道不正是由漢代奠定其穩固基礎嗎？物質文明是這樣，精神文明方面，例如中華民族的文化——心理結構，不也正是基本形成在這個時期嗎？所以我不同意大多數哲學史著作對漢代思

想主流低估輕視、一筆帶過或橫加抹殺的流行看法,便寫了篇〈秦漢思想簡議〉發表了。

但我那篇文章是一種粗線條的輪廓勾畫,非常疏陋簡略;雖然自己還想繼續作些細緻的探究,但看來如同想作別的細緻研究一樣,是不大可能了。如今看到春峰同志在開始作我想作而未能作的工作,並且根據大量材料得出的基本結論與我相似,例如經驗論的理論水平、陰陽五行的普遍模式、以儒家為主幹的吸收過程和儒道互補等等,似足證吾道不孤,當然很高興,而且願意寫這個序。

中國文史領域近來似乎著作不少,看來相當熱鬧;如究其實,陳陳相因的東西仍然太多,而未開墾的荒地到處都是。我們這一代知識分子大概都下鄉勞動過,很多人墾過荒,都知道開荒不容易,是要費大力氣的。但也都知道,開荒之後,播種灌溉,就會有豐碩的收成。處女地特別肥沃。

於是,我盼望著秋收。在秋收時當然不應忘記這本書的開荒和春播。

我願再一次吶喊春天,吶喊能播下各種學術種籽的希望的季節。

1984 年 6 月

劉笑敢《莊子哲學體系與莊學演變》序

　　這是一篇成功的博士論文，是一本好書。其好有二，一曰全面，二曰新穎。本書上篇講考據，中篇談思想，下篇論演變，幾乎觸及了莊子研究的全部重要問題，涉及了、評點了各家議論，是解放後少見的全面論述莊子的學術著作。不過全面倒又並非此書主要特點，更為重要的是，此書各部分都饒有新意。

　　作者在前篇中，從漢語詞彙的使用特徵來考證《莊子》內篇與外雜篇的同異，用全面統計的方法來準確計算詞語和內容的出現情況，這顯然引入了現代科學觀念和方法，遠比過去那種引幾條材料就下斷語、就定案作結的考據傳統常規，要高明得多。看來，考據領域內也不是不可以改革和現代化的。特別是對今天那些自以拿出幾條材料就能嚇唬人打垮人的人來說，劉著的考據應該使他們清醒一下才好。

　　作者在中篇中細緻地剖析了《莊子》一書中的「道」「命」等基本概念的多層含義，揭示了莊子哲學是「安命」而非宿命，是懷疑論而非不可知論，揭示了精神自由與遷就現實的尖銳矛盾，等等。其論點雖多與時賢有異，我卻願引為同調，因為我以為他這些論點、論證是有道理有分析有說服力的。他所說「莊子哲學

中既有至高無上的『道』。又有通於天下的『氣』。既講安然順命，又講絕對自由；既有懷疑主義，又有理想主義；既有辯證法，又有詭辯論；既有與人不爭、安時處順的一面，又有傲視權貴、放達不羈的一面；既有對現實的深刻觀察和批判，又有對現實的冷漠超脫。這些不同側面在莊子哲學中都是有機地聯繫在一起的」。我以為，這基本上抓住了莊子的矛盾特點。

作者在後篇中將《莊子》外雜篇按思想脈絡分為三派，也持之有故，言之成理。它把向來混沌一團糾纏不清的問題作了明晰的表達和區分，對進一步探究，指出了一個很好的方向。

總而言之，儘管有些看法與自己不盡相同，儘管對莊子哲學的形而上學的深度發掘還很不夠，但我認為，劉著是本有見解有功力的書。比起來，我自己那兩篇講莊子的文章就顯得單薄多了。「後生可畏，焉知來者之不如今也」，這大概是確定不移的事實了。近年來我看到與本書作者年齡大體相同的和比作者年紀更小的一批又一批年輕學人的出現，他們的確前程無量。在不久的將來，各個學術領域都必將是他們的天下。我慚愧，但更欣喜。「後之視今，亦猶今之視昔」，結論不應是「悲乎」，而該是「不亦樂乎」。

是為序。

三十九　楊煦生編《傳統文化的反思》序

　　繼前幾年人道主義討論熱之後，近年來興起了中西文化的探討熱潮。有意思的是，好些年輕學人如研究生大學生們特別關心和積極。

　　前幾年的人道、民主、科學的重新吶喊，使人懷想起五四，這一次又如此。「四人幫」垮臺後，科學與民主、西學與國粹、世界與中國向何處去等等問題，再次進入了人們思索的中心。五四時期的好些看法、論點、意見、爭論重複地呈現出來。全盤西化嗎？東方的精神文明勝過西方的物質文明嗎？馬克思主義在中國能行嗎？……似乎被再一次提出。

　　難道歷史真如此喜歡開玩笑，繞了一個圈子又回到原來的起點？時間已經過去了七十年，難道今天二十幾歲的年輕人還要再次考慮、思索、選擇他們的祖父輩幾十年前想過、做過的事情？……

　　似乎不能如此。今天不應也不會停留在五四水平。今天的確是東西方文化空前地全面碰撞，但西方已經經過了帝國殖民主義階段進入晚期資本主義時期，中國也經歷了幾十年的血火洗蕩，情況有了很大變化，今天中國文化將不再被救亡、禦侮、革命所打斷，而真正第一次面向世界，與西方文化交融會合。但是，如

何走法呢？如何洗滌自己身上的封建層泥厚垢，以真正「自立於
世界民族之林」呢？這的確值得深思，所以也就有了這種文化熱。
我們年輕的一代是擔負著世界的和中國的這種種豐滿而痛苦的歷
史經驗，來重新思考、探索、追尋中西方文化交流的内容、性質
和意義，來掀起這個文化熱的。他們決不會去「宏揚國粹」，也不
會空喊「西化」，而將具體、深入、細緻地去作許多介紹、比較、
分析、研究和討論。

　　我只讀過這本書中的一部分文章，看了一些提要。我仍然喜
歡那些題目比較細小、論證比較具體的篇章。這本小書顯然只是
一個開頭，開頭總不免有某種模糊籠統幼嫩粗拙的毛病。但同時，
它也許只是浮露在海洋水面上的冰山尖頂，那麼，潛藏在底下的，
便是具有巨大力量和體積、並終有一天將表現出自己的「硬貨」。

　　但願如此。

《青年論壇》創刊寄語

　　剛寫完和寄出四川青年們主辦的《美學新潮》的祝詞，武漢《青年論壇》的編輯同志即來催稿，因為我一個月前已經答應他們寫幾百字。真好，能在這麼短的時間內連續為兩個全國性的青年刊物創刊祝賀。的確是時候了，是我們年輕一代在社會科學、人文學科領域顯示自己力量的時候了。

　　這個力量因為種種原因曾經被忽視、被低估、甚至被壓抑。閃灼著新知洞見的稿子在抽屜裡或櫥櫃中積壓塵封，嘗試開關新探索的文章或被看作奇談怪論、根底不實……。當然，年輕人的處女作、新產品總有著各種各樣的毛病：幼嫩、單薄、論據不足、說理未透，甚至有時還想入非非，走火入魔……。但是，所有這些又有什麼了不起呢？大樹不能一天長成，而聖人也難保不說錯話。只要他們是在科學地、嚴肅認真地攻讀、思考、探索、研究，我們就沒有權利去嘲笑或阻攔。青年一代對祖國對人民的激昂熱情和忠誠赤膽，我是親身感受到了，我完全相信他們。

　　我不懂經濟學，編輯部送來的創刊號有關經濟的文章連題目我也沒看，文史哲方面的稿件也只用一個小時翻了翻（編輯坐等，而我也缺乏足夠時間），我的確對好些文章的質量並不滿意：題目大而論證少，分析不夠而空話略多。我想如果送到別的地方，很

可能要被擱置或退回。從而，這倒使我更加支持他們了。因為不管如何，這些作品表現了年輕人的好些新想法、新嘗試、新思路和新問題，即使極不成熟或極為粗糙，但至少反射出要求改革以求前進的意願。而目前，社會科學和人文領域裡正是多麼需要改革來適應國家前進的形勢和四個現代化的要求啊。我相信，隨著經驗的積累，學識的增多，思想的成熟，理論的提高，他們在科學路上會愈走步子愈堅實，愈走道路愈寬廣。並且，總有一天，我們的青年理論工作者將一如體育健兒，昂首挺胸在世界學術論壇上雄談闊論，震撼四方。我盼望著、期待著。

《青年論壇》設有「批判封建主義和其他錯誤思想」的「箭響林」專欄。這使我也很高興。我們要批判資產階級錯誤理論和思想。但幾千年來封建主義的陳污積垢難道不要認真批判嗎？難道不應該讓它隨著農村小生產局面的改變而徹底清除嗎？林彪、「四人幫」用穿著社會主義衣裝的封建主義來反所謂資本主義的歷史教訓，難道不該繼續總結清理嗎？難道這些不正是中國活生生的實際嗎？總結過去，展望未來，如何遵循馬克思所指出的方向，朝著二十一世紀，密切結合中國實際，在各個方面都創造性地走出一條中國化的社會主義道路來，這的確是任重道遠、匹夫有責啊。青年理論工作者們，讓我們攜起手來，克服困難，奮力前進。

（原載：《青年論壇》1984 年創刊號）

四十一　破「天下達尊」
——賀《青年論壇》創刊週年

　　孟子曰：「天下有達尊三，爵一，齒一，德一」(《公孫丑・下》)。這個幾千年來的不成文法，至今在社會生活中仍非常有效。這種有效在某些方面也許有其合理度和「優越性」，但它深深浸延到學術領域，卻並不一定是什麼好事，連開學術會議也得報官銜、標職務 (不是學術職稱而是「長」、「書記」、「主任」之類)，年高爵大，自然「德劭」。官銜大和鬍子長、頭髮白的便必須或列前排或坐中央，或首席發言或最後總結。開會倒也罷了，無奈發文章出書籍也常按此辦理。

　　這對三者全無而且憨頭憨腦、毛手毛腳的年輕人就頗為不利。於是乎，開會發言只好「闇闇如也」，未必能侃侃而談；寫文章也只好溫吞如也，不得「立異標新」。於是乎，年輕人也就積累了一大堆委屈、牢騷和私下議論，「地火在地下運行、突奔……」，終於「突奔」出了個《青年論壇》：年輕人辦起自己的刊物來了。他們自己主編，自己負責，自己組稿、審稿、定稿、發稿，不再求名家批准，不再需齒、爵審閱。看來，《青年論壇》帶了個好頭，這是第一點可賀的。

　　《論壇》創辦時找過我，我寫了篇小文略表支持。落筆時，

在我面前浮現的是這些年來常見的那些認真而頗有些傲氣的面
容、手勢、言語以及信件。我從不懷疑他們的熱情和力量，但我
總擔心他們文章的學術質量。我對他們強調，不要發那些只圖一
時痛快卻經不起科學推敲的文章，免使刊物剛開頭就砸鍋。結果，
一年以來，刊物不僅沒砸鍋，持續辦了下來，而且據說反應還不
錯。這說明年輕人比我實在要高明得多。這個刊物的確發表了好
些在別處較難看到的饒有新意、頗具膽識的文章，提出了或初步
論證了好些相當尖銳和敏感的理論問題與實際問題，這恰恰是飽
學之士、老師宿儒們所未敢輕易下筆的。儘管這些文章欠成熟，
有毛病，但它清楚地顯示了年輕一代強烈追求改革的理論銳氣和
朝氣。像〈為自由鳴炮〉（胡德平）發表以後，《人民日報》理論
版轉載了。像〈論一九五七年〉（沈揚）、〈胡風系列研究序（上）〉
（萬同林），論及了至今學術界似乎還沒人碰或沒人敢碰的問題。
其中〈論一九五七年〉的好些論點是具有相當深度的。《青年論
壇》敢於在學術上提出問題，研究問題，打破人文學科的陳舊格
局和迂腐學風，這是第二點可賀的。

我在創刊號的文章中曾不客氣地批評說，「題目大而論證少，
分析不夠而空話略多」。我原想，這些話大概會因不愛聽而被刪掉
或改動。結果，他們不但欣然接受，隻字未動，而且這次還特地
要我再公開提些意見。年輕人比我要寬容大度和更有理性。這使
我既感動又慚愧且為難了。因為忙於別的事情，他們的刊物我很
少看。有的文章看過也淡忘了。倘僅就沒忘記的上述兩篇文章說，
我雖肯定，但也有意見：〈論一九五七年〉畢竟只是個研究提綱，

論證和材料都極不夠，不能算一篇真正的學術論文。講胡風的文章的好些論點，如說胡風在文藝理論上是「第二個魯迅」，說他與魯「在性格、經歷、能力、貢獻等諸多方面常有驚人的相似之處」等等，我覺得論據極為貧弱，而期期以為不可的。儘管因讚揚胡風，我在那次運動中也被株連。人文學科的研究中要有情感，但感情畢竟不能替代研究，它們的關係究竟如何，這似乎也可以作為一個問題來研究吧。總的說來，《論壇》在表達年輕一代的學術意向、交流信息、觀念和經驗，啟發人去作進一步的探索是成功的。但如果嚴格要求學術性，則應該說還遠不夠標準。因此，如何在如此濃縮的篇幅限度裡加強科學信息和質量，也是一個值得考慮的問題。《論壇》編輯部既要我批評，我就批評了，也許批評得不對。《青年論壇》具有歡迎批評、不怕批評的態度並保持下來，這是第三點可賀的。

有開風氣之先的魄力和敢於創新的勇氣，加上歡迎批評以不斷改進自己，以此三對彼三，除陋習，立新規，如能持之以恆，真積力久，則必然恢恢乎其游刃有餘，社會主義精神文明於是大有希望。

（原載：《人民日報》1985 年 11 月 22 日）

 《跨學科》創刊祝辭

　　記得前幾年寫過,「據說有人曾說我『雜』,……我欣然接受。因為我從來不想做一生治一經的『專家』。據史載,這種專家就四個字可以寫上數萬言,這當然很可以自炫,但我確無此本領。……今天我們正處在邊緣科學方興未艾、各科知識日益溝通融合的新歷史時期,自然科學如此,人文社會科學亦然。……我自恨太不『雜』,例如對現代自然科學知識太少,沒有發言權,否則我想自己的研究工作將另是一番天地」(〈走我自己的路〉,《書林》1982年第 6 期)。當時寫了這麼一段,一半是確有此看法,另一半也是某種自衛性的還擊。因為自己經常碰到這種那種莫名其妙或可名其妙的攻擊。貶我以「雜」,也算一種。於是當時就回敬了一下。不料事才數年,青年朋友們居然辦起這個以「雜」為主題和特色的刊物來了。看來,還是俗話說得好,形勢比人強,那種以一生治一經自炫的舊學問規範和束縛開始失靈,各種學科雜交產生眾多巨大良種的新世紀已在來臨,它將大幅度地刷新我們的時代、生活和觀念,掃蕩那些迂腐。我為此喝彩,我為此祝賀。

(原載:《跨學科》1986 年創刊號)

勝過高頭講章

　　吳泰昌先生送我一本《藝文軼話》，本來是隨手翻看，不料，
看著看著，卻有點放不下了。這倒不是因為該書有何宏談偉論妙
言雋語；也不是因為該書如何舉一援十，資料豐富，足以嚇人。
這些都沒有。但是，它那輕輕道來的文壇掌故，很使人興味盎然。
它常常在人們不大注意或很不注意的小地方，或根據傳聞，或查
些資料，講了好些頗有意思的文學史實。例如，他講到張聞天說，
「1936 年出版的《新文學大系‧史料索引》卷撰有一百四十二位
作家小傳，其中共產黨領導者除陳獨秀、瞿秋白，僅張聞天。小
傳說張『是小說作者、譯者、文學研究會幹部。作品發表於《小
說月報》者甚多。有長篇〈旅途〉、〈青春的夢〉。譯著有科洛連科
《盲音樂家》』」。這段材料我記得也看過，並且還知道張是柏格森
美學名著《論笑》的譯者。這些雖然引起過我的注意，但沒去再
想它。因之，《藝文軼話》作者緊接著的下段話，我覺得就很有意
思了。他說：「早期共產黨人中業餘愛好文藝的，實在不是一個兩
個。可以說，不少人同文藝都有過姻緣，並留有習作」。下面舉了
李富春、周恩來。並舉出周的某首新詩當時居然被人認為「作者
似乎是個女詩人……。這首詩裡深涵著自然幽雅的女性美。即使
作者是個男子，也無愧乎詩人的本色。詩世界的司命本是女神

啊。」（第35頁，引1922年《新詩年選》編者語）這不是很有意思嗎？這種材料恐怕很少人留心，表面看，也似乎不說明什麼問題。但是，早期共產黨領導人和骨幹力量中那麼多人（還有毛澤東、陳毅等等）原來喜歡文藝，或作新詩，或用舊體，有些作品寫得很美，並不一定有什麼「火藥味」，是不是倒可以說明他們本來所追求的理想，他們之所以最早參加殘酷、艱苦的階級鬥爭，本是為了一個美的世界呢？李大釗的詩就有「是自然的美，是美的自然，絕無人跡處，空山響流泉」。這不也是「深涵著自然幽雅」的美嗎？

小中可以見大，但是不能瞎扯。上面只是我的隨感，並非作者原意。《軼話》長處恰恰在於不多發議論，只用史料本身說明問題。例如證明包天笑並非鴛鴦蝴蝶派代表（儘管好些文學史陳陳相因都如此說），引用了1960年包自己的答辯；例如介紹「我國第一份詩刊於1922年在上海誕生」，查出了該刊始末及人物；例如說明挨魯迅罵的錢杏邨是魯迅《二心集》出版的媒介人，刊出了當時出讓版稅的單據……，如此等等。而這些材料都是搞現代文學史的人所必須注意的。所以我和一位朋友說，這本書將作為現代中國文學史的參考資料長期流傳下去，我寧願看這種言而有據的短小札記，而不喜歡那些連篇累牘既少新意又缺材料的空論分析或高頭講章。

也講講缺點（當然這只是我的感覺）。一是不平衡，有些篇章淡而寡味；二是好像有意搞調和。例如大談魯（迅）與郭（沫若）的「友誼」，而無視他們的思想乃至氣質的差異、矛盾和衝突的主

要方面。這似乎也是當今通病，作者未能免俗吧。

　　《軼話》優點之一即是簡短。我的「品書」如太長，未免煞風景。就此結束。

（原載：《讀書》1982 年第 4 期）

四十四　讀《西方著名哲學家評傳》

　　由汝信、王樹人、余麗嫦主編的 8 卷本《西方著名哲學家評傳》第 1 卷出版了。主編要我寫幾句話。由於時間關係，我還沒來得及仔細讀，只能談點感想。

　　我是一直有點「偏袒」西方哲學史的。記得還是當大學生的時候，自己在開始研究中國哲學史上的一些問題，卻有意識地集中相當力量學西方哲學史。當時主要是讀著名西方哲學家的原著，覺得受益匪淺。所以我以後就總對願意學哲學的研究生、大學生們說，只讀幾本辯證唯物論的教科書是很不夠的，還必需學些西方哲學史。並且我還以為，如果不認真學習西方哲學史，中國哲學史也是搞不好的。我把西方哲學史看作是哲學的基本功之一，而中國哲學史則不是（原因何在，此處不談）。這幾乎成了自己一種相當頑固的主張，儘管風吹雨打，也迄無改變。今年我招考美學原理和中國美學史的研究生，便不考中國哲學史、中國美學史，卻考西方哲學史。

　　學習西方哲學史，恐怕並不在於去死記硬背誰是唯物論、誰是唯心論，以及機械唯物論有幾個特徵、辯證法有幾條規律之類，這樣學大概沒有多少益處，而且還可能越學越愚蠢。據說哲學一詞在希臘的原意是「愛智」。我想，哲學或哲學家的特徵之一，常

常是在一般人覺得沒問題或不成問題的地方，偏偏提出了問題。加上哲學有個刨根問底的習慣，於是所提出所討論的問題便經常帶有根本性、全局性，從而給人以很大啟發。在充滿了神話傳說和宗教迷信的時代，米利都的哲學家們企圖在某種事物中為這個變幻紛紜的感性世界找一個永恆常住的單一本體，「水」？「無限」？「氣」？具體的答案當然不對，現在看來而且離奇，但正如恩格斯所指出，他們提出了無限多樣性的統一亦即世界的統一性這個巨大問題。西方哲學也正是從這裡開了頭，由此，才有畢達哥拉斯用數來解說世界，一直到巴門尼德的那個著名的「不動的一」，一直到柏拉圖和亞里士多德，也一直到今天。

在希臘哲學中，我是有點偏愛畢達哥拉斯和巴門尼德的。我總覺得他們提出的問題如數的結構與各種事物以及整個世界存在的關係，如「存在」究竟是什麼，「存在」範疇的存在意義等等，都似乎是至今仍可以繼續思索的有趣課題。它的有趣並不在於對眼前現實問題有何直接助益，而似乎更在於它對思想的啟悟和訓練，使人們在科學、藝術以至日常生活、工作方法上變得更聰明、更靈敏、更喜歡深思和更願意探索一些……

有如「編者的話」中所說，這部《評傳》注意到了我國西方哲學研究和教學的空白和薄弱環節，盡力作了填補和擴充。上述兩位大抵也屬於這個範圍，他們過去經常被戴上神祕主義和唯心主義的帽子而大遭貶斥或摒棄，結果卻忽視了他們所提出問題的重要意義和永恆價值。這本《評傳》的填補和擴充確是一件好事，而且補得也非常之好。例如，講巴門尼德時，還提出為什麼「存

在」在希臘哲學中是一個基本內容，而在中國先秦哲學中，「存在範疇幾乎未涉及到」，作者認為，原因在於兩種語言的差別（第195～196頁）。儘管恐怕還有更深一層的原因，但作者指出「語言的區別對思維是起了作用的」，卻仍是很有道理的，並由此使我想起自己關於思維應注意突破現成語言的約束限定的看法而感到有所啟發。這個例子表明《評傳》吸取了當代國外哲學和哲學史的研究成果，而這，在目前是做得還不夠的。

在匆忙讀過的一些篇章中，我感到書的水平在國內同類著作中已大大向前進了一步。它不復再是那種單調的千篇一律或漫畫式的「兩軍對戰」，而是力求客觀地敘述哲學家的生平和思想，並企圖從中找出其固有的規律來。例如對蘇格拉底的分析，作者揭示出蘇格拉底的「理念」比巴門尼德的「存在」發展了一步，是由感覺主義和經驗主義向理性主義過渡的「中心環節」，是一種由「自然」到「自我」的哥白尼式的革命的「預演」（第472頁），等等。儘管可以有不同看法，但這種提綱挈領概括全局的論述，會使人因接觸到哲學史發展的內在必然邏輯而感到欣喜的。

由此聯想到汝信同志在「序」中提出了一個有趣的問題即哲學有否個性特徵：「我們的看法和黑格爾正好相反……每一種哲學學說，……也不能不帶有哲學家個人的特殊性……怎麼能夠設想人類思維的花朵——哲學不具有豐富多彩的個性呢」（第5～6頁）。這裡涉及必然偶然的重要問題。黑格爾是強調必然性的，特別在哲學史的領域：「哲學史上的事實和活動有這樣的特點，即人格和個人的性格並不十分滲入它的內容和實質。與此相反，在政

治和歷史中，個人憑藉他的性情、才能、情感的特點，性格的堅強或軟弱，概括點說，憑藉他個人之所以為個人的條件，就成為行為和事件的主體」。我在自己的著作中則強調要重視偶然性。不過，在哲學史、思想史領域與政治史等領域，偶然與必然的關係會是同樣的嗎？我曾以推崇康德和不滿意黑格爾被目為「污染」，挨人罵過，而在這一點上我倒也許更接近於黑格爾。可是，另一方面，我又想，科學定理無個性可言，文學藝術則恰恰相反，那麼，哲學又如何呢？我們既然並不把哲學完全等同於科學，那麼為什麼不可以有個性呢？但哲學的個性究竟意味著什麼？它又如何與哲學家的個性相聯繫呢？……這不都是些問題嗎？既然哲學的任務本在提出問題，引人超越有限而並不一定解答，那麼在本書開頭所提出的這個問題，不就早已超出為論證哲學史《評傳》體裁的必要性這個有限目的了嗎？

　　說到《評傳》體裁，我想起了都蘭 (Will Durant) 的《哲學的故事》一書。這書出版於二〇年代，寫得通俗有趣，生動易懂，文筆很好，所以印行數十版，至今風行未歇。我祝願我們的這套《評傳》在不斷改進的基礎上，也歷久不衰，長命百歲。

（原載：《人民日報》1985 年 3 月 22 日）

 《中國美學史》第 1 卷後記

　　想把這本書的編寫情況簡略說明一下，因為這是一個經歷了四、五年有過好些變化的過程。

　　在 1978 年哲學所成立美學研究室討論規劃時，是由我提議集體編寫一部 3 卷本的《中國美學史》。因為古今中外似乎還沒有這種書。雖然，譬如美國的托馬士・門羅 (Thomas Munro) 在六〇年代也寫過一本《東方美學》，其中很大部分講中國；日本今道友信教授也有類似的著作。但我總覺得不但許多看法和我們很不一樣，而且也都嫌太簡略。例如今道的書，由先秦一下就跳到魏晉，根本不講漢代，等等。總之，篇幅和分量都很不夠，都並不是一部真正的中國美學史。而中國現已處在真正走向世界、開闊視野、奮發創造之際，似乎更應當仔細整理家藏，努力發揚光大，以貫古今，通中外，為發展馬克思主義美學和對世界文明作出貢獻。儘管各種準備條件（如資料的搜集整理）還可能不夠成熟，很可能要犯各種錯誤，但我想，無論如何，總該一試才好，即使積累一些失敗的經驗也值得。於是也就不顧某些同志的不以為然，提出了編寫本書的建議。室內、所內的同志和領導都欣然贊成，積極支持，把它列入了國家重點科研項目，並要我擔任主編。

　　我和大家都很高興。為準備寫作此書，我整理了過去的札記，

出了本《美的歷程》，想粗略勾畫一個整體輪廓，以作此書導引。室內外一些同志積極地分頭撰寫了部分章節。聶振斌同志寫了墨子、王充的初稿，韓林德同志寫了孔子、孟子的初稿，陳素蓉同志寫了莊子的初稿，鄭湧同志寫了荀子的初稿，韓玉濤同志寫了孔子以前的初稿，劉長林同志寫了韓非、陰陽五行的初稿，王至元同志寫了老子的初稿，高爾太同志寫了屈原的初稿。

　　只有我這個主編沒有寫。當然也動筆擬過一些提綱，對各章基本觀點、脈絡提出過一些看法和意見。但總之，還是主而未編。因為，我不久發現，要由我作主來不斷地確定許多同志寫作的內容、觀點、格局、形式和進度，並把許多不同同志的文章編改成一本系統的書，使其風格、觀念大體一致，的確是件異常艱難、非我性格和能力所可勝任的事情。會聚許多同志編書，似乎是六、七〇年代的常規盛事，也成功地編寫出版過一些著作。但我不自度德量力，貿然承襲此風，卻只有自討苦吃了。

　　怎麼辦呢？沒有辦法。加上自己還要忙於別的一些工作和寫作，此書就一再拖延下來。幸虧 1980 年我已把劉綱紀同志拉來幫忙。開頭他也只是分擔部分章節，但他寫得很快，也很系統，也非常贊同我提出的許多基本觀念。於是，後來我就請他也來擔任主編，並在參閱其他同志初稿（這些初稿的多數後來都以執筆者的個人名義分別在各刊物上發表了）的基礎上，乾脆由他一人執筆、重新寫出全書各章。當他寫完兩漢部分時，我已經在美國，來不及組織大家討論了。雖然劉綱紀同志來信說：「全書的基本思想是你的，我不過作了些差強人意的闡明而已。這不是客氣話」。

雖然本書中好些基本觀念如天人合一、味覺美感、四大主幹（儒、道、騷、禪）、孔子仁學、莊子反異化和對人生的審美式態度、原始社會傳統是儒道兩家思想的歷史根源等等，確乎由我提出，如有缺點錯誤，應由我負責；雖然某些章節我也曾動筆作過修改增刪，全書最後也由我通讀一遍，定稿交出，等等。但我認為，我沒有很好地盡到組織大家協同工作這一主編應負的責任。同時這裡要聲明，我只應任此書之過，不能掠劉公之美。沒有他執筆作文，特別有時是在物質條件非常惡劣的條件下堅持寫作，這本書是根本不能同大家見面的。如果這書對讀者真有點什麼用處的話，功勞主要應屬劉綱紀同志。

「文章千古事，得失寸心知」。這本書當然是有一些缺點的。我們以為，主要有三：一、是可能對古人批判不夠，肯定過多；階級分析較少，強調繼承略多；二、是對某些材料、知識的掌握、解釋和闡發上，可能不夠非常準確和精當；三、是文字不夠理想，有些單調累贅。但這些問題一時不易解決，有的還是為矯枉而故意如此的。所有這些，希望得到讀者們的諒解。

我曾想辭去這個主編名義，劉綱紀同志和其他同志都堅不同意。今天我就只好頂著這個似乎好看的「桂冠」，來寫此檢討失職的後記。如實道來，以明全貌；知我罪我，一任諸君。此記。

1983 年 12 月

《李澤厚哲學美學文選》序

　　承湖南人民出版社的盛意，前幾年就約我編一個選集。當時一方面因忙於別的事情，無暇顧及，另一方面也頗有些猶疑：我能選出些什麼來奉獻給故鄉呢？我感到深深的慚愧和困惑，已經發表的東西離自己主觀上的願望也相距甚遠，……這使我真不知如何是好。今天只有硬著頭皮來編選了。

　　按慣例，文選應該是所謂代表作的匯集。但我並不太清楚到底自己的哪些文章能「當代表」。作文雖已三十餘年，我卻從不敢自認代表馬列，討伐異端，唯我正宗，餘皆「假冒」。我所能說的只是這些文章篇篇都代表我自己的觀點、主張，篇篇我都負責，如此而已。好在真「馬」假「馬」，自有公論，似乎不是擺出架式罵一通就能證明自己的。

　　當然，我也知道，自己的某些文章如〈美學三題議〉、〈意境雜談〉、〈典型初探〉、〈試論形象思維〉等篇，曾經引起人們的注意、討論和批評，大概可以算有「代表性」。但我想，這些文章大都是 1962 年以前發表的，並曾多次印行過，搞美學的同志們已相當熟悉，儘管至今我仍然堅持這些文章中的論點論證，但又何必自以為是，老炒冷飯呢？於是，最後想出了兩條簡單的編選原則：第一，盡量選近年發表的以略見新意；第二，盡量不選已收入自

己集子中的，以免重複出版，浪費紙張。

　　按此原則，《美的歷程》和《中國近代思想史論》這兩本流傳較廣、自己也感到比較親切的書中的東西，大概可以算是「代表作」吧，我都全部未選。《美學論集》中選了兩篇。一篇是〈蔡儀新美學的根本問題在哪裡？〉。之所以選它，是因為蔡儀同志在湖南出版的論文選集中，很榮幸，以我作為批判標題的大文就有兩篇，所以我也就選了這篇我並不滿意、認為寫得很不充分的舊文章，以作為答謝。另一篇是〈略論藝術種類〉。之所以選它，是因為覺得講了老半天的美學，卻壓根兒不談具體藝術，未免有點煞風景，故錄此「略論」，以備一格。但要聲明的是，這篇文章中談到關於藝術分類的原則，我現在的看法已經改變，來不及作修改說明了。講康德美學的那篇直接選自《美學》雜誌，與拙作《批判哲學的批判（康德述評）》一書特別是修訂再版本中的相同部分，在詞句上有些差異，當然仍以拙作該書為準。除此三篇，其他就是近些年發表在各處的散見文章了。其中有一組是講演的記錄稿，相當粗糙，不夠格算論文；但它們保存了當時脫口而出而未必會寫入正式文章中的一些東西，選入似乎也另有一種「代表性」。全書以短文四篇殿尾，也不算正式論著，聊寄雪泥鴻爪之意云耳。所有這些文章，在內容和文字上都沒來得及作加工修改，各篇中有許多重複的意思和材料也未及刪削。反正在家鄉父老、兄弟姊妹和年輕同志面前，我保存本來的醜樣子，並沒有多少關係。

　　人生易老，往事如煙。但三十餘年前靳江湘水事，卻猶歷歷

在目。亦嘗有句云：「盼得明朝歸去也，杜鵑花裡覓童年」。我多麼嚮往那熱烈地開遍山坡的映山紅喲！多年沒有見了。它伴隨了我的童年和少年，也永遠留在我的記憶中。少年時代留下的心理印痕大概很難反映在這種論說文章裡，然而我自己卻深深地知道它在我的全部生活和工作中的存在和分量。如今，我也有兒子了。他沒有辛酸的童年，大概也不致有被無端浪費掉的青壯年。但望他們那一代將不會嘲笑我們這些在各種困境中蹣跚而行的過渡期人物所作的一切。兒子的健壯成長使我更悲痛地記念茹苦含辛養我教我卻不幸早逝的母親。她活到現在該多好！這本來是完全可能的。社會歷史和個體生活中的某些偶然總是那樣驚心動魄，追悔莫及，令人神傷。今天，我只能以這本不像樣子但在家鄉出版的小書獻給她——我兒子所不及見的慈祥的祖母、我親愛的母親寧鄉陶懋柟。

1984 年 3 月於北京和平里

四十七　中國思想史雜談

(一)

　　在學術領域裡，搞單一的東西是不符合社會發展趨勢的。我感覺我們有些固定的模式，如哲學史就是唯物論和唯心論的鬥爭史，中國歷史就是農民跟地主的鬥爭史，文學史就是現實主義與非現實主義的鬥爭史，好像都要搞兩軍對戰才好，這是不是和前幾十年的軍事鬥爭有關？軍事鬥爭勝利以後，把這個模式慢慢地轉到學術領域中來了？在太平天國時，洪秀全把它的軍隊裡行之有效的一套制度，如聖庫制度、男營女營制度一般地用到社會上，結果失敗了，失敗得那麼慘。我們的戰爭是以農民為主力的革命戰爭，有些在戰爭中行之有效的東西勝利後是不是也慢慢地運用於社會？供給制、平均主義的習慣和觀念，與現在改革中遇到的困難是否有關？總之，軍隊確實要求單一，但社會生活卻並不如此，在學術領域裡就更如此。

　　在思想史領域裡，可以用哲學研究的方法，也可以用歷史研究的方法。前些日子我參加了孫中山討論會，其中有兩個問題的考證，一個是孫中山認識黃興究竟是楊度介紹的還是日本人宮崎寅藏介紹的。還有一個是孫中山在倫敦蒙難，究竟是自己跑到使

館去的還是被綁架進去的。這種考證對歷史甚或思想史的研究是有好處的，搞思想史的人也不能完全不管這些問題。但是不是只有這種歷史研究才是紮實的真學問，其他就要不得了呢？不能這樣說。細緻的考證並不能代替學科的全部。作為一個學術整體，應該是有些人從宏觀角度，有些人從微觀角度，有的從哲學角度，有的從歷史角度，還可以從其他角度，各自發揮所長去進行工作，進行研究。這就是我研究中國思想史既沒用唯物論唯心論鬥爭史，也不用認識論史的原因。我覺得思想史哲學史可以從許多不同的角度和途徑去探討研究。

在美國有一個研究中國思想史很有名的列文森教授，他認為思想史是個博物館，各種思想是擺在博物館裡陳列的實物，你跑去看只有一種情感的欣賞價值，並沒有實際的用處。他特別講到中國近代的一些人，理智上傾向未來，接受西方的許多東西，情感上卻懷念傳統，流連過去。即使像魯迅，思想上十分激烈，主張不讀中國書，但他對母親、兄弟，卻是標準的中國傳統。這是一種意見，可以從這個角度去研究思想史和中國歷史。另一位有名的史華滋教授，認為思想史不是博物館，而是圖書館，各種思想好像是一些書，隨時有參考的價值。這又是另一種意見。我認為思想史既可以是博物館，也可以是圖書館，但更可以是照相簿。通過照相簿，你可以看到自己的整個成長過程，也可以看到自己生長的環境、親友等等。所以，思想史可以成為研究自我意識和自我意識的發生發展史、理解史。一個人只有真正意識到自己的存在才真正存在著，而不再是某種機械的工具和盲目的奴僕。一

個民族也是這樣。只有對自己真正有自我意識，然後才能自立起來，才能真正走出自己的路來。當然，要自我意識，必須要理解自己，而任何理解都是通過對過去的理解來完成的。我們總是在一定的時空中存在，一個人一個民族的存在總是歷史的存在。所以真正追求歷史的真實，就應該把它同追求對歷史了解的真實結合起來；真正的歷史真實就存在於對歷史了解的真實中間，存在於對歷史的解釋、對歷史的理解中間。而對歷史的理解也正是對自己存在的理解。每個時代都不斷地寫歷史，都是根據自己此時此刻存在的要求來回顧歷史，使歷史成為推動我們前進的背景和動力，決不是簡單的知識和記錄而已。這就是我研究思想史所採取的一個角度。

（二）

任何理解都要通過語言，這是指廣義的語言。除了談話用的語言外，還包括潛意識語言、心理結構語言等等。二十世紀是語言哲學占統治地位的，但語言是否能最終解決哲學問題或者是否永遠成為哲學的中心？現在看來可能會有些變化，西方各派哲學也在走向研究社會生活。要了解中國文化心理、這種語言的語法、規則，就一定要追溯中國的現實、中國的物質生活、追溯中國的歷史特徵。我完全不同意柯靈烏德的說法：歷史就是一部思想史，就是思想家的歷史。我認為思想史倒是受制約於物質生活的歷史。所以，我認為唯物史觀是正確的。

中國歷史的特點之一，我認為是新石器時代以農業為基礎的

血緣氏族制度非常之長，而且發展得特別完備。這是一個非常重要的特徵。它對中國歷史產生了很大的影響。即使是現在到了社會主義社會，還存在這種影響。農村裡聚族而居，一個鄉一個姓，長輩晚輩分得清清楚楚。這些東西的來源是很久很久的。在中國吃飯是大家一起吃的，這就要講究謙讓等等禮節。照荀子說，禮本來就來源於「吃」，實際是一種確定食物分享權的規定。現在某些少數民族獵獲一個野獸，皮歸誰、肉歸誰、腦袋歸誰，分得非常清楚。這其實就是禮的起源。還有敬老，實際上也來自氏族社會。有人作過調查，在一些少數民族，誰鬍子最長，誰的權威就最大，因為他生活的時間長，積累的經驗多，智慧也多，所以最後的決定權在他。這就是敬老的現實基礎。這個傳統變成一種意識型態和道德規則，就成了非常頑固的東西。孟子說，天下達尊三：德一、爵一、齒一。現在的學術界，也好像還是鬍子越長，學問越大。這其實是不對的，是與現代科學發展完全不符的。但它被頑強地自覺或不自覺地保存了下來，這是積澱在心裡的這種文化在起作用。這也來源於氏族社會。

　　從這裡也就可以理解，為什麼中國思想史是以儒家為主體的？為什麼孔老二被打倒了多少次，十年前的「文化大革命」中也被打倒了，可現在又起來了呢？為什麼先秦諸子百家就孔老二有那麼大的勢力？孔老二本人是不得勢的，到處碰壁，為什麼他的學說卻反而始終不倒？孔夫子和儒家老是要回到三代去，「復三代之治」，認為夏、商、周社會是最好的；一直到顧炎武還是那麼認為。因為孔老二想回復的是後期氏族社會的「文明」制度，這本

是一個真實的歷史存在，裡面保存了原始社會一些比較好的東西，與柏拉圖虛構的理想國不一樣。恩格斯說，從封建社會轉換到資本主義社會的歷史進程是付出了高昂代價的，有科學的進步就有道德的倒退。盧梭也強調過這一點。在原始的氏族制社會裡就有些互相幫助、互相愛護、經濟上相對平等等等比較人道的東西。例如，儒家老講「修身齊家治國平天下」，以修身為根本基礎，這好像是道德主義，其實是氏族社會的政治產物。因為在氏族社會裡，你要做首領，要率領一家（氏族）一國（部落或部落聯盟），便必須要自己作出突出的榜樣來，必須仁智勇都有，才能夠服人，才能齊家治國。其實，儒家就是把古代這種種氏族政治意識型態化了，把它縮影在思想上。孔子講「述而不作」是有原由的。真正把氏族社會這一套制度定型化規範化的是周公，所以孔子那麼佩服周公，要承繼周公。我們要真正了解儒家，就應該首先從這個社會根源去理解。什麼代表奴隸主還是封建主，是進步的還是反動的，爭來爭去，我覺得根本不著邊際，並不能把最根本的東西抓住。又例如，中國儒家思想家老是講「夷夏之防」。王船山主張地主剝削農民，但他對滿清入關恨得要命。包括近代一些人，如章太炎，堅決要抵抗外國侵略。這也是孔夫子的傳統，儒家是很講究這一點的。這就是因為在氏族社會裡，內部是強調「仁」的，但對外卻是非常敵對的，「非我族類，其心必異」。儒家這樣一些思想，到後代就成了中國古代的愛國主義的一個重要內容，強調要抵抗外侮，保存民族。唯物史觀正應該從這方面去分析研究，而不能只是去判斷、批判其階級屬性。中國的人道主義也可

以溯源於孔孟，所以與西方的人道主義便大不一樣。西方的人道主義是從個人出發，是文藝復興時期要求從中世紀神權、教會的束縛中解放出來，強調個人的獨立、自由。中國的人道主義講的是人們的互相友愛合作，互相幫助。所以中西這兩種人道主義儘管在表面上可能有相似處，但實際的歷史基礎並不一樣。儒家有許多東西如「父母在不遠遊」、「不患寡而患不均」、「和為貴」等等，都是為了協調人際關係，鞏固氏族團結，它並不提倡個體突出。直到現在，中國人還總是把大量精力放在處理人的關係上，從高明的領導藝術到腐朽的關係學，從國家到個人都如此。先秦哲學與希臘哲學有很大不同，希臘哲學對自然的思辨很突出，而中國哲學主要是政治論的社會哲學。先秦各家不管是老子、墨子、法家、道家（莊子可以除外）、陰陽家，都著眼於人際關係的處理，講自然也總是把它與人事拉扯在一起。這是中國思想史的一個特點。

　　這個特點也表現在整個文化方面。愛因斯坦說過，希臘和西方文明是依靠希臘歐幾里德的幾何體系和文藝復興以來伽里略的科學實驗方法取得成果的。他很奇怪，中國沒有這兩樣東西，何以能夠做出很多工作。這便是中國思想史上一個值得研究的問題。我的看法是，技術與科學有區別。中國基本上可說是技術發達，科學並不發達，也就是說，中國是技術科學或應用科學較發達。中國的四大發明都是技術發明。中國數學發達，但主要也是計算方面，它不重視公理、模型、抽象體系。這也表現為中國人的思維總喜歡要求科學直接為社會生活服務，因而，科學常常變成或

只是技術，對科學的獨立意義、獨立力量，對科學本身思辨的完備等等，便不夠注意。所以中國先秦的一些非常傑出的名家、邏輯學家，像公孫龍、墨子後學，都沒得到發展，就像荀子那樣一個有科學精神的偉大的唯物主義思想家，也認為名家沒什麼用處，反而擾亂了政治。我們現在一講中國科技史，就認為祖宗了不得，但就是沒重視一些根本性的缺陷。中國科技到近代大大落後，長久停留在經驗論水平的理論思維上，是有其內在的傳統思維方式的原因的（當然也有許多外在的根本原因）。

　　我覺得中國思想與四大文化關係最為密切。這就是兵、農、醫、藝（首先是技藝）。因為這四個東西與中國民族的生存發展的實際關係最為密切。中國遠古打仗打得最多，中國兵書之所以出現得那麼早那麼成熟，就是因為極其頻繁複雜的戰爭積聚了大量的經驗。中國的農學在漢代便已相當發達。醫也是，幾千年來還在用。農、醫從兩方面保證了中華民族發展到了十億人口，占世界人口第一位，這從全球文化角度講是一個奇蹟。技藝剛才講了。由此可見，中國的思維乃至中國文化都與實用的東西聯繫得比較密切，所以我把中國思維叫做實用理性。實用理性以儒家為主體，其他各家也是。中國哲學的唯物論不大發達，在眾多的哲學大師中，大多數都不是唯物論，孔子、老子、孟子、董仲舒、朱熹、王陽明都不是。但是他們都有辯證法，中國的辯證法有其特點。有人把朱熹比黑格爾，把老子比赫拉克利特，但中國的辯證法與西方的辯證法實際上有很大的不同。在西方希臘，「辯證法」這個詞本來就是指一種辯論術，就是在辯論中發現和揭露概念的矛盾、

思維中的矛盾，從而把你辯倒，所以我說它是概念的辯證法。中國的辯證法則主要是行動的辯證法，我認為它是從兵家中來的。毛澤東說：「《老子》是一部兵書」，這可能是他從自己一生豐富的軍事政治鬥爭中體驗出來的，但這話從學術上來說也有一定的道理。《孫子兵法》、《老子》的辯證法主要是為了在行動中掌握和運用的，如「以攻為守」、「以柔克剛」、「老子不為天下先」等等，都不是概念的辯證法。兵家有這麼幾個特點，第一是要求有一種實用的冷靜理性，在軍事上，要有極端清醒的理智，不能憑情感狂熱，也不能信仰鬼神，因為打仗是生死存亡的搏鬥。第二是戰爭中情況很複雜，或攻或守，或進或退，或虛或實……，都要迅速作出一種兩分法的判斷，含糊不得。第三是要求在主動的行動和運用中來思考、判斷。如此等等就不同於西方的思辨辯證法。儘管老子把這種行動辯證法提高到哲學的高度，並且把它普遍化，變成一種世界觀的東西，一種似乎是宇宙本身規律性的東西。但實質上老子的思想仍然是一種政治哲學，他的辯證法仍然不是靜觀的思辨，而主要是直接為行動服務的。這一點發展到韓非就更明顯了。韓非說要說服君王做一件事，並不難在把事情說清楚，而是難在怎麼說才正中君王之意。所以他有一篇有名的文章叫〈說難〉。他沒認為真理的標準在客觀，他強調標準就在人的具體運用中間，因此重要的不在於是非本身，而在怎樣運用這個「是非」，他把重點放在「運用」的智慧上。這就表明，在思維方面他並不真正注意理論性的東西，不注意是非本身、真理本身的價值，一切服從於人際關係。這就是實用理性表現在各家身上而不僅僅是

儒家的一個例子，墨家及其他各家也是這樣的。我的一些研究思想史的文章都分頭講過這一點，這裡便不多說。

問題回到為什麼儒家能夠成為中國思想史的主體？這又涉及上面講過的血緣基礎了。儒家以「孝悌」為本，即以親子之間的愛為社會結構的根本。這是一個十分重要的原則。孔子的學生問孔子，父母死了，子女要致哀三年，是不是太長了一點？孔子的回答既不是說這是制度的規定，必須服從，也不說這是神的意志，你必須做。他回答說，你小的時候，父母撫養你、照顧你不少於三年吧；父母死了，你就不表示三年的哀悼嗎？孔子沒有把哀悼三年的必要性、合理性歸結為外在的社會、宗教、政治等等因素，而歸結為人的內在心理，歸結到子女對父母的自覺的愛，這就給親子之間的生物學的關係賦予一種人類學的自覺涵義。在氏族社會裡，人們本有一種人世間的制度，把親子關係固定下來，這就是「禮」，而孔子則把「禮」歸結為「仁」，也就是說把外在的制度歸結為心理的自覺需要。孔子最重要的思想就在這一點。親子關係本是一種自然的關係，是客觀存在，如果把它僅僅看成一種外在的制度規範，人們就會感到是一種約束；把它變成一種發自內心的追求，情況就不一樣了。孔子和儒家思想的起點就在這個地方，由這一點輻射開去，便有「老吾老，以及人之老；幼吾幼，以及人之幼」的主張。也是在這一點上儒家與其他各派區別了開來。墨子講兼愛，主張對任何人都愛。孟子就問，你能愛別人的父親與愛你自己的父親一樣嗎？這不符合「人情」。儘管博愛之說多得很，但一般很難辦到。這也是儒家和基督教、佛教等等一個

很重要的區分點。

　　孟子、荀子是儒家的兩大派，他們發展了儒家的「內聖外王」之學。孟子主要講內聖，他把人的存在提高到本體論的高度，這就是孔孟程朱陸王這條線。我在〈宋明理學片論〉文章中便是講這個方面的。這個方面在建造中國哲學特別是倫理學上，起了極為重大的作用，達到了非常深刻的理論高度。儒家經過孟荀之後，在《易傳》中真正建立了一個儒家的世界觀，這就是把上述的親子之愛擴展到整個社會，整個宇宙（包括自然界）。中國的歷史意識很發達，在世界所有的民族中，中國是史書最多的國家。中國的歷史意識的特點是與自然意識混合和同一。在中國傳統中，歷史哲學和自然哲學是一個哲學。天地與人、宇宙與人類、自然與社會是混為一體的，所謂「究天人之際，通古今之變，成一家之言」，總是要把天與人、自然與社會放在一起的聯貫中來思考來討論。所以它既是自然觀又是社會觀，又是人生觀；它既是理智的，又是感情的。感情本是人的，儒家把它擴展到自然、宇宙。所以有人說它是泛情感化泛心理化。《易傳》說，「天行健，君子以自強不息」，「天地之大德曰生」。這就是說，人道即天道，人道之所以不息是由於天運行不息；天之所以運行不息，是因為天本身就有一種欣欣向榮的生命力。這種觀點是肯定生活的，它對世界抱有一種樂觀的、積極的態度。在儒家看來，天地自然的歷程與社會的歷程是一個歷程。《易傳》從男女交配講到父子、君臣，一系列講下來，然後講到造房子、造車馬，這總的是個歷史過程，同時也是自然過程，天地人是在一起的。在中國意識中，天雖大，

人也不小，人要去參與天地的工作，所謂參天地，贊化育，天地沒有了人就失去了意義，可見人在中國思維傳統中占的地位並不是很低的。所以我形容中國文化是「樂感文化」。《論語》中第一句就是「學而時習之，不亦說乎，有朋自遠方來，不亦樂乎」。這種快樂，並不是單純的感性快樂，它是一種不離開感性的精神的快樂。這與西方文化就有不同。西方文化有人叫它罪感文化，就是說人是有原罪的，人生下來就有罪，因為亞當偷吃了禁果，被趕出了樂園。人要再回到上帝的懷抱就得經過種種苦難，要贖罪。這在中世紀以來，便是靈與肉的分裂很突出，要靈魂得到超度必須以肉體和心理的痛苦、折磨為代價。這的確也可以達到非常崇高的精神境界，好像靈魂被淨化了、被洗滌了。在亞里斯多德的《詩學》裡就有「淨化說」。馬克斯威伯說，西方資本主義興起，主要是有一批清教徒，他們認為自己是上帝的選民，所以拼命地去節約克制，然後積累財富，這是為上帝而不是為自己，這樣才有了資本主義。這是他在《新教倫理與資本主義精神》一書中說的，這本書影響極大。基督教的這種精神，不僅在精神上，而且在現實的社會發展中都有重要的作用。基督教精神怎樣與希臘文化融合在一起，又怎樣變化，它同近現代西方心理結構和現代科學文化的關係怎樣等等，是很值得研究的，可惜我們了解得太不夠，甚至沒人提起這類問題。這種通過種種折磨才回到上帝懷抱的觀念，是不符合中國人的實用理性的思維模式和觀念習慣的。在中國藝術裡，特別重視美的因素和善的顯現，死亡、苦難、殺戮、肉體摧殘都比較少見，沒有像耶穌血淋淋地被釘死在十字架

上使人看了感到很不舒服的東西。中國的實用理性有其優點，但也有很壞的一面，就是滿足、停滯在一種虛幻的原始的圓滿中，它迴避了激劇的痛苦、靈魂的衝突，在很大程度上迴避了苦難、死亡和醜惡，缺乏由這種苦難、死亡和醜惡所激起的更強大的精神要求和衝擊力量。

（三）

從《易傳》中就開始的天地人融為一體的這種東西，到了漢代變成為一種體系。我認為這是中國思想文化上又一個特點，即系統論思想。一講系統論就好像現代化了，其實不然。現在一些系統論大師也講在古代有系統論思想，在中國這一點是比較清楚的。中國人到漢代便把「天人」「古今」，各種自然、社會、物質、精神現象統統構建、組合到一個系統裡。這個系統已不同於孔孟時代是從氏族血緣出發，而是從一個統一的大帝國出發，其目的是為了穩固、保持這個巨大的社會機體的動態平衡，以達到長治久安。中國傳統社會為什麼那麼持久，到現在還那麼頑固，我覺得很大的一個原因是因為從漢代開始就有了這個系統。今天我們講漢族、漢人、漢語，這也表明漢代不僅在物質文明上奠定了基礎，而且在文化心理結構上也奠定了基礎。我國是多民族國家，以漢語為基本語言，漢文化為基本文化，在歷史上有不少少數民族例如滿族，儘管是統治階級卻自願放棄自己的文化而接受漢文化，這就是因為從漢代起在文化心理結構方面也形成了一個相對穩定的系統。

　　這個系統是把天地人各方面都通過陰陽五行結構的方式組合安排起來的。所以什麼都是五,金木水火土,五味、五食、五聲、五臟,還有五季,四季中加個長夏,以符五的系統等等。在這個結構中的各個部分相互聯繫滲透,又有相生相剋的反饋作用,這個結構有一套循環的模式,整個自然,整個社會,上自皇帝,下至百姓,包括時間、空間、人體、社會制度、倫常秩序統統都被安置在這個模式中。這有科學的成分,因為它把一些自然規律也放在系統內;也有大量的牽強附會,是屬於當時政治需要的東西。李約瑟說,中國的思想的特點是沒有上帝,沒有創造主的概念,這是對的。西方認為世界是上帝創造的,中國沒有這個概念。因為中國有這種系統觀。這個系統本身大於一切,高於一切。天、地、人都在這個系統中,彼此牽制著,例如皇帝主宰著百姓,但得聽命於天,而天又得聽聽老百姓的意見,……這便是一個循環的系統模式。有了這種系統,也就不需要有一個上帝來創造世界,主宰人世了。這也就是在中國歷史上很多外國宗教進來了,都沒被接受的原因。佛教曾經盛行一時,基督教很早就傳進了中國,猶太教是最難消滅的宗教,宋朝就傳到了開封,但現在沒有了。所有這些宗教傳進來後都慢慢地、無聲無息地消失了。中國從來沒進行過宗教戰爭 (農民起義借宗教進行戰爭 ,不能算宗教戰爭)。

　　這個系統為了維持自己的生存穩定,對外部特別注意和要求能適應環境,它具有一種同化力,所以中國人喜歡講求同存異。對待外來的東西,首先注意與自己的相同之處,模糊那些與自己

不同的東西，從而進一步吸收、消化它，使之與自己相協同。它經常採用生物適應環境的那種同化形式。孔子與墨子本是完全不一樣的，墨家罵儒家，孟子也罵墨子，可到韓愈那裡，墨子和孔子講得似乎都一樣了。他避開兩者不一樣的東西，只強調兩者相同或相似的地方。老子和佛教也同樣如此，正是這個穩固的系統為適應生存、對付異己所採取的動態（不是僵硬的）平衡的結果。這個系統當然有很大的缺點。它對內部要求秩序性、封閉性，使每個人的行動作為和思想觀念都在系統中被規定好了位置，君應該如何，臣應該如何，父應該如何，子應該如何，不能越出特定的規矩和範圍。現在我們常說照顧大局，實際上就是照顧系統的穩定性。這樣，個人便不能突出，壓制了人的個性的獨立發展，個人的存在意義就在於你在這個系統中間，即在特定的人際關係之中。這個系統也使中國人沒有徹底的悲觀主義者，在困難和失敗時，中國人總願意相信，來日方長，物極必反等等，因為系統是循環的（當時還沒有進化論觀點，只有循環論觀點），轉來轉去，總會否極泰來，時來運轉的。

　　所以，在這個系統中，作為結構框架的陰陽五行便不是一種抽象的思辨概念，也不是某種實在的物質概念，它是一種功能概念，因為系統並不著重於事物本身，只注意事物間的相互關係、結構、作用、力量、功能。五行是五種不同的功能，不同的作用，不同的力量。它並不是對外界事物的客觀描述，而總是把主觀經驗結合在裡面。從而，獨立的客觀的自然科學很難從中發展出來。它隸屬於經驗論的實用理性：解決問題就行。一般認為有這個系

統就能解決問題。如中醫，很早就有解剖學，但後來不發展了，就是因為覺得陰陽五行的一套已經能解決問題了，夠用了。正因為這一套系統有一定的有效性，所以它不走向現代化的科學實驗、觀察、歸納，也不走向思辨的道路，停留在一種經驗論的理論水平上。這顯然是對現代科學的發展很不利的。到現在，我們的思維還是非常經驗論的，這也是文化心理結構在無意識地起著作用。

（四）

在中國文化中，真正突出個體或個性的也有，那就是莊子。我認為世界上莊子是最早反異化的。他提出，人不要為外在的任何東西所控制所奴役，人不要為名、為利、為權勢、為社會而犧牲自己的本性。人應該從一切社會的、甚至是自然（如生死）的束縛中解放出來。他的特點和西方的浪漫派、十八世紀的盧梭相似，他覺得文明沒有好處，只有害處。他主張回到渾渾噩噩像動物一樣的世界裡，吃飯、睡覺、無知無識，那樣最快樂。現代物質文明高度發達後，也有人有這樣的想法。一個人跑到荒山上去，靠自己所帶的工具砍柴、燒水、做飯、釣魚，覺得這樣的生活最美，在現代物質文明高度發展之下，對生活的一律化、標準化覺得沒意思。現在西方對莊子、老子非常感興趣。但是我不同意日本有的學者把莊子說成是最早的存在主義者。莊子要求擺脫人世去取得自由，這一點確和儒家不同，但他與儒家也有共同的一面，那就是對生命的眷戀。所以他是講養身、長生的。讓我做牛、做馬都可以，就是要讓我活著。他不像加繆那樣講哲學的根本問題

是自殺問題，即值不值得活著。莊子沒注意這一點，他只注意保持超越的人格。中國的知識分子，可以說是儒道互補，一方面是儒家的積極入世學優則仕，另一方面又想保持自己人格的超越性、獨立性，以避開人世的污濁，或說是自命清高。這與莊子有很大的關係。

在中國文化中另一與莊子有重大關係的，就是莊子思維的直覺把握方式。中國的思維方式很有意思，一方面是經驗論的思維方式，另一方面又注意直接把握方式，這在藝術中特別突出。中國沒有成套的美學理論，都是兩句話、三句話的評論，所謂詩話詞話等等，但這一兩句話常常能把握住藝術中很本質的東西。有時講得很多很多的道理，反而不如這一兩句話有用。這也是中國思維方式的一個特點。佛教中有思辨性非常強的、分析得特別細的唯識宗，但它傳進中國沒有得到發展，中國創立了自己的佛教禪宗。禪宗強調頓悟，頓悟就是對真理的直接把握或覺悟，它不是任何語言所能表達、所能交流的。這與現代思維科學、認識論倒可以有所聯繫。因為概念語言，一切通過邏輯推論或分析，將來機器都可以做到，人的創造性與機器的區別恰恰就在於他有語言所一時不能表達出來的某種感受、經驗、技能……，M. Polanyi 認為，這就是個體知識的特點。這問題很複雜，今天沒法討論，但它是一個很重要的問題。真正創造性的思維並不是從歸納弄出來的，也不是從哪個公理引申演繹出來的，它恰恰是一種自由的想像和直覺把握。在莊子和禪宗裡就有許多這種東西。它們都要求不用邏輯推理並且超越語言去領悟某種東西。它包含有

神祕主義的因素。但這種神祕主義恰恰又與這種心理的感性直觀的洞察頓悟聯在一起，這與西方中世紀基督教會用理性和邏輯來證明上帝的存在大不一樣。當然西方也有大講神祕主義頓悟的，但與理性結合，即使在宗教裡，也似乎仍然是主流，而中國主流卻是這種以直感頓悟來達到天人合一的境界。

有趣的是，在西方的邏輯推理、抽象思辨很強的理性主義那裡，卻經常有一種非理性的東西在衝動著。希臘就有所謂日神精神和酒神精神的區別。在德國哲學裡，從即使是理性主義康德的實踐理性到謝林、黑格爾，一直到後來的海德格爾，總有某種非理性的東西在或明或暗地騷擾、衝動著，這東西恐怕與生命的衝力有關，它經常能夠成為一種動力，不能忽視。西方的經驗論與我們的實用理性的經驗論精神倒比較接近，它能常常保持一種不易被迷惑的清醒的懷疑精神，是一大優越之處，所以它產生了像休謨、波普爾那樣的人物。但這些人卻缺少像黑格爾、海德格爾等哲學那樣與生命力直接有聯繫的衝力，所以他們缺乏一種真正把握人的本體存在的深度。

（五）

中國的思維顯然與上面兩種都不同。中國的理性是確立人際關係的實用理性，也有通過直覺把握本質的方式。那麼，怎樣才能保持我們民族的智慧的特點，又能夠注意吸收現代世界其他文化的優秀東西呢？歸根結蒂就是現在我們的文化思想、中國的文化傳統應該走什麼樣的路。這個問題，爭論了一百多年了，基本

上有兩種意見，一種是「中體西用」，這種理論從張之洞正式明確提出至今一百多年，還很流行。第二種即「全盤西化」。可以胡適為代表，一切都是美國的好，統統搬過來。現在青年人中也流行這種思想。這有沒有可能？中國沒有基督教傳統，沒有原罪意識，要不要搬過來，從頭來起？中國人會不會接受？我只是想提出問題，並不想回答，因沒能力回答。提出問題，讓大家在一段時間中想一想，這就很好。

我自己的想法，可否用「西體中用」來概括？「體」是什麼？「體」是社會存在的本體。我用過「人類學本體論」一詞，盧卡契也有「社會存在本體論」一詞，涵義基本接近。我覺得「社會存在」這個詞太理性了一點，因為人類社會的存在，是由眾多個體感性物質的存在所組成的，社會不能只是一個離開個體感性存在的抽象概念。從中國文化思想說，不管是哪一家，儒家、墨子、兵家、莊子等等，他們一般都肯定人的感性存在，這跟西方基督教和某些哲學家認為感性是罪惡之源不一樣。所以中國從來沒有徹底的禁欲主義，也不是縱欲主義，而是要求感性與理性的滲透與和諧。所以從先秦起，中國哲人特別喜歡討論人性問題。人性是什麼？人性不是動物性，不僅僅是吃飯、睡覺、性交；但人性也不是神性，假使把神性叫做社會性、階級性，那也不是。人性是這兩個東西在不同情況下的不同的交融、綜合。怎麼綜合呢？在《易傳》裡是把天地人聯在一起，給宇宙賦予一種目的性。康德在《判斷力批判》下卷中講過，自然的目的就是人、文化的人、道德的人。人是沒法完全脫離感性的。「人都是要死的」。在中國

人看來，人的不朽並不在把人的肉體捨棄掉，讓靈魂得到拯救，皈依上帝。而是一方面讓子子孫孫綿延下去，所以「不孝有三，無後為大」，另方面，讓自己在有限的歲月中完成事業和人格，所謂「立德、立功、立言」，在精神上達到超越的高度境界，即人在感性世界中來達到超越，在有限的一生中達到無限。不是拋棄有限去追求無限，而是就在此有限中來取得永恆和不朽。所以我常說，中國人是太現實了，並且善於把這種現實提昇為理性的虛幻和精神的麻木，當然其中又仍有好的東西，今天就不擬多講了。

回過頭來，「體」既然是社會存在、人類存在的本體，當然物質文明便是基礎。吃飯、穿衣的具體方式，現在與五十年前，甚至和十年前就不一樣，和原始社會更不一樣，因為人類在不斷變化、發展，人類的物質文明本身是要發展的，今天這個「體」，顯然就是要現代化的問題。現代物質文明是全世界所共同走的道路，但它首先是從西方來的。這種對社會本體的意識，例如馬克思主義、現代科學理論等等，也是從西方來的，所以，在這個限定意義上，可以說是「西體」，西體者，社會主義現代化是也。而所謂「中用」，就是怎樣結合實際運用於中國。這也就是馬克思主義的中國化。現在又可以回到照相簿那個比喻上來了。假如我們身體很壯，吃的糧食、營養很好，那麼照出來的相就一天與一天不一樣，但不管面貌怎樣變，卻並沒換成另一個人。不是把原來的人徹底換掉，也不是保持原樣不變，更不是外在的服飾打扮的變化。通過照相簿，來回顧歷史，就比較清晰地看到這條路是怎麼走過來的，以後該怎麼走，即我們的文化心理結構應該怎麼轉換。

　　我講人類社會本體論有兩個方面，一是工藝社會結構，這是外在結構，是物質文明的結構；第二個是文化心理結構，也就是精神文明的結構，缺一不可，所以的確應該有兩個文明的建設。

　　中國的「天人合一」傳統，可以予以新的現代化的解釋。因為中國傳統的合一是產生在農業小生產的古代社會存在的本體上，所以那種「合一」中包含了感恩、順天即靠天辦事的思想，在精神領域，強調的也是寧靜、和平的方面。在現代工業社會，在人類大力征服自然的時代，社會存在的本體不同了，「天人合一」也就需要改造、轉換，它主要應該是人通過征服自然的鬥爭去創造物質財富，讓自然為人類服務，但同時又注意生態平衡，不損害自然環境和生態循環，同時更要注意恢復人與自然的親密關係和平衡。這才是在高度物質生產基礎上的新的「天人合一」。其實也就是馬克思講的自然的人化。這個問題我在別處講得很多，這裡不囉嗦了。總之，中國傳統講天人合一，強調人和自然的和諧統一，強調人際的和諧穩定，強調人的身心的和諧愉快，這是不是有意義呢？是不是因此可以在新的現代化條件下改造和繼承發展呢？是不是因此可以對世界文化作出一點貢獻呢？這便是我想提出的另一個問題。請同學們考慮。這次就講到這裡。謝謝。

據 1985 年 5 月在復旦大學的講演錄音整理

（原載：《復旦學報》1985 年第 5 期）

 關於儒家與「現代新儒家」

　　《中國古代思想史論》出版後，有些青年朋友認為它背離了拙著《中國近代思想史論》一書的精神，成了所謂「新儒家」的同道。我不認為如此。

　　（一）《中國古代思想史論》（下簡稱《史論》）對孔子和儒家的論述和重視，並非把它當作一種思想、學說或學派來提倡、鼓吹。有如我在另處所說：「我這本書所研究的問題和現在一些著作不完全一樣。比如孔子吧，有多少部哲學史就可以說有多少位孔子。並且都認為這才是那個真正的孔子的原本思想。我的興趣卻不在這裡，而主要是想探索一下兩千多年來之融化在中國人的思想、意識、風俗、習慣、行為中的孔子。看看他給中國人留下了什麼樣的痕跡，給我們民族的文化心理結構帶來了些什麼長處和弱點。這個孔子倒是活生生的，就在你、我、他以及中國人的觀念中間」（見《北京晚報》1984 年 11 月 24 日）。因之，即使廣大農民並不讀孔子的書，甚至不知孔子其人，但沉浸和積澱在他們的行為規範、觀念模式、思維方式、情感態度……等等意識和無意識底層的，主要仍是孔子和儒家的東西，而不是道家、法家或佛教。當然這些東西也有，但大半已被吸收、包含和融解在儒家中了。規範玉皇大帝、如來佛祖世界的，仍然是君臣父子的儒家

秩序。這即是說儒家作為幾千年來的社會統治意識，已不是一個階級的思想，而成為中國民族性或我稱之為文化心理結構中的主要組成部分。可見，儒家並非「絕學」，不是什麼快要毀滅從而需要趕緊挽救或恢復發揚的東西。這是一種活生生的不以人們意志為轉移的現實存在，其中包含優良的東西，也包含有很壞的東西。正因為它是文化心理的現實存在，已經浸入無意識的深層，這便不是想扔掉就能扔掉，想保存就可保存的身外之物。從而歌頌它如何好，要求全面守住它；或指責它如何壞，主張徹底拋棄它，都沒有多少意義。重要的是作清醒的自我意識（包括將無意識予以意識化）和歷史的具體分析，以首先了解而後促進它的轉化或革新。不此之圖，僅以情感的價值判斷來替代理性的歷史描述，倒又正是儒家傳統的弱點。這一弱點在今日否定或肯定傳統中卻仍然有意無意地出現了。《史論》曾論證將宇宙情感化、人世化是儒家世界觀的基本特徵之一，它在倫理和審美方面有優點，但對近代認識論和科技思想的發展是很不利的。

（二）《史論》認為儒家講的修齊治平、孝親敬老等等不是某種先驗的道德原理，而有其由來久遠的現實歷史的淵源。它本是由原始氏族社會的政經體制提昇和轉化而來的。原始儒學把歷史的現實政制變而為道德的理想範本，即政治的變而為道德的。經宋明理學之後，這個道德標準又反過來主宰、支配和替代了政經法制，道德的又變而為政治的。直到今天，仍有這種以道德代替政法的遺毒在。《史論》不贊成完全離開時代性來談民族性，企圖論述這一真實。

（三）《史論》不同意「儒學是『反躬修己』之學」（梁漱溟語。見 1984 年中國文化書院第一期講習班開幕式發言）。《史論》認為儒學不是或不只是所謂「內聖」之學。儒學傳統不只是孔孟程朱或孔孟陸王或孔孟程朱陸王。相反，以荀子為代表，包括董仲舒、柳宗元、陳亮、葉適、顧炎武到近代的龔自珍、魏源、康有為、譚嗣同等人，強調「制天命而用之」、「經世致用」等等，也屬儒學傳統。它並不是老莊、法家、佛教的傳統，儘管吸取了它們的某些東西。這一條線的歷史地位、理論價值和重要性並不次於《中庸》、《孟子》程朱陸王。因之，《史論》批評貶抑荀子排斥陳、葉於儒學之外等看法。

（四）《史論》反對「中體西用」說和「文化本位」論，反對在發揚傳統的口號下維護封建主義。不同意以孔孟的原始民主和人道觀念來比擬、混同西方近代的民主自由。《史論》之所以提出「西體中用」這個並不科學和準確的詞語，正是為了與「全盤西化」和「中體西用」相刺激性地對立，即認為未來的道路應是社會存在的本體（生產方式、上層建築和日常現實生活）和本體意識（科技思想、意識型態）的現代化（它源自西方，如馬克思主義）和中國的實際（包括儒學作為中國文化心理的客觀存在這個實際）相結合。例如，在這一結合中，敬老孝親便不再是實際建立在家長制經濟政治等人身依附基礎上的外在道德要求，而只能是建立在經濟、政治互不依賴、完全獨立平等基礎上稠密人際情感的內在自願態度。

（五）因越出題目範圍，《史論》未及詳論今日繼承的應是五

四時期陳獨秀、魯迅、胡適等人批判傳統的變革精神，而不是梁漱溟、張君勱等人鼓吹東方文明的保守態度（儘管他們的學說也有好些合理因素）。但有意思的是，激烈批判傳統的精神恰恰又是中國人的傳統，中國民族恰恰有善於捨棄固有觀念、接受外來事物、「盡棄其所學而學焉」的傳統。它仍與儒學的實用理性密切相關。

　　至少以上五點，是《史論》一書自認不同於海內外以熊（十力）、梁（漱溟）、馮（友蘭）、牟（宗三）等為代表的「現代新儒家」之所在。所有這些在《史論》中均已明確表述，今再次注出。

（原載：《文匯報》1986 年 1 月 28 日）

 ## 「西體中用」簡釋

　　「西體中用」一詞，不是由我首先發明的，黎澍同志曾提出過，但受到了批評。我前不久正式提出，又遭到一些人的批評。但我堅持這個說法。儘管它不太科學，卻不但仍可使用，並且頗富意義。使用這個說法的前提是「中體西用」「全盤西化」兩說法的存在。離開了前兩種說法，「西體中用」說也就失去了對象。因此，不能孤立地討論「西體中用」，而是要把它與前兩者聯繫起來看。其實，人們常常願意講的「馬克思主義中國化」，「中國式的現代化道路」，「社會主義的中國模式」等等，也都可以在基本上表達「西體中用」這個意思。我講的「西體」，實質就是現代化。大家知道「現代化」並不等於「西方化」，為什麼我要用這個並不太科學的詞？其目的就是前面講的，想與「中體西用」相對立。我們中國人一向喜歡用最經濟的語詞來概括和表達最多的內涵，由於這種語言方式仍有生命力，所以我使用這個詞組以與「中體西用」唱反調，造成語言上對立的刺激感。

　　除了「中」「西」之外，今天使用「體」「用」這種古老的中國哲學範疇，也要注意加以明確規定。我用的「體」一詞與別人不同，它首先指的是社會本體，因此便包括了物質生產和日常生活。我曾一再強調社會存在是社會本體。把「體」說成是社會存

在，這就主要不是意識型態，即不只是「學」。社會存在就是社會生產方式和生活方式，也就是人們每天都過著的現實日常生活。這是從唯物史觀來看的真正的哲學本體，是人存在的根據。現代化首先是這個「體」的變化，在這個變化中，科學技術扮演了非常重要的角色，科學技術是社會本體存在的基礎，因為由它導致的生產力的發展確實是使整個社會存在發生變化的最根本的動力和因素。所以科技不是「用」，恰好相反，它們屬於「體」的範疇。在《批判哲學的批判》一書中，我以使用工具、製造工具來規定實踐，也是這個意思。至於說「西學為體」，在我看來，就是以產生在西方現代化社會存在本體上的本體意識來作「學」的主體。

　　現代化的這個「體」（指社會存在、現代生產方式和生活方式、日常生活）和本體意識（指現代科技理論、政經理論、文化理論等等），用到中國來，就當然有一個中國化的問題。接受西方的生產力、科學、技術以及相應的經濟政治理論、科技文化理論以及價值觀念等等（「西學」），都有這個問題。人們常常提到日本企業的迅速發展和巨大成就是運用傳統的家族制度，這就恰恰是「西體日用」。形式上運用傳統的家族關係，而實質上，其政經管理制度則仍然是西方現代化的東西。但形式又不只是一種外表，它滲入內容之中，與內容不可分。日本採取的這種形式，使公司、企業內部的人際關係從而勞資關係與西方（例如美國）就不大一樣。我並不主張中國學日本模式，我個人不喜歡日本模式。但我覺得西方的「體」用於日本，加上固有文化的形式干預，使人際

關係、情感態度、行為模式、思維方法，產生了與西方不同的特色，加快了現代化的進程。這是可資借鑑的。馬克思主義也是「西體」的一部分，它是從西方那種社會存在本體中產生的本體意識和科學理論，即「學」或「西學」。但「西學」不只是馬克思主義，還有好些別的思想、理論、學說、學派。這些理論、學說有些適合中國，有些則不適合，其中就有一個選擇問題。即使完全適用的，也還有一個運用問題。就在這選擇和運用中產生了「中用」。「中用」就必須考慮到國情和傳統。正是在這種形式的改變、轉換和內容的選擇、取捨與運用的關係中，包含著複雜的「體」「用」問題。一方面不能生吞活剝，食洋不化，畫虎不成反類犬；另方面又得注意桔渡江而成枳，西體、西學搬進中國完全變樣，被頑固強大的中國傳統封建力量給溶「化」掉了。馬列主義本是西學，它的中國化既有偉大的成功面，在一個農民國家裡，共產黨領導革命取得了政權，但也有將馬列主義封建化的慘痛教訓的一面。這也是值得我們去認真總結的。因此「體」「用」的說法不是沒有意義，而是很有意義的。

由於對「體」「用」的上述新理解，這個說法便和嚴復當年批評「中體西用」那種簡單割裂「體」（制度、意識型態）「用」（科技）完全不一樣。張之洞的「中體西用」說強調「教忠」。「教忠」是什麼？就是維持清朝皇帝的君主專制政治制度。這個政治制度是建立在封建小生產土地關係基礎之上的。而土地關係就屬於社會生產方式。他不懂得在他所要維護的「中學」（三綱五常的政治制度和以三綱五常為軸心的封建意識型態）下有根本的東西。他

不知道，他要維護的「學」不只是一個「學」的問題，也不僅是政經體制的問題。他看技術僅僅是「用」，不知道輪船、火車之類的東西是與社會生產力、與社會生產方式緊密連在一起，是後者的具體體現。生產力生產方式的變化必定帶來生活方式和意識型態以及政經制度的改變。可見，我講的「體」與張之洞講的「體」正好對立。一個（張）是以觀念形態、政治體制、三綱五倫為「體」，一個（我）首先是以社會生產力和生產方式為「體」。這就保證了不是像討論中有人擔心的那樣會重蹈張之洞割裂「體用」的覆轍的危險。

　　我還受到另一方面的不同批評，認為「西體中用」的提法會導致「全盤西化」。這似乎是把「用」看得太簡單了。實體(Substance)與功能即「用」(Function)本不可分，中國傳統也講「體用不二」：沒有離「用」的「體」，「體」即在「用」中。因此，如何把「西體」「用」到中國，便是非常艱巨的創造性的歷史進程。例如，大家都早知道要去取西方的「科學」、「民主」，但在中國用起來，卻由於沒有意識到「體」「用」轉化的艱難性而遇到了重重阻礙。這就是對自己的國情和傳統了解不夠的原故。所以我主張要回到歷史，回去研究中國的傳統。我覺得要把「體」用好，就得了解和批判中國傳統，這樣才能有正確的選擇和恰當的運用，以真正實現現代化。總之，由於「中體西用」「西體西用」（即「全盤西化」）都會阻礙現代化的道路，所以必須是「西體中用」。人們都說要打破傳統，但重要的是創造性地轉換傳統，要打破和轉換，首先就要研究。最後，我把與一位記者的一段對話剪

貼如下作為結束：

記者：李澤厚先生，去年，您出版了一本研究中國傳統文化的專著——《中國古代思想史論》，同您以前的著作一樣，這部書的出版，很快在學術界、文化界、以及廣大青年中引起普遍的反響。目前社會上似乎正流行一股姑且可以稱之為「中國傳統文化熱」的思潮，在文學界，「尋根」、「認同」的問題討論得熱火朝天，在哲學界，肯定傳統文化的呼聲似乎也越來越高，而您這部書中對傳統文化的闡述和《中國近代思想史論》似乎有所不同。因此，有一些讀者認為您接受了海外「新儒家」的影響，甚至背叛了自己，我想，您現在是否也碰到了一個「自我認同」的問題？您和海外的「新儒家」有什麼區別？

答：我不認為自己接受了「新儒家」的影響，我與他們的不同，在《史論》和最近一篇短文（即〈關於儒家與現代新儒家〉）中作了交代，在對待傳統的問題上，目前存在著兩種我不能接受的態度，一種是不加分析地對傳統採取罵倒式的批判；一種是在「文化認同」的口號下，鼓吹復古主義的思想。這兩者在理論實質上都沒超過五四水平，而後者是我更加反對的。

最近，有人講孔子百分之九十是正確的，有人否定五四運動，有人公開主張「中體西用」，甚至要大力提倡孝道……，這些我都不能同意。我們現在要繼承的，仍然是五四的傳統，沒有五四，就沒有整個中國現代史。

當今中國面臨的最迫切、最根本的問題，是怎樣走向現代化，所以首先應該解決的，是怎樣吸收消化外來文化，如果一定要講

中西，那麼應該是「西體中用」。所謂「體」，我認為首先應是社會存在的本體，以及對這個本體的意識（即「學」）。我們不能說現代化就是西化，但也不能否認現代化是由西方來的。現在以最先進的科學技術為代表的生產力、政治經濟理論，包括馬克思主義在內，都屬於西方文化，而非中國文化，怎樣結合傳統，把這樣一套東西用於中國，這就是「西體中用」。社會本體的變化、本體意識的變化，一句話，整個社會存在和社會意識的現代化，是一切問題的根本。只有在這個基礎上，才談得上傳統的繼承和發揚。

　　記者：這是否意味著《中國古代思想史論》，主要是一種自我反省。

　　答：對，這部書並不與《中國近代思想史論》相背離，恰好相反，而是以之為前提的進一步的探索。我以為，現在是中國第一次真正地走向世界，和西方文化進行交流。要更好地了解西方文化、吸收西方文化，就必須對本民族的文化有一個清醒的自我認識。

　　　　　　　1986 年 1 月

　　　　　　　（原載：《中國文化報》1986 年 7 月 9 日，

　　　　　　　略有增改）

五十 突破「對子」與「圓圈」

　　我認為中國哲學史研究要多樣化，不必一下子試圖找出總規律。各種方法，如語義學方法、解釋學方法、現象學方法等，都可以採用。不同的方法互相競爭，互相補充，這樣就可以使研究的路子寬廣一些，從而改變許多人擠在同一條路上的被動狀況。哲學史研究多樣化的理論根據在於：真理是一個由許多方面構成的整體。因而，可以從不同的角度、不同的途徑、不同的問題、不同的要求去接近它，接近的層次、側面可以不同，所追求達到的目標可以不同。澄義語義、認識論史、文化心理結構，它們的目標便並不一樣。

　　幾十年來流行「對子」（唯物和唯心、辯證法和形而上學鬥爭史），現在又似乎流行「圓圈」（哲學史是螺旋形的上升的認識史）。我有點懷疑。我不大相信「兩軍對戰」，也不大相信黑格爾說的那「圓圈」。柏拉圖、老子並不比後來的哲學差，「圓圈」的起點可以高於終點，讀這些著作比讀經過「螺旋式上升」後的著作有時還更有味道。如何解釋？這倒有點像藝術，屈原的〈離騷〉、希臘的雕刻便絲毫不亞於後來的作品。

1985 年 8 月廬山中國哲學史討論會上的發言

（原載：《華東師大學報》1986 年第 1 期）

 開放型、多層次的文化研究

　　建設社會主義精神文明怎麼搞？上海提出研究城市文化發展戰略，從研究與現代化建設相適應的社會文化背景著手，這對全國也有意義。怎樣在考慮經濟發展戰略的同時，認真注意文化發展的問題，上海可說是走在了前面。

　　三〇年代，上海是全國最大的城市，也是中國「左翼」文化的基地。受到西方文化的影響，上海形成特有的「海派」文化。它最早、最快和最有勇氣地接受和吸收外來文化，並逐漸形成新的文化力量，吸引了一大批文人學者。魯迅為什麼要長期居住上海？也是上海文化這種特點使然。目前，是中國真正第一次走向世界與各民族進行對話的時代，上海應該恢復其原來的中西文化交接、匯合最多、最敏感的區域，在發展中國的新文化開創道路上起帶頭作用。

　　發展新文化，少不了引進和吸收外來文化。我們的政策和經濟基礎都提供了這種可能性。這幾年，我們向西方開放了，但是對西方還缺乏深刻的了解，還需要開放。不僅是牛仔褲、美容指導，更有一些別的高質量的東西需要引進。譬如，我們對外國文化包括重要理論著作翻譯、介紹得便很不夠。關於西方馬克思主義、關於宗教的書籍，為什麼就不能多搞點翻譯呢？如果我們在

這方面的發展是多樣式的，高質量、高層次的產品多一些，青年人就不會迷戀低層次的文化消費，就有一個選擇的餘地。而隨著進一步的開放，也能夠真正學會和懂得怎樣來欣賞和吸收外來文化的精髓，自覺摒棄其糟粕。不要害怕西方的現代哲學社會科學會破壞我們對馬克思主義的信仰，馬克思主義應該是不怕辯論的，怕辯論就不是馬克思主義。馬克思主義也只有在與其他學說的辯論和吸取中，才能真正生存和發展。尤其是應該看到，我們許多青年人是願意思考、希望國家富強的。領導部門要積極引導，不要一味指責。

文化是一個整體，但有不同的層次、角度和側面。因此，在文化問題研究中，也要自覺地意識到這一點。具體說，既要進行文化理論探索，又要注意研究新的文化思潮；既要對中國傳統文化進行反省，也要搞中西文化的比較研究。但是，當前要宣傳的是什麼？近期研究的目標和方法又是什麼？我個人認為，當前主要反對的恐怕還是封建主義的東西。封建主義往往披著新的外衣出現，披著「社會主義」、「集體主義」的外衣出現。在道德觀念上，在兩性關係上，封建意識至今仍相當嚴重。對新思潮、新觀念的研究也要分幾個層次。在具體的方法上，我主張是多層次、多側面、多角度、多途徑、多目標、多問題、多要求、多方法，互相補充，互相完善，而這個過程，也就體現了學術上自由競爭的精神。

（原載：《上海城市文化發展戰略研究》
1985 年 9 月 27 日第 25 期）

 # 《走我自己的路》序

　　這個集子其實應該取名為亂七八糟集，因為什麼都有，從所謂「治學談」到「答記者問」，從非散非雜的小塊短文到超過萬字的講演記錄；既有給別人著作寫的序言，也有自己書末的後記；有五篇剛送出去發表的長論，也有四篇已收入別的集子中因印數小有讀者還想看看的短文。總之，全書很有點不倫不類、不知是什麼東西的味道，並且其中好些篇都有相互重疊或重複的看法、觀點和語句。但我居然把它們硬湊在一起出書，倒也不全是自己的不是。這幾年來，一直有朋友有讀者要我把這些散在各處報刊上的文章以及我自己書尾的後記集在一起。他們對此似乎頗有興趣。安徽有位素不相識的大學生還特地複製了一份我幾本書的後記和一些小文，合訂在一起寄給我，替我設計了書的封面和取了書名，叫「李澤厚序跋隨筆集」。這真使我又慚愧又感動，也使我開始認真考慮出這本小書的問題。

　　我想，也許是這些小文章寫得雖不好，但看來還省勁？也許是寫這些文章時總不免帶點感情，發幾句牢騷，罵幾句壞蛋，從而比我那些大塊東西反而更親切點？也許那幾篇談自己讀書作文經歷的文章引起了年輕人的某種興趣？……我自己的習慣是，文章一發表就不願再看它，因此現在也不準備多去想它們。「文章千

古事，得失寸心知」，我的自我感覺一直不甚良好，我覺得至今也未能寫出使自己滿意的東西。特別是這些小文，常常是提筆就寫，匆匆草就；有的幾乎是應酬文章，因陋就簡。正因為此，編完這些小文之後，心裡總感覺不大踏實，才又加了幾篇算是學術性的大塊東西用以塞責。集中還收有一篇〈答記者問〉，則是從十來篇訪問記中選摘了幾段經常碰到的提問合在一起的。全書真可說是五顏六色，雜湊的一鍋。但我想，由於這些東西多數講的是自己切身的經歷、體會、感受和意見，與現實生活關係比較直接，從中容易聯想到一些事情和問題，可能有某種歷史資料的意味。例如關於《海瑞罷官》的那篇短文，實際是 1978 年底三中全會開幕不久在一次座談會上的發言記錄，最近看了，恍如隔世。例如，有關朦朧詩、主體性、「西體中用」以及破「天下達尊」、多元方法論等等，將來回過頭來看，它們也許在非常微小的範圍和非常微小的程度上反映了記錄了這段意識型態的某些歷史印痕和艱難步伐。這倒是我願意把它們匯集保存起來的一個重要原因。

　　就拿書名來說，它本是我一篇文章的標題，刊出後一位標榜人道主義的善良領導跑來我家對我妻子說，「怎麼能用這種標題？這還了得」！我妻子以為大禍臨頭，我當時在國外，也不知道出了什麼亂子。但曾幾何時，這句馬克思引用過的話已經成為年輕一代最喜愛的格言之一，到處出現。時代車輪的運轉不以某些人的意志、愛憎為轉移，而且還轉得這麼快，老實說，這是出乎我的預計的。它說明，儘管有時陣陣冷風，春寒料峭，但猶如強弩之末，它確乎攔不住百花齊放萬紫千紅了。年輕一代已經站了起來，

他們有自己的頭腦和個性，他們將排開一切困難和阻力，懷抱著偉大歷史感去開闢自己的道路，勇敢前進的。

　　我想把這本小書也獻給他們。

1986 年春 3 月於北京海淀區

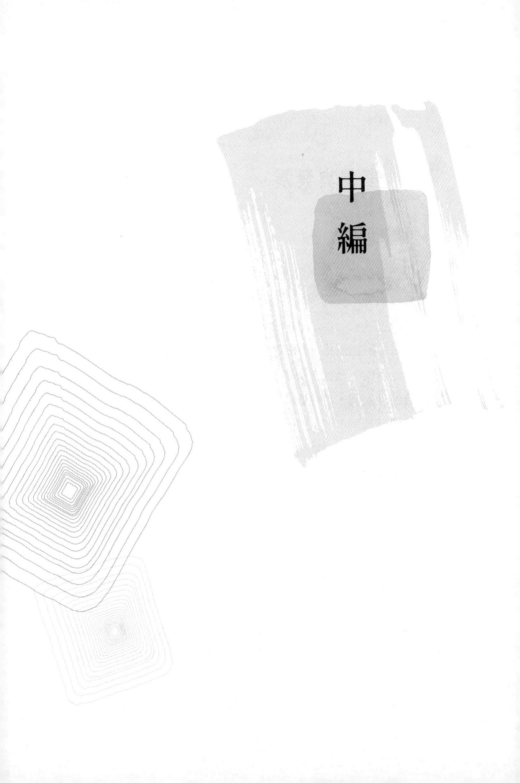

中編

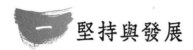 # 堅持與發展

　　人們常說要堅持和發展馬克思主義。但「堅持」與「發展」究竟是何關係，似尚少研究。於是有人強調首要是堅持，然後才能談發展。

　　如果從詞組的排列順序看，這好像頗有些道理，畢竟「堅持」在前嘛。可惜，社會實踐的現實比文字的詞組系列重要得多。實踐恰恰告訴人們，首先是「發展」，然後才能有「堅持」。

　　所謂「發展」，就是指我們的馬克思主義的理論、政策、觀點、方法、標準、原則等等，要符合、適應、指導、推動、促進日益發展變化著的中國社會主義現代化的進程實際，而不是相反。從馬克思那裡開始的馬克思主義本來就是這樣不斷地豐富、更新著自己的。它善於及時概括、總結當前的和歷史的實踐成果，善於批判地吸取各種理論、學說、思想、文化中一切合理的成分，在發展變化中日益鞏固和充實自己，成為開放的、活生生的、始終能引導人們去正確行動的指南，這也就是「堅持」。

　　因此，我們要堅持的馬克思主義的基本原理，就並不是馬克思事先圈定好的某幾條不變教義或僵死框架。老實說，要明確基本原理有哪些條，並不是很容易的事。恩格斯在馬克思墓前演說中只提了唯物史觀和剩餘價值。而剩餘價值理論在科學直接成為

生產力的現時代，恐怕也要有發展、豐富和變化。可見，也只有在發展中，才能真正具體地、客觀地、科學地明確和區分哪些是馬克思主義基本原理，哪些不是。如果脫離開這個異常豐富、複雜、日益發展變化著的社會實際和人們的社會實踐活動，來講理論上的「堅持」馬克思主義基本原理，即離開「發展」講「堅持」，所「堅持」的很可能恰恰是錯誤，是不符合、不適應現實實踐的理論、觀點和方法，「堅持」於是變成了與發展不相容的障礙，變成了敲打人們的棍棒，這倒是值得警惕的。

（原載：《北京晚報》1986 年 7 月 31 日）

 ## 二 西體中用

應該看到中華民族有善於接受外來文化的好的一面，同時也應該注意到另外一面，這就是在接受外來文化的過程中將其改變成自己的一部分，改變了原來的思想。中國有早熟型的系統論思想，把天和人，把自然與社會、政治等各方面搞成一個系統，互相作用，互相鉗制，同時也將外來的思想，放入這個系統之中，慢慢地，外來的東西便被吸收、融化，改變了原來的面目。

例如，太平天國是發生在我國近代史上的一次農民革命。毛澤東稱太平天國的領導人洪秀全是向西方學習的第一個人。他向西方借來了一個上帝，組織拜上帝教。他提出打倒妖魔，去掉孔子牌位。洪秀全將西方的摩西十誡改成一系列天條，也就是人人都得遵守的軍事命令，如尊拜皇上帝；齊心合力，不臨陣退縮；其中平均主義和禁欲主義的思想很突出。太平天國強調人無私產，他們建立聖庫，放置全部財物，然後按等級分配，此外還規定男女分開，夫妻不能同房，否則要殺頭，但天王和五個王卻每人可以有六個太太。這種思想不僅在太平天國內實行，並且推廣到社會。

又例如，在我國所接受的馬克思主義，主要是兩條，一條是唯物史觀，一條是階級鬥爭學說。唯物史觀是作為一種信仰來接

受的，通過唯物史觀要建立一種理想社會。判斷是不是真正的馬克思主義，即建立起共產主義信仰。不是用唯物史觀來分析中國社會，而是用階級鬥爭理論衡量的。不是從階級來分析階級鬥爭，而是從階級鬥爭來分析階級。

由此可見，馬克思主義是從西方來的，太平天國崇拜的皇上帝是從西方來的，從某種意義上講都是西學，中國是很善於接受的，但另一方面，中國原有的傳統又有很大的改造性，外來的東西被中國的傳統所改變。馬克思主義來到中國，在中國化的過程中，使馬克思主義也封建化了。

我提出西體中用。我認為，體首先是社會存在的本體，即生產方式、生活方式。所謂西體，主要是以西方為先驅的大工業生產的社會存在。儘管現代化不等於西方化，但現代化畢竟是從西方開始的。有人說以馬列為體，這也不對，馬列主義是學而不是體，而且有可能變成封建化的東西。因此說馬列是體，在理論上不符合唯物史觀，在實踐上還會帶來很多問題。

明確了以大工業生產的社會存在為體以後，就要進一步明確這種大工業生產之上的本體意識，即上面講的西學，除馬克思主義外，還包括現代的大量其他的社會科學理論。中體西用的最大錯誤就在於認為科技是用而不是體，其實科技恰恰是體，因為科技理論是與社會存在，與生產力、生產方式聯繫在一起的。商品經濟的發展，必然引起價值觀念、行為模式、道德標準、思惟方式等一系列觀念的改變，這也進一步說明了社會的生產方式是體。

講西體中用，主要為了注意到兩個問題：

一、是不要使西學在中國化的過程中封建化，被中國傳統思想吞沒掉。

二、是要分清前現代化、現代化與後現代化這三個不同的時代。中國社會是從前現代化走向現代化，世界上的一些發達國家則是從現代化走向後現代化。國外一些人很崇拜中國的文化傳統，認為中國不應該搞現代化，不應當拆掉四合院去修建高樓大廈，這反映出不同時代的人的觀念上的差異。後現代化是在高度的物質文明的基礎上發展起來，反映在文化上，往往表現出一種返璞歸真的情緒。我們現在還沒有這種物質基礎，但要注意到這一點，從而發展具有中國特色的現代化。

（原載：《團結報》1986 年 9 月 27 日）

最近馮友蘭先生大概聽說我提出西體中用，主動（非應我要求）地寫了幅大字對聯送我──

西學為體中學為用
剛日讀史柔日讀經

九十一歲了，字還很有筆力。我就從這裡談起吧。「西體中用」是我今年 1 月份在上海的一次會上，因為不贊成「中體西用」論，為造成一種語言上的對立感，而強調提出來的。張之洞提出的「中學為體，西學為用」的觀念，至今還有市場，只是表

現形式有所不同罷了。例如它表現在，認為我們的一切都很好了，只要引進點科學技術再加些西方的經營管理制度就行了。這也還是張之洞所說的「法」可以改，「道」不可以變。現在有一些人反對我說：「應該以馬克思主義為體，兼學中西。」那麼，馬克思主義到底是「中學」還是「西學」？明明是「西學」嘛！也許他們會辯解說：「我講的馬克思主義是中國化了的馬克思主義。」的確，馬克思主義的中國化使民主革命取得了偉大勝利，但這種勝利主要是通過一場以農民為主體的革命戰爭得到的。

馬克思主義在中國化的過程中，夾雜著好多封建的東西，有的地方就把馬克思主義封建化了，如「文化大革命」中提出的「最高」、「最活」等等就是典型的封建化。這種中國化的馬克思主義，能夠當作「體」嗎？匈牙利的盧卡奇寫過一本《社會存在的本體論》，我看這是他幾十年經驗的總結。他提出社會存在作為本體。我認為這才是最根本的「體」。就是說，「學」不能作為真正的「體」，不管是「西學」還是「中學」。真正的、最後的「體」是社會存在，不管你是哪種「學」，包括馬克思主義學說，也要以這個「體」來作為衡量標準。社會存在就是生產方式和日常現實生活。

我很欣賞剛才季羨林先生的唯生產力論，這是最根本的東西，它正是中國目前需要改變的「體」──即從小生產農業國過渡到發達的大工業國。把「體」搞明白了，才能講「體」上面的「學」，我把它叫「本體意識」，即對本體的一種自我意識。中國從古至今的種種封建觀念、學問、理論是產生在農業小生產社會

存在的「體」上面的本體意識，馬克思主義便不會產生在這種農業國家，它只能出現在西方工業化大生產基礎上，是那個西「體」上的本體意識。這種「本體意識」的「學」當然是「西學」。也正因為「體」需要變化，才能有「學」的變化。沒有經濟體制改革，就不會有今天的政治體制改革、觀念改革。在「學」這個層次上，也應該以「西學」為主。重複一下，所謂「西學」就是指現代各種理論、當然包括馬克思主義，也包括科技理論、現代其他的經濟政治理論、心理學、社會學、文化學理論等等。而所有這些，從大工業的社會存在（體）和在這基礎上的種種學問、理論（本體意識）都主要是從西方傳到中國來的，所以就叫「西體中用」。上面只解釋了「西體」，至於如何「中用」，時間關係，便不講了。

（原載：《群言》1986 年第 11 期）

時代和它的孫中山
（在廣州國際孫中山學術會議上的發言）

　　這次會議的主題是「孫中山和他的時代」，我的發言題目倒過來，是「時代和它的孫中山」，因為我想到的是不同時代有不同的孫中山。對歷史和歷史人物的理解大概很難離開對歷史性的今天的理解。對歷史的解釋實際是一種與歷史的對話。今天來理解、解釋、研究、討論孫中山，又有些什麼對話特點呢？

　　這是一個大題目，有些人不是講了孫中山與經濟建設、與國共合作、與引進外資等等問題了麼？這與五、六〇年代強調孫中山反對帝國主義、以俄為師等等，似乎確然顯示了不同時代的不同的孫中山。正如同以前不同時代有不同的孔夫子一樣。

　　這裡我只想從方法角度講兩點意見。這兩點意見歸結起來就是，在要求科學性或科學化的現時代，我們的中國近代史的研究、討論、解釋、描述，是否也應該更加嚴密一點呢？

　　第一，過去由於各種主（如政治需要）客（如無充分的學術研究條件）觀原因，我們關於中國近代史的一些非常基本的概念、範疇、命題、判斷，即使有些並不錯誤，卻一直缺乏足夠的論證和學術性探討，有的則是雖然流行多年，奉為定論，其實卻似是而非，大可商榷。例如，充滿了我們文史哲經各種書刊論著中的

「半封建半殖民地」的「社會性質」的概念和命題，便是如此。因為，究竟什麼是這個「半」？「半封建」是什麼意思？「半殖民地」是什麼意思？兩者加在一起又是什麼意思？它們是如何「結合」起來的呢？說半封建半殖民地是中國近代的「社會性質」，雖然人云亦云，幾乎眾口一詞，實際卻並不很清楚。「半」是數量概念還是質量涵義？如是數量概念，是如何得來的？有統計材料的依據嗎？或者，有分析論證的過程嗎？實際上，「半」只適用於沿海大中城市地區，廣大內地基本上仍是「全」封統治，當然，從中國全體說，我並不反對「半封建半殖民地」的概括提法，並且認為它是當時（在三〇年代的中國社會性質問題論戰中）各種說法中最為正確的一種，但是，如果說當年由於種種原因還來不及作深入的理論論證和闡明，那麼，今天便是作這種論證說明的時候了。

至於一些似是而非卻習以為常的概念、判斷，便更需要去推敲辨證。例如說，中國近代因為進入了「半封建半殖民地」社會，就是「歷史的沉淪，不是時代的進步」（汪敬虞文），這到底對嗎？難道中國更長停留在封建社會的傳統古國中反而更好、反而更不是「歷史的沉淪」嗎？

第二，關於孫中山，也如此。孫中山的三民主義——民族主義、民權主義、民生主義，究竟是什麼意思？我以為也是相當模糊的，這種模糊性中所包括的多種涵義（多義性），倒正是孫中山的主義的特徵之一。這種多義不僅有時間上的原因，即不同時期孫有不同的解釋；而且還有政治上的原因。如為了某種政治上的

平衡需要，孫在同時對同一主義可以有不同甚至矛盾的解釋。這裡面有目的（如主張民主共和國的政治體制）和手段（如要求集權於「總理」，要求大權獨攬，同志服從）的矛盾，有理論（反對軍閥）與策略（聯絡軍閥）的矛盾，等等。如果不嚴密分析這種複雜性、矛盾性，就不可能對孫及其主義作出準確的判斷和理解。

之所以產生這種複雜性、多義性，原因在於孫中山首先是一個政治家，而不是一個思想家。他始終處在處理、應付各種具體的、複雜的、尖銳的政治鬥爭的局面和形勢中，從而需要有很大的靈活性、變異性、適應性。如果解釋、研究、討論孫中山的思想學說，像對待一位書齋哲學家、思想家那樣，那就會差之毫釐失之千里了。

但孫中山是位偉大的政治家，而不是一般的政客，所以他在靈活性中又有原則性的一面。例如，他在聯俄的同時，雖然也爭取其他大國（帝國主義）的幫助，但畢竟有原則的不同。又如，儘管他聯共，儘管他聲稱民主主義就是共產主義，但他又同時說明民生主義是優越於馬克思主義的。所以，他在變化發展中又仍有其一貫的東西。

總之，今天對孫中山以及對中國近代史的研究該結束過去的陳陳相因，是開闢一個新的階段的時候了。

（原載：上海《文匯報》1986 年 12 月 30 日）

四 今天中國需要理性

自由、民主的口號是「五四」提出來的，多少年來，它們停留在一種口號、一種要求的水平上，並沒有真正實行過。真正要實行自由、民主，使之成為一種制度，將是一個艱難的過程。

百家爭鳴也一樣。它作為自由、民主的某種表現，也不能理想化。真正實行起來，它並不會像交響樂那麼和諧。爭鳴有愉快，也有不愉快，什麼都可能有。開始時可能還會有些「亂子」。它也將是一個建立習慣法規的過程。我常說，現在還應該看看孫中山的《民權初步》，這本書講的是如何開會，如何動議、表決……等等。老實說，我們現在連如何民主開會，連民主的程序形式都不大懂，都需要從頭學，那更不要說爭鳴中的法則了。

遊戲要有規則，否則玩不成遊戲，爭鳴也如此；一些必要的「規矩」，例如，不要老是「有人說」，而應指名道姓；例如，引證對方要註明出處，不要篡改字句，不能不顧原意隨意概括，要遵守形式邏輯等等，便是。以前那種「無限上綱」「大批判」等做法，就不能作為爭鳴的規則，因為這種規則就等於沒有規則。有意思的是，這種「文革」中出現的現象現在甚至在爭鳴中又改頭換面地出來了，這是什麼原故？是否也是一種傳統心理在作祟？這很值得研究。看來有一些高呼打倒傳統的人的心態，其實恰好

是傳統的（如劉曉波等人）。爭鳴也需要一個過程，才能真正正常化、民主化、科學化。

我是提倡理性的，我覺得我們今天的中國需要理性，而不是非理性。拿爭鳴來說，爭論中的規則也就是理性，沒有理性就不可能爭鳴。而且，爭論任何問題，總要說出點道理來。「擺事實、講道理」這個話說了很久，但從來沒有實行過。我們總習慣於一種非理性的情緒性的反應。我經常說，一些理論文章，卻只有情感價值。這是很可悲哀的。因為這樣的理論文章究竟能否幫助我們去認識世界認識自己？它們究竟有多大的客觀性？它們能夠持續多久？……老實講，我是懷疑的。這一點在許多問題上都有所反映，比如在現在的「文化熱」中就把一切問題都推給文化。似乎中國的落後都應歸罪於「文化」，都是國民性問題、傳統的毛病等等，其實，這卻恰恰掩蓋了當前的主要問題，掩蓋了取消了阻礙改革的關鍵所在（如封建官僚體制等問題）變成了「錯誤人人有份」。這倒是不利於改革和前進的。這種貌似急進的高調的確容易投合好些年輕同志不滿現實的急躁情緒。但是，在一片鼓喝聲後，又會是什麼呢？如果沒有科學，沒有理性，只剩下情緒性的原始吼叫，我看那是很危險的 [1]。

座談會上的發言

（原載：《中國文化報》1986 年 12 月 10 日）

---

1 不幸而言中，它充分表現在八九民運中。

五　寫文章的人要學點平面幾何

新的一年，我建議寫文章的人要學點平面幾何。理論文章要概念清楚，遵守邏輯，要有論證，簡明扼要，不要模模糊糊，不要讓人看半天不知說了些什麼。對於學術發展來說，這是最基本的一個問題。

關於文化問題的討論，我認為現在觀點提得太多了，已經提夠了。現在應該坐下來分門別類認真地研究一個個具體問題，盡量掌握最豐富的資料，把中國文化的實質、內容搞清楚。繼續空泛地議論來發洩情緒是沒有出路的。

（原載：《理論信息報》1987 年 1 月 5 日）

文化講習班答問

（1986 年 5 月 23 日，杭州）

今天沒有準備作什麼講演，最多只能回答些問題。請提問。

問：請你談談當前文化研究的發展趨勢。

答：發展趨勢很難談，我從不願意做預言家，預言家就是先知了，沒有那種本領。只能談談我對目前文化研究的印象。

「文化」是什麼？有人作過統計，大概有一百六、七十個定義。每個定義都有它的一些道理和依據。我不喜歡鑽定義，還是從當前的現實出發為好。我們今天的確好像有個文化熱，這到底是怎麼回事？它是偶然的？必然的？或者不偶然也不必然？還不太清楚。這個文化熱使我想起「五四」時代。有意思的是，「四人幫」垮臺後，好些問題都回到「五四」，像前幾年談的人性論、人道主義、科學、民主，今天提文化熱都如此。我們如果回過頭來重新看看，「五四」時代那些人講的話，寫的那些文章，會使我們感到驚人的相似。這種驚人的相似不只是表層問題和語言，而有某種更深沉的意義和內容。

歷史難道真的是在做圓圈遊戲嗎？轉個七十年，圈子又轉回來了？今天主張批判、反對傳統的年輕同志，激烈的程度還沒有超過「五四」那些人。我舉個例子，要打倒孔子，這是「五四」

時期所有先進分子一致的看法。錢玄同則提出不僅要打倒孔子，還要廢除漢字。現在還沒有一個人提出廢除漢字的問題。他也說過任何一本中國的書，你只能讀半頁，半頁以後都是昏話。吳稚暉則主張扔進糞坑裡去，認為根本不要看中國書，所有中國文化都要不得。所以胡適後來提出「全盤西化」這樣鮮明的口號。

相反，當初保守派像梁漱溟等人則提出中國文化將來要統一世界，主張儒家文化的必然復興。所有這些，與今天的文化熱中的意見和議論不是都很相像嗎？但是也不能說完全一樣。世界畢竟很不一樣了。我認為現在世界進入了後帝國主義時代。帝國主義時代是以武力爭奪瓜分殖民地引起世界戰爭為標誌的，帝國主義就是戰爭。現在不是那個時代，現在不能打大戰，一打大戰就全世界毀滅。

在美國，人們怕打核戰，很多人悲觀：認為遲早可能打核戰，現在和平運動之所以那麼激烈，有它的原因，他們科學地計算過，現在把蘇聯和美國儲存的核彈頭加起來，那不得了。常規戰爭是小玩意，問題不大。現在殖民地紛紛獨立，組成了龐大的第三世界。資本主義科學技術有很大發展，跨國公司力量愈來愈大，資本主義似乎不會再發生 1929 年那樣的世界性的大危機，所以全世界紅色的三〇年代不會再現。六〇年代也是個紅色年代，學生鬧事，黑人運動，主要還有美國反越戰運動，現在有人幻想再來個紅色的九〇年代，但看來可能性不大。世界正走向一個新的階段。中國自「五四」以後，經過了八十年的辛苦，付出了慘痛的代價，今天當然也不會停留在「五四」水平。只是「五四」提出的很多

問題，值得我們重新去思索和回答。

在所謂西學東進記中，最大的「西學」其實是馬克思主義。我們老講儒家、道家，西化、西學，其實還不如去研究這個現實的「西學」。馬克思主義作為「西學」傳到中國以後，經過一場農民革命，的確是中國化了，但同時也封建化了，以致產生大量的用封建小生產意識，披著社會主義外衣來反對資本主義的現象。十年文化大革命就是一個例子，它好像很革命，打著社會主義的旗幟去「興無滅資」，結果「滅」了些什麼，「興」了些什麼呢？大家對後果都知道，實際上是用一種落後的東西來反對資本主義，所以越反對越落後。因此，在這樣一個世界歷史條件下，處在中國這樣的歷史情況下，今天來研究文化，便不應停留在「五四」那樣簡單的論證階段，應該推進一步，應該作更具體、更細緻、更科學的研究，包括一些基本概念，基本口號。例如民主、科學、人權。民主、自由等到底是什麼涵義？我們了解得並不清楚。有薩特那種哲學上講的自由，有經濟學中的自由、貿易的自由，還有政治上的自由派，自由的憲章，像哈耶克講的那種，這些方面我們都沒有很好地分析研究，而是籠而統之一鍋煮，所以我們的研究還是前現代的。

我主張研究工作要現代化、科學化，這個現代化、科學化的一個特點便是多元化、多樣化。最近幾年我強調的一個基本意見就是，不論哪個方面，從社會生活、人生道路到學術研究都應該多元化。我們生活太單調、學術太單調，各個方面都太單調。其實，在學術上，你自己認為最適合自己研究的題目，你就可以去

幹,不必過多顧慮,不要有框框,「不拘一格降人才」,也就是多樣化、多元化。

我們現在對西方的了解還非常膚淺,所以我一直主張大搞翻譯工作,把一些真正西方的東西介紹進來。例如對西方的基督教,我們到底了解多少?一說宗教,就是鴉片煙,其實根本沒有那麼簡單。宗教經常是維繫西方社會並使人奮力向前的積極因素。大家知道,馬克斯・韋伯不是講資本主義興起就是因為有新教精神嗎?相信上帝,認為自己的積累財富是為了上帝……,對這些,我們到底了解多少?在不了解的情況下大談中西文化是很危險的。當然,這個階段可能必要,也不可避免,但老是這樣談下去,恐怕不行。所以我最近多次強調要做一些細緻的、微觀的、實證的研究。不僅僅就是研究上層文化,如孔子、莊子、老子,更要研究中西的食衣住行等各個物質方面,包括風俗習慣、行為模式等等。文化熱的意義,就在於隨著經濟改革的進行所必然帶來的整個社會的文化心理的動盪。正是因為商品經濟的發展影響到各個方面,文化熱和文化研究才有真正的客觀的現實生活依據。所以研究文化,不是為了去欣賞古董,不是為了發思古幽情,而是有它現實的意義和作用的。

問:有人說你是國內新儒家的代表,你自己如何認為?請介紹一下新儒家的國外文化影響及地位並談談你的評價。

答:有人說我是國內新儒家的代表,我在北京、上海都聽說過。為什麼呢?大概因為我寫了些文章,這些文章去年合併出版了一本書即《中國古代思想史論》。這本書裡對傳統文化作了一些

我自己的分析，其中有些是作了相當的肯定。因之與新儒家似乎
有相接近的地方，因為新儒家是以肯定中國傳統為基本特徵的。
不過，我覺得自己跟新儒家有許多基本區別，這些基本區別有五
點，就是發表在《文匯報》文章中講的那五點。所謂新儒家，是
認為中國傳統和中國精神便是孔孟、程朱、陸王那一套。新儒家
這個詞如果翻譯成英文，本來就是宋明理學。所以新儒家就是指
現代的宋明理學。他們都強調宋明理學，認為這是中國文化的靈
魂，只有復興這個東西，才能挽救中國，這就是新儒學的基本觀
念。1982 年臺灣《中國論壇》雜誌把它的代表人物列出來了。如
熊十力先生、梁漱溟先生，但沒有列馮友蘭先生，因為馮友蘭先
生是親共的，把他除外了。其他就是海外的，像張君勱、徐復觀、
唐君毅、錢穆、牟宗三諸位先生，這就是新儒家的一些主要人物
吧。在我看來，真正構成新儒家的幾個代表是熊十力、梁漱溟、
馮友蘭、牟宗三，他們恰好構成了相互連續的四個階段。梁漱溟
先生在去年召開的第一期文化講習班的時候，在開幕詞中說，儒
家的學說就是「反躬修己之學」，主要是強調內聖，內聖就是講修
養，個體修養。先要正心、誠意、修身、齊家，然後才能治國平
天下。宋明理學家講的也是強調個體修養。

　　我把幾點不同意見在這裡簡單談談。

　　第一點，我不認為儒家強調的只是「內聖」，不認為儒家就只
是孔孟、程朱、陸王這條線。儒家還有另外一條線，像荀子、董
仲舒、柳宗元、陳亮、葉適及近代的魏源、龔自珍、康有為、譚
嗣同等等，他們既不是法家，也不是道家，他們還是儒家。一些

新儒家排斥荀子，認為不是儒家正統，我是完全不同意的。我認為，儒家如果只是孔孟、程朱、陸王，中國早完蛋了。恰恰因為有了這另一條線，儒家才到現在還有生命力。

新儒家對儒學傳統在看法上與我也有很大的距離。新儒家的代表很多是海外的，他們認為，共產黨勝利後，毀滅了文化，而他們的責任則是要復興中國文化。所以 1958 年有個關於中國文化的著名宣言，就是張君勱、唐君毅、徐復觀幾個人寫的。新儒家要挽救儒家文化，認為儒家已是絕學。我的看法相反，我所以重視儒家不是因為它是絕學，而是恰恰因為它滲透到我們整個中華民族的各種文化中，包括滲透到在座的所有人的心理結構中去了。農民並不知道孔老二是什麼人，但他的行為模式、價值觀念、情感態度、思想觀念，他奉行的那套道德標準、生活準則，基本上是儒家的。他講究約束子女，服從家長，就滲透了儒家的觀念。甚至我發現在非常激進的青年人思想、行為裡也有不少儒家的東西。就是說，儒家的東西已經變成我們這個民族的文化心理中不自覺的一些東西了。這是值得我們注意的問題。

佛教傳到中國，許多人當和尚，離開自己的家，但收的徒弟要叫他師父，還有師兄師弟、師叔師伯，相互照顧，彼此提攜，還是有這種「關係學」，這不還是儒家的東西嗎？儒家的力量，其特點和厲害也在這裡。所以我認為不是你認為儒學好，便可以把它扶起來，或認為它如何壞，就可以罵倒的問題，問題在於它是客觀存在，已經滲透到我們這個民族的文化心理結構中去了。

我主張要有清醒的自我意識，首先不要先下價值判斷，而是

先多作客觀的現象描述，先有一點比較清醒的自我意識，把一些無意識的東西意識化，這才是重要的。這樣來比較中西方文化才有意義。

西方文化強調人的受苦受難，追求天國，我幾次舉過這個例子，耶穌釘在十字架上，血淋淋的，每家掛著，每天祈禱。中國恐怕很難接受這個東西，中國的菩薩都是笑呵呵的、漂漂亮亮地坐在那兒。這種不同就同儒家精神有關。中國人為什麼不容易接受血淋淋的慘狀？中國文化意識上為什麼沒有那種真正的悲劇，沒有強烈的悲劇性毀滅，像希臘的命運悲劇和近代悲劇那樣？這就值得研究。中國總要求一種和諧，在這裡追求精神的完美，這都與儒家精神有關。它不是佛教，也不是道教，當然儒家是把佛、道的東西吸收進來了，所以我講儒道互補。佛教裡的禪宗也是中國人創造的，禪宗把印度的佛教中國化了。但中國還不滿足於此，經過禪宗又出現了宋明理學。禪宗到了日本倒是保住了，日本的禪比中國地道。像日本文學中所表現的毀滅意識，以死為美，日本文人視死為櫻花凋謝，盛開之後幾天就完了。日本人講究死，日本文人自殺的比中國多得多，另外日本的建築、茶道、花道等等都與禪宗有關。禪在日本很發達，而在中國都被儒家、道家融合進來，變成文學藝術的一種境界。儒家特點是強調生，跟死正相反，它講「天地之大德曰生」，它肯定現實世界和世俗生活。

儒家這些東西是怎麼來的？新儒家沒有解釋。好像就如康德所說的先驗的律令。牟宗三就把中國哲學和康德的實踐理性聯繫起來講，認為中國的道德與康德哲學一致，康德認為只有上帝才

有的「智性直觀」，牟宗三認為聖人就能有。但他們始終講不出儒家的根源何在。我認為是有根源的，這就是中國長期的氏族血緣紐帶。對中國的歷史，尤其是新石器時代這一段歷史得好好研究一下，它與形成部族的氏族血緣紐帶密切相關。這種血緣紐帶在西方早打亂了。中國一直保持著。中國沒有羅馬法，不像西方，所以它就產生不出近代的法制，老是倫理代替法律，到現在也還是人治，還是關係學，把整個法律也溶化在這種倫常關係之中。它是怎麼來的？就是血緣氏族這個基礎上來的，就是從親子關係來的，包括講哥們義氣，也是這個東西。以前拜把子，劉、關、張，就要結拜兄弟，靠這個東西幹事業，講究團伙的特殊關係。中國人既缺乏整體的社會觀念，又缺乏獨立的個體觀念。知識分子也一直沒有獨立人格，他總是依附在某種集團、某種關係裡，或者依附在某種官僚系統裡，以取得自身的價值。

當然這與社會發展有關，因為中國沒有進入近代資本主義，它沒有獨立的自由職業者，沒有什麼醫師、工程師、教授、律師等等。這些人不靠政府，不靠官僚，有自己獨立的經濟來源，這是社會原因。在我們這裡，把個體都納在一個關係的系統裡面，人只是這個關係的部分，人沒有自己個體的獨立形式。你的私人生活、私事，別人也可以干預。我們見面就問：「你吃飯沒有？」、「你到哪裡去？」其實你問我吃飯幹嘛？你問我到哪裡幹嘛？我們問你到哪裡去是表示友好的，是對你的關心，已經變成無意識的習慣風俗了，大家都這樣說，可是外國人聽了會覺得你無權管我這麼多的私事！這在大的方面，就表現為行政權利支配社會各

方面，即通過行政手段，用政治干預各個方面，一直干預到你的私生活，這是小生產的必然產物。這些現象，都反映在儒家思想裡，它便有這樣一個歷史的現實基礎，而這些新儒家是沒有說的。

此外，關於反傳統的問題。「五四」運動這麼激烈地反對傳統，在外國人看起來也是奇怪的。歐洲文藝復興也好，宗教改革也好，啟蒙運動也好，它都沒有這麼徹底地反對自己的傳統。他們很多東西是在上帝的旗號下進行的，包括文藝復興。文藝復興畫了聖母像，聖母看來像美麗的少女，但它仍是聖母。所以外國人很奇怪，中國這樣激烈地拋棄傳統，打倒孔子，連漢字都不要，這在世界其他文化中沒有發生過，一些人在研究這問題。這些問題，新儒家也沒有談到。其實，這種徹底批判傳統的思想和作法恰恰也是中國的傳統。中國人在某種意識上是比較開放的民族。我昨天講到，保留唐代的東西最多的是日本，不是中國。我記得五〇年代初，我在北大上學還穿過長袍，當時，學生穿長袍在北京大學是很普遍的事，可沒兩年，大家就都不穿長袍了，長袍穿了幾百年，幾年間就幾乎全都扔棄了。現在如果穿長袍，大家就會覺得很奇怪。中國接受外來的東西並不是那麼封閉。魏源撰寫《海國圖志》早在鴉片戰爭時期，《海國圖志》後來翻譯到日本去了，對明治維新有幫助。武則天墓前都是外國形象，什麼鴕鳥之類的站在那裡，並不害怕。我記得漢武帝托孤的大臣，其中一個是少數民族，他給他很大權力，就像美國信任基辛格一樣，其實中國早就有這個傳統。印度的佛教輸入後，中國梁武帝把它定成國教。在相當長的一段時期，佛教的地位比孔子要高，孔子只是

釋迦牟尼的學生。我們接受馬克思也很順利，天安門掛四個外國人的像，也沒有覺得什麼不好，這不是也都容易接受了嗎？中國在某種意義上並不像新儒家和急進青年所共同認為的那樣封閉堅固，這些方面恐怕要作些具體的分析。

下面談談新儒家在國外文化界的影響。老實講，新儒學在美國或者在歐洲是很小的圈子，不要以為外國人在等待著中國的儒學福音來拯救他們。外國人包括學術界，除了搞中國的學者外，他們對中國的了解遠不如我們中國學術界對他們的了解。他們也許知道老子、孔子、毛澤東，知道鄧小平，後兩人是作為政治人物被知道的。你要問他魯迅是誰，不知道，《紅樓夢》是什麼書，不知道，那就更不要說其他了。這不是一般人，包括學術界，當然他們不是搞中國學的，搞中國學的自然知道，但一般的知識分子是不知道的。為什麼不知道？不需要知道，就好像我們不必一定要知道非洲、南美哪個國家中的某些思想文化一樣。因為我們中國存在對他沒有什麼關係，不直接影響他，他管你幹嘛。

西方文化到現在為止，還有很強大的生命力，這點要充分估計到，正像西方經濟有強大實力一樣，這點不能低估，不要夜郎自大，以為我們中國文化又不得了。我不同意說香港、新加坡、臺灣、南朝鮮就是因為儒學復興帶來現代化的觀點，我也不相信第三期儒學復興。但是也要看到，西方文化確有危機，他們在尋找出路，尋找人生的意義和價值，尋找人為什麼活著這些問題。因為他們在開始進入後現代化階段，而我們現在跟他們恰恰差一個歷史階段，我們是要求走入現代化，他們是要求從現代化裡面

走出來，所以價值觀念不大一樣。你覺得好的，他覺得討厭，我們覺得交通不方便，要多發展汽車，他就覺得很奇怪，要發展汽車幹嘛，騎自行車不是挺好的嘛；我們現在要冰箱，但他們覺得冰箱裡的東西一個味，沒有意思，不如打野味，自己種菜養雞更有味道。價值觀念不一樣，他們是現代化東西搞得很多了，觀念就不同了，我們希望把生活搞得好些，因為我們太窮了。希望爭取每人國民收入平均多少元，希望每家都有電氣化，沒有電視機的希望有電視，沒有冰箱的希望有冰箱，有空調，還有小汽車，誰都想這些東西。他們都有了，一個人總不要戴三只手錶吧，不必要每個房間擺兩個電視機吧，不需要那麼多。那怎麼辦呢？就回到一個問題，人活著是幹什麼呢？

我們這裡八十年來認為哲學的基本問題是精神與物質的問題，加繆講基本問題是自殺問題，這是有名的話，就是《西徐弗斯神話》裡面的第一句。在我看來，這問題是提得很尖銳的。它問的是人生的目的、生活的意義。你活著幹什麼？值不值得活下去？世界是精神還是物質是次要問題。首先應該考慮你活著幹嘛，即人生意義問題。這不奇怪，在國外有些人感到生活很無聊。某些搞恐怖活動的人，家裡都闊得很，有的人就是追求一種刺激。他們生活非常好，根本不是經濟問題，而是不滿現實去搞恐怖活動，當然有的是政治問題，有某種憤慨。因為資本主義社會也有很多非常壞的事情，有人出於義憤要搞破壞，就是為破壞而破壞，有的就是感覺無聊。在這種情況下，一些人對中國文化有興趣，對老子、莊子、《周易》有興趣，那是可以理解的。但有興趣的也

不是很多人。他們說，你們這些東西好得很啊，你們不要輕易把它丟掉。但我們不能盲目相信，你講好我們就以為不得了了。其實是因為社會所遇到的問題不一樣，所以我還是覺得需要歷史地具體地科學研究，不能抽象地、表面地來談問題。

問：馬克思主義在中國生長是否與中國文化一致？

答：我最近寫了一篇文章，題目叫〈啟蒙與救亡的雙重變奏〉，是對「五四」的回想，也是講「五四」運動的。我在文章裡講了中國怎樣接受馬克思主義的。當時那批知識分子像陳獨秀、李大釗、毛澤東、蔡和森這麼一些人怎樣會接受馬克思主義的呢？其實，當時他們接受馬克思主義是經過一番曲折的。陳獨秀最早辦《新青年》的時候，他提出一個宗旨：「批判時政，非其旨也。」即我這刊物就是談文化問題，就是搞啟蒙運動，不打算談政治。發刊詞裡面他講得很清楚。他認為過去少數人搞政治不能影響民族，現在民族要啟蒙，要樹立新的觀念，新的觀念就是人權和科學並重。他重視的是啟蒙，所以「五四」運動很大部分是啟蒙運動。

但是「五四」運動還有另一個方面，這就是學生的愛國運動，就是火燒趙家樓，打倒賣國賊，反對北洋軍閥。這兩個運動性質並不完全相同，一個是政治性的，一個是思想性的。中國近現代歷史的悲喜劇恰恰也是在這裡，兩個東西糾纏在一起，結果經常是後面那個救亡的革命的運動壓倒了前面的啟蒙主題。原來像毛澤東、蔡和森這些年輕人甚至包括李大釗等人都對無政府主義極感興趣，無政府主義要求個人自由，反對一切形式的壓迫、束縛，

無政府主義主張一個沒有警察、沒有官吏、沒有婚姻、沒有家庭、沒有國家的社會，所有的約束、禁錮統統沒有。但很大一批相信無政府主義的人，後來都轉向了馬克思主義。馬克思主義與無政府主義有一個共同的地方，一是有一個理想的社會，另一個是它極力批判舊制度，認為舊制度一切都是壞的，官吏、國家、政府、警察、機關、學校都是壞的。巴黎有所謂紅旗、黑旗，紅旗是共產黨，黑旗就是無政府主義。當時一部分人信仰無政府主義，但無政府主義拿不出什麼實現自己理想的有效的具體辦法，而馬克思主義卻既有一個共產主義烏托邦理想，又有一套切實可行的辦法。特別是列寧主義建黨理論和革命策略，這是實際可行的。當時恰恰是革命的救亡關頭，「五四」以後是五卅，五卅以後就是北伐，後來又是抗日戰爭，在那種情況下，很多人就由愛國走向革命，走向共產黨，跑到延安去了，接受了馬克思主義。陳獨秀從不談政治到非談政治不可，他終於成了一個政治家。沒有陳獨秀，建黨恐怕要推遲。他由一個自由主義者、民族主義者變成中國共產黨的創始人，這裡面有許多問題值得研究。陳獨秀是非常了不起的人物。

　　至於馬克思主義與中國文化結合一致的問題，我在《中國古代思想史論》中講了幾句，的確有相同的地方。因為馬克思主義是跟列寧主義聯在一起輸入中國的，它強調集體主義，強調有組織有紀律，強調理論聯繫實際，這些跟中國傳統思想是一致的，所以中國人比較容易接受。它不是宗教，但是有一個大理想，這與中國傳統又有某種接近之處。我講中國人有實用理性的傳統，

到現在為止，理論聯繫實際不還是一條原則嗎？它很容易被中國知識分子所接受。在西方，就恐怕不會這樣。他會覺得理論有其本身的價值，為什麼要聯繫實際？這種想法又是與西方有上帝的觀念，有獨立於人的自然界的觀念，有「為科學而科學，為藝術而藝術」的觀念聯繫在一起的。

中國純粹的抽象思惟很不發達，所以我講中國只有技術沒有科學，就是說，中國沒有理論科學，它的科學都是技術科學，四大發明都是技術發明，它沒有希臘那種公理系統，沒有歐氏幾何。像荀子那樣非常清醒的偉大思想家，也反對名家，名家就是研究形式邏輯的，荀子認為純粹研究邏輯只有壞處，攪亂了政治，總之還是強調實用。理論聯繫實際的傳統和原則當然有好的一面，但也有問題的一面，有些理論恰恰不要聯繫實際，才能發展，陳景潤的 1+1=2，聯繫什麼實際？至少目前看不到。我國抽象思惟不發達與我們不重視有關係，並不是說中國人沒有這個能力，中國人有這個能力，中國很早就有名家。中國人到國外搞理論科學一樣可以搞得很好。我們這個民族智慧是很高的，但被傳統中的某些東西壓住了。

上面已說，馬克思主義結合中國革命實際取得了勝利，這場勝利是通過一場實質上的農民戰爭獲得的，因此在這過程中就把中國封建主義的一些東西，封建小生產者的意識帶進馬克思主義，應該清醒地反省到這個問題。本來馬克思主義像《共產黨宣言》講的，社會的自由發展是以個體自由發展為前提的。馬克思主義高度強調，至少在理論上強調個體的獨立、自由是社會發展的前

提，這是《共產黨宣言》講的。

　　國外有人認為馬克思主義是亞里士多德主義，就是說它強調個體。但是我們這裡變成集體了，如剛才說的，個人都沒有了，都是作為集體中的一分子，都是螺絲釘與齒輪，你跟著轉就是了，你根本不要腦袋，只是馴服工具，這不是馬克思的原意。這是馬克思主義與中國傳統相結合的壞的方面。當然，我們應該歷史地了解問題，這在當時的戰爭場合下有它的理由，不能責怪。因為中國革命是長期的武裝戰爭，是你死我活的打仗，軍隊裡當然就要求人是齒輪和螺絲釘了。軍隊裡不能強調自由、平等、獨立、人權，上級要求去打敵人，下級不能拒絕，戰場上說人道主義，彼此不開槍，行嗎？那是不行的。在戰場上，敵人就得殺，那沒有什麼人道主義。軍事鬥爭強調的是集中，強調的是紀律，強調的是下級服從上級，強調的是統帥意志、絕對服從，要你幹什麼就幹什麼。所以我覺得對什麼事情都要有個認真的歷史的理解，那時在延安反對個人主義，強調政治標準，有它的歷史背景。但是遺憾的是 1949 年建國以後，我們對這個問題，沒有很好地在理論上進行反省，以為戰爭那一套經驗，和平時期應該推廣到全社會去，這就造成極大的誤會。總以為那一套是法寶，不知道和平時期應該有另外一套。現在我們還有不少的軍事語彙保存在日常語言中，一開會就是文化戰略，什麼戰役、制高點、突破口等等。兩軍對戰也搬到學術裡面來了，哲學上就是唯物主義與唯心主義兩軍對戰，哲學就是鬥爭哲學，就是一分為二，都是簡單的軍事鬥爭的模式。不是好的就是壞，不是資產階級就是無產階級。

　　社會是多樣的、複雜的，用軍事方式簡單地分劃，會帶來很大惡果，我們到現在為止，從來沒有人從理論上好好地研究這些問題。所以，1958年的時候，毛澤東還想向全社會推廣供給制。我們習慣並喜歡平均主義大鍋飯，不都是因為當年戰場上覺得很有效的緣故嗎？夏衍同志寫了本書叫《懶尋舊夢錄》，有一段講得很好。夏衍同志是個文化人，三〇年代老黨員，在白區長期鬥爭過。他講解放後，他對一切感覺不習慣，生活方式不習慣，也覺得很有意見。他講原來在上海，在重慶，在香港的朋友，都叫名字，稱兄道弟的。但解放後他成為重要的負責人了，便都不叫他名字了，叫他部長。他開始聽時大吃一驚，怎麼要叫我部長呢？出門必須帶警衛員，不帶還不行，因為上級規定這是制度，必須上下有別。開始他感到很不習慣，疑惑不解：這就是新社會？大概是以前我這個人資產階級思想太嚴重，新社會就必須有這種格式。後來慢慢地就習慣了。一個長期受過西方文化薰陶，接受了現代觀念的人，經過這場革命後，反而被這場革命吃掉了，異化掉了。像這種情況，到現在為止，不是還存在嗎？馬克思主義中國化，帶來好的方面，也帶來了封建小生產的東西。今天我們要搞馬克思主義，就要反省歷史，總結過去的經驗教訓，才能取得新的進展，否則沒有希望。

　　問：你意識自己的使命嗎？談談你們和我們兩代人吧。

　　答：很抱歉，我不知道我意識到沒有，這要大家來評論。我只是想，「為王先驅」，就是為「王」開道、掃地。「王」是誰呢，就是大家、列位，就是年輕的一代。我很早就講了，在1976年，

「四人幫」剛剛粉碎，有人說，這一代知青不行了，沒知識，是空白，垮了。我跟國外學者也爭論過，還在文章裡寫過一段。我認為希望在這年輕一代。我講這一代在自然科學方面要做出很大成果，是比較難了，因為時間確實耽誤了。但是在文學藝術上，在社會、人文領域裡面，以及在將來的行政領導工作崗位上，應該是他們的天下。我是 1977 年在一個大學裡講的，以後在刊物上公開發表過。而我的使命，就是為這一代做一些我能夠做的事情。我如果做一些對他們有什麼好處的事情，那就是最大的安慰了。我覺得我的使命就在這裡。

我這兩年則認為，現在是年輕一代顯示自己實力的時候了。因為 1978 年到現在也快七、八年了，現在看來情況很清楚，再過三、五年，會有一批年輕人出來，將由他們來占領學術界、思想界、文化界，這是不可抗拒的。我因此遭到我的同輩或者上一輩的人的誤解，那也沒什麼關係。我們這一代是最倒霉的一代。很可怕的是，我們這一代人現在很多人都要占據要職，他們都是什麼主任哪，什麼長啊。而我們這一代的知識結構和知識質量以及眼界寬廣度都是非常可憐的。

我們成長在五〇年代，學的蘇聯模式，老實說，學蘇聯也沒學像。蘇聯那時是史達林時期或者史達林剛剛死去那一時期，我們沒讀什麼書，根本沒什麼知識，學的都是些條條框框。而且我們這一代是懺悔的一代，我二十幾歲，剛剛進大學就碰到思想改造運動，我有什麼好改造的？我早就冒危險偷偷地學馬克思主義，改造什麼呢？改造一些雞毛蒜皮的事情，今天沒去掃地啊，不喜

歡上課啊，等等。這也是我反對新儒家一個重要原因，新儒家就喜歡老講這個東西，「三省吾身」在某種意義上也就是懺悔嘛。老是修身，老是修養，總想變聖人，「七億人民盡舜堯」。一講就是要毫不利己，專門利人，犧牲自己，但是培養了大量的偽君子，假道學。這很不好。我們不需要這種道德。西方只要求你做個守法的公民，他要求得很具體很簡單，你也能做到，這樣反而把社會道德搞得比較好。我們現在宣傳不要隨地吐痰，不要亂穿馬路，其實他們早就歸納成法，並且有法律制裁，包括新加坡也是華人社會，你真的違反了，他罰你重款，所以大家都規規矩矩的，社會道德反而好了。你老要求人家修身，做聖人，那是搞不好的。講得最漂亮的經常就是最不可靠的。他不講呢，倒的確有些好的。我看到一些非常好的幹部、非常好的黨員，恰恰他們是不怎麼宣講這些的。那些唱高調的，我總是打個問號，懷疑。

　　兩代人的問題我很感興趣，在你們這代中到底還能分出幾代，在你們中還有老三屆、新三屆，他們自稱也是兩代。「代」這個劃法就很難，到底劃幾代，是三代呢，還是四代？當然任何一種劃分都有牽強性。文學藝術是最敏感的，如前幾年流行的《公開的情書》、《晚霞消失的時候》，跟現在流行的《你別無選擇》、《無主題變奏》就大不一樣，似乎確有代的不同。前面一種還有理想主義的成分，他們很多是經過紅衛兵運動的，帶著一種痛苦的思索，經過徬徨，經過各種衝擊以後還想去追求某種東西，不管它是追求宗教也好，或者追求真正的愛情也好，而後面一種卻嘲笑追求，提出追求人生意義本身便無意義，一切都是荒謬的無聊的。

今天青年人中有的主張應該有使命感，去追求某個東西，有的人則覺得不需要去追求，每個人只顧自己目前的生活，整個社會就會好起來，不需要那麼多的理想主義，我就想個人怎麼發財就行。這是兩種不同的態度。在我看來，你們都是一代，但確有不同，這些問題很有意思，大家可以去思索。參與就是不參與，不參與也就是一種參與。有些地方，像廣州，根本不管什麼政治，我就是講究實用，我怎麼發財，怎樣搞家庭電氣化，管你什麼政治不政治，這到底是好傾向還是壞傾向？很值得研究。中國青年人最熱心政治，美國青年可沒那麼熱心。說不問政治不關心社會就是不好，不見得。這需要作些具體的歷史的分析。年輕人一腔熱血，要報效國家，「以天下為己任」，「國家興亡，匹夫有責」，這是中國儒家傳統，有它好的方面。但與之相反，也不一定就壞。這裡面有很多複雜問題，千萬不能簡單化。總之，不參與政治並不是壞傾向。

當然，我剛才講的這些話，我們這代人可能要罵我，你怎麼說我們這麼沒出息。但我的確很羨慕年輕人，我再年輕二十歲多好，但這不可能。失去的就失去了，不可彌補，最好的年頭我們都在鄉下勞動，不讓看書，那時想學外語都不允許。非但不許，還要作思想檢討，檢討資產階級思想和個人主義錯誤。那個時代過去了，所以我非常羨慕你們，但已經沒有辦法了。這就是歷史，歷史不是那麼仁慈的，歷史常要犧牲很多人才前進。但是我們希望我們付出的犧牲能換得一些東西，我們付出的犧牲能認識到一些東西，為了以後少做一些無謂的犧牲。馬克思講，最大的節約

就是時間的節約，我們時間浪費得太多，損失的確太大了。

問：請談談薩特的問題。

答：我請問大家，讀過薩特的哲學著作沒有，薩特的基本哲學著作現在沒有中譯本，所以我認為薩特熱所表現的不是說對薩特有多少真正的了解，而是由薩特傳來的那點信息所造成的。對這個問題可能要分開看。其一，中國薩特熱的原因和它反映了什麼；其二，對薩特的哲學怎麼看。我覺得這是兩個不同的問題。第一個問題大家很清楚，正像我剛才所講的，「四人幫」倒臺以後，一些問題又回到「五四」時一樣，薩特強調的一些問題，大家發生興趣。很清楚，特別是經過十年苦難，人們要強調自由選擇，強調我自己決定。這當中我覺得有很多可取的東西，有很好的東西。

我在一些文章裡說過，哲學研究什麼？哲學研究命運，人類的命運和個人的命運。你個人的命運是由你自己去選擇去決定的。此外，歷史到底是偶然的，還是必然的？現在太強調必然性，其實，每個人都參與創造歷史，每個人的前途是自己決定的，你自己負責任。因此，強調個體意識並不是壞的。至於薩特哲學本身，我喜歡薩特這個人，他的哲學我並不太喜歡。我不喜歡海德格爾這個人，但對他的哲學更喜歡一些。我認為薩特的哲學比較淺，例如，薩特對死亡的看法比海德格爾就要淺得多。死亡的問題是個很大的問題，每個人只能活一次，你時時刻刻意識到你會死，才能把握住你生的價值，你活著怎麼辦？死是不可避免的，是別人不能替代的，這的確是獨特的問題。剛才講到的自殺問題，死

在於生的把握，這些很深刻的問題，不是我簡單幾句話能講清楚的。存在主義現在高峰早已過去，但是從世界意義上看，海德格爾到現在為止還是世界最大的哲學家之一。薩特比他要差一些，但薩特人格非常可愛，比海德格爾強多了。

問：中國為什麼不能出偉大的哲學家？

答：講偉大要看偉大到什麼程度。就西方說，從柏拉圖到現在，偉大哲學家也是屈指可數的。薩特、羅素恐怕都不能算是偉大的哲學家。也許在座的將來會出偉大的哲學家，我希望這樣。

（原載：臺灣《中國論壇》1987 年第 296 期）

七 關於「文化」問題的問答

記者：李先生，現在談文化問題的文章、論述非常之多，涉及的面也非常之大，但仔細想來，又大都集中在哲學問題、倫理學問題或者宗教問題上。

李：「文化」的範圍非常大。世界上對「文化」概念的定義就有一六○種之多，每一種定義都可以是一個觀察分析的角度，從物質方面的食衣住行，到思想、意識，無一不屬於文化。從不同角度、不同觀點看文化，就有不同的定義。所有能創造人的生活的事物，都有文化的存在。我個人傾向於以「行為模式」為「文化」。文化是人專有的。如人與人見面時，會鞠躬，會握手，動物就不能。這就是一種文化現象。人與動物的區別，就是人有文化而動物沒有。

記者：只要是人類具有的而動物沒有的那一部分就是文化，那麼文化也就不只是意識型態的問題了。

李：是的。而且，在我看來其中最主要的問題還是物質問題，像食衣住行之類。

剛才我說的文化是廣義的文化，還有一種狹義的文化，即精神文化。一般是指精神方面的問題。

但我認為物質文化更重要。從農村到城市，吃飯、住房、交

通，以及服飾的變化、禮俗的變化等等都很值得我們重視，需要做各種研究，社會學的、民俗學的、語言學的、文化人類學的，縱向的、橫向的等等。

像現在這樣的一般意義的討論不能持久，也不應該持久。「文化」的研究應該進入一個比較具體的、做些微觀的真正實證的科學的研究、描述或者記錄的時期。

記者：對人、對自身、對民族、對民族文化的反思、反省、重新估價，已經成為當今中國思想界的一大特徵。特別是對中國傳統文化的認識和評價更是眾說紛紜。您一直主張用「實踐理性」來概括中國文化心理模式的主要特色，現在還這麼看嗎？另外，您現在也常用「實用理性」一詞來替代原來的「實踐理性」，請問這兩個概念之間有無區別？

李：「實踐理性」和「實用理性」在外文中是一個詞，開始我用「實踐理性」，後來又改用「實用理性」，因為我覺得它更準確一些。「實踐理性」，我有時也還用，特別是在表示一種道德行為的時候。「實踐理性」是康德的詞，他原來就是指道德的理性。因為我的意思不完全是道德行為的問題，所以，為了避免與康德的原意混淆，我就一般使用「實用理性」了。

可是問題又來了，又產生了新的誤解。在一部分人眼中，「實用理性」就是實用主義，說這樣歸納貶低了中國傳統文化的真正價值。我不同意這種說法。我認為「實用理性」並不等同於實用主義，但的確又有與實用主義相似的地方，比如，中國人比較具體、比較實際地待人處世，較少空想，他們不太相信上帝、死後

靈魂的超世之類的東西。那種狂熱的情感的噴發也比較少見，總是比較注意用理性來節制感情，比較「含蓄」。這是缺點，也是優點。它們是一個東西，麻煩就在這裡。

現在有些人主張丟掉傳統，有些人則主張繼承傳統；有些人認為只有丟掉傳統，徹底打碎，中國才有出路；有些人認為傳統挺好的，或者說繼承好的方面，拋棄壞的方面……

問題就在這裡。

傳統既是好的，又是壞的，是一個東西。丟掉傳統？傳統，不是想丟便可丟，想撿便可撿的東西。所以，我曾經對有些主張徹底拋棄傳統的人說，他自己的好些行為方式、思維方式，就沒有脫離出傳統，儘管他沒有意識到。傳統的厲害之處就在於它是歷史，而人又是歷史性的存在，傳統已經化為我們的行為模式、思維方式和情感態度。

記者：這就是說，我們每一個人都必定是傳統文化延續和存在的載體。換言之，人本身就是傳統，文化批判就是自我剖析、自我批判。

李：對。我以為應該首先有一種比較冷靜的自我意識，清醒的自我意識，先認識，然後再去考慮丟掉還是不丟掉的問題。認識，是第一位的。

記者：既然我們的文化中包含著不良因素，這個「不良」無疑與幾千年的封建統治分不開。那麼，就您看來，這個文化對我們民族的發展、民族性格的塑造、中國人的能力和智力的培養所產生的制約作用表現在什麼地方？

　　李：這個問題太大了。我剛才談到，一個民族的文化總是好和壞、精準與糟粕相共存的。而像中國民族，它能維持這麼長的時間、這麼大的地域、這麼多的人口、這麼統一的文化，我稱之為巨大的時空實體，這在全世界中也是非常突出的事實。這是事實，因此維繫這個民族存在的顯然有它很重要的東西。中國民族是很善於接受外來東西的。它並不是特別迷信、特別保守的。

　　但在這悠久的歷史中，當然要帶來很大的惰性，這是無疑的。其中有一部分十分頑固的人，所以鬥爭很激烈，近百年表現的很明白。到現在也是，一部分人非常頑固、非常保守、非常腐爛。但總有另一部分人，如魯迅先生，他對這個民族的批判就是最突出、最深刻的。而這部分人也同樣代表了這個民族。魯迅逝世後，人們在他的棺木上蓋以「民族魂」，是當之無愧的。魯迅把這個民族罵得一塌糊塗，為什麼還是「民族魂」呢？因為中國文化傳統就有不斷反省自己，正視錯誤，以求進步、革新的精神，它才能使中國民族的魂靈，「日日新，又日新」嘛，一個民族的存在，就是要不斷地反省自己，更新自己。

　　我們今天還要繼承魯迅精神，還要反省、批判自己，這本身不是又恰恰說明這是個好的文化傳統嗎？

　　記者：1919 年的「五四」運動之後，我們民族的這種民族自省和民族批判，是以怎樣一種態勢發展和變化的？「五四」運動、新中國建立以後、三中全會以後……

　　李：我不久也許就要發表一些文章，就是講這個過程的。其實在《走向未來》雜誌上，已經發表了一篇，題目是〈啟蒙與救

亡的雙重變奏——「五四」回想之一〉。

我認為「五四」運動有兩個主題，一是啟蒙，一是救亡。實際上，「五四」運動是兩個運動而不是一個運動。這兩方面在性質上是有所不同的，啟蒙是反封建，救亡是反對帝國主義。民族的危亡局勢和越來越激烈的現實鬥爭，改變了啟蒙與救亡相平行的局面，政治救亡的主題全面壓倒了思想啟蒙的主題。所以，「五四」的啟蒙工作基本上沒有做。建國後也忽視了啟蒙方面的問題，忽視了對封建主義的批判。我們中國在經歷了由殖民地半封建社會之後，緊接著就號稱進入了社會主義，實際上社會的經濟結構和人的文化心理結構沒有受到過資本主義社會的民主主義和個人主義的衝擊，封建主義仍然頑固地存在於人們的思想、觀念、意識和無意識的深層。建國以後，我們反對資本主義，而實際上是用很多封建主義的東西來反對資本主義，封建主義穿著社會主義的外衣反對資本主義。所以是越反越落後。這話我在 1978 年就講過了。

到現在為止，這個任務還沒有解決，我認為，反封建仍然是現在的主題。

記者：那麼三中全會以後呢？當前對傳統文化的全面思考和研究，能否說是新意義上的「文化革命」？

李：「文化革命」這個詞不很清楚，「革命」本來的準確定義是「以暴力推翻政權」。我們現在的很多詞彙都是軍事術語。我不贊成革命。

文化熱掀起的意義，我認為當然地是繼續「五四」的事業，

從文化的角度反對封建主義，其範圍和意義都是很廣泛的。這是一個歷史的任務。經濟改革的阻力，一部分必須在文化上解決，思想、政治都與文化有關。現在有一點很明顯，就是借文化談政治。自由、平等之類是文化問題，也是政治問題。廣義的文化包含著政治。

記者：的確，有些問題很複雜，我們經常可以看到同一文化現象而引發出來的截然對立的價值判斷和情感判斷，比如對「忍耐」、「忠貞」等等。那麼，我們有沒有客觀的衡量標準呢？從總體上看，文化有沒有高低之分，優劣之別？

李：有一種說法是：每一個民族都有每一個民族的文化，因此不能分優劣。這是文化相對主義。有的極端相對主義者甚至認為，落後的物質文化與先進的物質文化也沒有區別。

我認為是有尺度的。這就是人類進步的尺度。至少在物質文化方面有一個絕對的歷史的尺度。騎馬消遣當然好，可讓你騎上馬到廣州開會，可就不得了了，誰受得了？當然是坐飛機、坐火車來得舒服。電燈總比煤油燈好吧？煤油燈總比沒有燈好吧？物質文明提高了，可以延長人的壽命，這當然是好事。誰不想活得長一點？曹丕、曹植四十歲就死了，有啥辦法？沒有藥嘛。這是第一點。

第二點，精神文化就複雜多了。在一定的物質文化基礎上就不一定有相應的精神文化。否則就是機械決定論、機械唯物主義。在精神文化方面，我以為是多元的。物質文化則是一元的。飛機、電視、電話、汽車全世界都一樣用，從非洲部落、到東方、到西

方。這有相當的一致性。

記者：那麼，這多元化是否就等於說精神文化方面沒有統一標準呢？

李：不是。是複雜了。

精神文化也是有標準的，因為它與物質聯繫在一起，是複雜地聯繫在一起。既然事物是複雜的，那麼我們在認識上就不能簡單化。

物質上的高度發達，就一定有高度的精神文明？不一定。

物質方面很落後，而精神方面都好得不得了？那也不一定。

記者：有沒有可能？

李：那要看什麼標準。這是非常非常複雜的。按照有些原始人的道德原則，隨便犧牲個人、犧牲自己是當然的。是好還是不好呢？要說壞，倒也不一定。但在某種意義上說又是壞的，它是一種愚昧的表現。但在另一意義看又不一定，因為他們認為個人的存在不重要，可以為群體獻身。所以抽象地離開具體社會現實來談論道德、倫理等精神文化方面的問題是很危險的。

所以，我仍然主張要多進行具體的科學的微觀的實證的研究，先把事物的複雜關係弄清楚再說。

西方在這方面做得比較好，也比較多，他們調查了許多少數民族和原始部落，了解他們的文化，調查得很具體，如風俗的由來、地位、與日常物質生活的關係等等。我們也需要做這種實證的研究。空泛的議論在方法上也是成問題的。

記者：就精神文化的標準問題，請您再進一步具體地談一下。

　　李：我們中國人總是喜歡先搞一個價值判斷，先要講我們的文化是好是壞，就像小孩子看電影先問好人壞人一樣。這是一個很不好的習慣。外國人對我們老是搞歷史人物評價感到很奇怪。你老評價他幹嘛？你首先搞清楚他幹了些什麼再說嘛。對一個人這樣，對一個文化系統就更得這樣。這種思惟習慣太成問題了，我們應該努力糾正過來。對理論研究，首先是了解、描述，是實證的具體的研究。在這基礎之上，再談價值也不晚。

　　記者：社會的發展，就是文化的發展。物質文化的發展，從根本上看，必然帶來精神文化的發展。那麼，如果把社會發展分作五個階段……

　　李：這個說法作為公式是不科學的，基本上是史達林固定下來的。對這個公式，我以為不能硬套，要做具體的分析。原始社會問題不大，意見比較一致。奴隸社會、封建社會就不一定了，中國社會有沒有奴隸制、封建制？「封建」這個詞是譯擰了，英文是 "Feudal"，指的是西方中世紀莊園經濟體制之類。而中國「封建」這個詞恰恰是指秦漢以前，周朝就叫「封建」，商鞅變法，就是要「廢封建，開阡陌」，就是要廢封建制度。在中國只有魏晉南北朝有點像西方的那種封建社會，兩漢、隋唐都不像。所以，這個劃分法就有問題，這在以前誰也不敢說。奴隸社會也是很複雜的，怎麼會是奴隸和奴隸主兩大階級呢？等級多得很哪！有的人自己有奴隸，而自己又是別人的奴隸，這種人很多，那他們算哪個階級呢？哪有這麼簡單？完全不是這麼回事。其實馬克思說得很清楚，到資本主義社會才分成兩大階級。

我們就喜歡簡單化，什麼東西都歸結為簡單的幾個字，這有好的一面，節省語言，顯得思維很確定。但這又是中國人的一大毛病，我們從小就這麼學，成了習慣，成了思維定勢。例如，任何事物都是兩軍相峙的：現實主義與反現實主義；唯物論與唯心論；地主與農民；奴隸主與奴隸；好人與壞人，都是你死我活，一分為二。太簡單了，這不能不說是個毛病。

相反，如果我們用原始社會、農業社會、工業社會來劃分社會的發展歷史，恐怕還準確點。農業、工業的出現，無疑是人類的兩次大的發展。以後是什麼？不知道，可能是後工業社會。

記者：既然工業文化較之農業文化更加美好，那麼，是否也更加符合人的自由發展的要求？

李：總體上看是這樣。

工業文化也帶來了很多不好的東西，大氣污染、環境污染、車禍、吸毒等等。有得必有失。工業文化帶來的弊病有些是必然產物，有些則不是，如吸毒。帶有必然性的社會病是可以作為衡量一個社會工業化程度的標準的。對待西方工業文化和對待中國傳統文化（封建的農業的）的態度應當是一致的，首先需要的是了解、認識、描述和記錄，否則對工業文化中所同樣包含的複雜性也就不能正確地把握。

記者：那在這樣一種文化背景中，我們的文藝，我們的電影應該是怎樣的呢？

李：應該是多元的，各種形式都可以。

有高檔的、中檔的，其中包括娛樂的，何必要硬性地去區分

哪些好哪些不好呢？有些的確是曲高和寡，我們總不能要求每個人都喜歡貝多芬、莫札特吧？曲高和眾的可以。反過來，曲不高和眾的為什麼就不可以呢？就說電影，大量的還是娛樂電影。

娛樂電影有些看過就忘，這不挺好？挺痛快的嘛。武打片、偵探片都行。我也喜歡看娛樂片，輕鬆一下挺好，每天工作那麼緊張，幹嘛到了電影院還要動腦筋？有一部臺灣的武打片很有意思，給我印象很深。當然，老看也不行，人的需要是多方面多層次的，需要一些高級的享受，我很喜歡《黃土地》。一個人如此，更別說是不同的階層、不同的職業、不同的文化水平、不同的生活背景的人了。都是曲高和寡，都是《黃土地》不行，但因為波蘭人看不懂《黃土地》，就說《黃土地》不好，也不對。畢竟總還有客觀的藝術標準、藝術價值。

記者：這部分價值只有少數人能發現，這也就是曲高和寡的原因。「票房價值」高低不能成為衡量影片藝術價值的尺度，它可以衡量觀賞者的多少，但不能證明曲高或曲低。是這樣嗎？

李：藝術價值與票房價值不同。愛因斯坦的「相對論」有幾個人看得懂？它是科學價值。科學，主要是科學價值、認識價值。而藝術，主要是藝術價值。票房價值包括各種因素，受藝術因素之外的影響很大，像政治因素、宗教因素、新聞因素等，票房價值也非常複雜。

（原載：《電影藝術》1987 年第 1 期，
記者榮夷菁）

八　答中國社會科學院研究生院學報記者問

　　記者：看了你的《中國近代思想史論》後，啟發很大，收穫很多，也促使我們思考一些現實問題。將中國近代史與現代史相對比，可發現，這兩段歷史在某種程度上存在著相似性，這說明了什麼？

　　李：這說明中國的基本問題還沒有解決。我在那本書的後記裡提到之所以應該重視中國近代史的研究，也還在於中國近百年來的許多規律、因素、傳統力量等等，直到今天還起著作用，「死人拖住活人，封建陳垢阻撓著社會的前進」。歷史給我們開了個玩笑。當年的太平天國是一場農民大革命，以摧毀舊有地主所有制為特徵。接下來是康有為和革命派，一連串的失敗，直到新民主主義革命才獲得成功。可是，我們今天走到了哪一點？卻恰恰又是康有為前期的程度。雖然層次不同，但是相似。康有為要求開議會。這些年，我們也有人要求開議會，此外，如企業的「官辦」、「商辦」、「官督商辦」之爭議及其他問題等等，都與現在很相似。

　　記者：那麼，這就有一個如何評價 1949～1978 年這段歷史的問題了？

李：這個問題講起來也很簡單。我們吃了很大的虧，1949 年以來沒有進行更深入的思考和研究。我們把農民革命的勝利當成民主主義革命的全面勝利，其實，政權的取代並不等於封建主義的自動消失。相反，從體制到觀念留下了傳統社會的深重印痕。我們沒有抓住時機，進行啟蒙工作，把真正先進的現代文明建立起來。毛澤東在《新民主主義論》中提到，要從新民主主義逐步過渡到社會主義，但後來並沒這樣做，而是以很快的速度搞所謂社會主義的合作運動，毛澤東當時把大量的精力投在這上面，結果封建主義披著社會主義衣裝復活和變本加厲了。我們沒有很深刻地進行理論研究，造成了一個歷史的悲劇性的重複。

記者：這使我想起了你在《走向未來》雜誌創刊號上的那篇題為〈啟蒙與救亡的雙重變奏〉，如果我們把現在的中國放在世界發展的參照系中，同時注意我們根植於此的土壤，我們目前仍然是處在雙重變奏之中，只是內容和一百多年前有所不同，對嗎？

李：是的。以前，救亡需要的是對外國侵略者的軍事鬥爭，軍事鬥爭又是以農民為主體的，為了統一行動，非常強調集中和紀律。在那種情況下，啟蒙工作服務於軍事鬥爭，諸如大眾化，與工農兵結合，形式上喜聞樂見等等。啟蒙沒有在思想深層及廣度上展開。建國以後，我們又沒有及時地進行啟蒙與救亡的重點轉換，便造成了上面所講的情況。

記者：那麼，你認為當前最主要的問題是什麼？

李：我覺得目前最主要的還是封建官僚體制的問題，所以我在幾個地方講到，現在的文化熱，我是贊成的，我也是積極參加

的。但是，如果長期地空泛地討論下去，我就不贊成了。我覺得應該提倡去做些具體的事情，多提倡實證的、科學的、具體細緻的專題研究。當前更應該抓住一些改革封建官僚體制的具體問題以及這種落後體制在社會生活，在政治、經濟、文化上的表現，進行深入的研究。

記者：看來，你對當前的文化熱潮有一定的看法，請你接著談談，好嗎？

李：現在許多人大講文化問題，但大都是大而空，似乎中外古今一兩篇文章就能講清楚，這不大好。其實，討論中許多概念就不清楚，連基本概念也不大清楚，更不用說判斷、推理了。這反映了我們的思惟方式太陳舊，太傳統。一些人只喜歡用大字眼，比如說，非理性。這個「非理性」的涵義是什麼？不清楚。有哲學的非理性，有心理的非理性，還有文學創作的非理性等等，這些不同領域和層次的非理性的涵義雖然是不同的，還有其他意義的非理性。這些非理性之間到底是一種什麼關係，它們與理性又是什麼關係，這許多問題都沒搞清楚。如果把這些東西搞清楚了，那麼，你講的是哪種非理性就清楚了。所以概念的內涵、層次是很重要的，否則，討論不出結果，這一方面，自然科學比社會科學好得多。現在有不少研究生從理工科轉來搞社會科學，這很好。自然科學中前提、概念都很清楚，探討起來就比較方便，論證過程也嚴謹。

記者：那麼，這是否與研究的對象性質有關？

李：只要你是在進行科學的研究，只要是科學，就要遵循邏

輯。相反，在詩歌、文學作品中去找科學、邏輯，就錯了。

記者：你在《中國近代思想史論》中的〈略論魯迅思想的發展〉一文中提到中國革命與六代知識分子的問題。如果再加上八〇年代的知識分子，應該是七代知識分子。前幾代知識分子你都談到了，能否再談談你對八〇年代知識分子的看法？

李：我不敢亂講，因為我對八〇年代的青年了解很少，我接觸比較多的是第六代，也就是紅衛兵那一代。當然，代的劃分是相對的，有人雖然年輕些，但思考水平已等於前一代的水平，這在近代史中常有。所謂第七代似乎尚未定型，如何發展還很難說。有人（劉小楓）說第七代是「遊戲的一代」即不問世事只圖享樂，我看也不見得。

記者：那麼，你對紅衛兵這一代怎麼看呢？他們這一代很重要，是承前啟後的一代。

李：紅衛兵是很重要的一代，他們突出的特點是反封建，還有一些別的，這我已講過了，沒講的是，這一代也有一些缺點，例如，實用主義，由於缺乏信仰，看破了一切，常常一切以對我是否有利來衡量論處，不再相信客觀的、應該普遍遵循的原則、公理。沒有我們這一代知識分子的真誠、老實、善良。當然，也沒有我們這一代的愚蠢、蒙昧、狹隘。儘管如此，我仍然以為他們這一代仍是中國的希望，是應該有所作為的一代。幾年前，我同國外學者爭論過這個問題。他們認為中國年輕一代是毀掉的一代，而我們這一代是中國的希望。我告訴他們，恰恰相反，我們這一代是沒有多少用了，中國的希望主要在年輕一代的知識分子

身上。

記者：從目前的狀況看，中國的知識分子還沒有形成一股獨立的社會力量，對於中國的社會進步，將通過怎樣的途徑去發揮作用？

李：是的，中國目前知識分子還沒有形成一股獨立的社會力量，這個原因說來也很簡單，沒有經濟基礎和社會基礎。知識分子吃飯要靠政府，於是便常常要受各種科長、處長、局長、部長的氣，受他們的壓。如果企業有獨立性的力量，你不給我飯吃，企業可以給我飯吃，知識分子便可以放心大膽地作企業和企業家的代言人。這便具備了多重選擇的可能，知識分子的獨立性也就加強了。但是現在企業還沒有自主權。這類問題很複雜，還是體制問題。儘管如此，當代知識分子已經比以前更清楚地認識到自己的歷史使命，汲取前幾代知識分子的教訓，去做大量的、具體的、具有實際意義的事情。

比如說，輿論就很重要。一份報紙、一份刊物，通過很少的版面，盡可能發表一些好文章，針對實際問題，進行具體描繪、反映、評論，打擊封建官僚，實現人民民主，維護法制，保護人民，一點一點去做，逐漸擴大開來，便能監督社會，牽制政治，促進中國的進步，這就是很了不起的事情，這同時又是一些很具體的事情。這比成天喊叫一些大而化之的問題，作用大得多。現在和「五四」時期不同，當時有很多問題不清楚，而現在問題已比較清楚，更需要的是踏踏實實地去做具體的事情，應該研究怎麼去做。所以我提倡「漸進」、「改良」，而不贊成革命。

　　記者：但是，中國以農村為主的廣大基礎還處於相當落後的地位，這與我們的追求有相當的差距，啟蒙的任務還很艱巨……

　　李：廣大的農村是很落後，但是，它們也在發生巨大的變化。我接觸過一些農村青年，他們辦企業，搞科研，有的成為企業家，大大推動了農村的變化。他當企業家，整個生活方式、生活內容以及行為模式，思惟習慣等等都在變。馬克思講的有道理，經濟畢竟是基礎。你說啟蒙任務，它的確是一個大任務，但同時又是由具體工作組成，我們要踏踏實實去做這些具體工作，而不是只停留在大名詞的討論上。我佩服魯迅，他從前期的國民性一般批評轉到後期致力於具體問題分析批判，戰鬥性更強，更深刻。我們現在好些分析差得很遠。罵得痛快容易，但分析就不容易了。

　　記者：在經濟體制改革過程中，往往會遇到許多非經濟因素的影響，尤其是觀念上的，意識型態方面的阻力，推進很難，但是，觀念的變化，又需要經濟基礎的發展，這裡存在一個因果循環，因此也是一個互推的過程。您的看法呢？

　　李：改革要以政治、經濟、文化幾個方面同時進行，因為社會本是一個有機的整體，只改革一個方面是不可能成功的。目前關鍵是體制的改革。推動改革的力量也有形成的趨勢。有企業家的力量，農民的力量，知識分子的力量。我是主張青年知識分子去經商，當企業家，也可以進入政府部門去做官，但注意不要被同化掉了。這樣，各在不同崗位，你擠一點，我擠一點，積少成多，大門就被擠開，中國現代化的洪流就容易形成。當然這要進行長期艱苦的努力。只要我們堅持經濟上、文化上的對外開放，

進行科學技術、經濟的廣泛交流，知識分子和企業家在這種頻繁的交流中，形成和世界先進生產力和先進文明的牢固的、割不斷的聯繫，那麼，就能逐漸形成中國的知識分子和企業家等代表先進的文明和先進的生產力的獨立力量。

記者：這使我又想起，你在《中國近代思想史論》中的〈孔子再評價〉中提到，也許到二十一世紀，中國文明將成為對整個人類文明的重要貢獻，對此你很樂觀嗎？

李：不樂觀怎麼辦？要生存下去還是樂觀一點好，悲觀，又不能去死。當然，也可能在悲觀中產生某種英雄主義。從整個歷史來看，我們這個民族的素質還是不錯的。在人類文明中，到目前為止，除中國外，其餘的幾大古代文明都消滅了，某種意義上講，這反映了中國文明的強大生命力。傳統是個存在的事實，有些人激烈地反傳統。從他們心理過程、價值判斷，行為模式上看卻又都是傳統的。魯迅那麼反對傳統，他對他的母親很孝順，典型的中國傳統。胡適對妻子也是這樣。傳統的力量是很大的。中國文明傳統的延續，本身就在這種傳統與反傳統中進行的，外國人很奇怪只有在中國產生「五四」運動和「紅衛兵」運動。

記者：那麼，「紅衛兵」運動能和「五四」運動相提並論嗎？

李：以反傳統這一角度看是可以的，國外就把兩者相提並論，聯繫起來研究。因為其他文化中很少有如此激烈的徹底否定自己傳統的。我們許多研究總喜歡先作價值判斷，例如先認定「五四」不能與文革類比，因為一個是進步的，一個是反動的，其實可以先作現象的對比描述和研究，因為在反傳統這一點上，兩者至少

在表面現象上有相似的地方，這便可以先做描述對比，分出層次、結構來，再進行深入的分析研究，最後再做總的價值判斷。像自然科學做研究工作那樣，一步一步，邏輯性很強，只有這樣，才能把問題引向深入。許多東西沒搞清，先忙於搞評價，有什麼意義呢？

記者：談到研究工作，我們很想從你的經歷中獲得一些效益。你的幾本書，尤其是《中國古代思想史論》和《中國近代思想史論》看後收益很大，啟發很大。聽說你的《中國現代思想史論》已發稿，在你的書中，以歷史的演變中強烈地感到一種對現實的思考。這是否與你提到的中國文化結構的實踐性有關？你能否就這方面，以及如何作學問談談？

李：謝謝你們。如果我的書能得到你們青年的承認，起一點作用，對我便是最大的欣慰。至於是否與實踐理性有關，我不知道，因為我沒有研究過我自己。現實感強可能與我的性格有關。記得《中國古代思想史論》後記中談到，活著就寫這個時代應寫的書。前後五十年都可寫的書，可以由後人去寫。至於做學問，別人談了許多了，我也不想多說了，我剛出了一本書《走我自己的路》，那裡談到一些這方面的問題。

記者：你在大學一年級就已經寫出了像《譚嗣同研究》這樣高質量的論文。當時你很年輕，但文章中顯示出你很成熟……

李：沒有成熟，還是很幼稚的。只是我在學術上始終不盲從。當時我就把一些名家暗自掂量過，並和自己的思考程度客觀地比較一下，這些心裡就有數了。這裡我想附帶一點，現在某些年輕

人似乎在模仿我，好寫出大而無當和宏觀議論的文章，我深以為不妥和不安，我願引嚴復的話：學我者病。其實我個人在開始時，也只是作康有為、譚嗣同等具體人物和思想的個案研究的。我這幾年一直強調微觀、實證，也是這意見，雖然我自己沒法去作了。

記者：那麼如何培養自己的判斷能力呢？

李：這需要長期的多方面的訓練，其中正確的思維方式很重要。思維首先要清楚，然後才能談到正確與否的判斷。對問題何在或一個問題有幾個方面等等，都應該思考清楚，什麼有道理，什麼沒道理，哪些道理論證得充分，哪些道理不充分，不能模模糊糊，籠統一片，不能這也有道理，那也有道理。所以我總以為，搞社會科學的要學點數字和自然科學，它們要求一步接一步，跳躍不行，差一點也不行，空話大話沒有用，這就培養了細密的思考和論證的方法。好些學文學的就不習慣這個，經常喜歡模模糊糊，這對文藝創作有好處，對搞理論包括文藝理論和批評則不然。所以，我在一次會上開玩笑說，應建議寫文章的人再復習一下初中學過的平面幾何。

記者：你剛才強調做研究工作關鍵是不盲從，那麼你在選擇譚嗣同作為研究對象的起點時，是如何思考的？

李：這個選擇倒是很偶然的，現在看，當時這選擇是一個錯誤。我在〈我的選擇〉的文章中談過，這裡不重複。可以補充的有兩點，一是搞研究要用第一手資料，我在搞譚嗣同和康有為時，看了大量的線裝書，做了許多卡片，不用什麼資料選編，不讀第二手材料；第二是，我當時獨立搞研究，這研究與當時政治和政

治運動也沒聯繫和關係，似乎沒有什麼用處。同學們看了很奇怪，因為沒人這麼幹，於是說我是「只專不紅」，當時還沒有這個詞，就是那個意思。當時有位團幹部批我批得很厲害，我也不管他，讓他批，我堅持幹我的。如今他也沒話可說了。雖然見面仍有些氣呼呼的。

記者：搞社會科學的，最主要的基礎是哲學嗎？

李：不，我認為是歷史。其次是哲學，而且主要是哲學史。特別是一些能使人變得聰明一點的哲學原著，像休謨《人類理解研究》，很薄的小冊子，卻是一本能使人聰明的好書。

記者：現在有人又提出加上社會學，你認為如何？

李：我認為社會學，是一種知識性的學問。可以幫助我們了解社會，但對加深人的思惟作用不大。

記者：你的《中國現代思想史論》發表後，你預備再搞什麼研究？

李：美學方面的帳還很多。但主要的任務是讀書。從美國帶回好些書，一直沒讀。具體的就不講了，我不習慣講計畫。

記者：李老師，今天打擾你了，謝謝你。

李：不用，這是客套話了。每個時代的青年人，任務不一樣，社會在前進，希望你們一步一步地向前走，不必急躁，但要堅持。我以為韌性精神也是我們民族的一種傳統，希望在現代新環境中發揚光大。

記者：謝謝！

中國現在更需要理性
　　——答于建問

　　記者：最近思想界有股「非理性熱」。特別是一些青年人，非常熱衷於弗洛伊德、尼采、海德格爾。您是不是也贊成「非理性」呢？

　　答：儘管我也喜歡海德格爾等人的哲學，但以為中國現在需要的不是「非理性」，而是理性。我們迫切需要把那種實用的、經驗的理性轉變為科學的、嚴格的分析理性和思辨理性。

　　記者：為什麼呢？

　　答：這裡要把前現代、現代和後現代作一區分。我們是從前現代走向現代，即從農業小生產走向大工業生產。而西方則已完成了這個過程，企望走向後現代。後現代與前現代有某些相似之處。所以西方人覺得中國的四合院比他們的高樓大廈好。從某種意義上講，中國慢悠悠的生活節奏，以及「大鍋飯」等等也的確有它舒適的一面。但中國要現代化，就不能不改變這種狀況。

　　記者：這種是不是也包括用科學分析的理性代替籠籠統統的感性直覺和非理性？

　　答：對。西方的「非理性」是在資本文明發達之後流行的東西，是對過分發達的理性（例如科技）的反抗。而我們現在所面

臨的，還是如何從中世紀的盲從迷信等非科學的行為方式、思惟方式中掙脫出來，用科學和理性代替它們的問題。我們今天東施效顰鼓吹「非理性」，實在為時過早。

記者：可是我記得早在幾年前，您在一些文章中就大談過「感性直觀」、「非自覺性」等等，這是不是也算鼓吹「非理性」呢？

答：在 1979 年的文章中，我強調文藝批評為非理性、直覺主義、唯情論等等。前兩年我也曾提出「建立新感性」。在哲學上，我一直是強調個體、感性、偶然以及藝術創作中的非理性的，但我不同意把它們歸結於動物性的本能，完全等同於本能衝動、獸性發作。

記者：您在這裡強調的「非理性」，與您前面所說的「為時過早」的「非理性」，基本區別是什麼？

答：我是講文學創作中的「非理性」，這個「非理性」是以理性為前提的。它與作為一種行為方式、思維方式、態度的「非理性」思潮是兩回事。當然對於後者，我也並不是簡單否定，而只是說，中國現在更需要理性。

記者：您說中國今天鼓吹「非理性」為時過早，但事實上，這一思想在中國思想界已經相當普遍，您怎樣解釋這一現象？

答：這當然有其客觀原因。因為維繫個體存在的許多本能性的東西，例如性愛、侵略性等等，被過分壓抑，長期得不到科學的理解和合理的出路，自然會出現強烈的情緒性的發洩反應，這也表現在理論上。從這個意義講，有它的合理性。但問題在於，情緒發洩完了又能怎樣？它對改變現狀並無幫助。

　　記者：您在一些地方批評有些理論文章只有情感價值而無理論價值，是否也是這個意思？

　　答：是的。現在有些理論文章只有情感意義，可以欣賞，可以從中感受不滿現實的憤怒情緒。但既然是理論文章，總要求論證遵守邏輯，有點論證，有些科學性吧？否則，雖然讀起來很激動，但畢竟不如去讀一首詩一篇小說。這些文章究竟算不算理論，我還搞不大明白。順便說一句，有些文章在對西方理論和中國傳統的概括中，出現了很多知識性錯誤。一篇文章中有一點知識錯誤沒有大關係，但若是大量的、甚至百分之八十以上的知識錯誤，大都就難成其為理論文章了。

　　記者：這些文章主張徹底否定傳統，扔掉包袱，畢竟喚醒了人們要求改變現狀的熱情，這不也是我們今天所需要的嗎？

　　答：不。這些看來十分激進的文章卻恰恰掩蓋了當前最主要的問題。如果講否定傳統，迄今為止，還沒有比「五四」時期更為激進的。當時錢玄同要廢漢字。以前也曾有人主張大家都學洋文，乾脆不要這文化了。還有就是主張去雜交換種，等等。講得倒是痛快，實際能行嗎？目前阻礙改革的，主要是封建官僚主義。這是很具體的，表現在社會生活和政治經濟體制的各個方面。避開這些具體問題不談，而把一切罪責都歸諸於文化傳統、國民性，這不太空泛了麼？

　　記者：但是，「五四」新文化運動不正是以反對舊文化發端的嗎？魯迅不是被稱作中國文化革命的旗手嗎？

　　答：與周作人等人不同，魯迅的特點恰恰是從前期一般的國

民性批評、社會批評，轉到後期抓住具體問題不放的韌性戰鬥。魯迅後期談的和矛頭指向是很具體很明確的。我是這次「文化熱」的積極參加者，但我不主張也不認為能夠老這樣空泛地「熱」下去。

記者：談文化不一定都空泛，提出「非理性」不就很具體嗎？

答：你的「理性」是什麼意思？「非理性」又是什麼意思？「非理性」與反理性有沒有區別？國外分析「理性」這個詞有十幾種涵義，你用的是哪一種涵義？你的「非理性」又是用的哪種涵義？都不清楚。現在一些文章喜歡用「大字眼」(big words)。動不動就是「超越」、「自我」、「本體」、「非理性」等等。其實這些「大字眼」裡有多種涵義，其中許多經不起分析、推敲，它們是分析哲學指出的「廢話」。我一直提倡中國要搞點分析哲學，因為我們實在太喜歡說這種廢話。這說明我們儘管高喊反對傳統，但思惟方式還是傳統的那一套，沒有進入現代化，太不嚴密，缺乏理性，沒有經過嚴格的自然科學訓練。

記者：那麼，就西方說，非理性主義是否已經取代了理性主義呢？

答：沒有，在西方占主導地位的還是理性主義。不僅現代的科學技術的發達靠理性，而且在社會科學中，也仍然是理性主義占上風，「非理性」只是作為對理性過分發展的「解毒」、補充和人文特徵。「非理性」占主導地位，即使在西方也是很危險的。盧卡契寫過一本書叫《理性的毀滅》，他認為從謝林開始，經由叔本華、尼采等人，這條道路是一直通向希特勒的。我不完全同意他

的看法，太簡單化，但問題是值得注意的。不管西方、中國，理性還是最重要的。希臘哲人早就說過「人是理性的動物」，人是靠理性才從動物中區分出來的。沒有理性，食衣住行都成問題。所以，我認為，過分強調本能衝動和盲目情欲，也許在短期內可以起到某種解放作用，但從長遠看，從理論看，是成問題的。

記者：您如何從這個角度看中國今天的文學藝術？

答：我在以前的文章中講過，沒有審美性，不成為藝術，但藝術卻又並不等於審美。藝術經常處在這樣一個矛盾中，它追求審美，但當它一旦真正等同於審美，它基本上就變成一種裝飾了。也就是說，它很重要的功能——比較明確具體的社會功能便要喪失。這裡藝術家們面臨著選擇。這不存在寫什麼是主要的或應該的問題。你可以選擇做一種裝飾品，寫些很精巧的東西，也許可以裝飾兩千年。你也可以選擇寫一些在時下現實中起很大作用的東西，有較高社會價值，然而很可能流傳不下來。這只有讓藝術家自己去選擇了。

記者：難道審美價值與社會價值就一定要背道而馳，而不能結合統一嗎？

答：當然可以。同時具有很高審美價值和社會價值的作品，古今中外不乏其例，但在整個文藝史汗牛充棟的作品中，畢竟是極少數。它們常常是可遇而不可求的，是創作中非自覺性的表現。作家本人和批評家都沒法預測。

記者：假如您是作家，那麼在今天您將做怎樣的選擇呢？

答：從欣賞的角度說，我兩者都喜歡，因為人有不同的需要。

但假如要我選擇，我願意選擇後者，即反映當前社會生活、現實感強的作品。這裡，我同意王蒙和劉賓雁的意見，今天的中國還不是吃飽了悶得發慌，從而需要種種「非理性」新奇刺激的時代，中國還不是把文學關在小圈子裡追求它的「純粹性」以供少數人作優雅享受的時代，中國還有大量的、現實的嚴重問題需要人們去關注、去改變。所以，有些報告文學儘管藝術性差，但贏得了廣大讀者。我更希望從這個方向創造出偉大的作品。例如「文革」十年就應該有偉大的悲劇和史詩來反映。在這裡，創作中的非自覺性，非理性就決不只是盲目的本能衝動之類的感性，而是滲透了積澱了理性的新感性。它不排斥本能，但並不等同於它們。

（原載：《文藝報》1987 年 1 月 3 日）

把文學比擬於地球，我很難理解
——再答于建問

記者：從上次我們談話到現在，文學理論界正有越來越多的年輕人開始向你的權威地位進行挑戰，對此你感覺如何？

答：在文章的開頭和結尾把我臭罵一通，並在題目上標出與我進行「商榷」，而全文實際是講與我並無任何關係的自己的宏論，這種現象使我很感興趣。第一，「理論家」們似乎很懂得廣告心理學，這不壞；第二，如果真是不打倒我便不能前進，那我為此深感驕傲。

記者：那麼你以為這些對手的實力如何呢？

答：豈敢輕估。不過我仍然願意重複上次講的，文科的「理論家」們最好再溫習溫習形式邏輯，不然，洋洋灑灑數萬言，仔細一看，自相矛盾之處卻不少，這似乎有煞風景。而且，對這種自相矛盾似乎也沒有自我感覺，所以才感覺良好，一本正經。例如，一方面大講文學的本體性、自主性、文學沒有任何目的性，等等，同時又以讚賞的口吻談論「愛國熱情」、「關心社會疾苦」之類，這不有點使人奇怪嗎？

記者：你認為「文學本體」這一提法本身有意義嗎？

答：這提法是可以的，問題是要講清楚，什麼叫「文學本

體」。不能以這種大字眼 (big words) 來嚇人，好像裡面藏有什麼了不得的寶貝。

記者：你認為應該在什麼意義上講「文學本體」呢？

答：我不想搞什麼定義。但像西方的新批評、結構主義等專門研究文學本身的結構，研究語彙、句法等等，強調不要涉及文學以外的東西。又如，也可以去專門研究文學語言的變遷（如文言變白話）與作品審美性能的關係，這是有價值的。

記者：這麼說，你認為對文學本體的研究並不排斥關於為什麼而文學這一問題的提出與探討嗎？

答：我不相信文學沒有任何目的性。把文學比擬於地球，我很難理解。地球不是為了人而存在的，文學卻是為了人而存在的，如果沒有人，不為了人，文學能存在嗎？我真不懂為什麼理論家們硬要否定這一點，而又不把它講明白，作點論證。在似乎十分高深的「思辨」語言中，一個並不太複雜的問題卻變得特別玄奧起來。這裡想順便作個說明，在我的《中國現代思想史論》的最後所提出的一系列大人物中，我想把海德格爾的名字勾掉。原因下次再說。同時，我以為，中國現在寧可少要一點海德格爾，多要一點卡爾·波普爾。我們更需要現代清晰的知性推理、科學精神和實證態度，而少來點醉醺醺的酒神精神或仿酒神、假酒神。

記者：以上是就文學理論的哲學基礎而言。那麼從文學創作角度，你認為目前的理論和批評存在哪些問題？

答：我仍然是老主張，提倡多元化和現代的寬容精神。超前也好，純文學也好，沙龍文學也好，都可以，但不要認定，特別

不要在理論上以為，只有這些才算文學，其他都沒有「本體性」、「自主性」，是「不懂文學」，而要趕出文壇。我肯定只有少數人能欣賞的「純」文學，但你也要承認其他所謂「不純」的文學。老實說，我仍然比較讚賞臺灣和大陸幾位勇敢地面對生活真實的作家，他們不「玩」文學，不搞什麼文學的「本體性」，用劉再復的話說，就是有「良知」，他們不離開十億人口的落後國家這樣一個現實的基礎搞文學。在「老井」的時代去學外國人的現代荒誕、孤獨，我總感覺是一種奢侈。少數人先富起來，奢侈一下也可以，但不要從理論上論證這才是中國應有的唯一的文學之路。

記者：純文學的興起與提出，在一定意義上說，是對「文學為政治服務」的反叛。這裡產生一種邏輯，彷彿文學離現實越遠，也就離政治越遠，也就越「純」，藝術魅力也就越久遠。

答：把文學分為「純文學」與「不純」的文學是科學的分類嗎？究竟什麼是「純」呢？是讀者圈子越小越「純」嗎？前幾年我也讚揚過這種文學，如你所說，是為了掙脫為政治服務的巨大枷鎖（可見，「純」者也並不甚純），但如今情況不同了，我就不再贊成，但也不反對，棄權而已。

記者：記得你的文章中說，某些更多追求藝術性的純文學之作，也許比直接反映思索現實的作品具有更長久生命力。然而這一年的情況卻似恰恰相反，一些純文學作品彷彿被人忘記得格外快，即使只在文學很小的圈子裡，也只熱鬧一兩個月便過去了，以至到年初，無論作家再怎麼花樣翻新，也很難引起注意。如何解釋這種文學現象呢？

答：這倒恰好證明了我的主張，從整個文學史看，留下來的大部分特別優秀或偉大的作品都不是「純」文學，純以藝術性取勝的總是二三流的東西，你可以再去翻翻我講的那一段。而現在的情況又不同，一些標榜「純文學」或「純文學理論」的人，往往是醉翁之意不在酒，在乎名利之間也，這恰恰是非常狹隘的個人功利主義。那些聲稱「玩文學」的人，何必去發表作品？自己玩玩，朋友們看看，不就可以了嗎？我最近還看到一篇論文，大概有三四萬字吧，但除了罵人之外，毫無內容，而且罵人也沒論證，我真懷疑作者寫這種文章的真正動力或動機何在。

記者：的確存在這個問題。《文藝報》今年第 5 期上陽雨的文章談到文學失卻轟動效應的種種文學之外的原因，我以為這裡是否應看到文學自身的原因。我們今天許多作家（有些名氣還很大），無論是作人還是作文，就總的文化素養來說，實與「五四」一代作家相去甚遠。

答：這只是問題的一個方面。我以為更主要的還是態度問題。這與「五四」一代作家很不一樣，那些作家非常真誠。無論是為人生或是為藝術，都有各自的真誠，而不是為了出風頭來裝模作樣說各種俏皮話。

記者：你說是對文學的態度問題，我以為這態度仍與作家的文化素養分不開。所謂「玩文學」，說穿了，不過是顯示某種貴族氣。真貴族無需刻意顯示，需要顯示恰證明是些假貴族，這裡當然不會有真誠。

答：當老百姓物質生活還非常之差，天天關心物價的時候，

假貴族煞有介事自我感覺很好的理論，究竟是可悲還是可笑，我不知道，我只知道真貴族托爾斯泰能夠在理論上否定自己的作品，在實踐上去編農民讀物，這是我所欽佩的偉大精神。我知道，今天我講的會得罪一大批人，特別是年輕的各種名家們，會挨極大的臭罵，但我就是這個壞脾氣，越挨罵越起勁。

記者：與沙龍文學同時出現的，還有文學商業化的傾向。這與當前日益活躍的市場經濟有關。你認為在開放搞活過程中，這一傾向是不可避免的嗎？

答：無可避免，世界通病。關鍵在於如何使它有個合宜的「度」。

記者：有人預測今年會有不少表現性愛的文學作品問世，目前也確見這樣的苗頭。從讀者市場看，文學之外，一切與性有關的心理學著作也極為暢銷。你怎樣看這一現象？

答：這也與上問有關。答案也同上問。在長期禁欲主義統治之後，這一現象值得注意，更值得仔細研究，找出更好的「度」。目前主要仍是應該突破這一禁區，突破「性」神祕。

記者：今天你的談話，估計會引起一些不同意見，不過你就要去美國了，這些意見一時也不會聽到了。

答：我4月走，11月就回來。請你代為保存一下罵我的文章，回來後再幹一仗。

（原載：《文藝報》1988 年 4 月 9 日）

和劉再復的文學對話

劉：好久不見了，朋友們都很想念你，去年春節你遠走高飛的時候，曾囑託我要告訴年輕的朋友們：「我會回來的。」我已經完成了任務。

李：我也很想念朋友們。很奇怪，妻子、孩子都和我走了，就在身邊，但還是感到孤獨，很想念國內的朋友。說人是社會關係的總和，從感情上講，應該是對的。那裡的關係總和代替不了這裡的關係總和。

劉：我們的民族兒女，多數是土地的崇拜者，不管走到哪一個天涯海角總是想著祖國，總有一種奇怪的「戀母情結」，這可能與民族文化心理有關。

李：你最近在《文匯月刊》上發表的談話，我已經讀過了。我支持你。你還是客氣，對《李自成》的第 1 卷還有肯定。前年底，我在對《福建論壇》發表的一個談話中，就支持你提出的一些文學觀念，可惜去年在這個刊物的一月號發表的時候，他們把這一節刪掉了。

劉：我在〈論文學的主體性〉一文中，曾提出一個觀點，即作家在創作過程中，常常突破原來的設想。因為一旦進行創作，作家筆下的人物就有獨立活動的權利，這種人物將按照自己的性

格邏輯和情感邏輯發展，作家常常不得不尊重他們的邏輯而改變自己的安排。而且，作家在創作之前的設想，一般都停留在意識層次活動，而進入創作之後，他們往往要調動全身心的情感，此時，處於潛意識層的東西也參與了創作過程，並會改變原來意識到的部分。如果一切都事先「精心設計」好了，就不可能進入創作的自由狀態。不知道你是否贊成這個觀點？

李：在新加坡期間，我在接受《聯合早報》記者採訪時也談過這個問題，我回答說，要藝術家在創作之前事先決定要表現何種思想是不可能的。文學創作在很多時候是無意識的，這要經過大量的生活經驗和文化素養的積累，然後噴發出來。許多古典文學作品的產生，都說明了這點，因此，要作家事先想好一個主題才寫，不符合創作的規律。

劉：我們所談的這個問題，正是探討文學創作規律的一個課題。就像探討詩歌創作中的通感、變形、意象、佯謬語言等等，完全是應當的，這種探討與文學要不要關心社會、關心政治不是一回事，也決不意味著蔑視文學與社會、文學與自然、文學與政治等外部關係問題的探討，即文學的外部規律的探討。

李：連這種問題的探討也不允許，還有什麼文學理論！所以我一直勸作家多讀各種各樣的書，但千萬不要讀「文學理論」。

劉：我能理解你的激憤之辭。如果我的文學理論扼殺作家的靈性和個性創造力，我寧願他們堅決拋棄，不要浪費生命。

李：你最近還發表了什麼文章？

劉：我最近在《人民文學》上發表了一篇〈近十年中國的文

學精神與文學道路〉，對新時期文學作了第二次概述。文章一開始，就請了你這位美學「尊神」來嚇唬人，我說你多次肯定了新時期文學。

李：是的，我一點也沒含糊。

劉：新時期文學是充滿變革精神的，而且與世界文化思潮相呼應，它尋求人類文化前進的軌跡，尋求與世界文化的同構點，這其實是很好的現象。在我的印象中，你對舒婷、北島這一年輕詩群給予很熱情的評價。

李：是的，我稱這些年輕詩群為新文學的一隻春燕。舒婷的詩表現當時青年一代真實的苦悶和追求，有詩味。詩不必求多，每一個詩人能留下幾首讓我們樂於傳頌的詩就夠了。

劉：舒婷的詩，在新時期文學萌芽時期，適應了時代的審美趨向，把當時一代青年的感受詩化地表現出來。她的詩還帶有傷感的美。

李：這種傷感的內涵是現代的，但形式則有點古典味。

劉：她們不承認自己的詩是朦朧詩，但她們的詩確實表現年輕詩人們一種朦朧的苦悶和朦朧的願望。她們的詩，象徵性很強，意象的內涵也較豐富。還有一些老詩人和中年詩人，他們這十年中的詩寫得非常好，你可能不太注意。

今天，我倒是希望同你談談新時期文學的不足之處，或者說，談談你對新時期文學的期待。

李：我希望我們的作家氣魄能更大一點，不要急於發表自己的作品，不要急功近利。真正成功的作品，真正反映一個時代的

作品，現在發表或者若干年以後發表都一樣。這樣，就不會為了發表，而遷就一時社會的文化的氣氛，違心地修改自己的作品，甚至動搖原來氣魄雄大的構思。

劉：現在確實少有面壁十年進行潛心創作的作家。

李：既然獻身於文學，還經不住一時名利的誘惑嗎？要決心寫真正有價值的東西。真正有價值的文學作品是不怕埋沒的。不要急，不要遷就，不要遷就一時的政策，不要遷就各種氣候。像卡夫卡的作品，甚至是死後才被人們認識到其價值的。《齊瓦哥醫生》，不是也在帕斯捷爾納克死後才在蘇聯發表嗎？但歷史給了他們以公正的評價。

劉：卡夫卡是真正獻身於文學事業的。他對文學事業極其真誠。他從事文學創作的內在氣魄很大。為了文學事業，他犧牲了健康，犧牲了愛情，犧牲了許多人生的歡樂。他的內心有一種不可摧毀的東西。他以堅韌的意志力量抗拒悲劇式的命運和悲劇式的環境。他認為可憂慮的社會是難以駕馭的，但每個人的自身是可駕馭的，自己可以決定自己。他正是以這種非凡的內在氣魄，獻身於他所選擇的事業，他是別一種意義的英雄。

李：獻身於文學事業，就是要對文學無比真誠，果戈理對自己的作品不滿意的時候，就毅然燒掉自己的手稿。這就是真誠。一個真誠的作家，只對人民負責，只對歷史負責。

劉：真誠，對於作家是絕對重要的。

李：離開一段時期，對國內文藝界的情況又有些隔膜，你能給我講講最近文藝創作的發展情況嗎？

劉：你走了一年多，出現了一個情況，就是「報告文學熱」，報告文學作品十分暢銷，最近《當代》雜誌發表了胡平、張勝友的《世界大串連》之後，又印了十萬冊單行本，一售而空，在這之前，錢鋼寫的《唐山大地震》、蘇曉康所寫的《洪荒啟示錄》、《神聖憂思錄》、《陰陽大裂變》等，都吸引了大群的讀者。

李：這是很好的現象。他們的報告文學有些什麼特點呢？

劉：他們已經打破了劉賓雁的創作模式。劉賓雁的報告文學作品，主要還是寫一個人，一個事件，而這些新秀，則寫一個宏觀性的重大社會問題。如人口爆炸問題、婚姻問題、教育危機問題、同居者問題、人才外流問題。

李：除了注意宏觀的之外，還要注意微觀，報告文學一定要真實，如果報告文學不真實，就失去自身的價值。為什麼讀者對報告文學會產生這麼大的興趣呢？

劉：我想，這是因為讀者關心自己的切身利益，關心自己身處的社會。這幾年我們的社會情況變化得非常急速，身處社會的人反而不認識自己的社會，因此，他們想了解社會的真相，社會的全景，報告文學正好滿足讀者的這種心理需求。從報告文學的作家來說，這一群後起之秀，對社會格外關心。他們也有我國知識分子的通病，總有點憂患意識，總是喜歡用自己獨特的憂思和期待的情思去關懷社會。

李：我很讚賞他們的這種精神，文學應當關心社會，尤其是中國的文學家。我認為世界上第一流的作家例如托爾斯泰、巴爾扎克、卡夫卡，他們都是深刻地關懷社會的作家，都是把自己的

作品與時代最根本的東西聯繫在一起。社會最焦慮的問題也是他們最焦慮的問題，在這方面，中國作家是有很好的傳統的。躲到「象牙塔」裡，歷來為中國作家所不齒。

劉：我贊成你的觀點。在中國，作家是應當講責任感和使命感的。在美國，一個作家或一個知識分子如果整天嚷著責任感、使命感，可能有些可笑，但在中國，作為一個作家和知識分子，如果不講責任感和使命感，同樣也可笑。

李：不僅可笑，甚至可悲。

劉：美國是一個歷史很短的國家，只有二百年的歷史，而且他們的溫飽問題早已解決，他們的知識分子雖然也關懷社會，但需要作家去憂慮的問題畢竟要比我們少，而我們則不然，我們有四五千年的歷史，傳統的包袱那麼沉重，現在的社會問題那麼多，不講責任感，恐怕是不行的。

李：中國還那麼苦，如果作家什麼也不管，忘記自己的責任，對人間的痛苦無動於衷，就缺乏作家的良知。

劉：這幾年我喜歡講良知。其實正是使命感。我在天津的一次講演中，曾對文學動力問題發表過這樣一種意見，認為弗洛依德的把「性壓抑」作為文學的「動力源」，只能說明一部分問題，而大部分作家的動力源則是良知壓抑，這尤其是中國文學普遍的動力源。我記得在你的美學論文中多次地講到，文學藝術不等於審美，文學也有非審美的部分。非審美的部分，可能就是社會責任感這一些了。這種責任感，也是你猜想的審美的複雜方程式的一個要素吧。

李：可以這麼說，我一直不贊成把文學變成純藝術，我主張文學多元化，尊重各種不同內容、不同形式、不同風格的文學的並存和競爭。純文學也應當讓它們自由地發展，但我還是更喜歡反映社會憂思的作品。這種作品對我們來說，還是太少了。年輕的朋友都說寫這種作品的作家很痛苦，但我「欣賞」這種痛苦。一個真誠的作家，對於社會的痛苦決不會無動於衷，這些痛苦應當在他們的心靈上引起不安，如果他們對人間的痛苦徹底冷漠，我想，他們的作品是難得真正感動人的。

劉：近兩年來出現的報告文學作品，所以感動人，正是他們抓住了時代的痛苦點，社會的焦慮點。

李：報告文學四個字，重點應當是「報告」這兩個字，報告的特點，就要求真實，能真實地報告社會所焦慮的東西，就會有價值，就會在歷史上留下。

劉：將來的歷史家可能會把我們現在刊物上所記載的東西當成「正史」，而把報告文學所報告的事實當成「野史」。

李：不管是「正史」還是「野史」，都應當「真實」，如果虛構，那就變成小說了，變成另一種質了。

劉：我曾擔心，報告文學作家憂思太切，急於表現社會，可能精雕細刻的功夫不夠，會影響文學性。你覺得這種擔心有必要嗎？

李：我認為不必擔心。報告文學的意義首先在「報告」，首先在於它把文學與時代某些最扣人心弦的東西聯結在一起，這裡，也包含著作家的文學情思。報告文學受歡迎，說明文學關心社會就會

有廣闊前途。現在有些年輕的作家已宣布他們以玩文學為榮，評論家也這樣鼓吹，我真覺得悲哀，有種「文學等於地球」的理論，硬說不能問文學有何目的，正如不能問地球有何目的一樣，但大家都清楚，地球離開人可以照樣轉，但文學離開人，如何轉動呢？

劉：對年輕的朋友，過去我是一概地加以鼓勵，以後要向你學習，要加以分析。

李：我想這是重要的。幾年前我也把青年作為一個整體來加以鼓勵。但對於青年，還是魯迅看得深刻，有各種不同的情況，有睡的，有醒的，有踏實的，有輕浮的，有的青年想用一篇文章就罵倒新時期文學，甚至罵倒一切，看來十分激進，其實十分保守，把當前主要問題和主要弊害掩蓋起來。文學創作和學術研究都包含著超前的眼光，但是，太超前了就反而會和落後的東西結合在一起了。

劉：劉心武最近在《人民日報》上發表的〈中國作家與當代世界〉，文章中批評了一些青年作家蔑視社會責任感，甚至要取消文學的「意味」。

李：我贊成劉心武的批評。中國人民正在通過改革艱難地尋找意義，作為中國的一個作家，卻忙著要拋棄「意味」，這未免太自私了吧！文學沒有「意味」，那只好作者自我玩賞了。社會應當允許沙龍文學的存在，寬容度應當大一些，但沙龍不應當是我國所有作家追求的東西，尤其是大作家。我喜歡社會藝術，不喜歡沙龍藝術。我擔心沙龍出不了我們的社會所期待的大作家。

劉：有些年輕的朋友對講責任感、使命感產生過反感。這是

值得我們反省的。以前講這一點的時候常常帶強制性，而且太功利化了。我想，使命感、責任感也是應當是一種感情，一種對祖國和人民真誠的愛。它不是表層的東西，而是心靈的東西，它是自然的，自願的。只有當使命感、責任感成為發自內心的要求才有意思。古人講「孝」的責任，本來也是應該的。但「孝」的責任一旦功利化，就成了謀取「孝廉」官職的手段，「孝」就變成虛偽的道德了。「舉孝廉，父別居」的悲喜劇就是明證。

　　李：對道德的強制而導致非道德化，這教訓確實值得記取。

　　劉：現在我還想與你交談另一個問題。我認為，文學與藝術的審美要求有所不同。藝術門類，如音樂、繪畫、雕塑，可能更有利於表達美。表現人性惡，可能不是藝術的長處。而文學則可把人的醜惡淋漓盡致地表現出來。

　　李：藝術部門中的某些門類，如美術也可以有力地表現醜惡，例如現代主義的繪畫，就有力地表現醜惡，但我對文學，特別是今天中國文學的要求與對藝術的要求有區別。就我個人來說，對於文學，我就喜歡現實主義的作品，但對藝術，我卻更喜歡現代主義。文學具體些好，藝術可以更抽象，這裡涉及一些美學問題。

　　劉：同樣是現實主義的作品，也可以寫得很不同。十多年前的許多現實主義的作品，它們所反映的現實，不是作家自身選擇的現實，不是充分個性化，感覺化的現實，而是本本中的現實、別人頭腦中的現實，是「以階級鬥爭為綱」的思維結構下所派生的現實，所以當時的所謂現實主義作品，概念化、公式化的東西很多，使得人們不喜歡讀。例如，寫農村中的現實，就只能寫兩

條道路、兩條路線鬥爭的現實。新時期文學的現實主義作品就不同了。他們的主題、題材、寫作方式都是經過作家主體的選擇的，他們筆下的現實是自己理解的現實，是充分個性化的現實。因此，許多現實主義作品，也是人們所喜愛的，現代主義色彩的作品，其實也有現實感。

李：電影是文學與藝術之間的綜合藝術。最近我看了《紅高粱》，覺得非常好，是對中國民族的生命力的歌頌。

劉：從《黃土地》到《紅高粱》，這可以看到我國的西部電影。導演吳天明和張藝謀很有才能。這種「西部電影」的風格很粗獷、蒼涼。

李：《紅高粱》、《黑炮事件》等電影中有些變形的怪誕手法，就並不是在玩形式，而是有深刻的涵義和內容，給人印象強烈。

劉：《紅高粱》這部影片主觀色彩很強，而且常給人一種奇趣。他們表現現實，但首先把現實世界「打碎」，然後通過創造主體進行重新建構，最後展示在觀眾面前的是一個獨特的世界。

李：我記得你說過，我們正處在兩代人的中間，一方面覺得我們走得太遠，一方面則覺得我們太保守。我不管兩個方向上的責難，走自己的路。對那種水平不高而又罵倒一切的年輕人，我要說些批評的話，但對張藝謀這種有真才能的新秀，則要支持。

劉：但願年輕的朋友會知道我們是愛他們的。

李：我可沒有你那麼多的愛。

（原載：《人民日報》1988 年 4 月 12 日）

在電視劇藝術討論會上的發言

（1985 年 10 月 24 日）

　　如果講美學，從基礎理論到實際運用，範圍很大。有些美學的理論屬於哲學的範疇，而對文學藝術的創作、欣賞沒多大關係。我曾對一位搞創作的青年說過，搞創作不宜多讀文藝理論的書籍，讀多了反而沒好處。那麼美學是否對藝術一點用處也沒有？不是的，美學中有些層次的確與藝術的關係很密切。

　　要說影視在美學上有很大的區別，我現在感覺不突出。影視都是運動的視覺畫面的運用，都是視聽藝術。現在如果太強調電視劇與電影的分離，我認為對電視劇不利。目前，電視劇剛剛起步，需要電影方面積累了幾十年的經驗作基礎或借鑑，需要電影界的支持和幫助。但是，電視劇與電影確實不同，這不同點是什麼？

　　首先是外在的不同。

　　一、電視是宣傳工具，必須有宣傳方面的規定。這種情況在世界各國都一樣，如美國的電視內容就比電影內容乾淨，暴力、色情的鏡頭比較少。但這個區別沒有理論的意義。如阿誠講的，是兩個行政部門的關係，領導造成的不同。按美學來說，這不屬於藝術本性，是藝術規定以外的規定，是政治的規律、經濟的規律。

　　二、從我國情形來看，電視有它的強迫性。有人說電視很自由，愛看就看，不愛看就關掉。但我認為恰恰相反。在我國農村，千家萬戶到了晚上沒事幹，只有看電視。城市也一樣，沒有各種各樣和朋友聊天的咖啡店，沒有各種各樣的娛樂場所，也只有在家裡看電視。這種強迫性是事物發展到現階段帶來的特殊現象。既然這麼多人看電視，這就給電視帶來了社會責任感問題。因此，如何提高電視劇的質量是個非常重要的問題。如果我們強迫大家去看《八仙過海》，去看一些政治宣傳和一些無聊的東西，我看不如放些好的外國片子，來提高大家的藝術素養。開頭看不習慣，看多了就習慣了。我們不要老講中國的農民愛看舊戲，其實不一定。現在農村年輕的一代就不一樣。所以，目前電視擔負著提高我們民族的文化素養、審美水平的任務，它在這一點上超過了任何藝術，也超過了電影。廣大農村看電影恐怕就不是容易或經常的事。在城市裡看電視的人次恐怕也遠遠高於電影。

　　其次是內在的不同。

　　一、電視劇的形式自由度大。可長可短，有長達幾十集的連續劇，也有十分鐘、二十分鐘的短劇，可敘事，也可抒情，同時還可以迅速地反映現實生活。而電影在這一點是望塵莫及的。

　　二、家庭氣氛。電視可以播放電影，你可以關了燈假設是在電影院裡看，也可以開了燈，邊看邊做自己的事情。很自由，也比較親切。看電影由於銀幕大，又在電影院，就有一種距離感，而電視在家庭的自由環境裡，螢幕小，有一種不同的感覺。如果電視從這個角度去發展，是會產生自己的特點的。所以，電視劇

的需求量大，其形式可以像電影，也可以完全不像電影。因此，這就提出了一個多樣化的問題。

我主張多樣化。在文史哲的研究中需要多樣化，那麼在藝術領域裡更需要多樣化了，而電視恰恰為我們提供了多樣化的最大的可能性。只有多樣化，才能更好地培養自己的審美水平和藝術水平和藝術能力。我想，這倒是電視的一大特點。

多樣化從美學的角度講是有根據的。譬如服裝，特別是女同志的服裝，數量多，品種多，款式花色變化也快，一會兒喇叭褲，一會兒瘦褲腿，又是長裙子、短裙子、又是半短不長等等。就連領子也是圓領、尖領、直領、方領的變化不斷。這是什麼道理？如果認為一種樣式是美的，那麼就老穿它好了。為什麼要變？而且變來變去？過去批判是資產階級思想，其實不是的。科學上二加二等於四，一千年以前如此，一千年以後也決不會變。而藝術為什麼要變，要有不同的形式、不同的風格流派呢？

第一，這是人的生理層次的需要。

人是作為感性個體而存在，人有血有肉，是動物，不是神，不是機器。人的感官是有限度的，老看一個東西就會疲勞。如果天天吃燉雞，吃一個禮拜保準再也不想吃了。所以慈禧太后要吃窩窩頭。這是個口味的問題，僅從生理的角度講，就需要變異，更何況還有其他各種心理的因素。人為什麼要旅遊，到一個新地方總覺得很美。假如天天去北海就沒有意思了。有人說你看風景時，把腰彎起來，頭從兩腿中間看，就會別有風味，這就是講要有變化了的新的角度。

第二，人的心理層次的需要。

記得報紙上曾報導一個從越南戰場上回來的戰士，當記者問他愛看什麼時，他回答愛看喜劇片。人太緊張了，就想看輕鬆的，我們現在生活很單調，無聊時就想看武打片，驚險片。這心理的需要是社會生活決定的，不同時候就有不同的需要。這些都說明藝術總是一個調子一種形態是不行的。所以，我們需要有情節片，也需要有武打片，偵探片，也需要有言情片、滑稽片、喜劇片、嚴肅的悲劇片等等。

第三，不同階層、不同集團、不同地區的人有不同的需要。

城市和農村的需要不一樣，知識分子和工人、農民的需要不一樣，即使是同一個人，也有不同的需要。為什麼愛因斯坦和當代某些著名的科學家、哲學家也愛看偵探小說？現代大哲學家維特根斯坦說：看一本偵探小說所獲得的智慧要比看一本一般的科學論著多得多。一個人的口味也是多樣的和變化的。像編得很好的武打片，我也很愛看。所以並不是只有一種藝術格式絕對的好。有的影視片看了是令人思索回味的，有的卻只讓人哈哈一笑了事，或騙人緊張一場，看完之後，輕鬆一下，也就忘掉。這兩種片子，群眾都需要，它們分別滿足人們的不同需要。所以要提倡多樣化，電視劇更應該利用這種可能性使它得以發展。

以上是從一般的美學來談的，那麼從馬克思主義美學中是否也能找到根據呢？我看是可以找到的。現在馬克思主義的整個理論到了一個要很好地總結過去的經驗，適應新時代而加以發展、前進的時候了。美學也是如此。以前我們講馬克思主義美學主要

從階級鬥爭的角度來研究藝術和社會的關係問題，強調其政治作用，強調為政治服務，強調要作用於現實，並作用得非常具體。列寧對托爾斯泰的評論，恩格斯對《城市姑娘》的評論以及毛澤東〈在延安文藝座談會上的講話〉等等都是著重於這個方面。以前講馬克思主義哲學就是革命的哲學、批判的哲學。在我們的藝術領域內，就是文工團的宣傳鼓動的傳統。前些日子在電視上看到抗美援朝時的紀錄片，有兩個文藝戰士在行軍中打快板，它就是很直接地鼓舞士氣，為這次前進服務。如果我們在那時，在烽火連天的戰場上唱「叫我如何不想她」就不協調，儘管這個歌很好，但當時是唱不出來的。只有唱「雄赳赳，氣昂昂」。

我們對過去要有清醒的、歷史的理解，要了解它當時的作用是什麼，它的問題又在哪兒。不能盲目堅持，或盲目地批判。我們過去的文藝為政治甚至為軍事（例如上述的行軍）服務，是起過很好的革命作用的，這不能否認，不能抹殺。但是，不管是戰爭也好，革命也好，在整個人類、民族和階級的歷史上，在整個人民的生活中，畢竟只是一部分，或一個相當短暫的時期，不可能天天戰爭，天天革命。我們現在的和平建設卻恰恰是長時期的。所以我說馬克思主義不僅僅是批判的哲學，更重要的是建設的哲學。

建設包括物質文明的建設和精神文明的建設。因此，我們對於文明的概念，不應是局限於簡單的為政治服務，而是怎樣淨化、「塑造」人的心靈。人的心靈是很複雜、很豐富、很細緻的。我不認為人的心靈複雜是一件壞事，相反，恰恰是人類進步的結果。

我們講外在的物質建設很複雜，像今天的航天技術，我們都覺得真了不起，是人類創造的驕傲。但我們對人的心靈隨歷史發展而變得複雜、細緻、豐富、深沉，卻注意或重視得不夠。人類有兩個方面的發展，一個是外在世界，一是內在世界。藝術就與後者有關。希臘雕塑很美，但我們並不滿足，還需要羅丹的雕塑，亨利摩爾的雕塑。我們有時需要單純的美，有時需要複雜的美，有時需要痛苦、悲哀的美，有時需要歡樂、令人愉快的美，有時悲哀裡有歡樂，有時歡樂中又有悲哀。上面論的建設兩個世界（外在物質文明和內在精神文明），按照美學界的行話來講，就是「人化的自然」理論。

「人化的自然」一指外在的自然；一指內在的自然。內在自然就是承認人是動物，但人又不僅僅是動物，而是動物性跟社會性的綜合。社會性包括時代的、階級的、民族的、集團的存在和意識。把人性講成動物性，或把人性取消，只講階級性、社會性，都是不對的，人性恰恰是動物性和社會性的滲透融合。它有各種不同比例、不同程度、不同狀態的融合滲透。而藝術恰恰就是要表現這種不同的融合滲透，從而去培育和發展人性。中國古話說，藝術的作用是「陶冶性情」，其實講的正是這個道理，即把一個動物的人變為真正社會的、時代的人。

前些日子開會，人們提到現在通俗文學了不得，劍俠充滿市場。如果我們把文學藝術大體劃分一下，在文學領域可以說有兩種，一種是高級文學，一種是通俗文學；在影視方面，一種是藝術片，能得到很大的藝術享受；一種是娛樂片、商業片。當然，

任何分類都是牽強的，一刀切斷任何事物都不可能，它總有介於兩者之間的東西。但真正高級的文學藝術總是比較少。幾千年來，古今中外的文學名著究竟有多少，中國最能站住腳的小說也只有《紅樓夢》，外國有幾個莎士比亞，幾個托爾斯泰？然而，純文學、純藝術是提高我們整個人類、整個時代和民族審美意識的一個航向，它帶動整個藝術向前發展。所以應該有很多人去朝這個方面奮鬥。如果我們沒有屈原、曹雪芹、魯迅，沒有荷馬史詩、莎士比亞、托爾斯泰，沒有達・芬奇、貝多芬，試想我們整個人類的文化是什麼樣子？那麼，我們讚頌這種文學藝術是否就要排斥通俗文藝呢？我認為不能排斥，要吸引觀眾、讀者，要逐步提高大眾的審美水平，在很大程度上還要通過通俗文藝。如果要聯繫美學理論，可以先從美感說起。

　　關於美感，在西方美學界有兩派觀點。一派認為美感是一種獨特的審美情感。這是形式主義派美學。認為審美是純粹的，從造型講，完全是一種線條、色彩的欣賞，不牽扯任何具體事物。假如欣賞一幅畫，根本不應看畫的故事、人物、景色，而只注重畫的線條、色彩、構圖。這種純粹的審美，不承認自然美，不承認再現藝術的美，認為比起看一幅畫來，看一個陶罐才是真正的審美。中國也有人認為欣賞書法比欣賞畫可以得到更高的審美享受。這是為什麼？這裡面有道理。它已成為繪畫中的抽象派的理論基礎。的確有這種比較純粹的審美現象。例如看某些作品時，完全講不出什麼，卻能得到很高級的審美享受。譬如音樂，它並不描述什麼，卻被人稱為整個藝術的皇冠。

　　另一派認為美感就是把日常生活的經驗組織得好。例如把人的各種各樣的情感感知、想像等組織得好，便產生美感。這也有它的道理。為什麼我們愛看一些故事片或小說，我們就是想經歷電影、小說中人物所經歷過的那一切，隨著人物命運的悲歡離合而感情發生變化。看了電影，自己就變成了主人翁，看《紅樓夢》自己也就變成了林黛玉、賈寶玉……這樣，通過文藝作品，就使得你對人生、對生活有了更多的經歷，更深的體驗。使你的心靈、情感變得更加豐富，它不只是某種理性的認識而已。所以，一個人只欣賞陶罐，欣賞書法那個高級的美總是不夠的。為什麼當西方抽象表現主義繪畫發展得最充分的時候，仍然要出現現實主義以至照相現實主義的繪畫？由於人的需要是多樣的，需要借助藝術認識人生，體味人生，這就給有情節的電影、小說，給各種言情片、武打片、通俗文藝提供了美學理論上的基礎。美感既然是多層次多種類的，因此藝術上各種各樣的類型、形態、風格便可以長期並存，相互合作，真正實現美感欣賞中的百花齊放。

　　通俗文藝還與滿足人的本能欲望相關。為什麼從古到今，從詩歌、繪畫、戲劇到二十世紀的影視，都把愛情、和平作為永恆的主題？從人的本能理論來說，現在最有勢力的還是弗洛依德，他晚期的理論認為，人有生本能、死本能。生本能主要是性愛，死本能有殘暴、侵略等問題。男孩子從小就愛玩槍，玩打仗；而女孩對槍興趣較少，愛玩洋娃娃、過家家。男孩一般喜歡看武打片，女孩則不怎麼喜歡。我有兩個同事同去看一場武打電影，男

的講好看極了，女的說一點意思也沒有。為什麼能得出這樣恰恰相反的結論？這說明人是有些動物性的本能因素在起作用。如果把這本能往動物性方面發展，就會出現像西方影片中血淋淋的兇殺和赤裸裸的性行為，激起你的動物性。我們的通俗文藝和娛樂片不應朝這個方面發展。我們需要大量的娛樂片，人們日常生活中家庭、戀愛、結婚、離婚等情節，便有吸引力，它可以陶冶性情，培育人生。人性既然是動物性與社會性的滲透、融合，所以，我們反對將人動物化傾向，但又不能完全迴避人的動物性，否則就不符合生活的真實，不符合人的本性的真實。

安娜·卡列尼娜、林黛玉失去愛情就非死不可，少年維特為愛情而死，一個例子還可以，但在一般輿論中，女的為愛情而死，大家為之嘆惜，男的為愛情死，許多人就要說太沒出息了。這裡面就有生物學的原因，（女性有繁衍種族的使命，而男性從動物到人類都有保衛集體去打仗，去對付外界的責任。）但更多是社會性的原因。動物性可以幾千年不變，社會性卻隨時代、民族、階級的變化發展而各不相同，因之，人性作為動物性與社會性的滲透交融，人的心靈作為內在自然的人化，便是歷史具體地與一定的時代、民族、階級相聯繫，通過它們而實現的。安娜、林黛玉的死給人的並不是生物學的觀念或生理性的刺激，而是一種生活感受和人生境界的追求。所以在藝術中，人的時代的、社會的因素的特點比動物性方面總更為突出，更為重要，更為複雜多變。

例如，現代藝術中很突出的抽象派繪畫為什麼會發展得那麼古怪？這就是因為高度資本主義發展的結果是一個異化了的世界，

個人變得很孤獨、焦慮、無聊、淒涼，寂寞感、荒謬感很強烈。儘管他們的物質世界很豐富、很漂亮。因此把那個漂亮的物質世界畫出來反而顯得假、顯得太甜。一種苦味的、變形的、醜陋的東西，反而恰恰與他們被扭曲的心靈具有相似的結構而產生共鳴，感覺這很真實，很過癮。他們並不要求美，而要求從醜的、變形的東西中去發現與自己心靈的吻合，這就明顯具有特定的時代性。我們知道，西方現代美學、現代藝術史聲稱要把美從美學概念中放逐出去。他們認為不是美，而是「表現」「創造」等才是美學的基本概念，這與我國的理論不太一樣。畢加索表現西班牙內戰的名畫《格爾尼卡》為什麼不寫實，而畫了些古怪的牛頭馬面？因為他覺得在有限的現實圖裡是無法表達他強烈的、深沉的憤慨。只有這樣，才能使人在有限的畫面裡看到更多的東西，激發出比看現實圖景遠為豐富深刻的聯想和思考。我覺得這一點便可以借鑑。

我們的影視片往往拍得假。藝術最怕的就是假，不管是哪方面的假，包括情節上的大團圓，人物上的矯揉造作，布景的美化等等，都讓人感到不舒服。它不符合生活的真實。中國人習慣於大團圓。其實藝術中不應該怕悲慘結局，要打破廉價的大團圓，才可提高精神境界。低沉的結尾沒有什麼。許多東西看來毀滅了，實際在人們的心裡卻更加頑強地活著。《毀滅》、《傷逝》、《孤獨者》、《今夜有暴風雪》……裡面都有毀滅，有死亡，但他們死了嗎？沒有，他們活在人們的心裡，豐富了人們的心靈。

新觀念提倡情節的淡化，也有它的道理。今天的時代不是專

門歌頌大人物、英雄的時代，而是廣大群眾的時代，群眾不是一個壓人的空洞的概念，它就是實實在在的你、我、他這些無數的個體。所以，每個人都是重要的，每個人的日常生活都是重要的。日常生活看起來平淡，但在平淡中可以有很深刻的涵義和內容。存在主義之所以那麼流行，它就講人只能活一次，不能重複。因此怎樣使這一刻的生存有意義，便是一個大問題。人不能盲目地活著。盲目地活著與動物有什麼區別？從這個角度理解，我們就能更深地挖掘日常經驗和生活，而不是憑主觀臆想去虛構那些戲劇性情節了。儘管有時是說不出的淡淡的哀愁、莫名的惆悵，但也可以展示生活的音響和情緒的隱祕，而給人的心理以營養和滋潤。某些蒙太奇的涵義，某些長鏡頭的韻味，都能把普通生活深刻化、藝術化。

多樣化還建立在每個人不同的藝術口味或藝術偏愛上。拿我個人來講，我就比較喜歡看反映知青生活的影視片。如《今夜有暴風雪》、《我們的原野》、《十六號病房》等。我非常注意和欣賞這一代青年。1978 年我曾講過，我把文學藝術的希望寄托在這一代青年身上，他們中間應該出現偉大的藝術家、作家，他們的成績應該大大超過茅盾、郭沫若、巴金、老舍，不是一般地超過，而是大大地超過。

過去有人說這一代青年是垮掉的一代，是報廢的一代，我堅決不同意。我不是盲目地奉承青年人。他們從搖著小紅旗造反，打派仗，到下鄉，進兵團，待業，所經歷的人生是我們前幾代或者後幾代人都不可能經歷的。他們在社會大動亂時期上到最高層，

下到農村的大隊、兵團的連排，對社會的各種人物各種事情各種
情況看得很多，很熟悉。他們苦悶、徬徨、煩惱，結合切身經歷，
對人生的體驗和思索也很多很多。他們的個人的悲劇命運是和整
個時代、整個社會的悲劇聯繫一起的。他們知道每個人的存在都
是重要的。為什麼在這千千萬萬的知青中不能產生大藝術家、大
作家，不應該產生符合我們時代，震撼整個世界的作品？值得高
興的是，我們已經看到了他們正在開始顯示了這樣的苗頭，在文
學領域裡更為顯著。當然，現在還有主觀和客觀方面的限制，特
別是某些客觀原因限制了他們的發展。但我相信，他們終將會出
來的。

這一次「飛天獎」得獎的全是年輕人，使我很激動，他們是
希望，切切不可忽視或輕視這批力量。他們的藝術創作不是從過
去陳舊的理論條條出發，而正是因為從生活出發，才更痛切地感
到要注意審美的規律。一些導演根本不是科班出身，但他們是從
生活中來，又投身於藝術創作，生活的積累使他們知道在藝術中
應該表現什麼和如何表現。這一點不奇怪。高爾基並沒上過什麼
大學，卓別林也沒進過電影學院。

我們目前的一些藝術理論和創作恰恰是不符合藝術的審美規
律的。例如過分強調思想認識作用而輕視、忽視藝術是對整個心
靈的豐富。我在美學文章中一再強調，美感不光是認識這一個因
素，而是由知覺、感覺、想像、情感、欲望、意向等多種因素所
組成，認識不能獨立於它們之外。假設簡單地把認識當作審美，
那麼藝術就不成其為藝術，就變成一篇理論文章了。我們認識封

建社會的沒落，何必去看《紅樓夢》，去看一本歷史教科書不是更好嗎？所以，認識的因素在藝術裡面，就像水裡放了鹽，喝水知道鹹味但你看不見鹽。也就是你可以感覺到但不一定很明確。所以，藝術有它的多義性、不明確性、朦朧性。

古人講：「詩家妙處，不離文字，不在文字。」影視也應是如此，它的妙處是「不離畫面，不在畫面」。要通過看見的東西傳達出看不見的東西。所謂「只可意會不可言傳」，所謂「有味道」都是這意思。味道是很難用幾句話講清楚的。藝術的力量和作用就在於傳達出這種味道。這一代年輕人，他們知道人生甜酸苦辣的味道，並能把味道放到藝術中去，使人的心靈變得豐富、得到提高。大家談得很多的關於《今夜有暴風雪》中裴曉芸洗澡一場，從「我不用睡在角落裡了」開始，的確很感人，七年沒洗澡了，這次可以痛快洗，但她放聲大哭，是悲傷？是歡喜？還是歡喜中的深深的悲傷？真可以說什麼味兒都有，讓人激動，讓人思索。例如割麥那一系列鏡頭，也是深刻的。其中有尖銳的諷刺，有悲慘的真實，在那靜寂得只有沙沙的鐮刀聲的畫面中，展現了多少含有深刻內容的東西。此外，如結尾時，女指導員的下跪，小木匠的磕頭，以及埋狗時表現對失去「連長」（連長要走了）的無言的深深的愛戀等等，都非常真實，非常深刻。

要產生不同風格、不同味道的作品，就要注意避免概念化。電視劇中概念化的東西很多，像《夜幕下的哈爾濱》，我奇怪怎麼能出現這樣的片子，居然讓一個人坐在那兒講，報紙居然還說好，我覺得不可思議。《紅樓夢》中黛玉臨死時說「寶玉，寶玉，你

好⋯⋯」你好什麼？沒說出來的比說出來的更讓人回味。而我們的電視劇卻把一切都講得明明白白，還有什麼味道，它根本不讓人去品味。現在電影、電視裡也經常出現「哈哈，你呀⋯⋯」第一次看到還可以，但用得太多了，就變成了概念，並且說這句話時都是點著手指，同一種表情，討厭透了。還有人一死，畫面上不是流水，就是松樹，全都概念化了。有說中國喜歡概念化的東西。當然中國人比較理性，理性有好的一面，林黛玉做的夢和安娜做的夢就不一樣。林黛玉在下意識中仍然是理性的，而安娜‧卡列尼娜的夢就有某種神祕主義的東西。我覺得藝術中有點神祕主義有它的可取處，現代藝術中講究非理性，非理性的東西可以給人一種超越的感受和令人思索、探尋，因此能給人更多的力量和味道。

我們喜歡講民族性，當然民族性是需要的。但不能過分強調。因為我發現有些人經常用民族性來抵抗時代性，抵抗外來的新事物。我想，我們民族性的特點恰恰在於它有高度的自信心，不僅不怕而且很善於接受、吸收、融化外來的東西。漢、唐不就是採取大氣魄的來多少便接納多少的方法嗎？現在的所謂「民樂」中不是多有帶「胡」字的樂器嗎？我們民族文化不但沒有因之消亡，反而變得更加偉大。魯迅反對了一輩子國粹，甚至說不讀中國書，然而他恰恰代表了民族精神，是「民族魂」。而那些大喊保存國粹的人反而並不代表中華民族。

所以言歸正傳，我們還是要提倡百花齊放，多種多樣。可以有民族味道濃的《四世同堂》，也可以有完全西化的作品。讓大家

來選擇，來判斷，來融合。只有這樣，才能開闢更加廣闊的藝術
天地。

（原載：北京《電視劇藝術論集》1986 年，
中國電影出版社）

十三　美育的廣義與狹義

　　美育的範圍非常廣，可以有廣義、狹義兩種解釋。

　　從廣義看，美育不簡單地是一個藝術教育問題，它是指一個人在人生境界所達到的最高水準。它是某種新感性的建立。所謂新感性，包含深刻的理性，它是一種滲透理性達到的超理性，它把一個人的社會性的東西同生理性的東西融合在心理中。這就不僅僅是道德、功利的境界。它不完全脫離道德境界，但比之更高一層；它也不完全脫離功利，但又是超功利的。在這個意義上，美育就關係到每一個人，關係到每一個人怎樣去追求和建構自己的人生，不僅是追求靈魂的完美，而且是超過這種完美的「天人合一」。這裡面似乎有某種神祕味道和目的性的東西，今天不能細講了。總之正因為這樣，美育才可以代替宗教。所謂狹義的美育，主要指藝術教育。藝術教育對人的心靈、行為、語言等各方面都有深刻的影響，而且就在數學教育中，也有美學規律問題。掌握、運用這些規律，對開發、促進智力發展特別是青少年智力發展也極有好處。

　　無論廣義或狹義的美育，理論方面的研究需要大大加強，現在的確是太單薄了。只有在理論上把有關諸問題研究清楚，才能夠真正有效地指導實踐，把美育工作全面地深入地開展下去。美

育工作的事業是大有可為的，隨著社會的進步、發展，這一點也
會愈來愈明顯地表現出來。

（原載：《光明日報》1986 年 11 月 28 日）

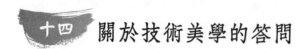

十四 關於技術美學的答問

問：技術領域所表現的美的形態（即技術美）為什麼是屬於社會美的範疇？

答：現在是科學技術高度發展的時代，科學技術構成了社會的生產力，推動社會的前進。社會如果離開工藝技術，就無法存在下去。這一點在中國農村還不明顯；在美國就非常突出，如果停電幾小時，就會天下大亂。生產力是社會賴以存在的基礎，用哲學的術語來說，它構成了人類作為本體存在的基礎方面。過去談社會美，主要是談個人的行為、道德品質所表現的形象的美，這是表層的東西。只看到這一方面就是淺薄的了，還應該看到社會結構深層的東西，這就包括生產力、生產關係和社會關係。

人類改造和征服自然的活動是社會生活的重要內容。社會的美首先表現在以生產勞動為核心的社會實踐活動過程中，然後才表現在靜態的成果即技術產品上。我們不只是對形式美的觀賞，而是從中感到社會的目的性，感到社會勞動成果所具有的飛速前進的內容。在這裡，前進的社會目的性成了對象合規律的形式，也就是說，善成了真的形式，人們直接看到的是善，合目的性。飛機、大橋是為人服務的，但是它所以能建成，卻又是符合規律性的，這就是技術美的本質。技術美成了現時代社會美的重要方面。

　　問：西方現代造型藝術並不強調美，而西方現代技術產品卻很注重美觀，這是為什麼？

　　答：這裡有語言上的問題，也有複雜的社會心理問題，恐怕不是用簡單幾句話能說清楚的。

　　美的觀念隨著時代而變化，我們現在認為美的東西，一百年前的人可能認為是醜的。看慣了太師椅的人看現代的沙發可能並不認為美。你所說的現代造型藝術大概是說專為觀賞而創作的純藝術吧？它的確表現醜的東西，而現代實用藝術即物質產品並不表現醜。因為純藝術要表現現代人對異化了的世界的感受，這種表現需要醜。在物質生活方面，並不需要那種扭曲的東西，但這種產品的造型、線條、色彩也和上述表現醜的現代藝術有形式上的相通、聯繫，這問題很複雜，需要專門來講，這裡不談了。

　　現代藝術作品理智成分是很重的。但這種理智既不等於概念的認識，又不同於古典藝術中的那種理解和想像，而是直接呈現在感知中的某種哲理性的體會、領悟等。所以不單純是個情感問題，這幾年我強調藝術的情感性，是針對過去的嚴重忽視而言的，但現在好些文章一講到藝術，好像就只是表現情感，這就未免太簡單了。又例如，我過去說過，西方藝術重再現，東方藝術重表現；再現重理智而表現重感情。現在這種說法似乎非常流行，有人甚至以此來作為中西文藝的差別的根本關鍵，這又未免太簡單化了。

　　現代藝術的發展中之所以突破古典傳統，不強調所謂美，並有某種抽象性的要求，是有深刻的原因的。它要求表現極為廣闊

的，非有限的具體圖景所能代表、概括的東西。六〇年代初我就說過，大型紀念雕塑不能再搞寫實的了，因為它需要概括的東西更大、更多了，決不是某些寫實形象所能勝任的。它要求一種哲理性的巨大概括，才能具有時代感的特徵。例如走向未來、征服宇宙，並不是用火箭就可以充分表現出來的，更不用說用些古裝或現代裝的仕女、英雄了。

問：當前，技術美的研究工作應從哪方面入手？

答：技術美學的研究應該與工業生產和設計的合理化聯繫起來，在產品功能的考慮和結構的設計上如何運用美學的規律，這是非常值得重視的問題。

在具體做法上可以抓兩方面的工作：

一方面翻譯介紹，可以採取綜合性或專題性介紹（或編譯）國外技術美學的研究成果。要善於充分利用國外已有成果。

另一方面要與工程技術人員、工業設計人員相結合，自覺地運用形式規律去搞結構和工業的合理化。首先可以圍繞產品的設計，以後再深入到生產中進一步解決工藝過程的合理化問題。一部機器的設計如何能提高它的使用效率，便有對人的生理和心理適應性的問題，機器廠房和環境的設計，有工程心理學、勞動心理學的問題。這些問題恰恰又是與美學問題密切相關的。此外，在生產的組織和社會化方面，也有如何運用美學規律（如韻律、節奏）的問題。搞現代化，不但要避免工業污染、生態平衡破壞的問題，而且也要注意防止將來產生西方工業社會所出現的一些社會病態和身心病態。

　　技術美學搞好了，會產生直接的經濟效益。這樣，技術美學就會鵬程萬里，大有希望。

1985 年 4 月

談技術美學

　　我對技術美學沒有研究，但有興趣。因為它一方面直接關係到現代化，另一方面，從理論上說它是美學的一個重要分支。對技術美學的開拓，有利於整個美學科學的發展。

　　我看美學基本上可以分為兩類：基礎美學和應用美學。基礎美學包括哲學美學和科學美學，科學美學又可分為心理學的和社會學的研究。應用美學也可分稱做實用美學，它包括的方面很多，例如文藝批評與欣賞的問題。此外，還有各藝術部類的美學，如音樂、舞蹈、戲劇、電影、書法等藝術部類的美學。藝術部類的美學與文藝批評和欣賞有聯繫和交叉，但又有區別。

　　我把建築美學從藝術美學中單獨分出來，因為建築是技術與藝術結合的產物，它同社會物質生產的水平直接相關，也有自己獨立的悠久歷史，與宗教、文化還有著特殊的關係。

　　科技美學或稱技術美學，也是應用美學的一個學科。我認為科學美是存在的。雖然科學和技術有所不同，科學是反映、認識，科學美是一種反映美，是人類在探索、發現自然規律過程中所創作的成果或形式，這一點同藝術美相似。而技術是實踐，技術美是人類在實踐中創造的客觀的工藝美。但科學和技術有直接聯繫，它們共同處理時、空、質量、運動等問題，應將兩者結合研究。

　　一門科學的確立取決於它有具體的或獨立研究對象的存在，科技美學並不是科學學或技術科學，它有獨自的研究對象，這就是科學美和技術美。

　　技術美是技術領域所表現的美的形態，它屬於社會美的範疇。現在是科學技術高度發展的時代，科學技術構成了現代社會的生產力。而生產力是社會賴以存在的基礎，如果離開了現代科學技術，離開了現代社會生產力，還有什麼現代社會！用哲學的術語說，由現代科學技術所構成的社會生產力，構成了人類作為本體存在的基礎。

　　美學界談社會美時，很少談技術美。其實，技術美是美的本質的直接的展現，技術美是社會美的深層的東西。研究社會美如果只停留在人的行為、道德所表現的美，這就未免太膚淺了。技術美現在首先表現在以大工業生產勞動為核心的社會實踐的過程中，其次是表現在靜態的成果即技術產品上，這兩方面，技術美學都應當研究。我曾說過，美是自由的形式。從哲學上說，自由應該是人所具有的本質力量，這種力量之所以是自由，恰恰由於它掌握和駕馭具有普遍性的客觀規律，用這種掌握了的普遍必然規律去對待、處理具體的個別對象，就能充分主宰、支配、控制對象，恢恢乎游刃有餘，而非常自由了。莊子講〈庖丁解牛〉的故事，實際上正是講駕馭了普遍規律去對待、處理具體個別對象所達到的自由狀態，亦即實踐活動中的美的形式。技術的特性就在這種合規律性的有目的地運用。所以，技術愈純熟，就愈能解決目的性與規律性的對峙，而達到自由的形式，達到美的境界。

　　形式規律便是一種普遍性的規律，它在工業生產的產品中非常重要，所謂按照美的規律來造型，就包含這一層涵義在內。搞哲學的人總喜歡打破砂鍋問到底，這形式的普遍規律如何成為美的呢？也就是問：形式美是如何來的呢？為什麼一定的比例、對稱、和諧、多樣性統一、黃金分割等等就會成為「美」，就能普遍必然地給予人們以審美愉快呢？「形式美的規律是如何可能的？」這是一個相當棘手的問題，難以解釋清楚。對此作了一些合理解釋的，我以為要算格式塔心理學的同構說。它提出由於外在世界的力（物理）與內在世界的力（心理）在形式結構上有「同形同構」，事物的形式結構與人的生理——心理結構，在大腦中引起相同的電脈衝，所以外在對象和內在情感合拍一致才主客協調、物我同一，即在各種對稱、比例、均衡、節奏、韻律、秩序、和諧中，產生相對應的知覺感受，從而產生美感愉快。要研究技術美當然不能不研究形式規律，而研究形式規律就不能不研究這些審美心理問題。不研究就不能了解人們生產和消費中的審美現象。格式塔心理學對技術美學的研究是有意義的，缺點是停留在生理學角度上。

　　技術美是否只是形式呢？不是的。我們欣賞現代建築，讚嘆宇航飛機、長江大橋、高速火車等等，這不僅是欣賞形式美，而且能從中感受到社會巨大的前進力量和人類的目的性：這橋造得多宏偉！這飛機造得多有氣勢！……這裡有形式，又有社會前進的內容，或者更確切地說，前進中的社會目的性取得了對象的合規律的形式，善取得了真的形式。人們直接看到的是善。飛機、

建築、大橋、火車等等是為人服務的。但它們之所以造成，又是因為它們符合規律性。你從中看到了善的形式力量和真的豐富內容，你感到這二者和諧統一，這就是技術美的本質。

談技術美，不能忘了歷史的尺度。因為人類的技術發展，使得社會實踐活動過程和產品成果也在不斷擴大、不斷更新，不同時代形成對技術美的不同的審美標準。第一次看到火車、汽車的人可能會感到，這是個怪物，太醜了。對許多現代科技成果、產品，人們開始也常常有這種感受的。

我們今天要搞現代化，也要注意研究西方的後現代化。要注意如何能設法避免西方現代化工業、現代化社會帶來的技術與人的疏離，所造成的人際關係的疏遠，以及對自然的污染、生態平衡的破壞等等。這也向美學提出了課題。我們怎樣把美和審美規律用到科學、技術、生產中去？用到整個社會生產中去？如何能使社會生產和生產環境更好地符合人的身心健康的節奏？如何使我們的行政管理機構效能、社會部門的協同合作更符合適度的規律？如何能使人的個性潛能得到全面發展、充分發揮，不再受物的奴役、壓抑，使合目的性與合規律性得到和諧、交融、統一？技術美學應當向社會提出各種合理化建議。當然，技術系統的美學問題要通過工業設計這個中介來實現。因此，我主張技術美學應該同工業設計密切聯繫。自覺地將形式美的規律運用到其中去。可以先圍繞產品設計，以後再進一步深入研究技術生產過程中的許多美學問題。

技術美學作為一個新學科，在我國，許多人還不大熟悉。我

們要踏踏實實地幹，技術美學搞好了，可以產生直接的經濟效益，會為越來越多的人所認識、所重視，這樣技術美學就會在我國興盛發展起來。

記錄者據 1986 年 4 月的關於技術美學的
一次談話的部分錄音整理

（原載：《文藝研究》1986 年第 6 期）

十六　形式美與技術美學

　　我代表中華美學學會和技術美學學會向這次會議表示祝賀，希望這次會議取得很多成效，並且會發生影響。

　　我帶來了一點材料，原想結合新加坡的情況講點什麼。但計畫全被打亂了，關於新加坡住房建設、環境等問題的材料，大家有興趣可以看一看，有些情況很有意思。新加坡想使每個人都變成有產階級，每個人都有幢房子，因此鼓勵個人買房子。孟子講過，有恆產才有恆心，也就不造反了。這幾年來，新加坡的建設很厲害，填了海來蓋房，還有蓄水，那裡沒有淡水，現在正在搞個大水庫儲備水。這個國家非常小，但城市搞得很美，是一個花園城市。當然，它有得天獨厚的條件，就是樹木長得特別快。那裡沒有什麼農業，靠商業、交通、煉油等產業。前幾年經濟下去了，今年又上來了，相當有辦法。

　　前幾年，我比較注意講審美心理學，這兩年我特別強調技術美學，覺得技術美學很重要，這跟我對哲學的看法、對美學的基本看法是聯繫在一起的，不是趕什麼時髦。「四人幫」垮臺以後，美學的發展的確是一個熱潮，到現在為止，這個熱潮還在持續。這個現象本身很值得研究，因為中外古今沒有這個現象。國外美學一直是冷門，美國大學有時候沒有美學課，藝術史系不開美學

課，這在中國便會覺得很奇怪。美學課在哲學系講，有一次我去看看，聽課不到十個人。現在最有名的美國美學雜誌《美學與藝術批評》，發行量可能不到一千份。前幾年在日本，聽到的情況也差不多。只有中國特殊，所以外國人說，中國的美學書和雜誌能發行幾萬份，簡直不可理解。這個問題本身就值得研究。大家回想一下，解放以前，美學也是冷門，所以上一輩搞美學的並不太多，搞哲學史的，搞西洋哲學的，搞美術史的卻比較多。恰恰是這十幾年發生了變化，為什麼？原因當然很多，其中之一可能是它代替了宗教和哲學。

西方宗教很厲害，有教會，有各種宗教團體，學校有宗教系，還有各種研究宗教的中心。我們講宗教是鴉片，其實宗教並不那麼簡單，宗教常常是維繫社會生存的非常重要的東西，所以有那麼多教堂，有那麼多人信宗教，包括波蘭、東歐，現在美國宗教的趨勢還在抬頭。人生總得有個最大或最後的追求，有一個寄托，有所謂「對人的終極關懷」。宗教在國外占有很大的地位，在新加坡便有了幾個宗教。作為一個人，總得考慮人生問題，不認識字的人固然有所迷信，但地位很高的，包括一些大科學家也相信宗教，為什麼？因為他總希望人生、生活有所寄托。但中國偏偏沒有這個問題。

中國的儒家，有人認為是宗教，我以為只是一半。是半宗教半哲學。孔夫子不像佛陀，也不像耶穌、穆罕默德，他是個凡人，沒有教主們那種種能創造奇蹟、起死回生的本領，孔夫子自己還「不語怪力亂神」。中國知識階層恰恰是宗教觀念相當淡薄的。馬

克思主義也是不相信宗教的，是主張無神論的。但人生、人的價值、人的意義、人的「終極關懷」等問題，卻並不能取消。沒有宗教，這個問題還是存在。所以我很欣賞蔡元培提出的「以美育代宗教」這個口號，它很有哲學意義，雖然他沒做深入的理論論證，但這個思想很符合中國國情，即不是通過宗教而是通過審美達到對最高人生境界的追求。例如宋明理學中的所謂「天人合一」作為境界，它不僅是道德的，而且是超道德的，因為道德不過是對人際關係的規範的自覺認識和履行，但「天人合一」卻更超越，它能夠和「天」合一。

在西方，宗教是我投身到上帝的懷抱裡去，跟神合一，跟神同在，那是最高標準。中國卻在自然界裡可以看到「天」，雖然它不是宗教的，但它有與宗教非常接近的東西，同時又明顯帶有審美的特點。因為它對感性物質世界並不加以否定，而基本上加以肯定。中國哲學的傳統，強調「天地之大德曰生」，對於生命，對於感性世界是肯定、欣賞、讚揚的態度。這與宗教有很大的區別，不管是佛教也好，基督教也好，都認為感性世界是虛幻的或有罪惡的。

文藝復興時代有個人，他途經瑞士時感受到自然美，便趕緊懺悔，認為這是魔鬼在誘惑，即感性世界在誘惑他。他要求完全捨棄、拋掉感性世界，去追求純粹精神的世界，這樣確乎可以把人的精神世界提得很高。西方好些文藝作品，像陀斯妥也夫斯基的《卡拉瑪卓夫兄弟們》，看了以後感到靈魂受到洗滌，把肉體的世俗的感情洗刷了，得到了精神的超升。西方一些宗教徒殘酷地

折磨摧殘自己的肉體，搞得極痛苦，以此來求得精神的歡樂。中國不是這個傳統，中國是要求在感性世界中得到這種精神的超越，它不否定這個感性世界，包括外在的自然界和自己的自然生命，而是肯定它們，並且要求在這個感性世界中達到精神的高度超越，這就比較難，搞得不好就變成放縱自己的情欲。於是便要求既不放縱，也不捨棄，這即是所謂中庸之道。而這便與審美有關，因為審美永遠是和感性世界聯繫在一起的，它不是純粹的精神超脫，它要在感性世界中求得一種精神寄托或精神力量。

中國沒有像基督教那種宗教，似乎是缺點，但也有優點。中國人很正視生存，不管是儒家也好，道家也好，禪宗也好，佛教本是要捨棄生命的，但經過中國改造後，也變了很多，它對自然界的那種欣賞和愉悅，便是一例。禪宗以前的宗炳，就喜歡遊山玩水，觀賞自然的美，而不只是面壁苦坐。中國對自然山水美的欣賞，比西方要早得多，就是在感性世界中去追求達到本體世界，蔡元培的提法有深刻的意義，就在於此。自然既不是魔鬼，也不是神，問題是如何把它與人際統一起來，取得人跟自然在生活中和精神中的和諧、愉快。現在外國人到中國來很欣賞中國的建築，中國建築在十八世紀傳到英國，影響那麼大，就是追求人跟自然的和諧，這也就是環境美，這方面就不多講了。

現在問題是如何與現代生活和生產（大工業生產）結合統一。我為什麼很重視技術美學，重視城市環境美這些問題，認為比文藝美學、哲學美學重要，一方面是因為它是個關係到廣大人民物質生活和精神生活的大問題，同時也與我對美學的基本看法有關。

中國美學從五〇年代開始討論美的問題，在美的本質問題上的看法分成好幾派。我是強調美的本質是人的實踐活動和客觀自然的規律性的統一，叫做自然的人化，以此來概括美的本質。人是通過自己的勞動活動，在生產中去掌握客觀自然規律的。

　　實踐中最根本的活動就是勞動活動，從原始人磨製石片起，到今天的航天飛機，都是通過生產勞動。勞動就是技術，所以技術美是與美的本質直接相關的，它是社會美的核心和基礎，它比自然美、藝術美重要得多。技術美在美學中的這種地位，以前注意得太不夠了，論證得太少了，這就是我的看法。通過勞動、技術改造自然，這是狹義的自然的人化，是廣義的自然的人化的基礎。狹義的自然的人化就是人通過工具不斷改造自然界，是人跟自然界發生根本關係變化的基礎。原始人為什麼不能欣賞山水花鳥，就是因為當時狹義的自然人化水平亦即生產力水平，使他跟自然的關係不存在那廣義的自然的人化。所以這種勞動和技術，是最根本的，對整個人類來說是這樣，從個人來說也是這樣。

　　莊子裡的庖丁解牛的故事，也是說主觀技藝和客觀規律達到完全統一，所以他很自由，人工幹出來的卻像是天成的一樣。建築裡不也是有「雖由人作，宛自天開」的設計思想麼？齊白石好像隨便幾筆，便是精品，但他也是有長期訓練的勞作實踐基礎的。因此，在這個意義上說，是修正也好，明確也好，以前把形式美看成是自然美，是不準確的，應該看成是技術美。自然界並沒有線條，線條是人把它抽象出來的，自然界的均衡、對稱、和諧、節奏等等，不是直觀認識的產物，而是通過人的勞動和技術活動

去掌握而形成的，這樣對形式美的問題便可以有更深刻的哲學認識。形式美與生產力、與技術進化的程度密切聯繫在一起，因此，隨著社會生產力的進步、技術的進步，形式美也有很大的變化。先進的工藝材料、能源和生產力的各種情況，使社會生活和生產的節奏、韻律不一樣，使人的視、聽、感覺和要求不一樣，形式美也就有不同。

我一直認為，民族性的確重要，但民族性要服從現代性。今天的形式美，和古典的不一樣，很重要的原因是因為我們時代的生產力、技術工藝從而社會生活的韻律、節奏，它所要求的和諧統一不一樣。因此人們對於形式的要求，是快節奏、簡潔明朗、平等親切，而不再是那古典式的表現出尊卑秩序的嚴肅、對稱等等了。民族性不是某些固定的外在格式、手法、形象，而是一種內在的精神，假使我們了解了我們民族的基本精神，如前面講的樂觀的、入世的、重視感性世界和生存發展等精神，又緊緊抓住現代性的工藝技術和社會生活的特徵，把這兩者結合起來，就不用擔心會喪失自己的民族性。

今天有人怕一學外國就失去了自己，不會的。當然這裡問題比較複雜。但從哲學上講，基本道理還是清楚的，必須隨著時代前進，決定時代的是生產，生產基本上是生產力，而生產力的決定因素是技術、工藝，要在這個基礎上來講社會美、技術美和自然美，來講城市建設與建築。例如，中國傳統很注意「天人合一」，保持綠化環境作為現代人的要求，不正和我們的民族傳統完全吻合嗎？中國應當搞得很好，中國有這樣一個哲學傳統。中國

人特別喜歡養點花草、弄個盆景，沒有大山水，搞點小山水、假山水也好，就是在「文革」那些麻煩的日子裡，人們也沒有忘記這點習慣，這就是中國人的精神。這個東西跟現代的要求，不但不矛盾，還可以很好地結合起來。總之，民族性不是附加上去的點綴品、外形式、舊框架，而是一種精神、心理、力量。因此，問題是怎樣把現代性與中國的民族精神結合起來，交融一致，這也就是我講的「西體中用」。這樣，包括城市建設，環境美化，都可以搞出特色。

本文係在「天津城市環境美的創造學術討論會」上的講話整理

（原載：《天津社會科學》1987 年第 4 期）

十七　文學研究視角及其他
——答《福建論壇》記者問

問：您最近在《文學評論》、《求索》雜誌上發表了兩篇關於古典文學札記的文章，文學界的同志認為您的文章標示了在文學研究領域裡該建立一個新的文化視角，您能談談如何建立這個文化視角的問題？

答：什麼叫文化視角？首先似乎應該把這名詞的涵義搞清楚，是從文化的角度去研究文學現象，還是其他什麼別的涵義？我認為包括文學上流行的一些詞如現實主義、悲劇感、意識流等等的涵義，都應該從語義分析的角度來澄清一下。這也是個視角問題。

我所理解的從文化角度去研究文學現象，就是可以採取各種方式來研究。因為文化本身是個很大的範疇。我覺得文學研究，特別是古典文學研究，要打破目前這樣的局面，是需要從各種角度去研究。我那兩篇文章，雖然有人贊成，但我估計，可能有好些人不會贊成。不贊成的原因之一，就是說這完全是根據你的那一套來講的，沒有什麼考證。你根據什麼說屈原是這樣或者那樣的，屈原作品的本意是這樣的嗎？我認為考證的方法是必要的，不是不要。但用別的方法，我看也可以。特別是解釋學流行以後，所謂作品的「原意」，便是一個很複雜的問題。「原意」是什麼意

思？究竟有沒有「原意」？可不可能找到「原意」？便都是問題。解釋學有許多派別，有的根本就否認有什麼原意。對任何作品的理解，今天和過去，「原來的意思」和現在所認為的「原來的意思」並不是一回事。這都涉及角度問題。我是贊成多樣化的，學術領域也應該是這樣。研究文學，老是用過去那種方式來進行作家、作品分析，那是很不夠的。我們還可以從文化史角度，從現在對世界和生活的理解的哲學角度，從語義分析的角度，從作品的結構層次的角度，從作品和作家的接受情況和接受歷史的角度，從作品展示的個體心理和社會心理、有意識的心理和無意識的心理等等角度去研究討論。

　　問：現在有些人認為，我們的美學研究還只停留在五〇年代蘇聯的水平上，您認為是不是這種狀況？

　　答：這個看法我根本不同意。我們五、六〇年代時的美學研究水平就與蘇聯不相上下，當時我們在理論上並不弱於他們。「文革」後到現在更是如此。蘇聯一些美學代表著作，我們現在都有了翻譯，大家可以去比較一下。也確有相似的地方，都講馬克思主義。他們也有社會派、自然派等等，但主要要看具體論點、論據和論證過程。

　　問：目前還有人在「美的本質」、「什麼是美」的問題上爭論，這究竟有沒有必要？它反映了我們美學研究中的哪些不足？

　　答：這些年我在搞思想史研究，很少讀美學文章，對美學界情況也不太了解。我偶然翻了一些刊物，發現一些報刊還喜歡發表這些東西，比如「美是主觀的」、「美是客觀的」之類，還在對

「美的本質」問題進行無休止的討論，這實在沒有多少意思。我想這恐怕主要是不了解國內外美學情況的原故。我這幾年對於美學的工作，一是搞《中國美學史》，一是搞《美學譯文叢書》。我想通過這兩項工程，積累些材料，為進一步深入美學研究提供資料。幾年前我極力提倡各種實證的美學研究，也是如此。

「美的本質」，不是一下子可以想出來的，「美感」問題也不是一下子可以解決的。現在有一種很有趣的現象，似乎美學文章人人都可以寫，只要有點文化水平，讀兩三個月的美學書，隨便想一想，就可以來討論來撰寫美是主觀還是客觀之類的文章。這說明我們的美學學科不成熟。我就不相信一個人讀了三個月的物理書，就可以寫出一篇講量子力學的文章；或者是讀了三個月的經濟理論書籍，就能夠寫一篇有關經濟的文章。另一方面，也說明有些人把美學看得太簡單了。美是主觀的還是客觀的，已經討論幾千年了，基本上把所有的道理都講光了。你自己以為講了許多東西，其實都是舊的。那麼五、六〇年代為什麼還能講這個問題呢？那是因為馬克思主義對這個問題的看法還沒有被具體講過，所以還可以講一講。但如果老停留在這個階段便不行了。真正要再講美的本質，就需要更深入地分別從哲學、心理學、社會學多作些研究。

問：聽說您在搞中國現代思想史，它的主要內容是哪些？您認為思想史和哲學史的概念及內涵有否區別？您在思想史研究中所選擇的是什麼樣的角度？

答：我在寫《中國現代思想史論》，也是粗線條的，與《中國

古代思想史論》差不多。它包括了八篇論文。第一篇〈啟蒙與救亡的雙重變奏〉，已經在四川《走向未來》雜誌上發表；第二篇是關於中國現代三次學術論戰（科學論戰、社會性質論戰和民族形式問題論戰）的；接下去有講胡適、陳獨秀、魯迅、青年毛澤東和馬克思主義在中國的；還有談二十世紀中國文藝和中國現代新儒家的；最後一篇談西體中用。這樣，我這三本書（古代、近代、現代思想史論）便可以說是從孔夫子一直談到毛澤東。

　　思想史與哲學史的區分是個值得研究的問題。對這個問題的看法，以後我再談。至於思想史的研究角度，也應該多元化，可以根據研究者狀況而有不同。各人選取的角度可以不一樣。以我來說，主要是從文化—心理結構這個哲學角度來談的。上層的東西如孔孟老莊便談得多一些。實際上，文化—心理結構還包括下層的東西，譬如農民意識、大眾心理以及民俗學等等，它們也是文化心理的一部分。也許是更重要的部分。對這些方面，由於我研究得很少，不能亂說，我便只能從上層的角度來談。

1986 年 10 月 9 日下午根據錄音整理

（原載：《福建論壇》1987 年第 1 期）

十八 悼宗白華先生

宗白華先生逝世了。當我聽到病危消息趕到北大校醫院時，宗先生剛被抬進太平間。沒能與宗先生作最後的話別，只好在他遺體前深深三鞠躬。

我還是老毛病，這許多年，包括為宗先生《美學散步》寫序言的時候，我始終沒和宗先生交談過，我沒去看望他，序文發表的事前事後也沒徵求過他的意見。表面的理由是宗老年紀太大了，有那麼多人去找他，我就不必去打擾；實際的原因還是因為我懶，太懶於走動。如今，宗先生故去了，我只能請他饒恕我這個晚輩如此之不恭敬。

但是，這一切已經沒有意義了。宗先生一生魏晉風度，向來不在乎這些，但這倒更加深了後人的內疚和遺憾。而我也總是在各種遺憾中生活。不過，這次使我最感遺憾並轉而為憤怒的卻是：宗先生是在他九十壽辰前三天逝世的。宗先生本可以活著和大家一起歡慶這個大壽，卻由於十天前醫院以病情好轉一再催促宗先生出院。而且，我還找到了 12 月 4 日《光明日報》第 1 版上的一篇文章，其中說：「前不久，一位耄耋之年的教授病情危重，學校領導和校醫都很重視，派專車送他轉院。不料，汽車在城裡開了一圈，竟無一家大醫院肯收留，不得已只好仍將其送回學校。原

因何在？因為他只是一位三級教授，不夠級別。聽說此事後，筆者不禁感慨萬端，那位教授二〇年代即有建樹，是國內外知名的學者，不料竟被級別擋住了就醫之路……」。

據了解，這裡所如實描述的就是宗白華先生。後來，當然想盡辦法住進了大醫院，但仍然由於「不夠級別」而得不到特別護理（而某些副部長級官員卻可以得到）。最後便是上述的出院。

據宗先生家屬說，宗先生在出院途中便喊冷。遷進校醫院，比正式的大醫院室溫相差十度。九十老翁當然經不起這種「降溫考驗」，於是乎，二〇年代便與郭沫若、田漢齊名，至今海內外仰慕的一代美學宗師，便終於沒能等到他那九十大壽而溘然長逝。

也許，宗先生超凡脫俗，並不在乎這個。但我為宗先生哭！我為中國知識分子哭！我為中國哭！

1986 年 2 月 21 日

（此文未能刊出，留此存照，並作紀念）

十九　李述、李小兵《文化的抉擇》序

我因沒看著作而作序曾受批評，我願接受這批評而努力改正，但總難完全做到。有時是因為自己正想借題發揮而欣然同意，有的則是推辭不掉，只好答應下來。

這次出版社的同志要我寫序。書沒看，也沒有時間看了，從目錄也想不出什麼可以寫的。於是，又只能離書作序，發幾句不痛不癢的議論算了。

這點議論幾個月前在一些會議上已經發過，但似乎無人注意，我一向比較頑固，就來藉此再發一回。

在今年所謂「文化熱」中，中外古今地大談文化好像已經是一種普遍的格式。有在半版報紙篇幅內就概括出中西文化幾大「特徵」的大作。有以數萬字便判定中西傳統優劣之「名篇」。也有諷刺別人以示高明卻仍然是以空對空的評論⋯⋯

這樣下去，我很懷疑。我懷疑這個「文化熱」或將很快地轉成「文化冷」。中國的才子們太多，下筆千言，倚馬立就，無需什麼準備便可以縱談古今中外，如數家珍。無奈讀來卻總使人感到模模糊糊，勉勉強強。有時則如墜五里霧中，對作者們使用那許許多多的基本概念、觀念是否自己真弄清楚了，也頗為擔心。長此以往，即使年輕的善男信女關懷祖國，熱心文化，但能永遠這

樣讀下去而不會厭煩嗎？

　　這很可能是我見聞淺陋，杞人憂天。但我仍願在此強調：現在要多搞一些專題的、微觀的、實證的研究，主要的力量應該擺在這個方面才好。我以前提過：題目越小越佳，材料愈多愈妙。現在我也仍然這麼主張。我想，中國人多，如果有五百人幾年內分頭寫出五百個文化小專題，例如有關中外古今的衣食住行各方面，對飲食、起居、服飾、房屋、交通、婚姻、家庭、娼妓、流氓、俠客、文人、禮儀、風俗、迷信、僧侶……等等作出細緻的研究，或描述，或記敘，或分析，或論說，那麼，在這個具有廣泛深入的專題研究探討的基礎上，再來從總體角度比較，論辯中西文化或傳統與現代，那不更多一點客觀真理性嗎？不此之圖，老停留在抽象的空泛議論上，我看這個「文化熱」的前途便並不美妙。

　　這本書顯然並不屬於我所提倡的專題研究，它仍屬於宏觀議論。所以，它很可能有許多論斷上和材料上的毛病和差錯。作者給我來信自稱此書「很粗糙」、「很膚淺」。我願意相信這不是故意自謙而是大老實話。但我覺得，有這種「粗糙」「膚淺」的自我感覺和自我評價，就說明作者們有勇氣，就比那些自我感覺過分良好的作者和作品，倒可能更有閱讀價值一些。而且，這也表現出作者們已不滿足於此書，從而將可能有不「粗糙」不「膚淺」的作品問世。

　　這是我所希望的。

1986 年 12 月 5 日於海淀

二十　余麗嫦《培根及其哲學》序

　　余麗嫦是我的老同事了。但想起來倒也奇怪，我們同在哲學研究所工作幾乎近三十年，卻始終沒有機會好好談過一次。這說明我們這種機關式的學術研究機構的組織方式和工作方式以及學術氣氛，實大有改進的必要。

　　但即使如此，余麗嫦同志專門研究培根，我好久好久以前便知道了。我對培根除教科書上的那些外，實在毫無所知，而且也缺乏興趣。比較起來，我更喜歡笛卡兒和休謨。許多年前，在一次簡短的聊天中，我曾建議余麗嫦同時研究休謨，聯繫現代。但被她斷然拒絕了。可見她致力於培根研究如此之專心、執著、認真和矢志不渝。因此這本書作為她多年心血的結晶，我想應該是材料堅實可靠、論說全面細緻的作品。

　　我沒讀到手稿，不便再作妄評。余麗嫦說我重視經驗主義，因此要我作序。我的確很重視「英美經驗論傳統中的知性清晰和不惑精神」（拙著《中國古代思想史論》曾談及）。與馬爾庫塞怪罪邏輯經驗主義等剛好相反，我覺得這種清晰知性和不惑精神的經驗主義，也許正是在文化上使英美避免歐洲大陸那種曾泛濫一時的法西斯非理性迷狂的重要原因之一。中國學人治西方哲學，一般更喜歡德國哲學，而常常輕視或忽略英美經驗論，總覺得它

們「不夠味」，其實這恐怕並不見得完全是好事。對今天中國來說，似乎更需要的是英美經驗論傳統中那種種細密的科學分析、重視實證的態度、方法和精神。無論在我們的思維中還是在工作中。

　　如果從這個角度看，作為英美經驗論的鼻祖培根，也許對我們今天還是大有意義的。我不敢肯定，願余麗嫦這本書出版後，我再好好讀一下以證實這點。

1986 年 12 月 5 日匆草

 鄭華光編《企業倫理學文集》序

鄭華光同志第一次寫信給我，我已經記不清楚是哪一年了，反正至少是五、六年前吧，他當時即對如何從真正的哲學角度來探討一些具體的倫理學領域的基本問題，表現了濃厚的興趣和發表了許多看法，記得我曾回信表示支持。幾年來，據說他的講課頗受歡迎，因為打破了那陳舊的老一套說教，而且能結合當下實際，還編出了這樣一本企業倫理學的文集。職業倫理學在西方已很流行，不食人間煙火的元倫理學也在走向實際，但另一方面，又如何與更高的社會遠景，和深刻的哲學觀點相溝通相聯繫，似乎還大有可為。中國正處在一個巨大變動的歷史時刻，我前幾年提出的「歷史主義與倫理主義的二律背反」日益尖銳，因此能不能夠在這方面作出某些獨特的貢獻呢？使不但中國而且世界在邁向未來的行程中，充滿著更多的自信、堅強和責任感呢？倫理學是關係到人類生存和走向的理論學科和實踐學科，即有關塑建心理本體的巨大課題，非常希望這本書是它在中國這個領域中的第一個好的開始。

雜務太多，就寫這麼幾句話作為我的祝願吧。

二十二　趙士林《當代中國美學研究概述》序

　　趙士林是我的學生，這本書是他完全瞞著我寫的。因為他知道，我將不會同意他在準備博士學位論文的時候弄這些東西。他寫完後告訴我，我當然沒辦法了，總不能叫他去燒掉。

　　但我拒絕看這本書的任何一個字，也不對這本書負任何責任。所以，講到我的部分，究竟是對是錯，是好是壞，是公平還是偏頗，我不知道，講別人的，也如此。我向來對贊成我或反對我，熱烈支持我或猛烈抨擊我，只要是出於學術討論的要求和立場，基本均一視同仁。至於出於其他目的的攻訐或吹捧，除了在筆頭但經常是在口頭略加嘲諷外，更不放在心上。笑罵由人，自知在我。既然如此，對我的學生如何議論評說我，就更不必去管它了。

　　據士林說，他為了不影響博士論文的準備和寫作，這本書是額外加班開夜車搞成的。儘管他年富力強，精力旺盛，但看來也仍然會很辛苦。我希望，真正花了氣力的作品，應該可以一讀。

　　又據他說，出版社一定要我寫個序，正好趁此寫這幾句說明一下。

1986 年 10 月 25 日夜

二十三 金學智《園林美學》序

記得是在一次會議上與金學智同志見面認識的，是何時何地何種會議，卻一時想不出來了。反正我的印象是，聞名不如見面。在這之前和之後，儘管曾經通信過，但他那執著於美學和極其勤奮和謙虛，卻只有在交談時才真實地感覺到。記得當時他正在全力研究書法，前後還寄了好幾本書法雜誌和他的文章給我，並希望我給他有關書法美學的書籍寫序。當然，我仍然施展我的老一套：推「下一次再說」。不料，事隔數年，如今我身在真正的海角天涯，他又探聽到我的通訊處，不辭萬里之遙，仍然要我寫序。這次不好意思再故技重施了，於是便開始寫。

但無論是書法還是園林，我都是外行，無話可說。而且，這次又是僅讀目錄，未窺全稿，於是又只好不管三七二十一，亂發一通議論了。

鄙陋如我，也略聞現代建築是在進入另一個新的討論熱潮或趨向某種新的風貌，即不滿現代建築那世界性的千篇一律、極端功能主義、人與自然的隔絕……等等，從而中國園林——例如金學智同志所在地的蘇州園林，便頗為他們所欣賞。以前 Wright 曾從日本建築和園林中吸取了不少東西，創作了有名作品；如今在更大規模的範圍內展現的這種「後現代」傾向，是不是將預示生

活世界和藝術世界在下世紀可能會有重要的轉折和嶄新的變化呢？建築藝術大概是與人們每天的現實物質（生活這畢竟是最根本的東西，即我所謂的「本體」：此「本體」即 everyday life）聯繫最密切的藝術部門了。如何在極其發達的大工業生產的社會裡，自覺培育人類的心理世界——其中包括人與大自然的交往融合，天人合一等等，是不是會遲早將作為「後現代」的主要課題之一而提上日程上來呢？也許，就在下一個世紀？

　　因此，從這個角度來檢點一下中國園林及其美學，是否也能發現某些值得注意的東西？不知道，我不敢說。但這是可以去嘗試的，從而，如果能比較一下文藝復興時期義大利的園林，十七世紀的法國的皇家園林，十八世紀的英國園林，以及充滿禪意的日本園林，等等，不局限於就園論園，而是把社會生活─歷史─藝術─心理連成一氣，作多方面的具體分析和考察，也許會是很有趣味的吧？

　　我不知道這本書或學智同志是不是和會不會這樣做，這只是我一時想起的雜感罷了，就以此作序交差。

　　憑窗北望，海天一色，無任悵惘。

　　　　　　　　　1987 年 11 月 27 日於新加坡東亞哲學研究所

二十四 陳望衡《心靈的衝突與和諧》序

　　望衡要我寫序，至少已經講了五年了。五年之內，他已出書
數種，我仍一字未作。推諉的原因之一，是他當時還在湖南人民
出版社當編輯，而且還是我的一本書的責編，為了「避嫌」，我
說，還是不寫為好。因為經驗告訴我，如已經在一篇文章裡講過
的那樣，我總是經常要受到這種或那種、新式或老式、莫名其妙
或可名其妙的攻訐責罵，而且最近又加上了學術辯論的姿態。於
是，從篡改原意、捏造引文的「對話」到「紙糊的體系」、一腳
「踏破」之類的咒語，從「中風偏癱」的流言到「舉家潛逃」的
蜚語，真乃林林總總，不一而足。不過，自己倒由此練就了一副
壞脾氣，就是不大服輸，你若真是「一腳踏破」了我的「紙糊」，
我再「糊」就是，可惜你只是空嚷嚷而已；你找上門來「對話」，
我偏偏不「對」，因為你不過等於在北京王府井大街上高喊「性交
萬歲」為聾人聽聞引人圍看以出名而已，我可沒此雅興奉陪被賞。
不過，這些也的確影響了我替人寫序作文，我怕寫了之後，害得
別人也跟著我挨罵、被威嚇要「踏破」或被迫受觀賞。

　　但望衡居然並不我棄，鍥而不捨地仍要我寫，這似乎很有點
敝湖南人的那種「霸蠻」勁頭。在我接觸並不算很多的過程中，
望衡給我留下了兩個好印象。其中之一，就是「霸蠻」，在研究生

沒讓考成、編輯工作又異常繁重、且可想而知的「人言嘖嘖」的
壓力下，就是不信邪，不洩氣，拚命讀，拚命寫，儘管基礎不能
算好，但大有不搞出點成績誓不甘休的「霸蠻」味道，這不是很
可喜的麼？第二個好印象就是他不自滿。多次會晤交談中，他總
是憂心忡忡地埋怨自己如何如何不行，搞不出什麼大名堂大成
果……我雖然素來在人事方面相當笨拙和蠢傻，但畢竟也活了幾
十年，總有點人生經驗，我倒不認為他是故意裝出這副樣子來的，
我相信他講的是真話、實話。我看到過一些人發了兩篇文章後那
種沾沾自喜得意洋洋的樣子，我也遇到過好幾位年輕高手自認「天
下英雄，老子第一」。敬佩之餘，我有時也發奇想，如果讓他們幾
位碰在一起，不知又該如何？如果能像武林小說中的人物那樣比
試個高低，那倒可能會挺有趣的。回想起自己，慚愧之至，雖然
從小便被人罵為「驕傲」、「傲慢」、「狂」，至今此罵仍在繼續，但
捫心自問，我卻從來未敢自認如何高明或有何過人之處。這大概
是我太沒出息，甘居中游，但也有點好處，就是因為總感到自己
不行、太差，沒搞出或寫出比較滿意的東西，從而總有沉重的負
疚感在督促著自己不敢停歇。

　　望衡當然不一定有也不必有這種感覺。而且，我對他的印象
也許不準確，可能只是某種「移情」作用。但我希望他能夠「霸
蠻」，因為學問之道確實艱難，很需要勇猛和韌性，也希望他不自
滿足，已近中年，更是應該虛懷若谷、抓緊努力的時候，否則將
很快被更年輕的一代所趕過甚至扔棄。

　　關於文章，我想就不發表意見了。因為要讀這些文章，現在

既無可能，也乏心境。此地新綠常年，花紅到處，生活優裕，工作順手；但奇怪的是，儘管全家在此，故土之思卻並不減卻。原來以為全家來此，不會再想家，不料大謬不然。且不說多年故舊、年輕好友，且不說湘水麓山、漢家城廓，就是北地風沙、小樓寒舍，對我也是極大的誘惑和懷戀。難道這就是中國人、中國文化、中國傳統的特徵、效力或效用嗎？這是應該「踏破」、扔棄的「非現代」的落後意識或「小資產階級思想情感」嗎？我不知道。我只知道在這懷戀中有苦澀和酸甜，是那樣一種難受的深沉滋味。

1987 年 8 月 13 日於新加坡

（原載：《湖南日報》1988 年 8 月 2 日）

二十五　序《海外中國研究》叢書

　　列強的船堅炮利迫使中國人逐步地改變關於世界秩序的古老觀念，卻遠遠沒有改變他們反觀自身的傳統格調。五〇年代以來，在中國越來越閉鎖的同時，世界的中國研究卻有了豐富的成果，以致使我們今天不僅必須放眼海外去認識世界，還需要放眼海外來重新認識中國的過去、現在和未來。因此，不僅要向國內讀者移譯海外的西學，也要系統地輸入海外的中學。

　　這套書可能會加深我們一百年來懷有的危機感和失落感。它的學術水準也再次提醒：我們在現時代所面對的決不再是過去那些粗蠻古樸、很快就將被中華文明所同化的、馬背上的戰勝者，而是高度發達的、必將對我們的根本價值取向大大觸動的文明。也正因為這樣，「他山之石，可以攻玉」這古老的中國警句便仍然適用，我們可以借別人的眼光來加深自知之明。故步自封，不跳出自家的文化圈子、透過強烈的反差去思量自身，中華文明將難以找到進入其現代形態的入口。

　　收入本叢書的譯著，大多從各自的不同角度、不同領域接觸到中國現代化的問題。在從幾代學人的成果中擷取較有代表性的作品或見解時，我們自然不能從各家學說中只挑選那些我們樂於接受的東西。如果那樣做，這「篩子」本身就使讀者失去了選擇、

挑剔和批判的廣闊天地。但這次譯介畢竟只是初步的嘗試，成敗
利鈍，歡迎論評。

本文由劉東提供初稿，由我改定

《美的歷程》臺灣版序

　　今天能夠為我這本《美的歷程》寫臺灣版序言，真是非常高興。

　　記得小時候學歷史，那一連串「國恥」，曾經像石塊似的，不斷地壓著我幼小的心靈，使人難過得透不出氣來，馬關條約的割讓臺灣，便是其中很沉重的一塊。不久，我也親身領略了當年太陽旗下的恐怖。所以後來上大學和進研究所治中國近代思想，對譚嗣同等人甲午戰後悲歌慷慨的種種活動和思想，感到格外親切。這種似乎「過了時」的「愛國主義」，於自己選擇研究中國思想史、寫《美的歷程》以及在這些研究中表現出所謂「偏愛」傳統的傾向，是不是也產生了某些影響呢？這問題，我以前沒有好好想過，今天不知為什麼，卻突然湧上心頭。

　　如今，臺灣已回歸祖國數十年了。儘管仍有不足，但建設也已不錯：經濟繁榮，生活豐裕，這便是很值得慶賀的。可惜我還沒可能來觀光這個寶島，來見識和欣賞臺北故宮博物院收藏的那許多古典奇珍。大陸與臺灣的兩岸分隔已經多年了，現在在學術上、文化上開始溝通，確乎是件特大好事。原本就是共同擁有著孔孟荀韓、屈騷老莊、秦雕漢刻、魏晉風流、唐詩宋詞、明清實學……等如此多方面豐富而悠長的文化語言，歷經內憂外患仍頑

強地生存發展著的中華民族，一時的分離與歧異，又有什麼了不起呢？又怎能阻擋得住彼此聲氣相求和心心相印呢？正因為此，也因為自己的著作能在臺灣擁有讀者，並作為第一個給自己著作的臺灣版正式寫序的大陸學人，我備感歡喜。

我的其他著作也已在臺灣翻印出版，其中有被刪節改動的地方，這大概是出版者確有難處所致。聯繫到其他一些事情，使我感到，雖然體制有別，兩岸在政治陰影籠蓋一切等方面，卻又有某些相似。當然也只是依稀相似而已，並不相同；但居然有此相似，是否與我們共同傳統中的缺陷，也有某種關係呢？這似乎可以令人思考。我希望，隨著兩岸各方面的共同進步，共同走向一個高度民主、自由、多元、法治的國家，這類現象也將逐漸消失，那時我就可以給我的所有著作暢寫序言了。

是所望焉。

1987 年 10 月於新加坡

（原載：臺北《自立晚報》1987 年 11 月
25 日，北京《人民日報》1988 年 4 月 22
日，原標題為「《美的歷程》在臺灣」）

二十七　《我的哲學提綱》前記

　　這裡所以匯集幾個提綱和摘錄，可說是對朋友們多次建議我寫哲學專著的某種回應。因為，至少目前我是不打算寫專著了。我以為，我只有這麼點想法，故意鋪張開來，可能沒多大意思。

　　在這本小書裡，可以看到兩點。一是先後有不少重複的地方，常常是翻來覆去地敘說和論證，有時甚至詞句也雷同。這是沒有辦法的事，我不想為了「系統性」，將這些寫在不同年月的論著重新刪削、調整、改寫。我倒希望這次把它們集中起來，突出這些重複、能給讀者們一個較深的印象。因為這些文章、論著發表後，雖然已受到注意，但常常是比較表層的方面，例如「主體性」這個詞彙的流行，等等；一些更為重要的關鍵，似乎尚未被看到。第二，也正因為各篇論著寫作時間不同，前後一些論證、語調便有某些差異，並不完全一致，甚至可能還存在小有矛盾的地方。這，我也寧願保存原貌，不再改動了。因為要一方面可以顯示作者本人思想的發展變化，另方面也正好顯示客觀環境和寬容度的發展變化。

　　除〈答問錄〉是「後來居上」，發展最晚（1989 年）而放在卷首外，其餘均按寫作時間順序排列。但提綱也還未寫完。後事如何，下回分解可也。

 也談「之所以」

編輯同志：

今天在此讀到貴刊 71 期（《光明日報·文字改革專刊》1987年 12 月 22 日）刊登的伯江〈再說「之所以」〉一文。文中多次引用拙作，認為「之所以……」不能在句子的開頭。我以前也不這麼用（請參閱出版略早的多種拙著），但近幾年來，我發現「之所以……」已流行在日常語言中，我多次聽到人們這麼說，我自己也這麼說過。因此我以為它已經不再是書面語言或「文言」，也不是白話「……的所以……」的相當語的了。這樣，我才用在句子的開頭。不知這種語言的變化，專家們注意到沒有？在沒有調查材料證明它確非口頭語言之前，我仍將繼續使用下去，而不會「快快結束」。我覺得應該「快快結束」的，倒是某種墨守成規，一切僅以專家、權威為準繩而不關心和研究現實語言的「求疵」方式。

此信望能刊出，或可引起討論和爭議。

此致

敬禮

1988 年 1 月 15 日，讀者李澤厚於獅城

（此信未能刊出，留此存照）

二十九　過早拋棄新民主主義理論是一大損失

　　社會主義初級階段理論是在吸取了數十年的歷史經驗教訓之後，在新時期中對新民主主義論的恢復和發展。

　　中國革命依靠新民主主義理論取得了勝利，建國不久，學習蘇聯史達林模式的社會主義，過早地拋棄和否定了新民主主義理論，是一大損失。毛澤東在《新民主主義論》中曾明確指出，革命勝利後，將有一個較長時期，無產階級的國營經濟占領導和統治地位，它是社會主義性質的，但允許私營經濟的存在和發展，整個社會的方向是社會主義，不是資本主義。

　　蘇聯經過了七十年後又在重提研究列寧的新經濟政策；重新評價布哈林，為什麼我們不可以實事求是地重新估價當年劉少奇、鄧子恢等同志提出的「鞏固新民主主義秩序」等等思想呢？

　　　　　　　　　　4月2日在下午人大小組會上的發言

　　　　　　　　　　（原載：《人民日報》1988年4月7日，

　　　　　　　　　　「恢復」二字發表時被刪去）

三十　我們要有前瞻性的文化眼光

　　五四運動是中國近代史上一樁劃時代的事件，對今天的中國人來講，仍具有「不斷的啟發性」，因為當初它所提出來的問題，到現在我們尚未給予「很好的答案」，儘管在這七十年的歷史當中它已走過了一段漫長的歲月，還是一項很好的研究課題。當然，研究五四自可以從各種不同的角度進行，以大陸的情況言，曾有一段時期限制很大。我個人以為，研究五四應從現代的世界史、民族生活及現實狀況中著手，較具啟發性；進一步說，這幾十年之中它是否遭到什麼阻滯、經過了什麼曲折的過程、給予我們什麼經驗與教訓……從這些方面來研究會較具啟發性。

　　1949 年以後，大陸因為武裝革命造成的一套慣例與措施，使得她在經濟及社會的發展方面受到很大的影響。五四運動所倡導的文化精神（自由、民主、科學、人權）在文化大革命中甚至以前，由於封建社會的習慣勢力及觀念思想的復辟而趨於隱沒。不過，現今的情況已經不同，近幾年當初五四所提出的主張，似乎又被重新提起。

　　當年五四所引進的各種思想、主義中，後來影響中國最深的，厥為資本主義及社會主義（臺海兩岸各自有不同程度的發展）；如今局勢已變，資本主義與社會主義有了和往日不同的面貌。從現

代世界的觀點來看，社會主義和資本主義的概念本身很不清楚，而且變得比以前更加複雜、多樣，至少和大戰之前的涵義不太一樣，因此我們不要再用老眼光來看待它；事實上，現在的社會主義已有資本主義的色彩，而資本主義亦有社會主義的成分。我一直有這種感覺，我們不應做語言的奴隸，然而，社會科學的研究卻常常成為語言的奴隸，對五四所提出的民主、科學等口號，我們實在應該做更進一步的分析。以前我們所了解的社會主義是蘇聯（史達林）的社會主義，中國大陸所了解的就是這種「蘇式的社會主義」；但歷史走到今天，我們須重新加以反省：蘇聯史達林式的社會主義是不是適合中國？很明顯的，蘇聯史達林式的社會主義是行不通了。我們可以看到，即連蘇聯本身也注意到這個問題，譬如目前布哈林已被平反。當初史達林所反對的列寧的新經濟政策（允許私人企業的存在——即有資本主義的色彩）——今天已重新被考慮。就大陸現在的狀況來看，已允許私人經濟的發展，包括開放外國人、臺灣人去投資。

　　基本上，我是肯定五四運動的貢獻的，我覺得不應該對它吹毛求疵，就是因為他們那批人反對舊傳統的態度異常激烈，方使國人對傳統文化有一深刻的反省，如果沒有他們大聲疾呼要打破舊傳統，今天它的影響就不會這麼深遠。改變舊傳統中有效的途徑之一，係從語文的改造著手，這點做得最成功。可是如同我在〈啟蒙與救亡的雙重變奏〉一文中所談到的，五四新文化運動和在它以前的變法維新、立憲革命不同的是，以往先進知識群興奮的焦點在政治鬥爭（政治體制的改革），其他一切，包括啟蒙和文

化，便很少顧及，例如鄒容的《革命軍》中的民主啟蒙思想並沒得到重視和普及，完全淹沒在呼號革命的軍事鬥爭中；但五四的先進知識群除其反傳統的徹底性大不相同外，更重要的是他們興奮的焦點不再集中在政治上，而是集中在文化上，陳獨秀便曾宣稱他辦《新青年》雜誌，「批評時政，非其旨也」。

可是這個以專注於文化批判開始的運動，最終仍復歸到政治鬥爭，啟蒙（文化）的主題——民主與科學，最後又一次和救亡、愛國（政治）的主題相糾纏，並且後者且成了焦點的所在，也就是救亡的主題壓倒了啟蒙的主題。五四針對封建主義予以批判，卻未在文化、思想、體制上加以發揚，就是緣於此故。所以，大陸在 1979 年紀念五四運動時，突出它在思想啟蒙的一面，便格外有意義。總的來說，啟蒙與救亡雙重主題的關係，在五四以後並沒得到合理的解決，甚至在理論上也沒有予以真正的探討和足夠的重視。

針對五四引入西方文化和傳統文化造成競合的問題，我曾提出「西體中用」說，目的在了解中國如何走向現代化，以及她的工業、生產體制如何建立起來，「中體西用」及「全盤西化」的論調，兩者皆有問題。很多人因此批評我，但卻沒抓著我這些話真正的意義。體用兩者是不可分的，維根斯坦即說：語言的意義就是日常生活的運用當中——而我提出「西體中用」說的意義也在此，是想讓語言具有更大的鮮明性，劉述先在《九十年代》雜誌中對我的批評就沒有抓到要害。

臺灣近一、二十年來，在經濟上有蓬勃的發展；政治體制的

發展，則因近一年來各種開放性措施的實施，亦顯示它有長足的進步，這是可喜的現象，民主體制的建立是要慢慢來的，不是一蹴可幾的。在吸收西方文化時，因為文化是整體、有機的，因此好壞很難辨清，不過所學習、吸收的「西體」，在通過「中用」之後，長久下來就會慢慢有所改變，中國文化有融合外來文化的優點，這是我們中國文化的特點，譬如漢字的翻譯，以中譯英的名詞（如 ideology）為例，剛開始三〇年代還是音譯，現在則以意譯為主，而後者較切合我們的認知習慣。是故，對「全盤西化」的現象，我們不必過分擔心，因為我們的文化具有「轉換性創造」的能力。

　　由於大陸與臺灣的情形不同，故五四對兩邊的意義也不一樣。但無論如何，五四運動就是在考驗我們民族的命運，今天我們的眼光更要往前瞻，須考慮到：在未來二十一世紀人類的前途當中，中國要扮演什麼樣的角色？五四使我們從愚昧中走出來，擺脫愚昧的我們，眼光就要放遠一點，應該展望未來再一次的七十年會是什麼樣的狀況。我想，二十一世紀要注意到後現代的意義。五四那時代的人物，提出問題給我們這一代而有所啟發，現在我們也應提出新的主題，留給後代，以便對他們也有啟發。

（原載：臺灣《中國時報》1988 年 5 月 4日，孟樊電話採訪、整理）

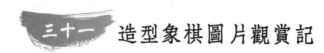

造型象棋圖片觀賞記

　　算起我和高信疆先生的認識，是在五年前的麥迪猻了。當年他似乎是因為某種原因從臺灣「出走」去美國的，他沒有詳細和我說，而我現在也記不太清楚了，但對他當時那絲毫沒有「失意」文人味道，相反而是充滿活力、幹勁的印象，卻至今記憶猶新。同時，我便風聞他有一位極為能幹、智慧而又漂亮的太太……

　　這一切都使我很欣賞和羨慕。

　　可是我卻完全沒想到，這一對恩愛夫妻、著名伴侶會突然搞起造型象棋的「把戲」來，這好像是某種出人意料的「突破」。不是麼，幾千年來，幾億人口，從來沒人這麼想過這麼幹過，而大家都下象棋，都知道這個中國人的群眾性極強的遊戲。在北京的公園裡，在南方的茶館中，在鄉鎮的街道、農村的地頭，我都經常看到過人們下象棋和圍觀或沒有圍觀的棋迷們。因此，當我看到高氏夫婦的各種造型象棋那五顏六色的圖片時，我吃了一驚：這是從來沒有過的啊。

　　可惜我還沒有機會看到那些實物，但僅從圖片看，在象棋格局的古老陣地上，居然出現了一幅幅、一套套、一堆堆的圖畫和雕刻，或滑稽或嚴肅、或生動活潑、或威武雄壯……不下棋，只要看到這些東西的移動和進退，我想那便可以有某種審美享受在

其中吧。看到它們在碰撞，在衝殺，在躲閃，在護衛，在長驅直入，在左右周旋……即使你不大明白它的意義，就憑形象的直觀，不就很好看、很有趣和很有意思麼？何況，隨著棋局的進行，那不斷變換著的整體陣容面貌一定更會使人產生種種新穎和奇特的感受。

於是，下象棋不僅是訴諸智力的遊戲和鍛鍊，而且也是訴諸視覺的審美的觀賞和玩味。這兩者會產生某種新聯繫新關係嗎？還不知道。除了對這是否影響、妨害下棋所特別需要的純抽象知性思考，我還有所存疑外，象棋因有如此訴諸感性的真實形象而更成了某種藝術，卻似乎是可以想見的事實了。

象棋乃「小道」焉。但推而廣之，是否可以啟發我們去想想、去試試廣大中國文化的各種創新和改革呢？

於是，發明「造型象棋」的意義就遠遠不止在其自身了。

「造型藝術」很快要在新加坡展出，可惜我即將離此，已無緣見面，今天特地匆忙寫了上面這幾句話，我預祝展出成功。

是為記。

1988 年 4 月 21 日於新加坡之翠園
（原載：新加坡《聯合早報》1988 年 4 月，
原標題為「美的突破」）

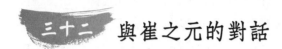

與崔之元的對話

元：我們許多研究生都想思想深刻，這能否通過大談老三論、新三論而達到？

李：不能。所以我從來不寫方法論的文章，雖然我承認方法是重要的。但思想的深刻在於其實際內容。我同意林毓生的話，方法好比籃球規則，背得再熟，還是不會打。

元：可否認為方法本身之所以重要正在於它所包含的思想？

李：是的。

元：既然使思想深刻不能單純通過方法訓練而達到，那麼您認為正確的途徑應該是什麼呢？

李：你看過 Polanyi 的 *Personal Knowledge* 一書，他認為在思想時總要有所依憑，不是憑空亂想，這依憑就是支援意識 (subsidiary awareness)。個人只有在支援意識中潛移默化，才能逐步體會和領悟深刻的道路。

元：您講的對沒讀過 Polanyi 書的人來說顯得太深了。您能否舉例說明什麼是支援意識？

李：比如社會中奇理斯瑪 (Charisma) 權威的存在，就可以為個人提供一種支援意識，使人的思想有所依憑。庫恩的範式概念很受 Polanyi 的影響。一個人必須在範式中受到思惟鍛鍊，才能

提出正確的、有意義的新問題，推動科學的進一步發展。Polanyi
的核心思想是認為知識的本質和深層是只可意會不可言傳的，是
眾人間的一種默契，在知識的每個水平上都有認知主體的積極參
與。

元：我理解您的意思是說，一個人若想使思想變得深刻，就
必須精讀大師的著作，潛移默化，在規範或範式中受到思惟鍛鍊。
而不是輕率地亂想，「低水平過度競爭」。

李：對。Polanyi 說 "Personal" 知識的涵義之一就是強調那只
可意會的真諦要通過個人長期努力才可達到，因此他說 "Personal
and objective Knowledge"，而不僅僅說："Objective Knowledge"。

元：但是，時下書店賣的書深刻的不多，這種支援意識本身
就淺得很，思想界也鮮有奇理斯瑪權威。當然您是一位。

李：因此我向來主張多翻譯國外的重要學術著作，與其輕率
地寫作，不如嚴肅地翻譯。只有一個社會的文化中支援意識深厚
豐富起來之後，個人通過學習大師也就是奇理斯瑪權威的著作，
才有可能在潛移默化中逐步使思想變得深刻。

元：我非常贊同您的觀點。如果我們研究生真能踏下心來，
每人讀通幾本國外重要學術著作，思想的深度就會有進步。

李：是啊。你最近注意到解釋哲學對於馬克思主義的研究，
就是很有價值的信息。

元：Elster 不僅搞解釋哲學，在其他領域也有重要貢獻，連
諾貝爾經濟學獎獲得者 Arrow 都十分重視他的工作。他現在是挪
威奧斯陸大學社會研究所所長，哈佛也想拉他去，但他認為哈佛

太保守，不願去。

　　李：Elster 的工作屬於將馬克思思想中的許多成分科學化。我一直說哲學是「科學＋詩」。雖然我自己大部分時間是做「詩」的工作，但我在思想上更重視「科學」。

　　元：您認為當前我們應如何發展馬克思主義哲學。

　　李：有些青年簡單地懷疑馬克思主義，這正是思想不深刻的表現。我們應真正搞清在現代的條件下，馬克思哲學的問題所在和生命力所在。在哲學的科學方面，Elster 的解釋哲學在馬克思研究中邁出了重要的一步。我仍認為，馬克思強調人類實踐的本體論，是他對於哲學的不朽貢獻，值得我們發揚光大。

　　元：今天又從您這裡學到了很多東西。我代表我們研究生院的同學謝謝您。

（原載：《中國社會科學院研究生院通訊》
1986 年油印本，崔之元整理）

# 答《世界經濟導報》記者張偉國問

記者：你看了本報最近刊載的戴晴與嚴家其對話錄〈中國不再是龍〉，對其中的觀點有什麼看法？

李：龍年嘛，主要是大家圖吉利，把一切好處都歸到龍的上面，「我們要發揚龍的精神」，「我們是龍的傳人」啊。那明年變成鼠年或變成兔年，我們又發揚什麼精神呢？所以，這是沒有意義的。但另一方面，講龍象徵「天子」象徵「惡霸」，就很壞，這也沒有什麼意義。我不贊成前一階段討論文化熱的時候，把一切壞的東西都歸咎於文化，歸咎於傳統。好像我們中國所以這麼差，就是中國人「醜陋」。還有就是我們這個傳統要不得，所以乾脆要把它扔掉丟掉，粉碎。這看來很激進，實際上給當前真正阻礙我們前進的主要問題打了掩護。因為文化傳統是人人有分的，哪個不是文化的產物，哪個不受傳統的影響呢？那就人人都有錯，真正問題所在反而不見了。真正有問題的還是那句老話，就是在政治、經濟、文化等各方面的封建主義的殘餘。我們中華民族有各種缺點，那是沒有問題的，可以作反省，應該作自我批評。但是，以此為據，片面地專門強調這點，我認為恰恰是掩蓋了主要問題。有人講我們教育經費全世界倒數第二，我說這是我們的國恥。這

國恥誰負責？老百姓不負責，知識分子也負不了這個責任。也不能說是文化問題傳統的問題吧，中國文化傳統是很重視教育的。可以籠統的去罵文化，看來激進，其實不是，因為反正都不關痛癢，反而不能促進真正的執政者有所反省，所以，我們現在要切切實實地抓住一些真正阻礙我們前進的問題。

記者：另一個是民族精神問題。現有人提出，把「龍」否定掉了，中華民族精神的象徵到底是什麼？

李：這個與改革、現代化關係不是十分密切的事情，你像龍也好，像什麼東西也可以，老虎也可以，這個不重要，可以讓藝術家們去爭論。嚴家其也是借題發揮，你說龍怎麼好，我就說龍要不得，但是這個在理論、學術上並沒有多大意義。

記者：本報最近一直在討論中華民族的「球籍」問題，有關統計資料表明，我們的國力雖有所增長，但與發達國家的差距仍在拉大，而不是在縮小，為此用「開除球籍」這個問題來警醒人們提高緊迫感，你有何看法？

李：什麼叫「球籍」？開除「球籍」，你人還活著，怎麼開除法？記得「開除球籍」是毛澤東最早提出的，用這種情緒性的浪漫主義語言討論科學問題，我很不習慣。我覺得這個概念不科學，怎麼開除法？不了解。問題是，這樣談論下去，實在令人太慚愧了。我到泰國去旅行了一次，泰國現在也在趕，這幾年進步很快，中國再不上去，在發展中國家名次越排越後面了，這樣下去不得了！從這個意義上講，……但你還得活，沒有人把你送到月球上去活。這樣下去的確要有一個緊迫感。所以為何講教育經費落在

世界最後是一種恥辱，連一些非洲國家都不如，這個是可以改變的，下點狠心，不講別的，砍掉點基本建設來搞教育怎麼不可以啊，一講就是沒錢，因此「尊重人才」都是空話。這是可以辦到的事，問題還是政府不重視。這不是文化問題，不知「龍」的問題。

　　　　　　　　　　（原載：《世界經濟導報》1988 年 4 月，
　　　　　　　　　　原標題為「問題在政治經濟文化上的封建
　　　　　　　　　　主義殘餘」，記者張偉國）

三十四 答香港學者杜耀明問

杜：你在多個學術領域的研究，如美學、思想史等等，均有獨到見解，比起深受傳統馬列主義薰陶的學術主流，可算是個「異數」。你是憑著什麼信念、方法，破除教條思想的框框，獨立思考，尋求學術上的突破？

李：一言難盡，就個人經驗來說，我從不盲目崇拜什麼，迷信什麼，對許多東西保持某種懷疑的清醒態度，記得五〇年代初期，強調學習蘇聯的史達林模式，我可能比當時的同學、甚至教師少點盲目性，當時請蘇聯專家來講馬克思主義，他們大罵黑格爾，更不要說康德，我就不大信，即使他們是資格很高的蘇聯專家，即使是那狂熱的「蘇化」時期。養成獨立判斷的習慣對自己很有好處。困難當然很多，許多時候是只能自己想，不能講，更不能寫。但畢竟走過來了，至於你問什麼樣的信念、方法，我想，「對人民負責，對歷史負責」，而不是對別的什麼人什麼對象負責，就是我的信念。方法更多一些，但主要的一點是韌性，不管風吹雨打，堅持自由的獨立的思考。

杜：獨立思考的滋味，相信並不好受。你有何感受？

李：我常常不被人理解。我也不愛到處演講，倒欣賞國內一個評論家說的我是「靜悄悄的工作」。我的書例如《批判哲學的批

判》開始並沒人注意，後來注意的人卻愈來愈多。我以為，只要是真正有意義的東西，就不會埋沒掉，別人不理解也沒關係。在文化大革命以前，我就是在本單位中下放勞動最多的一個，總認為我思想沒改造好，那也沒關係，自己知道自己存在的意義也就夠了。

　　杜：在文革之前，你在近代思想史、美學等方面的研究，都頗為出眾，卻受到兩方面的攻擊，一批人說你是機械唯物主義者，另一批人則指你是唯心主義者。你怎樣看待這些批評？

　　李：我一直是在兩面夾攻中奮鬥，當年如此，現在亦然。以前是在美學方面，現在是在關於文化傳統方面。有的人（像劉曉波）罵我是保守派，另一些人像方克立認為我是「理論混亂」，因為我主張「西體中用」，頗有點「全盤西化」。不過我已經習慣了兩面夾攻。我經常想當年魯迅一方面被創造社的人罵為「封建餘孽」，另方面又被當權派看成洪水猛獸。他不也是被兩面夾攻嗎？我感到安慰的是有大量的真誠的年輕人給我以力量，由大城市到僻遠農村都有人寫信給我，說對他們有幫助有啟發，他們愛看。這是我唯一的也是最大的安慰，我也別無所求了。

　　杜：你的研究範圍涉及多個領域，並且屢有新見，究竟這些研究項目有否共通之處？對不同論題所提的論旨又是否彼此相關？

　　李：我所研究的是美學、中國思想史和康德哲學，但我的興趣還是在哲學本身。哲學到底研究什麼呢？簡單一句說，就是研究「命運」：人類的命運、中國的和個人的命運。這就是我所關心的。這是抽象的大問題，所以在我的文章裡從來沒有這樣說過，

只說些比較具體的問題，例如我的三本中國思想史論（古代、近代、現代）實際是在談中國的命運，想將來如有可能再提高概括一下。又如講康德的那本書，也講了個體的命運，意思是認為個人的命運應該自己選擇、自己決定、自己主宰、自己負責，不是讓別人去安排自己的命運。

　　杜：怎樣能啟發現代的年輕人獨立思考？

　　李：我看現代年輕人比我們那時好多了，現在的青年人，經過文化大革命以後，教條框框都衝掉了，獨立思考基本上沒有問題。現在的問題是怎樣更好地獨立思考，少走彎路，因為獨立思考並不是胡思亂想。我現在提倡要加強一些科學性。去年我講有些文章，只有情感價值，看起來很過癮很痛快，很能表達人們的情感，能夠反映對各種落後體制、對傳統的醜惡面、對壞東西的憎恨，表達很夠。但論證和證據不夠，分析不夠，科學性不夠，我們今天更需要多方面的嚴肅的、冷靜的、客觀的、認真的實證研究。所以我更提倡微觀研究。好像今天高喊自由、民主，但究竟什麼是自由？什麼是民主？它們如何來的？有那些發展、變化？有些什麼問題、困難？有些什麼優點缺點？都沒有人很好地進行具體論證或研究。但在西方卻有很多著作很多研究，也有好些不同的學說。我們並不了解。所以我在《美學譯文叢書》序文裡說青年們與其寫一些沒有價值的空洞文章，不如去翻譯一本有價值的書，我是主張大搞翻譯，拿來主義，當時也受到很大的壓力和阻力，但現在看來，情況變化比較大了，最近三聯書店便準備出版大批年輕人翻譯的名著，哈貝瑪士、德利達、福柯、伽達默爾

等等，薩德的《有與無》和海德格爾的《存在與時間》已經出版了，這是很好的現象。首先翻譯，了解情況，然後結合中國實際，進行實證的研究。

今天中國社會科學如經濟學、社會學、政治學、法律學，基本上是空白，比人文學科（文史哲）更落後，而中國恰恰特別需要這些學科。在一個有數千年封建專制的官僚體制的傳統包袱的社會裡，如何走向現代民主，這不就需要細緻地實證的科學研究嗎？光空喊民主，光訂幾條空洞的民主條文是不行的，更重要是非常具體、非常實在、非常細緻的分析、討論、研究、探討。這樣的獨立思想才是有效力的獨立思考。我這十年也一直主張要搞點分析哲學，也正是為了加強這種科學性，至少把一些基本名詞、概念、判斷、命題，弄精確一點。免得糊里糊塗地大爭論和扣帽子。

杜：你曾經批評一些不良學風，如「對子」、「圓圈」的問題，還有「天下達尊」的問題，你看這些情況是否已得到糾正？

李：對子、圓圈是有關哲學史的專門問題，這裡不談了吧。至於〈破天下達尊〉，這篇文章得罪了不少人，但年輕人看了很高興。要改變還是不太容易。但有一個好現象就是已經有一批年輕人開始拋頭露面，獨立地（即不是依靠什麼地位、權勢、資格）站起來了。我在 1978 年說，希望在年輕一代人身上，不在老一輩，也不在我這輩。當時這意見很多人不同意，包括外國學者，也包括我這一代人。但我這預言已慢慢在實現，現在已經有一批年輕人出來了，你若注意近年國內學術報刊，新的名字很多，這

個發展很快，再過三五年十年，文化學術界就是他們的天下。他們的眼界、觀點和看法，跟上代人很不一樣，是很令人鼓舞的現象，這也是不可抵擋的力量。所以我說「現在是年輕一代顯示自己力量的時候了」，他們大都是研究生，懂一至兩門外語，有些還在國外留學，一般都是三十幾歲，最年輕的一批是二十幾歲，都相當不錯。這批人人數不少，將承先啟後，對中國未來起很大作用。至少我希望如此。

杜：你替自己訂下一條研究方針，就是不搞專門的題目，而專挑一些大題目去做。按照這個方針，你下一步有何研究計畫？

李：我從來不大願意談自己未來的計畫。我一般都是做完了再說。記得小時候聽父親說過四種有關國民性的態度，第一種是中國人的「說了不做」，第二種是英美的「說了就做」，第三種是日本人的「做了再說」，最後一種是德國人的「做了不說」。這說法大概沒有什麼根據。但這四種不同態度卻確實存在。我想自己即使做不到最後一種，也應向第三種態度（做了再說）看齊吧。我的好幾本書出版之前，很多人都不知道。倒不是故意要隱瞞，這只是種習慣罷了。但也有一些具體原因，如總有一些人要搗亂，你的書，文章即使寫出來了，也總有人要搗鬼，使你發表不了，出版不成。我有過這種經驗，所以更不願意說了。

杜：你的文章不乏有洞悉力的觀察和分析，但這些見解還未見進一步發展，例如，你指出中國近百年歷史發展的規律、因素、動力、傳統等，特別在意識型態方面，直至今時今日，依然發揮很大作用，你甚至慨嘆說：「死人拖住活人，封建的塵垢阻撓著社

會的前進。」又如你指出中國近代思想的焦點是政治社會理論，結果是將政治看成是至高無上，掩蓋了其他的價值，也令其他學科無法取得獨立發展的餘地。這些都使我深受啟發，未知在這些方面，會否繼續研究，進一步深化認識？

　　李：我只能講得這麼多，再跨進一步就出版不了。我採取的是邊緣政策，只講這麼多。

　　杜：你提出一個頗為吸引的論點，就是馬克思主義不僅是革命的哲學、理論，它的意義更在於它是建設的哲學、理論。由此，在 1949 年建國後，中共無法將這套革命的、破的哲學轉化成為建設的、立的理論，是否導致中國出現如文化大革命的問題的部分原因？如果是，這方面的研究不是很有意思嗎？

　　李：這不僅是中國，就是全世界的馬克思主義也應該注意這個問題。現在應該從根本上改變馬克思主義只是革命理論、批判理論或階級鬥爭理論的看法。毛澤東說：「不破不立」，其實破並不等於立，也不能代替立，有時立了才能破。因為不管怎樣，革命也好，戰爭也好，階級鬥爭也好，它只是一個歷史時期或階級而已。從人類歷史整體來看，建設是更根本更主要的，不管是物質建設，還是精神建設，從這個角度來看馬克思主義，則大有可為，否則沒有出路。所以我在一篇文章中說馬克思有很多豐富的思想，他自己和別人後來都只發展了原來思想的一個方面，例如只大講無產階級革命。這很難怪，這是當時的需要，正如抗戰時強調打日本，強調軍事鬥爭，軍隊裡就沒有多少民主、自由可講。戰爭是所謂非常時期，一切都受限制，但我們現在已不是打仗時

期，我們要準備把整個中國和人類建設好，就應該從這個整體角度來考慮問題，指出一個方向。光批判不能解決問題，應該要大講正面建設。

杜：你曾說鏟除封建殘餘，是當今最重要的課題。按照你上述注重建設的觀點，該怎樣去建立一套文化，以取代而並非單純批倒封建殘餘？

李：這是非常複雜的問題，我剛才主要是從整體、整個人類方面來看，當然對於封建主義一定要批判，但這也不是簡單的否定，而要作嚴格的分析，這就可以與建設結合起來。例如儒家的問題，什麼叫儒家？什麼不算儒家？首先便要分析。只憑簡單的否定，不能解決問題。

杜：批判與建設有著微妙的關係，依你看來，兩者是同時並舉的。可否以近代的進步思潮為例，它們正如你說包含著合理及不合理的成分，究竟如何在批判的同時，重新建構新思潮？

李：舉個例，到現在為止，國內的大學生、研究生都非常關心政治，這在世界上，除了紅色的六〇年代，是少見的。中國則從五四開始，不曾斷過，北大就這樣。這與中國傳統就有關係，中國傳統就是要求士大夫知識分子「先天下之憂而憂，後天下之樂而樂」。在古代，這是「盡忠報國」，報效皇帝，這有好的方面，也有壞的方面。很複雜，要仔細分析。但現在好些文章才報紙半版篇幅，或一本小書，才幾萬字，就似乎把中西文化的優劣異同都講完了，那未免太簡單了。中國人多，如果有五百個人，專門研究五百個小專題，從物質文化到精神文化，從食衣住行到風俗

迷信，寫成五百本書，在此基礎上再來探討傳統與現代，那些好，那些壞，那不會更科學更可靠些嗎？

杜：你打算朝這個方向發展嗎？

李：我也想搞這種研究，甚至去編年譜，可是好些人勸我不要這樣做，我想如編好一個年譜，五十年後可能還有用，可是我的一些文章，幾年後也許就沒人再看。但我又想，幾年後沒人看也沒關係，現在有人願意看，覺得對他們有用處就成了。我不求什麼不朽。

魯迅寫雜文也是一種榜樣。他寫雜文而不搞文學史，不少教授學者是看不起的，報屁股文章，那算得了什麼，但他以為寫那些東西，對年輕一代更有好處，歷史責任感驅使他這樣作。

杜：你這番話是否說，學術研究的目的，除了是求真外，也可以加上時效的考慮，反正五十年後可以搞的研究便無須現在去搞。依你看來，在未來數年，最有時效的研究工作是些什麼？

李：我還是做我這些，我看學術還是多元化發展好，不要強求一律，有些人就可以作書呆子，完全不過問政治，兩耳不聞窗外事，專門去搞聖賢書，去搞考證等等，中國需要一些「為科學而科學，為藝術而藝術」的人。但另一些為人生而藝術而科學，比較熱心政治，喜歡發表議論，那也很好，所以各人可以根據自己的主觀條件及客觀條件，個人的興趣、氣質等等來選擇，來決定，社會是複雜的，社會需要也是複雜的，所以應該多元。不要大一統，只有一條路可走。資本主義是多元化的，社會主義也需要多元化。

杜：你積累了三十多年在多個領域的研究成果，當然有更進一步的研究計畫。我了解你是做了再說的人，但可否破例一下，先透露一下你的計畫才動工呢？

李：假如我還能活十年的話，希望十年後寫本哲學書。我對美學的興趣，也是在哲學方面，因此沒打算去研究一些具體的美學問題，如審美心理、藝術史、電影、舞蹈等，我不可能逐一研究。老實說，在文化大革命到七〇年代之間，我擬了九個研究提綱，現在只寫了四個，還有很多東西可弄，不過，一個人並不能做多少，我仍然期望青年一代。他們能夠做，我就不必做了。

杜：你主張的「西體中用」，嘗試從「中體西用」和「全盤西化」兩個框框突破而出，卻受到兩面夾擊。你倡議借取導致西方富強民主的社會生產模式，包括科學、技術，以及相應的經濟政治理論、科技文化理論、價值觀念等等，運用到中國來，但並非全盤硬套，而是按中國的國情及傳統，進行轉換性的創造。可否以現在最常談及的民主化問題為例，解釋怎樣「西體中用」？所謂「轉換性的創造」又是什麼？

李：我的「西體中用」論近日又被公開點名批評，看來我又要迎接挑戰了。我沿用「體」、「用」兩個字，因為它們還有生命力，語詞的意義就在應用之中。這兩個字的涵義，須作新解釋。所謂「體」，就是根本、實體，就是現實的日常生活 (everyday life)，按照馬克思主義的詮釋，它是指社會存在，其中包括科學及技術。

至於怎樣運用到中國，就需要轉換性的創造，這是項艱難工

作。例如：怎樣推行民主化？中國近現代史的一個特點，就是政治占有最突出地位，其他如文學、哲學、史學等，都依從及服務於它。它結合傳統，演變成把政治化為道德，所以老是搞整風運動、搞思想改造，大陸的馬克思主義強調修養，正如新儒家強調修身強調內聖之學一樣。強調「鬥私批修」，強調公與私的鬥爭，林彪講得最徹底，什麼「靈魂深處爆發革命」等等。這不是「西體中用」，倒恰好是「中體西用」，現在應該是倒過來的時候了。

我覺得現在最重要的問題，是把政治變成法律，才能使民主落實。中國太缺少法律制度，可算是封建性的官僚主義。資本主義國家也有官僚主義，它們是法律多如牛毛，條目繁細，而中國卻完全沒有，全憑長官意志，領導人說句話，批個條子就辦事。

中國的問題，一是沒有法律、二是不遵守法律，例如修改憲法是頭等莊嚴大事，不能老修改，但現在卻居然連黨大還是法大都未搞清楚。因此我主張要把政治變成法律，再考慮中國那些好東西可以吸收，把現代化的經濟管理、政體、制度、規章、法律，結合中國的實際，進行一番創造。其中也特別要倚重大量的社會科學研究，對中國的問題進行具體探討。在西方非常發達的政治學、法律學、經濟學、社會學、心理學，在中國卻不發展，這是很不利的。

杜：究竟如何有效地吸收外來文化？

李：很簡單，首先，翻譯，二是研究。再說其他。寫一、兩篇文章討論西化問題，我看意思不大，不如多作具體研究。一些外國學者研究中國近代史，都搞得很具體，如一個省或一個區域。

杜：1997 年臨近，很多人打算離開香港，移民到其他地方，國內一些著名知識分子，如閣下和方勵之先生，也有機會到外地定居，但卻沒有這樣做。何解？

李：我全家現在都在新加坡，1982 年我也到美國去過一年多。但我並不想在外面留下。我是中國人，在國內更有意義。我寧願在國內出書。錢少，但更有意義，因為至少看的人多，對青年更有幫助，一個人只能做那麼一點事情。有個學生對我說，人活得真沒意思、無聊，我回說，人生就是這樣，你不能去自殺，活著就得找點有意義的事做。儘管在國外生活不錯，待遇也不差，卻沒有多大意思。若是留在美國，他們多一個教授而已，這算什麼，你對那個國家能起作用？

杜：你關心的既是人類的命運，在國外可了解更多情況，對你的研究，以至你對人類的貢獻，也許有更大發展。這會是一個誘因嗎？

李：我感到最悲哀的是，年紀太大了。我若再年輕的話，能像朱光潛先生那樣在歐洲十年八載，那該多好，但現在不可能了。我倒希望日後能到處走走，了解一下，但立足點還是中國。即使從人數看，占全球人口五分之一的中國人的命運，到二十一、二十二世紀時，會越來越關係著影響著全世界全人類的命運。

（原載：香港《明報月刊》1987 年 9 月號，臺灣《文星》雜誌 1987 年 12 月號，原標題為「李澤厚怎樣走上獨立思考之路」）

三十五　答香港記者章浪問

記者：你少年時代傾向文學及科學，為什麼大學時選讀哲學？是什麼原因使你致力於美學研究？

李：這個問題很有趣味，我簡單的講講。我在高中最後一個時期對哲學發生興趣，因為我在思考人生的意義，哲學是研究人生最根本的問題的，人從什麼地方來，要到什麼地方去，有沒有上帝等等。

我研究美學的原因，有偶然性，也有必然性。在五〇年代，朱光潛發表他對美學的見解，我對他所講的也有些別的看法，因此便加入了這場論爭，自此上了馬便下不來啦，這是偶然性，因為我那時正在研究中國思想史。必然性也有，因為我從小對文學就有興趣，接著在中學對心理學也有興趣，最後對哲學也有興趣，這三門科學的交匯點容易使我在美學方面發展。所以我那個《美的歷程》沒費什麼勁就寫完，因為自己對文學史本來比較熟，也沒有特別找什麼材料。

記者：你在中國古代浪漫主義發源地湖南出生，這會不會造成你研究美學的必然性？

李：（笑）這個我就不知道了。我不研究自己，當局者迷。可是，我聽人家說在我性格裡面有點浪漫主義，那是可能的。

記者：你說過對人類樂觀，對自己悲觀。你對自己悲觀，是否受你童年生活及文革經歷所影響？

李：我不喜歡談私人問題。具體的是因為我已經耽誤了不少時間，世界上什麼都可以補救，唯獨是時間不能補救。的確遇到過不好的遭遇。不想到處張揚，到處活動，這也是我的性格吧。我從來就沒有特別愉快、特別高興過。人家認為我是應該愉快的。（插問：你以前患肺結核病痊癒了沒有？）那是唸大學時患的病，現在已經復元了。我父親死得早，母親帶著我和弟弟到鄉下去教書，生活很苦，我後來上了師範學校，因為那兒吃飯不要錢，我本來考了省一中，但沒去，那是不容易考上的。從前受到各方面的刺激，因此對我性格也有影響，可以說是孤僻吧。我在國內外都很少活動，在新加坡，我一次也沒講演過。

記者：從 1964 年到 1976 年整整十二年，你沒有任何著作問世，那段時間你在做什麼？

李：我在文革以前就多次下鄉。那時，我讀書、寫札記，但沒有發表。能發表的我不願意寫。那段日子我也不斷想問題。我後來發表的文章，不少是在那個時候思考的。

記者：雖然你全家都在新加坡半年了，你堅說你不會移民，你說因為你是中國人。但這個解釋不是太簡單了嗎？有多少個中國人在移民後不稱自己中國人呢？

李：那些移民外國的人，我也不反對，尤其是年輕人，出來也好，不過，我年紀大啦，到外國去幹什麼呢？現在我在國內，至少還有一批年輕人願意接近我，看我的書，給我一點鼓勵，使

我的工作還有意義。到了國外，就完全不是那回事了。

記者：你曾提過使官僚體制和中國社會更趨虛偽和腐朽是政教合一所引致。我覺得作為中國指導思想的馬克思主義，在一定程度上代表了「宗教」統治，那麼，中國的現況會不會像你所講的一樣？

李：這個問題好複雜啦。（笑）現在不是說黨政分開嗎？我覺得就是要把它真正分開才好。現在黨干預的太多了，你管思想的，就不要管行政。黨政分開我想可以解決你說政教合一所帶來的問題，但是能不能做到，可以做到什麼層次呢，還不知道。

記者：你覺得馬克思主義結合到中國來，變成了有點政教合一的情況，是因還是果呢？

李：我覺得這主要是以農民為主體的革命造成的結果。現在留下給我們的問題，包括一些習慣、制度，都有戰爭時的特色，觀念上也是這樣。現在制度上很多都是打仗時的作風，上面說怎麼辦就怎麼辦，下面理解不理解都要執行。可是軍隊裡適應的卻不能在社會普遍適應，把戰爭時期的經驗投進社會的活動裡，這一點到現在為止還沒有人很好的講過。

記者：其實馬克思的鬥爭理論，有它的根據，不知是理解錯誤、推行錯誤，還是不斷鬥爭這觀念有問題？

李：馬克思沒有講過這種「不斷鬥爭」。不斷革命論是托洛斯基的理論，毛澤東也講不斷革命，這是毛澤東發展了的一個理論。我在剛出版的《中國現代思想史論》中講到，毛澤東的青年時代在接受馬克思主義前，也有自己的宇宙觀，他認為世界是動的，

是鬥的，人也是這樣，永遠如此，所以要老鬥下去。

記者：你怎麼看當前中國思想界知識分子所作的思想探討，都要在馬克思主義思想指導之下？

李：我不知道他們的情況怎樣。在我來說，我所理解的馬克思主義是開放性的，需要發展才有馬克思主義。

記者：是不是每一個部分都可以開放？當然要用現實來衡量那個理論，如果累積了一定的程度，是不是理論基礎的每一部分都可以改？

李：哪一些是基本理論？哪幾條算是不能動的基本理論？我看沒人說得清楚，基本理論是相對的。在我看來，有一條算是的，即唯物史觀。唯物史觀並不是簡單的經濟決定論，而是講的一個社會結構，其中有政治、經濟、文化、宗教，它們是互相影響的，不是經濟可以隨時決定一切的。但是從整個人類歷史來看，經濟還是最基本的，因為人首先要吃飯。只有這一條是對的。其他都沒有不可動的。

記者：你對馬克思主義的看法，跟國內思想界、理論界是否不一樣？

李：那當然不一樣。王若水有王若水的馬克思主義，胡喬木有胡喬木的，多種多樣。

記者：現在中國的一些思想家、理論家，如王若水、方勵之等，他們都服膺於馬克思主義思想指導之下，但都因言論而遭受惡運，這現象表示了什麼？

李：這表示了中國知識分子的不幸吧。我們中國的知識分子

是最可愛的，待遇最差，生活也最苦，工作量最重，愛國心也最強。就是提一、兩句意見也是為國家好，但遭遇卻那麼差。現在算是好得多了，在以前嘛，恐怕早把方勵之抓起來，送去勞改了。現在還讓他出國，在那時簡直不可能。

記者：那他們的問題是制度的問題，並不是相信哪一套主義的問題了？

李：是體制的問題。他方勵之若是犯了什麼事情，也應經過法庭嘛。

記者：你到香港的第一天就說，香港要負歷史責任，要對中國、臺灣起作用。你的意思是不是在制度上起作用。

李：第一是香港已在國際上取得了具體的經濟、法律體制的經驗，可給國內參考。另一方面是溝通大陸、臺灣、其他國家的華人的文化、思想，香港這個位置是很好的。可惜香港暫時對此並沒有起到作用。

記者：我覺得制度對文化發展的影響很大，在不同制度下發展起來的華人文化，比如說在大陸、臺灣、各國華人地區的，它們的分歧豈不愈來愈大？

李：現在可以說分歧很大，但是根本的東西也相當多。我覺得多樣化沒有壞處。根本的東西是我們文字相同、語言相同、文化的歷史背景相同，我們都知道孔子、孟子、老子、莊子，交流起來不會有什麼困難。這與跟外國人談柏拉圖時感受就不一樣。我講過上層文化與下層文化也有距離，這是大傳統與小傳統的問題，但跟西方文化就隔得比較遠。

　　記者：你十分強調繼承「五四」傳統，我覺得「五四」最可貴的精神就是民主思想的萌芽。在過去幾十年中，1979 年至 1980 年，曾出現過民間爭取民主的運動，去年底爆發學潮事件，也強調民主的要求。老百姓不是沒有要求民主的願望，但都給壓下去，我們該怎樣表達對民主的要求？怎樣能實現民主的目的？

　　李：我曾講過，要強調法律，這也是一種表示吧。在目前現實的條件下，怎樣使民主、自由具體實行，值得研究。你光喊民主，也沒有把問題解決。我們要保護一般老百姓的權利，在經濟上保護個體戶的權利，保護受教育的權利等等，這些都比較具體。還有更具體的東西需要研究。現在要做的，是怎樣使民主在中國制度化、法律化。

　　記者：是否中國經歷資本主義階段不夠，所以，我們有很多地方還要學習資本主義社會所發展出來的民主、法律？

　　李：同意。其實中國缺乏經歷資本主義階段。

　　記者：中國現在政治上不能一下子走回資本主義道路，而且中國是第三世界國家，也不能走回去。

　　李：這個不可能，至少目前如此。

　　記者：你估計怎樣結合中國的特色而發展？

　　李：我現在對一個問題很感興趣，就是提出社會主義的初級階段。它不是以前講的那種社會主義。

　　記者：你研究近代思想史好久了，我想你已經有了一定的觀點，那你認為這個階段的特色應該是怎樣的？

　　李：我不想一、兩句話把它概括出來，而且也很難概括。現

在有個體戶，但比例還很小，要看它的比例要達到什麼程度，這個方面也值得研究。

記者：這個是量的問題嗎？

李：量也可以變成質呀，要是量多了也變成資本主義。所以要研究量可以和不可以程度，這就需要經濟學家、社會學家去研究了。

記者：你同不同意就算我們計算了一個比較合適的量，但它仍然可以發展，比如說我們發覺了這個量限制了生產力的話，那量的發展是不是可以再快？

李：我覺得到目前為止這個量還遠遠不夠，因此也不會有什麼危險。

記者：你認為我們現在要關心的是生產力的解放發展，還是保持那個所謂社會主義社會的特點？

李：什麼叫社會主義社會的特點？

記者：就是國內所提的全民所有制的生產資料，掌握在國家手裡。

李：那些講法都是空的。我覺得所謂全民所有制，常常變成了官僚所有制。所以這全民所有制是不行的，需要改。在經濟上還是要改革。當然有些好的東西還需要保持，我們沒有黑社會，沒有服毒品的普遍性問題，我們不讓人民有槍，有安全感，不像美國紐約，不敢坐地鐵。

記者：那麼民主呢？

李：這是個艱難的過程，不是很快可以實現的。我們要有韌

性精神，要作一個比較長期的思想準備。中國這麼大，那些已享有既得利益的人的力量還是相當大的。人民的教育、文化水平也要提高。

記者：你在文章中談過中國革命的六代知識分子，從辛亥一代到文革一代。你在國內常常與年輕人接觸，你怎麼看文革後的一代青年知識分子？

李：這個第七代我不太了解，據我看到，現在還沒有定型。我覺得第六代的時間要拉長一點，他們有些參加過文革，有些文革時年紀比較小，因此思想也有不同。不過，他們都有一個特點是關懷國家大事。第七代的知識分子不少空喊生活沒有什麼意思，就有點西方味了。我說第七代還沒定型，就是這種態度能維持多久？中國的社會現實跟西方不同。劉索拉的小說很多人（包括我）喜歡看，在廣大知識界卻並非如此，雖然第七代愛喊生活無聊，但仍關心國家，像去年底的學潮事件。因此這個第七代還未定型。

記者：你覺得學潮事件學生的表達方法如何？

李：反正表示了他們苦悶，對現實不滿，包括對政治改革太慢不滿意，有些對整個人生、生活不滿。感到沒有出路。要具體分析。

記者：可不可以連結到「五四」的情況！

李：「五四」學生運動是政治引發的，不是因為生活無聊，是不是？

記者：可是，學生到街上遊行也是政治行為，不是因生活無聊，這一點是否可貫穿「五四」精神？

李：這個是的。這也是中國知識分子的傳統。

記者：是不是中國現行政治制度令學生不滿，由於對政治制度不滿，繼而產生對生活的不滿？

李：這個情況是有的，但不能說沒有其他的方面。現在西方人也覺得生活無聊呀。不過學潮事件主要反映了對政治不滿，對現實生活的封閉性不滿。

記者：你說過儒家所提倡的道德主義不能作為推動社會前進的動力，中國必須要實行法治，才能走上現代化。不過，儒家的一套道德規條，傳統思想，已是千百年來在中國人心中根深蒂固，我們要走上法治之路，是否要徹底摒棄儒家思想，來一個置諸死地而後生？

李：這個問題複雜。不過我們先要了解一個問題：什麼是儒家？我在演講會講了好半天也講不清楚什麼是儒家，不過我最後提出了一個樂觀精神。儒家中好的我們要，不好的就不要。韌性精神是好的，論資排輩是不好的。「父母在，不遠遊」，這是儒家的，現在是父母在，應遠遊。其實如今有飛機火車，也不能算遠了。所以我們要分析，哪些要保留，哪些不應保留。不要先下價值判斷，不要有情緒反應，才能有科學的研究態度。

記者：你是不是覺得現在國內國外華人學者中，有太多以刺激讀者情緒為主的作品？

李：我看是有。理論的、冷靜分析的、科學的就少了一點。我覺得中國需要的仍然是民主與科學。這是我們缺少的，這與中國文化傳統有關係。

記者：中國最早有辯證法理論的是孫子、老子及韓非子，他們所提倡的是在軍事上、政治上及生活上的辯證法。你說過他們的重要性不是認識真理，而是如何運用知識。那麼，中國現時所遵行的馬克思主義下的唯物辯證法，是讓我們認識真理，還是如何運用知識？

李：真正的馬克思主義本來是兩方面都有，後來在毛澤東的演繹下，就變成了只是如何運用知識。他強調實踐論。

記者：有人說自黑格爾以後，已沒有出現過一套無所不包的體系了，你同意嗎？你認為馬克思主義是一個思想體系嗎？

李：體系是什麼東西呀？沒有一個理論可以完全解釋上下古今、天文地理的。每一種理論只是一種觀點、看法、眼界，不必是一個體系。

記者：我們收窄來看，你所提出的主體性哲學，我看是包容很廣闊的一套理論，在哲學來講，是不是一套體系？

李：國內很多人都講我在搞體系，有人還要我趕快把這個體系寫出來。但是我並不想搞體系，要是你們認為這是體系，就認為好了。我只是想提出一些以前沒人講過的觀點、看法而已。

記者：你打算再花多少時間研究你的主體性哲學？在我看來，要造成一個體系，現在所提出來的東西還不夠，你會繼續嗎？

李：我不愛談未來計畫。不過我大概會花十年到十五年去研究這一觀點，我可不承認這是個體系。

記者：你說主體性哲學是沿著馬克思的歷史唯物主義前進的，兩者是否協調而沒有分歧？

　　李：你要看什麼是馬克思主義，國內很多人的看法都不一致。我所理解的馬克思主義是當然可以協調的。

　　記者：是不是我們講什麼主義都沒意義呢？因為大家的理解差距這麼大。講了反而引起情緒反應。

　　李：對。

　　記者：關於劉曉波對你的批評……

　　李：他對儒家批評得很厲害，說整個中國文化傳統也要不得，他講得很痛快、過癮，但那能說明什麼問題呢？所以我覺得他講的沒有學術價值，他文章中有很多自相矛盾的地方。還有我沒講過的東西他也打個引號，說是我講的。他講的只有情緒作用，沒有理論意義。

　　記者：我覺得中國整整一代，都有一個可怖的經歷：大部分的中國人都在同一個時期裡面講謊話，在文革十年，手拿紅皮書，跳忠字舞，這對於個人道德的破壞性是很深的。我把它稱為一個道德斷層。後來國內搞的「五講四美」等道德主義運動，也補救不了這條道德破壞傷痕，我們要怎樣重建一套實在的、共同理性基礎的道德？

　　李：我同意中國是存在道德斷層的問題，這個沒有辦法，現在只好寄託於現實生活有所進步，訂立最低的道德標準。不過最根本的解決方法，恐怕是整個制度的改變，要法制，不正之風才能改善。

　　記者：中國可否在生產力上再解放一次？因為下層建築的變化比上層建築更重要。

李：我講的就是通過法制來訂立最低的道德標準。在養成了這種習慣以後，就會化成一種道德觀念，然後就可以慢慢的提高。

記者：西方社會的穩定，跟它的希伯萊宗教有很大的關係。我了解西方主要的文化來源是希臘的理性主義及希伯萊的宗教精神。因此西方社會所呈現的道德、法律都存在那兩種文化精神。如果在中國我們從現實生活開始慢慢建立我們的道德，我們能不能接受西方那些宗教情愫？基本上我們都接受希臘的邏輯思惟，因為它對科學發展有幫助，可是宗教問題怎麼解決？

李：這的確很難解決。中國自春秋戰國以來就沒有自己的宗教。康德不相信宗教，但他講的道德也有宗教情愫。我為什麼要搞美學，就是想嘗試這個問題。我欣賞蔡元培講的一句話：以美育代宗教。研究從審美角度看道德，是我研究主體性哲學的一個目標。在這方面相信中國傳統是可以來一個轉換性的創造。

（原載：香港《百姓》雜誌 1987 年）

與香港學者黃繼持、記者林斌的對談錄

　　黃：中國內地七、八〇年代之交掀起美學熱，請問李先生怎樣看美學在中國的發展？

　　李：現在的美學熱，是中國的第二次美學熱。第一次發生在五〇年代至 1962 年，當時的美學爭論，是國內唯一不帶政治性的純粹的學術討論。其他的文學、哲學方面的討論，莫不是以討論開始，以政治批判告終。美學的發展，在「文革」的時候停了。什麼是美學，一個學生答美學就是關於美國的學問。不過，現在美學一詞已泛濫成災，變成了一種美麗的形容詞彙。

　　黃：第二次的美學熱是跟思想開放一起來的，是不是談美學在政治上比較保險？對教條突破，有沒有關係？是不是思想解放的一個突破口？

　　李：有人說中國的美學，走在哲學的前面，是哲學的先鋒。很多人對過去的反思，青年人對人生意義的追求，都通過美學，採取了哲學的探討角度。同時一般人希望把生活搞好一點，買衣服都希望有所選擇，這也影響人們考慮到美的問題。有一些人因此買錯了書，他們以為美學是教人怎麼打扮的。不同的人們，不同的原因，不同的關注，造成了這第二次的美學熱潮。

而「文革」十年以後，對新的世界的追求，對人生意義的追求，當然是連著思想開放一起的。這個美學熱的現象，是中外古今少見的。

黃：你曾經很重視馬克思的《一八四四年經濟學哲學手稿》，談到自然的人化命題，不單是一個美學問題，而且是哲學的根本問題，牽涉到人的本質、存在。你可不可以把這個命題，跟中國當前的一些問題連起來談談？

李：《哲學手稿》是一本非常深刻的著作，但比較難讀，因此有各樣的解釋。那是馬克思世界觀形成的時候寫的，他後來搞政治經濟學，搞無產階級革命，所以沒有再加以全面發展下去。馬克思繼承了人道主義的傳統，他的意思就是說，人是一個自然體，這個自然體怎麼變為人呢？這牽涉到人性的問題。「文革」結束後，很自然提出了這問題。但人性又是什麼呢？以前不講人性，只講階級性。如果人性不是階級性，那是不是動物性呢？人本身就是一個動物。但這樣講，我也不同意。我認為人性是社會性和生物性的融合。我把它分作外在的自然人化，及內在的自然人化。「文革」不談人性，只講階級性，結果人反而變成了只是動物性。自己造神來奴役自己，結果是自己淪落到動物水平。

黃：讓我們談談「異化」的問題吧。

李：在馬克思的《哲學手稿》裡，「異化」原指勞動的異化。現在「異化」指得很廣泛，如人變成了機器的奴隸，甚至變成廣告的奴隸。廣告是人造出來的，現在變成人要受它來支配自己的生活、消費。廣義的「異化」範圍很大。

黃：這幾年的文化熱，跟歷史的反思及人性的覺醒有什麼關係？

李：「文革」的時候，中國夜郎自大。現在改革、開放帶來反思。中國到底怎麼走？怎麼去趕上世界的水平？如果把一切落後，都歸咎於傳統的東西，這恰恰掩蓋了當前的主要問題，即如何具體地改革落後的體制。

黃：按照李先生的著作，你說中國的傳統思想方法，強調「實用理性」。「實用理性」強調家國天下的集體意識，因此，往往同政治糾纏在一起。這對現在的知識分子還起作用嗎？

李：中國知識分子有「以天下為己任」的傳統。這個傳統有它的優點，但也有它的缺點。這幾十年，知識分子本來可以關起門來搞學術，但政治運動不斷。我們現在需要一批為科學而科學的人，可以不管政治。現在應該允許他們，保障他們。他們報紙也不看，沒關係嘛！他們可以不議政。每個人的能力、氣質、興趣不一樣，人是多樣的。有的人對政治有興趣，那就應該允許他議政。這本就是中國知識分子的傳統，禁止不住的。

黃：中國現在有些天體物理學家，很關心政治，你對此怎麼看呢？

李：他們有關心的自由，也有不關心的自由，有議政的自由，也有不議政的自由。總之不能強迫他們。

林：我看黃先生指的是方勵之。方勵之因為政見不同，連科技大學校長的席位也丟了，不能再指導原來的幾個研究生，只能到天文臺當研究員。他政治的自由沒有了，影響到學術的自由也

沒有了，或者應該說這些自由根本沒真正被容許存在過。李先生，你看中國要到什麼時候，才會改變這些沒有自由的現狀？

李：我認為方勵之還是有充分的學術自由的。政治上也比五〇年代的右派遭遇好多了，總之，中國還是在進步，只是進步得太慢了，慢到令人焦急和不安。

黃：談到個體主義和集體主義的問題，你在書上很強調個體本位的提法，好像很欣賞「五四」啟蒙的作用。可是，社會主義的中國強調集體主義，蓋過了個體本位，造成了災害。你看從理論上和實質上應該怎樣去調協？

李：這個問題比較複雜，是大我跟小我的問題。打仗的時候，個體主義、個人主義就沒地位，自由、民主也提不上日程。但現在不是打仗的時候了。但學生畢業後被分配工作，許多是非自願的，有的要改行，這應當設法改變。

黃：談到知識分子的問題，你說過中國的開放過程至今有六代人。李先生，你大概算是解放的一代罷，請問你們這一代對中國的貢獻怎樣？

李：我們這一代已經犧牲了許多大好時光，我把希望寄託在新的一代。我們比較幼稚、天真，有點理想主義，缺點就是比較死板。

林：我看過李先生一篇文章，形容中國開放過程中的第六代人——紅衛兵的一代，存在實用主義、玩世不恭的弱點。然而，這一代人正是中國的接班人，你認為中國可以從他們身上找出什麼希望嗎？

李：我強調說過他們的優點，如沒有框框條條，思想開放，勇於接受外來新鮮東西，並且其中好些人對人生、對社會有深刻的感受和思索，他們當然是中國未來的希望所在。

林：你在香港舉行的講座中說，人生就是偶然，無必然，如有必然，就會變得很神祕。中國一向強調必然性，強調得太大了。馬克思說的一些事情，現在幾十年也沒有必然的實現，這個問題值得深思。你又說到底什麼叫馬克思主義呢？有蘇聯的馬克思主義，有歐洲的馬克思主義，有王若水的馬克思主義，有胡喬木的馬克思主義。請你再跟我們談談，你心裡認為的馬克思主義是怎樣的？王若水和胡喬木的馬克思主義，有沒有出什麼問題？

李：這很難用一兩句話講清楚，在我的一些書裡，例如《批判哲學的批判》、《中國現代思想史論》裡，都作了一些說明，這裡就替自己的書作個廣告，不重複再談了。

（原載：香港《信報》1987 年 8 月 28 日）

三十七 與臺灣學者蔣勳關於《美的歷程》的對談錄

蔣：李先生的著作在臺灣流傳非常廣。不只是在專家學者間流傳，更重要的是在青年一代中有普遍的影響力。特別是《美的歷程》這本書。《美的歷程》是談中國美學的：美學以前在臺灣沒有那麼受重視：據我了解，一般青年讀《美的歷程》，不純粹是為了研究美學。《美的歷程》給他們的毋寧更是一種鼓勵：做為一個二十世紀的中國人，在民族傳統急遽消失（或遞變）的時刻，再一次嚴肅審視民族傳統中的審美經驗。

李先生是在什麼樣的動機與心情下寫這本書？這本書在大陸青年群中的反應是否和在臺灣相似？

李：我出版的書中，在大陸上反應最廣泛的也是《美的歷程》，這個情形跟在臺灣的反應似乎相同。

我這本書是在 1979 年寫的。寫作的過程很快，大概只有幾個月就寫完了。1979 年秋天就交了稿。

可是思考的時間很長。例如，「從感傷文學到《紅樓夢》」這一部分，在五〇年代就已經思考過，部分內容五〇年代我的一些文章都已經談過。

「盛唐之音」這一部分，是六〇年代開始的；那時候我下放

到湖北,在農田勞動,忽然間張若虛的〈春江花月夜〉就在腦際浮現。當時大陸上對〈春江花月夜〉是批判的,認為是頹廢的文學,我覺得恰恰相反,它是「走向成熟期的青少年時代對人生、宇宙最初覺醒的,『自我意識』」。是通向「盛唐之音」的反映。

「青銅饕餮」是在七〇年代,也就是文革期間寫的。

許多年斷斷續續的思考;許多年陸陸續續的寫下來的筆記,在短時間裡累積完成了《美的歷程》。

我當時寫這本書大概基於兩個動機,第一,大部分的美學把很活潑的文藝創作僵化成了死板的東西。第二,許多文學史與藝術史把文藝創作割碎了。

我主要的興趣在哲學,我認為哲學離不開「人」,離不開「人」的命運,離不開「歷史」。因此,經過文革的浩劫,我更不能滿足於當時大陸「僵化」及「割碎」的美學和文學史、美術史,《美的歷程》就在這樣的心情下動筆了。

蔣:您剛才提到在勞動下放時想起了〈春江花月夜〉,這使我想起《美的歷程》中「青銅饕餮」的一段。您在那一章中說:「歷史從來不是在溫情脈脈的牧歌聲中進展,相反,它經常要無情地踐踏著千萬具屍體而前行。」您認為商代是「如火烈烈」的時代,是「進入文明時代所必經的血與火的野蠻年代」。請問,你如何看待文革?如何看待您的勞動下放的經驗?

李:下放對知識分子是一個很大的傷害。(沉思)

當然,也許時間短一點是好的。

我一直相信,歷史充滿著各種偶然。例如,沒有毛澤東就沒

有文革。歷史也許常在這種悲劇性的矛盾中行進罷——所以我常說「歷史是一種悲劇的二律背反」。

杜甫的〈兵車行〉、〈三吏〉、〈三別〉就是矛盾,又要去保疆衛土,又要「反戰」,不就是悲劇的二律背反嗎?

我想,我們要更深刻的理解歷史,理解悲劇性的歷史進展,從而在這裡面理解自己,理解人的「自我意識」。

理解過去也就是為了理解自己,更清醒的理解自己。

蔣:《美的歷程》跳開了朱光潛分析的、體系式的美學研究方法,也不完全相同於宗白華美學散步式的、詩意的文筆,自成一種體例,在理性的研究中流露著濃厚的詩情。李先生對朱光潛與宗白華如何看待?是否受到他們的影響?

李:中國近代的美學研究可以分為三代,第一代是蔡元培、王國維,第二代是朱光潛、宗白華。我是屬於第三代的。

朱光潛先生是我在五〇年代美學討論上的「論敵」。那時候我只有二十幾歲。朱先生寫了一篇自我批判的文章,在自己的美學思想前加上「反動」這樣的字眼。美學就大致分為三派討論了起來。一派是朱先生,一派是蔡儀。另一派就是我與一些年輕人。

中國在 1949 年以後,許多討論都是以「討論」始,以「批判」終。最後總是以一種意見壓倒其他意見。

只有美學的討論例外,開始的時候是三派,討論結束,也還是三派。現在也是這種情形,因此美學也始終保有學術的某些自由度。

朱先生在美學翻譯上的貢獻很大,例如黑格爾《美學》的翻

譯。他的《西方美學史》也有價值，雖然對其中如「康德」的部分我不完全同意，但的確是下功夫的著作。

我去北大，與朱先生見面，大都是喝酒聊天，不談美學。

宗白華接觸也不多。宗先生在大陸埋沒了很長時間，連研究美學的人都不知道。

宗先生是詩人。我跟他看畫，他常大呼「好畫！」也很少說為什麼是好畫。

蔣：《美的歷程》出入於西方的分析研究與中國的抒情傳統，體例上有初步的成功；但是，已經出版了兩卷的《中國美學史》似乎部分又出現了尷尬，為什麼這本晚出的書反而又有類似教條框框的情形？

李：《中國美學史》是我與劉綱紀先生合編的。體例主要是我決定的，劉先生執筆。如果有框框條條，應該由我負責。我認為《中國美學史》是一部知識的書，許多部分是為了解釋材料、分析材料，與《美的歷程》有所不同。例如將要出版的魏晉的部分就有對錢鍾書《管錐編》中有關「謝赫六法」標點的討論。

蔣：中國傳統的美學，如司空圖的《詩品》、石濤的《畫語錄》都自成體系，很不同於西方美學。似乎中國傳統美學特別重視創作經驗。李先生作為一種美學研究者，如何在分析研究之外兼顧創作經驗？現代中國美學如何繼續保有它傳統延續下來的優美品質？

李：現代美學已不是一個學科，而是一組學科。好像一個大家族，有哲學美學、科學美學、應用美學，各有不同的專職功能，

要求也不盡相同。

我個人非常喜愛中國美學傳統的體例。太漂亮了，很準確的點到了核心。西方的美學往往分析了半天，還碰不到要害。可是，西方美學的方法有好處，可以幫助我們思辨。

基本上，我認為治美學要有兩個基礎，第一是需要哲學思辨。第二是需要感受能力。

因此，創作經驗就很重要。創作是一種形象思惟，不能用生硬的邏輯插入。藝術創作往往是理性吸引之後，化成為自己的血肉，再產生創作動機。

中國傳統美學最可貴的地方就在於它不否定「感性」，因此更貼近文藝創作的本源。

我自己初中二年級填詞寫詩，當時這種風氣很盛。我覺得漢字本身就是一個充滿幻想的理解力和記憶力的組合，它絕不可能被拼音代替。

中國傳統美學也從起源時期就與西方不同。我主張多元化，西方美學不是唯一的方法。中國傳統美學很活潑，啟發性也非常高。

蔣：〈孔子再評價〉寫於 1978 年。這時候文革剛結束，在巨大的批孔壓力之下，您寫這篇文章是否有特別的心情？李先生的許多著作（例如〈漫述莊禪〉），隱約透露著學術研究背後對時代盲目趨向的憂慮與反省，現世的家國之憂都在字裡行間。做為一個學者，如何在學術的「純粹」、「客觀」之餘，不失喪一個「人」對自己所處時空的關懷與情感？

李：我不寫五十年以前的人可寫的東西，我也不寫五十年以後可寫的東西。我只為我的時代而寫。

〈孔子再評價〉當然是針對「批林批孔」運動寫的，當然也遠不只如此。

〈孔子再評價〉這篇文章發表之初，很多人不以為然；但是情況很快也就改觀了，也變得比較能夠接受了。

蔣：〈孔子再評價〉這篇文章中批評了黑格爾對孔子哲學的態度說：「黑格爾哲學史把孔子哲學看成只是一堆處世格言式的道德教條，未免失之表面。」這句話使我想到：孔子或大部分的中國哲學家，似乎更關心「人」而不是「哲學」，更關心生命本身，而不是知識體系。中國美學也以完成「人」為最高的美。李先生在許多紀念您的母親——陶懋柟女士的文章中似乎也有類似的看法。您覺得，從您的母親，或一般中國的純樸百姓身上看到的「美的品質」是否與您寫作〈孔子再評價〉有關？

李：黑格爾批評孔子主要是覺得孔子形而上的思辨不多。

這當然也不正確。例如說，孔子的「逝者如斯夫，不舍晝夜」。這是對時間的形而上的思考。我在最近完成的《華夏美學》特別以一節來討論。

黑格爾覺得孔子不是哲學家，這是對孔子很膚淺的認識。這一點，臺灣香港的新儒學方面也都做過辯解。

孔子做為中國文化的象徵絕不是偶然的。他在中國文化上有集大成的意義。

因為儒家，中國沒有產生宗教，卻又能包容許多外來宗教，

這都是應當重視的。

孔子「把原始文化納入實踐理性的統轄之下。所謂『實踐理性』，是說把理性引導和貫徹在日常現實世間生活、倫常感情和政治觀念中，而不作抽象的玄思」。因此，儒家的哲學的確體現在中國民間的生活言行之中。儒家在中國替代了宗教在西方的地位。孔子答宰我「三年之喪」一段，說：「汝安則為之。」這是一種道德的自我意識的建立。道德不依靠宗教的神，卻依靠每一個人的自我意識，這對中國影響太大了。

儒家「敬鬼神而遠之」，卻建立了一套天人系統，從宇宙、自然到人的社會，都在這系統之中，相生相剋，因此，中國也沒有絕對的悲觀主義，因為一切都在這系統牽制的循環之中周而復始的進行。民間的「時來運轉」就是這種體現。

蔣：這是董仲舒《春秋繁露》裡「五行相生」與「五行相勝」的整理。

李：是的。所以我對於董仲舒的評價相當高。一般在臺灣與大陸的學者常常忽略董仲舒。

董仲舒是儒家哲學系統化的建立者。他把宇宙、人事、社會、人體，都納入這個系統。這是早熟了的「系統論」哲學。

當然，他也有缺點。他的系統哲學太政治化了，這也是無可避免的。

蔣：這幾年您有許多機會接觸西方現代藝術，您的美學觀與西方現代藝術之間有沒有矛盾？近幾年，大陸也大量湧進西方現代文化，青年人的「星星畫會」、「朦朧詩」、「MW」這一類的戲

劇，乃至於迪斯可的流行，您的看法是什麼？

李：我支持過「星星畫會」、「朦朧詩」、「MW」。在長久的壓抑之後，青年人要尋找新的表達方式，這是非常可貴的。

我也說過：我寄望於紅衛兵的一代。他們受過最大的苦難，應當有歷史的責任，有文化的責任。

但是，有許多人的作品的確讓我懷疑。我在西方現代藝術中也看到很多這種傾向的作品，好像藝術變成了開玩笑，成為一種奢侈品。

現在很多人在談「後現代」——Post Modern，但是，我覺得那不是「後現代」，那種「玩笑的」、「不負責任」、「沒有歷史感的」態度，我給他們一個名稱叫——extremely Modern（極端現代）。

我想，「後現代」如果是一種對「現代」的反省，它應該是帶領人回到自然罷。

所以，大陸上現在被接受的文學反而是「報告文學」（如劉賓雁）。我想，這說明文藝離不開社會，離不開人的問題，不是「極端現代」的形式可以代替的。

蔣：您所說的「極端現代」如果是工商業急速發展、人的商品化的結果，那麼，現在大陸的經濟發展會不會使您對人的品質有所擔憂？

李：這也許又是歷史悲劇的二律背反吧？

物質貧困的問題，雖然也難解決，也還可以解決。如果是精神貧困的問題，大概就真是更麻煩了。

我很想寫一本書叫「情感本體論」。我總覺得，情感本身高於一切。

商業社會裡人際關係的淡薄恐怕是今後中國一個重大的課題。

蔣：您在《美的歷程》最後一句留下這樣的結尾：「俱往矣！然而，美的歷程是指向未來的。」經歷過政治的壓力，又將面臨新的商品化危機，您對這個民族的「美的歷程」還是充滿信心嗎？

李：我們「知其不可而為之」吧。

（原載：臺灣《中國時報》1988 年 3 月 25 日，原標題為「海峽兩岸面對面」）

答臺灣記者徐宗懋問

問：臺灣和大陸關係未來的走向可能是怎麼樣的？

答：大陸一般人對臺灣的了解有限，現在知道得多一些，不過也很表面，主要是知道臺灣經濟好。今後可能應以加強兩岸的交流為重點，無論在經濟學術和文化方面可以多接觸一些。臺灣不需要害怕，這對它沒有絲毫的損害。

問：在政治現實中，臺灣獨立有可能嗎？

答：平心而論，「臺獨」的心態是可以理解的。臺灣現在是個比較富裕的社會，它害怕回到中國以後，原來的成就失卻保障，也就是說，怕被人家把財產給「共」掉了，所以會產生獨立的念頭。但是，在現實中，它確是行不通的，在中國大陸從政府到人民都不會准許臺灣獨立，西藏就是一個現成的例子。中共說如果臺灣獨立，它將採取武力進攻，它真會這麼幹的。

問：既然臺灣不想加入共產中國，也無法徹底獨立，還有什麼路線可以走？

答：最好它不宣布為一個獨立的國家，而在整個中國中扮演一個「多元」的角色，從事自己的發展。

問：您對中國人的政治有何期望？

答：我認為應該發展現代社會的政治，走多元化的路子，不

要把黨、政、領袖扯在一起。我反對強人政治，那個時代已經過去了，臺海兩岸都可以走民主多元的路。

問：臺灣的專制政治是封建傳統的延續，可是大陸的除了封建傳統外又加上一個意識型態的負擔，因為共產主義本身就是肯定一黨專政的，這兩邊有交集的可能嗎？

答：在大陸有些學者指出，中國的現況是傳統的封建統治加史達林主義，所以要發展民主社會，意識型態的問題也應解決，至於應該採取怎麼樣的步驟，需要具體的研究。臺灣出現了中產階級，有了一定的經濟基礎，假如大陸的經濟也提昇，發展也日趨多元，所謂封建主義加史達林主義可以逐漸消除，不過這個過程、時間恐怕要艱難、複雜一些。

問：這幾年大陸的改革有沒有導致一些多元的跡象？

答：目前只表現在一些知識分子的意識型態上，譬如這次「反對資產階級自由化」遭到知識分子很大的阻力，大家不願意接受少數幾個人控制全局的意圖。現在大陸翻印大量外國的書，其中有些學術著作是直接反對馬克思主義的，過去這是不可能想像的。

問：現在大陸似乎從過去純精神的追求跳到另一個純物質追求的極端，這算不算是一個危機？

答：大陸有十億人口，大部分所追求仍屬必要的物質滿足，即現代社會中食衣住行的基本需要，這是不可避免的。至於物質和精神的相互關係是個很深刻的哲學問題，如何解決協調是今後中國（包括臺灣）應深入研究的，以使兩方面能均衡地發展。

問：您認為西方民主政治的一些基本原則值得借鏡取法嗎？

答：西方有些基本原則譬如民主自由是累積數百多年的經驗而成，值得吸收。

問：還有具體的如三權分立的制度呢？

答：我個人的看法，應該分權。我主張四權，三權外還要加上輿論監督。我不是研究政治學的，具體如何搞，還需結合中國實際（十億農民、無民主習慣性）仔細探究。總之，一個政府需要制衡，分權的特點在於互相牽制，反映出多元的作用。所以怎樣使中國脫離封建政治，西方的代議政治是值得研究的。

問：中國教育的問題在那裡？

答：中國現在面臨最大的兩個問題便是法治和教育。教育幾乎不被重視，在整個政府決策中占著極低的角色，使得教師無論社會地位和待遇均相形低落，過去強調發展工業，現在政府說要振興教育，可是還缺少真正有力的步驟。如果大陸一位教授每月收入一、二千元，情況就會大有改變。

問：可是中共當局現在經費不足，如何著手改善呢？

答：我認為寧可把工業削減一些，把經費拿來提昇教育。

問：臺海兩岸的學術交流應該可以做到什麼程度？

答：現在大陸很歡迎臺灣學者去，短期的或長期的，講學的或旅遊的。臺灣也應該開放，讓我們去，怕什麼呢？我們也可以不講馬克思主義，我們講中國文化嘛！其實臺灣應該有信心，更開放一些，讓不同的意見呈現出來。

問：大陸內外諸如「中國民聯」等的反體制運動可能代表另一線希望嗎？

答：我對「中國民聯」的情況不清楚，只知道有一個王炳章辦了一本《中國之春》，這後面有什麼政治背景我不曉得。不過對歷史，我向來是贊成改革，不贊成革命的，我很遺憾清末光緒的變法沒有成功，現在再來搞一次革命，一是現實上不可能，二是也不好，到時候必然又是以暴易暴，這點我和余英時的看法一致。包括國民黨在內，我也不贊成把它推翻，應該從現實的基礎出發從事內部改革，這種改革費時可能較長，要有耐心。所以我不贊成推翻共產黨及其政府。

問：現在臺灣從事國會改革，計畫使所有的民意代表都從臺灣本地選舉產生，這種概念合理嗎？

答：我認為這是合理的。

問：柏楊的《醜陋的中國人》一書在臺海兩岸造成相當的回響，它代表了什麼樣的意義？

答：臺灣讀者接受柏楊的書和大陸讀者接受柏楊的書不太一樣，因為現實生活背景不同。大陸讀者看了柏楊的書之後會產生一種「絕望」的心態，認為中國的落後追根究柢就是這個民族太壞了，不會再有希望。如果這本書的作用僅此的話，那將掩蓋了中國真正問題的所在。

問：蔣經國剛剛去世，您認為歷史會怎麼寫他？

答：我記得自己十來歲住在贛州的時候，看見城牆上很大的白字標語，上寫「人人有飯吃、人人有衣穿、人人有田種、人人有工做、人人有書讀」，這是蔣經國的宣傳。其時人們對他的印象不錯。我認為歷史會說他把臺灣的政治和經濟搞得很好，而且沒

有搞臺獨。不過成就的重點可能還是在政治民主化及經濟自由化兩方面。我對蔣介石就甚不以為然，很多事情就是壞在他的手中，抗戰之後的幾年，他有很好的機會和局面，結果搞糟了，給後來帶來了很多的災禍和動亂，他是有歷史責任的。

（1988 年 2 月 9 日於新加坡東亞哲學研究所）

三十九　答臺灣《聯合報》記者張麗伽問

問：你在 1978 年曾說，中國大陸的希望在年輕一代身上。十年來，這個想法可曾驗證？

李：我比較頑固，一旦形成某種看法，沒有足夠的事實或理由便不大容易更動。到現在我仍不準備放棄年輕人的期待。

就消極意義言，大陸年輕一代沒有受到我們這輩（五〇年代）蘇聯教育模式的局限，可以客觀地接受新知，眼界開闊；在積極層面上，他們經歷的文革過程，提供了豐富的社會體驗、人生歷練，絕對會成為未來生活與事業的動力。

問：你主張「建立以現代社會新型價值觀為基礎的動態文化系統」，在你的理念中，這個動態系統如何存在與發展？

李：我不能貢獻一個社會烏托邦，也很難預言大陸未來的發展。我只能說，希望它盡量不要太商業化。

大陸目前面臨的矛盾，一方面是商業化程度不夠，國民經濟與社會生活需要進一步成長；另一方面，過度商業化的後遺症，又令人擔憂。這中間有必要取得一種「度」。

問：在「商業化」的「過猶不及」之間，你的平衡點在哪裡？

李：這個問題太大了，大陸現在很難在兩者中兼顧。如果極力反對商業化，可能會變得往回頭走。但是，我們不能往回走，

必須向前走，而商業化是向前走的一種動力。如何處理這種矛盾，在理論與實踐上都是大問題。

怎樣適度，是一門困難的藝術，就像畫畫一樣，多一筆、少一筆都不成傑作。正因為太難，所以需要各種知識與力量。

歷史並不仁慈，假如以一種感傷的態度來對待歷史，將永遠無法解決問題。為了繼續往前走，我們有時候被迫犧牲某些東西，來換取另一些眼前需要的事物。與現實密切接觸的人往往急功近利，這是無可避免的；但是，知識分子或學人必須從整個人類或社會的未來考量，及早或及時提出建議，以免於過分的犧牲。

問：這與你提倡的「西學為體，中學為用」，是否有異曲同工之意！

李：是的。既然商業化是世界趨勢，中國也將走上此一途徑。然而，西方正想從現代化的弊端中掙脫，我們不必跟著走冤枉路。在文化上，我們必須不斷進行自覺的省思，才能保持清醒。

我認為，文化自覺並非一味抵抗外來文化，而是了解自身的存在，自覺我們今天要生存。抗拒外來文化，反而是缺乏文化自覺，表明你根本沒辦法抵抗它。

問：你強調「國家」的建國目標之一，是建立人民民主，這個理想在大陸前景如何？

李：臺灣最近在民主方面的進步很大，大陸慢一點，因為大陸太大，太急的話容易亂。

我認為民主不是為民作主，以前講究請官府替人民來作主，但是，人民現在要透過報章輿論及代議等形式，自己來表達意見，

這種「人民民主」的方向是無可替代的。

知識分子鼓吹民主，第一要求不能倒退，第二希望不要到此為止，至少還可以一步步慢慢往前進。大陸的現狀，還不至於往後退，只是進度太慢，牛步化令人不耐煩。

大陸現在的問題，一是沒有法，二是不執法，沒有法理可以依據，便會顯得亂糟糟。法律必須建築在民意的基礎上，如果不制定法律，只憑政策，讓少數幾個領導人說了就算數，今天算，明天又不算，還是不行。

問：您對臺灣感興趣嗎？

李：我還是對臺灣的年輕人最好奇，但一直沒有機會到臺灣。我很想和臺灣的大學生交談，因為他們這個層次往往是最敏感的。即使不去演講，只是到處走一走、聊聊天，對我也十分有意義。

（原載：臺灣《聯合報》1988 年 4 月 21
日，原標題為「李澤厚強調文化自覺」）

四十　答臺灣《聯合報》記者王震邦問

問：知識分子目前在大陸的處境如何？

答：知識分子的處境要比文革時期好得多，比前些年也有改善。但步調太慢，不能盡如人意。

問：今天知識分子基本工資偏低，生活清苦又是如何？

答：這是整個體制問題，幾十年未重視知識分子。這個傳統延續下來是一個極大的錯誤。鄧小平曾說過要重視知識分子，但並沒有具體措施。

問：知識分子不受重視的影響？

答：影響嚴重，讀書沒有出路，可以預見民族素質的整體下降。過去讀書人，包括中小學教員均有相當社會地位。最近有位縣長向老師說，只要表現好，就可以提報他為售貨員，今天知識分子的地位就是如此。

問：知識分子自覺又是如何？

答：中共靠農民打天下，多數知識分子都感覺有愧工農勞動階級，真心誠意的願意接受改造，去除知識分子的毛病。像梁漱溟、熊十力都講了好些馬列的好話，相信馬克思主義的一套社會變化規律，等到文革末期出了林彪事件，才發現一切都是假的。知識分子再也不相信那一套了。

問：經改十年了，知識分子的變化在那裡？

答：最近十年知識分子最大的進步是更加獨立了，對權力的依附性減低了，雖然多數仍然要吃大鍋飯，畢竟有獨立意識了。下一步則希望能出現強大的中產階級，藉由中產階級的力量支持知識分子在政治、經濟領域的發展。

問：這是說中國將走向資本主義？

答：中國確實需要資本家，個體戶只能做「倒爺」，還應該鼓勵進入生產領域。從孫中山先生民生主義講，一方面要節制資本，同時也要允許資本主義發展。

問：那麼意識型態呢？民主可能取而代之嗎？

答：只要沒有統一的意識型態就好辦。文化發展就是需要新民主主義，是科學的，民主的，也是大眾的。這樣，也才能和今天臺灣取得比較統一的溝通語言，逐漸拉近距離。民主自是必經階段，但這要有法律保障，不能停留在口號上。

問：知識分子能發生制衡作用？

答：這得通過輿論制衡，不過目前還談不上，劉賓雁冀望由輿論制衡是樂觀的看法，這還要司法獨立。

問：一黨專政如何能有司法獨立？

答：在目前中共還不會同意多黨政治之前，一黨之下應可先出現派系制衡，民主黨派能起一點作用也不錯，但不能抱什麼希望，有些民主黨派甚至比中共還左。人大依法應有很大的制衡權力，改變橡皮圖章的形象。多黨政治將來總是要走的，沒有競爭局面的政治，必然走向腐敗。

問：臺灣經驗對大陸可能產生什麼影響？

答：臺灣經驗不致構成多大壓力，至少有刺激。國民黨能開黨禁，那麼共產黨為什麼不能。大陸目前問題很多，人口壓力大，自然資源破壞嚴重。臺灣在經濟發展後也有文化上的後遺症，出現商業主導文化動向的不良影響。

問：你對兩岸未來發展有何看法？

答：臺灣民主政治是一絕大進步，具體情況我不了解，但反對黨傾向臺獨就不好了，不要因此激起大陸的民族情緒。畢竟兩岸都在一個文化、民族、及國家之內。我可以理解臺灣年輕的一代另有想法，不願中共「以大吃小」，這些都不妨先多做溝通交流。

（原載：臺灣《聯合報》1988 年 12 月 20 日，原標題為「李澤厚擺脫馬克思教條」）

 新加坡記者採訪報導選存之一

（一）新加坡成功之路

李澤厚教授認為，中國的改革開放要成功，唯有走西體中用的道路。他特別舉出新加坡成功採行西體中用的現代化模式，來闡明他的主張。

他說，所謂西體，須先有個現代化的物質基礎，即工業和經濟發展；新加坡是在經濟基礎上接受現代化，但並不是照搬西方的政治制度。

對於這種「模式是西方，但配合新加坡的特殊條件」的生存發展之道，李教授給予高度的評價。他認為，李光耀總理是非常清醒的，充分了解並強調新加坡是個小國，沒有豐富資源，又夾在兩個大馬來民族的國家之間，生存著實不易。唯有走西體中用的路子，才能獲得長期穩定。

他說：「新加坡能夠在二十年的時間內取得今天的成績，真是很不容易；這種以西方的政治、經濟制度，結合新加坡的條件，就是中國目前談論的西體中用。」

西體中用的主張在中國受到很多的批評；儘管如此，李教授堅持西體中用，並強調中體西用對中國的現代化完全不管用。

他表示，中國仍然有很多人喜歡搞中體西用，以為引進西方的技術、管理知識就夠了，中國原有的一套意識型態都不要改動。他認為，完全保有傳統的那一套政治制度或意識型態，再運用西方的技術，那是行不通的，洋務運動的失敗就在這裡。

（二）中國與西體中用

在回答有關西體中用和社會主義制度的問題時，這位關心民族命運的思想家更進一步指出，中國必須擺脫史達林模式，不擺脫這個模式，前景就有困難。

他表示，社會主義的模式是史達林在三〇年代定下來的，中國和東歐都採用這個模式「但現在看來是不行了，今天蘇聯為布哈林翻案，具有很大的現實意義。布哈林當年不贊成史達林模式，認為資本主義應『長入』社會主義，他是主張社會主義國家保存部分資本主義的成分，現在看來，他的看法是對的」。

因此，他認為，中國必須整個的改變，以西方的體制結合中國的具體實際，才有希望；全盤西化既不可能，要中體西用，又必然回到專制封建主義的形態。

（三）中國改革與政治

中國要改革如此困難，是否傳統的力量太強大、太根深柢固？為什麼極端的政治勢力能輕易發起運動，使國家的安定大受影響？

李教授指出，這是由於中國是一個農民國家，小生產農民的傳統和意識，在社會上有很大的統治力量，過去的革命者多半通

過農民革命取得政權，已習於這套方式。同時，小生產農民的眼光比較狹隘，看不慣西方的東西，所以當年文化大革命一講破四舊，反對資本主義，大家都很起勁。這種強烈的反現代化情緒很普遍；若單靠毛澤東、江青等人，文革是搞不起來的。

此外，李教授也指出一點：當年參加文化大革命的人，大家都很熱忱、很積極，並非被迫參加，包括當時很大批的知識分子，幾乎帶著懺悔的心情，並不如外界想像的那麼簡單。比如說「某某教授當時被迫檢討」。

他說：「當時大家心裡真覺得自己有錯，現在大家都不願講了，情況是很複雜的……。包括我自己，當年也覺得，知識分子應該去勞動，好像信基督的人希望得到拯救一樣。」

對於中國近百年來的內憂外患、民生困苦，李教授感受深切，他認為，目前是中國改革開放的最好機會。中國過去已失去了好幾次機會：1945 年及 1950 年的大好機會，蔣介石和毛澤東都相繼失去了，致使中國大陸落後。

他說：「這種歷史經驗是很慘痛的，中國必須把握時機，不能再失去了。很多國家都在這幾十年發展起來；老實說，1957、58 年的時候，我們是看不起日本的，那時大陸的水平跟日本差不太多，可是現在人家跑得很快。這個慘痛的經驗，中國應該好好吸收。」

對改革抱著「審慎地樂觀」態度的李教授，目前最關心的，倒不是意識型態或模式的取捨，而是通貨膨脹。他表示，通貨膨脹是影響一般老百姓的關鍵問題，也給某些反對改革的勢力提供

一些炮彈；政府如能有魄力的把通膨問題解決，整個情況就會好轉。

（四）中國的教育問題

在整個過程中，李澤厚教授自信的面容和愉悅的聲調，是相當一貫的，可是當他一談到中國的教育問題時，情緒有些激動，可以說他是在生氣了。

他是在回答有關個體戶與公務員、學者專家之間收入懸殊產生矛盾這個問題時，表達他對教育問題的不滿。

他表示，政府應該拿出魄力勇氣來解決上述問題。同時，他也對政府一向在教育經費的投資太少而極其不滿；而政府最近提高中小學教育的撥款百分之十，就以為是了不起的事，在他看來是可笑的。他認為教育撥款應該提高百分之百。

他說：「當一個中學校長的經濟收益和社會地位高於一個縣長的時候，中國才有希望。」在這方面，他認為方勵之教授說得對：中國的教育經費是全世界倒數第二的，倒數第一的是柬埔寨，他生氣的說：「這太不像話了。」

李教授接著指出，過去中央的文件，包括最高領導人鄧小平，都一再強調教育的重要性，講得很多，卻不具體的幹。

他說：「一具體幹就說沒錢，為什麼別的地方又有錢？我有時發牢騷就說，即使砍掉一個寶鋼都沒關係，要有這種氣派，要捨得幹！不能老是停在那裡。改革必須大刀闊斧的幹！」

中國的知識界，要對政治發揮影響力，仍須進入政治主體結

構才有可能；對於這個問題，李教授感到可悲。他表示，中國的
興論目前還談不上影響、牽制政治。他認為以中國之大，放開手
去並沒有什麼大不了，中國應更開放些。

（五）寄望年輕的一代

展望未來，李教授充滿希望，這希望便在年輕一代身上。他
表示，下一代年輕人所受的壞影響轉少，眼界和知識面比較廣，
同時擁有一段於文化大革命期間或之後的生活經驗；此外，他們
的獨立思考能力和創造性都比較強。

李教授說，他是於八年前在一篇文章中表達這個看法。因為
當時有種流行的論調，認為下一代是被浪費的一代：沒受什麼教
育，諸事不知。李教授表示，他當時提出相反的看法，引起一番
爭論；現在，他的看法慢慢被證實。

他指出，今天中國大量湧現的有為的新名字，都是年輕人；
大量的著者和譯者，也都是年輕人。

「共產主義是個理想，現在沒有哪個國家說自己是現實共產
主義，包括蘇聯。」

向來強調自己不是預言家的李澤厚教授，在回答有關世界的
走向發展時，仍然提出了他以思想家角度出發的客觀看法。

他表示，當列寧提出無產階級革命時，是處在一個帝國主義
的時代，現在已經不是帝國主義時代了，再想像一個世界無產階
級革命，不太可能。

（六）後帝國主義時代

他解釋說，我們目前所處的是後帝國主義時代；帝國主義時代就是一般的資本主義時代，從 1900 年開始到第二次世界大戰結束，最明顯的現象是戰爭、殖民地、強權政治。但第二次世界大戰後，這一切都成為過去，世界進入後帝國主義階段。第三世界紛紛獨立，爭取主權；而經濟是最根本的課題，影響了政治理論和政治制度。

到底何謂社會主義？何謂資本主義？李教授指出這兩者的概念本身就不清楚。

他說，今天有各種各樣的社會主義，北歐的社會民主黨，本來就是第二國際裡的組成部分，而資本主義國家裡又有很多福利制度，帶有社會主義因素，所以問題變得很複雜。因此，若按過去的公式：社會主義將取代資本主義這一教條，就不對了。他認為，對這個問題要做細緻精確的分析，不要被語言支配了自己。

中國將在這個世界占有何種地位？李教授發出由衷之言「我總希望中國能爭點氣，中國如果能好好地幹，以其物力人力，必然相當可觀」。

（七）宗教與種族糾紛

他指出，中國沒有宗教和種族上的糾紛，在文化上又是個統一體，人材潛力非常大，他舉例說，理論書籍在中國的銷路很快，幾萬冊幾萬冊的賣，這在別的國家是很少有的現象，「憑著這種文

化上的優勢，假設中國的經濟能搞上去，那就很有希望。」

　　談到戰爭和平與發展，李教授認為，目前世界最不穩定的地區，便是阿拉伯世界，「阿拉伯世界信仰伊斯蘭教」，派系極多，恐怕是未來世界之憂。

　　他表示，他同意「在二十一世紀，基本上是種族主義與宗教主義之爭，而非階級之爭」這一看法。

　　李教授認為，未來世界的主要問題在於伊斯蘭教。伊斯蘭教的人口相當多，宗教帶有一種狂熱性；而中國就沒有這種非理性的狂熱，這是儒家精神的理性主義。

　　他說：「中國強大起來，對世界會有好的影響。因為中國文化中非理性的成分較少，我用『實用理性』來形容中國；假設這方面能發展下去，對世界和平是有幫助的。」

（八）主張文學創作，勿受理論干預

　　「在文學上，我是主張不去干預。我常跟作家說：你們愛怎麼寫就怎麼寫，根本不要考慮什麼理論。任何理論的干預，對創作的思惟都有妨礙，即使是正確的理論。」

　　李教授在回答有關他對文學的主張時，明確清晰的提出他的看法，一點不含糊。

　　他建議藝術家應多讀書，卻千萬不要讀文藝理論；多讀各類書籍，對創作有好處，文藝理論的書籍多看反而沒什麼好處。

　　要藝術家創作之前事先決定要表現何種思想，在他看來是不可能的。

　　他表示，文學創作在很多時候是無意識的，這要經過大量生活經驗和文化、學養的積累，然後奔發出來，很多古典作品都說明了這點。

　　因此，他說，要作家先想好一個主題才寫，完全是荒唐的，不符合文學創作的規律。

（九）政治與藝術關係

　　話題由此進入政治與藝術的關係。李教授認為，文學為政治服務，在過去特定的歷史情況下，也有合理之處。比如文工團於行軍時打快板，慰勞戰士等藝術演出，都起了作用。但他指出，如果把這種形式推廣為普遍實行的規律，就不對了。

　　他說：「中國的一大錯誤，就是把戰爭中成功的方法推行到各個層面去。大鍋飯在和平時期是行不通的，因為戰爭是短期的；和平時期的生活需要休息、愛情、娛樂。」

　　中國目前的文學界雖是空前的蓬勃，但他認為，要產生世界水平的大作品，還要經過長時間才能確定。

（十）對新儒學的看法

　　在學術方面，李教授表示，他早年受黑格爾的影響很深，曾有朋友指出，他的《美的歷程》明顯受黑格爾的影響。但他說，他當時寫的時候並沒有想到黑格爾，也沒有意思用黑格爾的觀點分析。

　　李教授後來寫了《批判哲學的批判（康德評述）》一書，並有

論文〈康德哲學與建立主體性論綱〉；他解釋說，他選擇研究康德，是認為中國更需要康德學說，這是現實意義上的需要。另一方面，有人把康德講得神乎其神，有人則把他罵得一無是處，那太不公平了。

他說，黑格爾因為沾了馬克思的光，所以評價也比較高，這給讀者一個完全錯誤的印象。他認為，康德學說在西方哲學上，是關鍵性的轉捩點，實際上地位比黑格爾高得多，但在中國則恰恰相反。

李澤厚教授也在訪談中談到了他對新儒家的看法。他在《中國現代思想史論》裡評析了四位現代新儒家。李教授表示，他和新儒家一樣，認為儒家是中國文化的主流。但他不能贊同新儒家的一個基本觀念：認為只有孔孟程朱陸王才算儒家。

在他看法，荀子、董仲舒、康有為等都是儒家。他說：「按照新儒家的看法，只有講心性、講純粹哲學理論的才算儒家，才是中國文化主流，認為中國文化就是道德形而上學，我覺得這未免太狹隘了。」

（原載：新加坡《聯合早報》1988 年 3 月 13 日，採訪者該報總編輯黎德源、新聞主任林任君，筆者趙慕媛。原標題為「中國當代著名思想家李澤厚真知灼見」）

四十二　新加坡記者採訪報導選存之二

筆者在友人的引見下，在一個傍晚前往新加坡西海岸翠園登門拜訪中國當代思想家李澤厚教授。給我們開門的是李太太，從她輕快的腳步聲和盈盈笑意，使我們感受到一股難以抵擋的熱情。她把我們引進客廳後，立即轉身向在樓下臥房休息的李教授報訊：「來了！來了！她們來了！」

從樓梯上來的李教授穿一件藍色 T 恤和運動短褲，給人一種輕鬆的感覺。

這位應邀到新加坡國立大學東亞研究所從事研究的學者坐在沙發上，跟我天南地北聊起天來。

面對著這位「思想巨人」，我大膽地提出了四個我一直在思考的問題：

（一）西方社會的家庭架構已瀕臨瓦解邊緣，東方能否避免受到這股世界潮流的衝擊？

（二）導致現代家庭破裂的主因是什麼？

（三）婚外情、同性戀、同居、單親家庭、獨身主義會否取代婚姻關係？

（四）我們是否可通過什麼方法，去挽救現代人的婚姻和家庭幸福？

　　針對第一個問題，李澤厚教授說：「傳統家庭的結構模式的瓦解，恐怕是未來的世界潮流的一種發展趨勢，我估計一百年後就不再有牢固的家庭結構。但我如果在中國發表這樣的言論是會引起非議的。」

　　李教授主要是研究中國思想史、哲學史和美學。他的著作包括被我視為「知識瑰寶」的《走我自己的路》和《美的歷程》。

　　他給人的印象是敦厚、謙虛、真誠，十足學者風度。他在招待我們吃綠豆湯時，親切地說：「這是中國傳統的招待客人方式。」

（一）男女性愛日益開放

　　當我告訴他，他對未來家庭結構的發展趨勢所作的預測令人感到悲觀時，他說：「以後的人對婚姻的要求將比較高，對性愛的要求也比較高，同時不願意受到各種傳統的外在束縛。以後的男女關係發展趨勢是『合得來，就在一起，合不來就分開』，這才是比較人道的一種發展，不像目前的婚姻觀念，使許許多多的夫妻關係貌合神離、同床異夢。」雖然《第二次愛》這本書提出了新觀點，但李教授說：「目前在中國要離婚還是相當困難的。」

　　李教授同意「一個人一生可以談很多次戀愛」的論點。他認為這是個性開放的一種表現。《第二次愛》提到「真摯的感情，只能獻給自己心愛的一個人，而不能同時給兩個人、三個人」，它基本上否定了婚外情。但李教授覺得「婚外情」是個很複雜的問題，很難簡單地說「對」、「錯」；婚外情的第三者一般也不該受譴責，

男女感情只要是兩情相悅，彼此相愛，不是出於金錢、權勢等引誘逼迫等等，那便是無可厚非的；當事人如果能妥善處理這個「三角關係」，那就更好。歷史上和現在世界上一些地方不是還有正式的公開的「一夫多妻」或「一妻多夫」制嗎？當然，這一切都必須根據具體的時空條件來具體對待或處理。

「一夫多妻」的觀點似乎是值得研究的，因為中國社會傳統上男人是三妻四妾，而且以前的「一夫多妻」家庭也能相安無事，甚至十分融洽。但「一妻多夫」的觀點，筆者就不太能接受。

李教授打趣說：「為什麼不能接受呢？要真正做到開放，就是要在婚姻問題上爭取跟男性平等的地位。『一妻多夫』制在西藏就曾經很流行。」

我提出我的看法：「我倒同意一個女人可以同時跟幾個異性『戀愛』，然後在需要結婚時『跟定』一個。」

當然，我也告訴他，在新加坡提出「一夫多妻」或「一妻多夫」制是要挨罵的。

但李教授的觀點不同。他說，人類的戀愛傾向有很多種，有的是自戀，有的是多戀，有的是單戀，有的是同性戀，這種種傾向的形成是值得進一步研究的。比如同性戀來講，它是先天的、或後天的，都值得研究。

但他不以為同性戀會取代男女婚姻關係。他說：「同性戀的人數可能會擴大，但它絕不會成為主流。由於生物種族的繁殖和異性相吸的自然本能，男女性愛和婚姻關係還是會繼續處在支配地位。」

另一方面，「愛滋病」的蔓延，或許也能阻擋同性戀潮流。

他認為男女相愛、愛撫、造愛，都是美麗的事，社會不應用有色眼光看待男女的愛慕行為。

對於當街擁吻的男女，李教授會否覺得有傷風雅呢？他的答案是「那是一種真情的流露，是符合自然的事」。

（二）婚外情與貞操論

我也向李教授提出我對婚外情的看法，並希望他能為我解開「疑團」。我說：「據觀察和分析，新加坡男女婚外情的普遍，很可能是在女性對性愛的要求提高了，她們覺得有婦之夫比較善解人意，而且有婦之夫通常在造愛時，考慮的是如何使女方快樂，而不大在乎自己快樂不快樂，這跟法國人的性愛觀相似，因此，有的女性寧可不要名份，也要跟著對方一輩子。」

沒想到李教授會說：「這種性愛觀才是正確的，男性在造愛時應考慮女性的需要，盡量使女性快樂和滿足。過去，中國傳統女性在性愛方面太壓抑自己，她們忽略了性愛就像吃飯一樣，是生理上的需求，是很自然，很愉快，又很平常的事。你在文章中對性愛快樂的描述，對鼓吹性開放是有幫助的。男女造愛基本上是互相愛護和互相關懷的具體表現。當然，縱欲主義和禁欲主義這兩種極端是不正確的。男女間甚至應該在婚前發生性關係，才能知道彼此能否協調。」

當然，做學生的人應對性愛有正確的觀念，才能避免棄嬰之類悲劇的產生。

　　從李教授主張婚前性行為的觀點來看，「貞操論」已變得毫無意義了。其實，現代青年對貞操的看法已改變了很多，這種改觀或許能使女性看透「失身」問題，在檢討失戀經驗時，不會因為「失身」而痛苦不堪。從粵語殘片中，我們常可看到女性為「失身」痛苦、甚至自殺的情節，但這類鏡頭從來不在西片出現。西方人覺得令人痛苦的不是「有沒有失身」，而是感情和心靈上所受的打擊和創傷。

　　李教授完全同意這看法，並認為性開放和婚姻高度自由化，能使每個人在心理和生理上取得平衡和健康，有助於個性的全面發展，使人身心開闊。人就像樹葉一樣，每片葉子都是不同的，每個人的生理和心理結構也是不同的，他應該了解自己的個性和需求，順其自然地發展。同時，每個人都應該把握自己每時每刻的存在，去主動地選擇、決定、行動、創造和奮鬥，努力追尋自己的快樂、幸福和成就。

　　李教授也說，至於婚姻自由化和家庭結構的削弱對兒童心理的影響，則有待探討。

　　當然，婚姻自由化並不是指不負責任或欺騙別人的感情，相反的，它反映了人類對愛情的處理態度越來越理智、成熟和自覺，才不需要再靠結婚證書、道德規範、法律制裁去維繫感情。

　　向李教授提出「愛情、性愛與婚姻」的問題，主要是受到弗洛姆的影響。他在《愛的藝術》這本書中感嘆萬分地說：「對人來說，恐怕再沒有什麼事像『愛』那樣，總是首先以如此巨大的希望和期待開始，卻又常常如此有規律地以失敗告終。而令人不解

的是，人類如果在其他事情上迭遭失敗，那麼一定會非常渴望知道失敗的原因。唯獨在『愛』這個問題上，人們一方面絕不放棄對愛的渴望和追求，另一方面卻從不覺得應當考慮一下在『愛』上失敗的原因。」

（三）買增肥丸送嬌妻

李教授對男女關係的分析，加深了我對目前一些社會現象的理解，使我獲益不淺。

在我們告辭時，他也託我替他在香港給李太太買增肥丸。我對增肥丸感到好奇，因此問他：「李太太的瘦會不會是健康的瘦，而不必吃這類藥？」李教授說：「是體弱的瘦。」

寥寥數語和一個小動作，流露了一個丈夫對愛妻的深切關懷。他不但是思想的巨人，也是行動的巨人呢！

當我把藥名給抄下時，李教授寓意深長地說了一句話：「在中國，用左手寫字的人一直很少，家長從小就給孩子糾正過來。其實，這是不必要的。世界各方面都應該多元化一些，不一定硬要統一在一個僵化的外在的格式裡。」

（原載：香港《明報月刊》1988 年 5 月，筆者黃麗萍，原標題為「李澤厚談男歡女愛」）

 新加坡記者採訪報導選存之三

現代人民推行道德思想時，必須避免讓政治道德化。

因為政治一旦道德化，便很容易走向一種道德狂熱主義，其結局便是類似中國文化大革命的動亂浩劫。

中國著名思想史及美學學者李澤厚教授強調，人類光靠道德不能成就一個社會，政治必須法治化，換言之，必須先搞好法律及民主制度，才能在這個堅實的基礎上從事道德建設。

東亞哲學研究所高級研究員李澤厚教授，昨天在「我所理解的儒學」學術講座上回答聽眾提出的問題時，特別強調這點。

五十七歲的李教授分析了中國實踐的馬列主義，與現代新儒家在理論傾向上近似的地方：現代新儒家講求道德形上學，而馬列主義在中國的實踐也發揚「大公無私」的革命道德主義。

他表示，現代儒學要應付的挑戰是西方的民主和科學，在這方面，儒家的外王之學仍有強大的發揮潛力。

他在回答聽眾的問題時說，儒家中道德成分的永恆價值是肯定的，但在具體環境中應該有不同的適應情況；比如人情味和強調人際溝通，可以調和現代社會的冷漠感，但卻不應影響工作效率及法律和制度的運行。

（一）只宜情感上敬老

此外，尊老敬賢是一種美德，卻只宜在情感上敬老，而不應該把這種情感轉化為制度，以為老人占領導地位便可以解決問題。

被中國知識分子譽為學術界領袖的李澤厚教授，在演講中提出了他研究儒學所面對的問題和見解。

他說，「儒學」在學術界常引起情緒反應，或徹底支持，或激烈反對，都是其他學問不常見的現象。他認為，這種情緒是不同人在不同現實中的反映，把自己無意識或下意識的感覺意識化，也就是盲目非理性的態度。

實際上，他表示，儒家經過幾千年的發展，早已滲透進中華民族的思惟模式、生活方式和價值觀念。作為中國文化傳統的主流，儒學具有探討的意義。

李教授提出「儒學」、「儒家」或「儒教」，向來在涵義、範圍和內容上的概念模糊不清。他認為，因時代、地域和條件不同，不同時期的儒家就有不盡相同的學說理論，即使孔孟之間，在思想內容上也是有差異的。

在談到內聖外王之道時，李教授認為，孔子由禮歸仁，是中國思想上的一大突破；上古時期中國氏族社會發展特別完善，是產生孔孟之學的最重要條件。

而儒學建立在血緣關係的基礎上，也正是儒學較其他學說更具生命力的原因。

李澤厚教授也指出，先秦、兩漢、宋明以至現代儒學都一直

在變化中，不變的是一種樂感文化和韌性精神。

（二）中國人是樂觀民族

他進一步解析指出，兩漢時期董仲舒等學者完成了儒學從個體進入到從宇宙自然出發和轉化，將天地自然情感化而使中國人的宇宙觀、人生觀和歷史觀渾為一個體系；同時倡導教化，使中國上、下層社會之間的隔閡不大，個人身體力行可達天人感應的境界，因此中國人基本上是樂觀的民族，很少有徹底悲觀主義出現。

他認為，董仲舒提出天命觀使中國的制度和思想形成一個完整體系，並且早在二千多年前就能以樸素的方式表達「天人感應」那麼複雜的觀念，是了不起的成就，應給予正面的評價。

這項吸引了近兩百人出席的學術講座，由東哲所所長吳德耀教授主持。

（三）儒學與新加坡

李認為，科技的進步及社會的繁榮，並不意味著道德水平也會自然的提高，在道德層次的提昇上，儒學能扮演重要的角色。

中國著名美學及思想史家李澤厚教授就「我所理解的儒學」一題，發表了他精簡的演說。

他指出，新加坡在經濟建設上已有一定的基礎，但是在人情世故方面卻還有待加強，諸如敬老、禮尚往來等源自儒學的觀念，新加坡人應該維持並加以發揚光大。

在談到何謂「儒學」時，李教授指出，至今儒學仍然沒有一個劃一的定義和範圍，有些人僅把儒學當作一門哲學看待，但有些人卻把儒學提昇成為一種宗教，意即儒教。

李教授認為，儒學源遠流長，它本身幾乎就是中國傳統的化身，在五四運動中，就算是最激烈的反孔孟分子，本身也非常傳統化，即是非常有「儒家味道」的。

李教授也指出，儒學並不是一成不變的，它本身有很大的伸縮性，因此在研究儒學時，必須先把時空的問題弄清楚。他舉新加坡為例。他說，在新加坡所強調的有關儒學的重點，並不一定就適用於中國，反之亦然。

（原載：《聯合早報》1987 年 10 月 19 日，筆者趙慕媛，原標題為「單靠道德建設不了社會：李澤厚教授談儒學」）

四十四　新加坡記者採訪報導選存之四

　　儒家崇舉的禮樂，實際正是遠古原始社會以來的圖騰、巫術、禮儀活動的自覺化。它賦予情感以形式，肯定人的欲望，而又加以節制。

　　東亞哲學研究所高級研究員李澤厚教授，昨天下午在區域語言中心禮堂舉行的「禮樂傳統與儒家美學」講座上發表上述意見。

　　他說，據學者考證，「美」這個字和「舞」、「巫」兩個字，在上古是同樣的字。

　　而「舞」和「巫」指的即是古代祭祀鬼神時的舞蹈儀式。是人類最早的符號活動。

　　李教授因此推斷，這是禮樂的開始，而儒家的所謂美也同樣從這裡發展開來。

　　他指出，因為人類有符號活動，因此和動物就有了區別。

　　他認為，儒家肯定人的欲望，禮樂是由欲望形式化而來的。

　　他引《禮記‧樂記》中的一段說明這點：「樂者，樂也，人情之所不能免也。樂必發於聲意，形為動靜，人之道也……故人不能無樂。」

　　但是，儒家在肯定欲望的同時，也要求加以組織和節制，使

「哀而不傷，樂而不淫」。

李教授說，這就是為什麼儒家特別注重形式，所以有「祭神如神在」的說法。很明顯地表示，只有祭祀的儀式符合規範，神也就會存在，突出了儀式的重要性。

因此，李教授相信《禮記》中所記載的那些繁瑣的禮節的確存在過。而儒家既肯定人的欲望，又加以節制，使不放縱，是儒家中庸精神的表現。

李教授在此又指出，儒家這種立足於感性，而又重視理性的美學觀點，便和西方的再現論或表現論美學觀不同。儒家的禮樂是一種規範人性的形式表現。

儒家講求天人合一式的和協論。藝術是情感表現在外的形式，這形式必須和社會、政治等相協調。

因此，儒家的美學不止表現個人情感，也表現普通性、宇宙性的情感。

不過，李教授接著指出，由於儒家講求道德政治，因此一旦要求藝術和道德政治相協調時，便容易過分強調美善同一，要求審美和藝術機械地服從於政治，要求審美規律的獨特性，構成儒家美學一大弱點。

也因為這樣，以儒家為主導的中國文化，表現在文藝上，特別強調美的、善的事物，喜歡大團圓，而強烈地排斥醜惡的事物。

而且，與社會、政治扯上太密切的關係後，也變得很刻板，被規範得太厲害了。

　　他說，1949 年後，中國提倡「文藝必須為政治服務」，嚴格說起來，也有儒家這種「文以載道」思想的影響。

　　　　　　　（原載：新加坡《新明日報》1988 年 4 月
　　　　　　　24 日，筆者李子毅，原標題為「禮樂遠古
　　　　　　　已有，非孔孟所創造」）

 新加坡記者採訪報導選存之五

中國著名思想家李澤厚教授上星期六在新加坡區域語言中心舉行的學術講座上，提出了他對建設一個完善的中國社會主義體制的看法。

他認為光靠道德不足以成為推動社會的動力，一個社會要走向現代化和民主，需要先搞好法律和民主制度，才能在這個堅實的基礎上從事道德建設。

他從社會學和心理學的觀點，精確地把握中國社會結構的脈膊，而不只是從政治層面去探討中國的社會問題。

他的特點是不主張全盤西化。

他不否認中國的法律和民主基礎是很脆弱的，但是，要加強中國的法律和民主制度應從現有的基礎上做起，而不是胡亂吸收西方式的民主和法律制度。

換句話說，中國可以根據它的獨特國情發展一套適用的法律和民主制度，使中國社會早日擺脫「人治」的巨大陰影，走向「法治」的康莊大道。

假使要在法律和民主之間作出取捨，李澤厚教授的演講給人的印象是，中國要建立一個健全的社會體制，一切必須以法律為依據。有了法律、法例和法治，才能給人民帶來公正、民主、平

等與人權。否則，中國社會難有進步。

中共十三大提出的政治改革建議，若忽視法治的重要性，恐怕很難取得任何重大的突破。

（原載：《聯合早報》1987 年 10 月 20 日，記者黃麗萍，原標題為「先有法律，才有民主」）

四十六 張帆《技術美學》序

張帆同志要我替他的書寫序，我不好推辭。因為張帆同志雖與我認識不算久，交往也不多，他那為技術美學學會奔走忙碌不顧身體病累、人事糾紛的各種苦難情景，至今使我深為感動。我曾經勸過他：何必呢？我這個被推選為會長的人，很慚愧，就遠沒有他那麼積極。而他那積極卻不是為名為利為自己，而是為了他所謂的「共同的事業」，為了技術美學。因此，我好意思不寫這個序嗎？

說起「共同事業」，好些年輕人可能要笑掉牙：這是五〇年代的語言、觀念，如今早不時行了。張帆同志是五〇年代成長起來的，和我是同代人。他有我們這代共同的弱點，但也有這一代的長處。例如，他只比我小幾歲，卻並無必要地公開稱我作「老師」。當然，我知道，如今「老師」一詞已惡性泛化，幾乎等同於或取代了「同志」、「師傅」、「先生」、「女士」，可以稱呼任何人。但我也知道，張帆用此稱呼是真心誠意的，不是為了捧我，不是實用主義，也不只是泛表敬意。不像有的年輕人（其實也並不年輕了），當面極表尊敬，尊我為「師」，背後卻大罵道：「李某懂得什麼」。

我的確不大懂得什麼，但遺憾的是，罵我的人也似乎並不比

我懂得更多。當然，我也明白分歧所在。例如，我頗為重視技術美學，他們則不屑一顧，並大概以此可作為我「不懂」的明證。如今當令的是尼采、海德格，西方流行，中國於是也時髦。我對尼采，素不喜歡；對海德格，則頗喜歡，而且也表態贊同過，那還是獨尊馬列毛的時代。如今，時移世變，我倒自甘「保守」了。因為我認為今天在中國寧肯多提倡一點英美經驗論，分析理性、懷疑精神，少來一點神祕、迷狂的酒神（實際是仿酒神假酒神）精神。維根斯坦也有神祕主義，但它就不見有尼采、海德格那種充滿情緒衝動和行動反應的刺激作用。此種作用的確是興奮劑，可以起弱扶贏，但我總覺得其中包含有某種中毒性的副作用，很有點像今日美國青年喜歡服用的毒品一樣：一針之後確乎很暢快、很過癮、自我擴張，似可摧毀一切⋯⋯。

　　這些話大概要使許多年輕朋友或非朋友跳起來大罵。我既說了，就不後悔。如果錯了，我以後改正。我今天仍然欣賞海德格，但絕不在此時此地的中國去鼓吹他，以為這才是中國哲學的出路。中國的起弱扶贏恐怕不能靠這些，而仍然要靠民主、科技和理性。

　　這就是我為什麼願意寫這個序的另一原因。

　　至於技術美學或技術美本身，我在近著《美學四講》中幾乎有一篇專門談論，就不必要在這裡炒冷飯了。

　　　　　　　　1988 年 7 月 3 日於美國科羅拉多州

四十七 《中國民間文化叢書》總序

近兩年來，「叢書」之風頓然吹起，而且愈吹愈烈。回想起1980 年我提出編譯一套《美學譯文叢書》所遇到的冷漠、非議和困難，真是不可同日而語了。十年來，中國和中國學術界畢竟在迅速進步，儘管進步中仍有各種各樣的干擾、困惑、迷途以及過度商業化的危險。例如目前的叢書風中，似乎便有浮泛、龐雜、缺乏主題以及水平參差太遠等情況或危險。

對我來說，也有危險。其中之一便是不斷被邀請擔任主編。有趣的是，記得同意擔任《美學譯文叢書》主編時，也冒點風險。但那是另一種「險」。當時有好心人勸我不要幹，因為「拿來主義」還在被批判。如今，擔任主編似乎已成為某種榮譽時髦或名利，也再沒人勸我不幹，我卻真有點害怕其中可能藏有危險性了。因此，對邀約，我一般是惶謝不已，逃之夭夭。

這一套叢書之所以未能逃謝，主要原因是只怪自己在前兩年文化熱潮中，一再強調要多作實證研究，少發空泛議論，而特別要重視日常文化和民間文化的研究，不要老停留在孔孟老莊之類上。今天，當朋友拿此作武器要我表示支持贊助以「請君入甕」時，我實在無言以對，只好俯首就擒。不然，不是又一次證明自

己也只能發發空議論嗎？當然，我承擔不起這套叢書的具體組織、審閱和編輯工作，這些都由組委會的年輕朋友們包攬並商量著辦。作為主編 [1]，我只希望由這套叢書開始，把中國文化的各個方面，從食衣住行到精神意識，如我以前所主張，分門別類地，一個一個地仔細調查，整理、分析、研究、描述、議論一番，而首先從目前現實存在的日常生活、習慣、風俗、人情作起。當然遠不限於少數民族或少數地域的奇風異俗。而更應該是習見常聞的民風日俗。由近及遠，由現實到歷史，由民間到上層，由「小傳統」(the little tradition) 到「大傳統」(the great tradition)……這樣，腳踏實地、勤勤懇懇地積累下去，我想對於真正了解自己，亦即了解所謂「中國國情」，從而在比較中去了解世界，應有切實好處。至於題材、內容、觀點、主張、體例、文字，則完全不拘一格，而可以各擅勝場，以做到真正的百花齊放、百家爭鳴。

例如，我就有一個可能不對的基本看法，即以為中國大小傳統之間，上層文化與民間文化之間，相距並不懸隔（如對比西方），而經常滲透交融，這無疑對中國物質文明與精神文明緊相聯繫的特點，對統一的民族文化心理結構的形成等大有影響，而頗值深究，特別是值得首先從民間文化的實證的微觀研究來考察和思考。

---

1 經力辭，已不擔任「主編」了。

　　是耶？非耶？靜候公論。但願隨著這套和其他多種多樣的叢書和非叢書的大量湧現，中華文化的復興將於茲在望。

　　　　　　　　　1988 年 5 月序於美國科羅拉多州

　　　　　　　　　（原載：《中國文化報》 1988 年 6 月 15日，香港《大公報》1988 年 6 月 25 日）

與王浩信

浩兄：

很高興又收到你的信，忍不住立即回信，雖然本應該再想想，但也不管了。

我大概是個天性不大快樂的人，好像屬於某種 A 血型，似乎很少非常高興或興奮過，特別是好些人認為我如此或應當如此的時候。

你勸我不要對自己太不滿意，不要「賣老」。的確，我一方面非常感謝好些年輕人對我過高的獎賞和評論，（如今年 《文學評論》 第 2 期一篇講劉再復的文章對我專門講了一小段，你大概沒有也不會看到，）但同時也感到我所能做或需要我做的，大概也差不多了 !? 以後將是一個專家的世界：我們也將有尼采專家、胡賽爾專家、海德格專家、朱熹專家、董仲舒專家……年輕一代在迅速成長，挾著現代科學知識的優勢和多種語言的優勢。那還需要我或我還能做什麼呢！我當不了也不願意當某種專家。那我幹什麼呢？

我並不為此苦惱，似乎只略感悲涼。

一個專家輩出、商業繁榮的時代也許是相當單調而喧囂的。

於是，我可以不再寫書、出書，而只沉溺在自己喜愛的純哲

學中去！從新加坡來到這個我選中的小城，似乎象徵它的開始！
這個學校歷史已逾百年，除一名來自巴西的臺灣學生外，沒有華
裔教授和華人學生，可見相當僻遠。氣候略似北京，我近來每天
沿小溪散步，倍感平靜愉快之可貴。

　　來信提及三月的會，既然 Quine、Ayer、Stawson、Davison
等一代名手雲集，是否有新收穫或新「突破」（國內習用語）呢？
恰巧今天在看美國《美學及藝術批評》雜誌的「分析美學」（1987
年）專號，似乎說明即使從分析哲學、美學看，也可另起爐灶了。
但悲哀的是，現在關鍵在走出語言，而中國還沒走進語言，缺欠
語言分析的洗禮，停留在原始混沌中而自以為是，因此交流就困
難，沒有共同使用的語言和思惟習慣。

　　來信提及兩本文學書，謝謝，以後如有時間，當找到看看。
我近來注意的是，F. Jameson 的「後現代」文藝理論在美國、臺
灣以及大陸似均頗有影響。我有個想法，即認為應區別 post-
modern（後現代）與 extremely modern（極度現代）。後一詞是我
杜撰的（不知別人用過否？今年 3 月 25 日臺灣《中國時報》刊載
的蔣勳先生對我的訪問記中已將這個詞披露了），也不知妥當否？
總之，Jameson 所描述的許多現象（如尚平易、無深度、反內容、
不求表達等等），均屬文藝商業化之「極度現代」，「後現代」當另
有現象和意義（如人向自然復歸等等）。不知吾兄以為如何？當然
這兩種現象經常混在一起，錯綜交織。也許你會搖頭，但哲學如
不止於分析，似應關懷這類世界性（人類走向）問題。

　　這次大概不會來紐約了。憶當年令宅痛飲歡聚，雖又匆匆數

易寒暑，卻仍令人回味不已。人生真義也許即在此「情感本體」之建設、積澱中，藝術本體之義亦在此而已。

　　紙短言長，均不盡意。

祝好

弟　澤厚

五月十五日於 Colo-Springs

（原載：《人民日報》1988 年 8 月 8 日，

原標題為「人生、藝術之真義」）

 **關於「後現代」**

（徐書城《藝術美學新義》序）

　　徐書城要我為他的《藝術美學新義》寫序。儘管我對書城的書不能發表什麼意見，因為第一，沒有讀；第二，有些雖讀過，亦已忘懷，無從說起。於是，只好藉題說點別的什麼了。

　　這個「別的什麼」，便是最近匆忙交稿的《美學四講》一書中所簡略提到而遠欠發揮的所謂「後現代」問題。

　　文藝領域的所謂「後現代」，似乎是從建築藝術開始提出的，即反對流行在這個世紀並早已占據統治地位的「功能主義」的現代派建築，即那幾乎千篇一律的方盒子的摩天大樓，等等。它轉而逐漸成為第二次世界大戰之後的西方世界各部類藝術的某種特徵描述。如按最近 F. Jameson 的著名論說，所謂「後現代」是對「現代主義」的否定，它的一些基本特徵是：無意義、無思想、無深度、商業化、大眾化、非歷史、不想未來，只求頃刻的現在，等等。

　　我在《美學四講》裡，把這些看作是「極度現代」(extremely modern)，而不看作是「後現代」(post-modern)。從表面看來，F. Jameson 所描述的這些特徵似乎是對「現代」的背離和否定；但實質上，我認為，它們恰好是「現代」的極度擴展和直接伸延，

這種擴展和伸延表現為某種「普及化」。它將現代派藝術所表現的那種種先進知識分子反資本主義社會反資產階級的思想情緒，如荒誕、孤獨、異化感等等加以商業化、大眾化、風格化、裝飾化，從而，「荒誕」、「孤獨」變成平常，「異化」乃正常，「意義」成了「無意義」……整個反抗的藝術和藝術的反抗便可以消融在這個群眾高額消費的時代中。不僅在稀奇古怪的廣告藝術中，而且也在眾多的博物館、展覽會和林立的畫廊中。這也就是我所謂的「由再現到表現，由表現到裝飾」（《美學四講》）的「規律」或現象。「極度現代」使許多藝術種類和作品成了裝飾，這正是後帝國主義（第二次世界大戰後）的藝術特徵。至於藝術的「後現代」，我以為該是後資本主義的藝術，它的特徵似乎該是嚮往中古和田園，追求情感本體的意義、天人合一，等等。這些目前只有萌芽，興盛之時，為期尚遠。

　　所以我是主張在理論上（以及在創作實踐上）區分開「後現代」與「極度現代」的。當然，這裡有一個純粹屬於定義的問題。如果「後現代」一詞已經約定俗成地用來描述我所謂的「極度現代」的現象，那也就無法改易了。因此這問題只具有純理論的意味，而不必去追求「正名」了。

　　我是主張尋求「意義」的，不管是生活本身也好，人生也好，藝術也好。並且某些「無意義」本身，也仍然具有或可以找到意義。尋找「意義」，也許可笑。人本來就是糊裡糊塗地被生出來，活下去，死了更無意義可言。但在此時此地的中國，卻又未必盡然，死暫且不說，生出來，活下去，便不容易。中國的生活、人

生和藝術離那個「無意義」的「極度現代」，還遙遠得很。然而，不解的是國中才子們卻偏偏熱衷於高唱「無意義」、「文學等於地球」之類「最最嶄新」的理論。

　　因書城的書名有「新義」二字，由之聯想及「無意義」與「意義」。已離題（書序）萬里，望書城及讀者諒之。

　　　　　　　　　　　　　　　1988 年 8 月於美國科羅拉多州

　　　　　　　　　　　　（原載：《人民日報》1989 年 3 月 4 日）

五十　別是一番滋味

《古代詩歌精萃鑒賞辭典》序）

　　海天萬里歸來，朋友們告訴我，這裡有「鑒賞熱」：出了多種中國古典詩詞的鑒賞辭典，都是大厚本，定價不低，銷路不壞。男學生、女學生、中小學老師們、退休幹部們……在此物價猛漲、生活不易的時日裡，卻居然常常要去買一本。

　　我始而大為驚奇，繼而欣然快意。誰說傳統一下子就被扔掉了呢？反傳統的激昂檄文聲猶在耳，為什麼倒像一陣吹過的熱風，傳統卻仍然如此強勁地存留在這麼多買書人的具體選擇中呢？難道是在相當快速地邁向現代金錢世界的熱鬧洪流中，人們又非常願意去回味一下那寧靜美麗、一片冰心卻仍然憂傷無端的古典田園牧歌？去再一次尋覓、溫習、拈量那剪不斷的純潔無瑕的人間情意？從而，以獲取某種心理平衡、人生補足，或者在此會古今於一瞬中又「別是一番滋味在心頭」？

　　當然，也許根本不是這麼回事，人們買《鑒賞》，完全出於某種實用目的：通過考試以換取文憑，便於講課以節省準備，如此等等。但是，不管是哪種目的，是雅人逸致還是世俗算盤，如有高手，對這些古董金玉，從形式到內容，從情感思想到詞藻文章，加以評點，予以闡釋，發其底蘊，使讀者或因之而引動共鳴，或

因之而銳敏感受，或因之而觸發聯想，或因之而其他其他，……總之，「夫子言之，於我心有戚戚焉」，從而對那個似乎相當遙遠，卻仍一脈相通的古典情感世界增添一層情意興趣，不也算是一件很好的事情嗎？這不正是在建築一個雖世代相沿卻不斷積累更新的人類的情感本體麼？儘管「詩無達詁」，藝術形象永遠大於評論語言，儘管讀者可以完全不同意甚至反對這些鑒賞評說，但以「意在言外」著稱的中國詩文傳統中，增添一些不同的解說評論，又有什麼不好呢？何況，對那許多已經不大熟悉古文辭的年輕讀者來說，它至少有解釋表層字義的功用吧。

　　拙作《華夏美學》曾認為，「（中國文藝）集中把情感引向現實人際的方向，便不是人與神的聯繫，不是人與環境或自然的鬥爭，而是父子、君臣、兄弟、夫婦、朋友、親族、同胞……這種種人際關係，以及由這種種關係所帶來的種種人生遭遇和生活層面，如各種生離死別（『送別』便是華夏抒情詩篇中的突出主題），感新懷舊、婚喪弔賀、國難家災、歷史變故……，被經常地、大量地、細膩地、反覆地詠嘆著、描述著、品味著。人的各種社會情感在這裡被交流、被加深、被擴大、被延續。華夏文化之所以富有人情味的特色，美學和文藝所起的這種作用不容忽視。」即使是高揚寂滅的佛學禪宗滲入之後，也「總是空幻中仍水天明媚，寂滅下卻生機宛如」。具有禪意美的中國文藝，一方面既藉自然景色來展現境界的形上超越，另方面這形上境界的展現又仍然把人引向對現實生活的關懷。這進一步擴展和豐富了心靈……。

　　我不知道這些論斷（也許是武斷）能不能從這本《古代詩歌

精萃鑒賞辭典》裡得到某些印證？在異化恐怖籠罩著的現代人生中，在非理性衝動被格外禮讚的文壇今日裡，中國古典文學的這種人生情味、人世溫馨，究竟應該看作保守逆流呢，還是可以充當某種有益於生活健康的補充劑料？我不敢斷言，也不必去「斷言」。

　　我大概可以說的只是，中國古典抒情詩詞，一如殷周青銅禮器、宋元山水畫幅，放在世界文藝史上，是完全不必自慚形穢的。它們將是全人類的珍寶。因此當聽說此書將譯成英文出版時，我便更加歡喜了。

（原載：《人民日報》1989 年 3 月 21 日）

五十一 劉文注《張先及其安陸詞研究》序

「⋯⋯風不定，人初靜，明日落紅應滿徑」。張子野這幾句詞，是上初中時讀過、記住並一直沒有遺忘的。記得當年十四、五歲，並非學校要求，也未有老師指點，卻非常熱衷於讀詞和填詞，特別是喜歡五代北宋詞，當然還有一個南宋的辛稼軒。對於詩，甚至唐詩，倒望望然而去之。

為什麼呢？自己在一處這麼解釋過：「為什麼多少年來，好些青年男女更喜愛詞、接近詞，不正是因為這種形式和作品更親切更細膩地表現、描寫了人們的各種（又特別是愛情）的心情意緒麼？」（《美的歷程》）話雖如此說，其實也未及深究。「詞乃小道」，古人便已如此低估，近數十年在「階級性」、「人民性」、「愛國主義」、「社會意義」等等鐵框標尺下，這種談男女情愛的「小道」，更是被壓在出不得頭的地位，更何況這些男女之愛大半還是寫妓女的呢？

但是，我還是喜歡這些詞。即使年紀大了，每一次讀那些「相思魂欲絕，莫話新秋別；何處斷離腸，西風昨夜涼」。「城上樓高重倚望，願身能似月亭亭，千里伴君行」⋯⋯（張先詞）等等，總還是覺得一往情深、誠摯動人而非常感慨的。當然，我更喜歡正中詞（馮延巳），它更深沉，但安陸詞這種清新快暢，不正是承

繼著韋莊的風格，通過與自然景物的移情合一，將女人眼裡、心中的愛情抒寫得痛快淋漓而惹人喜愛麼？

藝術的價值本在陶冶、鍛鑄人的心靈世界——即那個情感本體；藝術本體只是對應此情感本體而發生而擴展的。即使如《戰爭與和平》那樣氣吞山河的社會畫卷，即使如《紅樓夢》、《馬克伯斯》那慷慨悲涼的人生哀歌，也都是這樣。既然如此，又何必輕視、低估這種雖淺斟低唱卻同樣在精微細緻地編織補綴人們的情感世界，培育、豐富、充實人的生活和心靈的「小道」呢？它們不也同樣是那情感世界和藝術本體的不可缺少的一個部分嗎？並且，羊腸小道不更是曲徑通幽，耐人尋味，而趣味盎然麼？

雖然也看到過一些談論宋詞的書籍、文章，但尚未見有專題研究張先和安陸詞的著作。劉先生的作品有力地填補了這個空白。它清晰地描述了張先詞承先啟後的歷史地位和美學價值，例如指出它「逐步擺脫了女子表面衣飾的堆砌描寫，而代之以樸素平易的詞彙，去描繪女子的心理與動作」等等。劉先生又特別從張先使用的詞牌、宮調、疊字的統計中，作了許多客觀、科學、實證的研究論證，這種方法和態度，在大陸學人的人文學科領域中，還不多見。前幾年我給劉笑敢先生的莊子著作寫序時，曾讚賞通過分類統計《莊子》一書的詞彙以考證《莊子》內外篇的先後；這裡我願再一次對劉先生這種研究表示讚賞和鼓吹。我覺得，這是值得效法推廣的。這種種客觀的實證方法是改進我們人文研究使之現代化的重要途徑。我們不能老是一本本大而化之無所不談的「專著」。

　　劉先生是新加坡青年學人，沉默寡言，秉性忠厚。我全家來去新加坡時，本與他毫無關係，卻完全由他接送。在新加坡時，又蒙他幫忙照應。但我們來往卻並不多，這當然是由於我素性疏懶不喜交遊所致，而他那群而不黨嚴肅認真的處世風格，則使得我們的「君子之交淡如水」，韻味長存。當然，我仍然記得和懷念在那個樹綠長年花紅到處的花園城市裡，在那些豐盛優雅的酒樓宴席中，我和劉先生以及其他一些朋友們閑談漫論、笑語連連的歡娛情景，而時日匆匆，離開那愉快歲月又半載有餘了。還是在新加坡時就承諾寫這個序，值此北國大寒、歲暮雪飄之際，回首炎炎夏日的獅城（新加坡別號獅城），不又真是有點如張先詞所描繪的「臨晚鏡，傷流景，往事後期空記省」麼？

1988 年 12 月於北京

五十二　關於改良與革命答記者問

　　我覺得不必費精力在名詞上做文章。改良和改革，在外國是一個詞，意思是從上而下的進行變革，不必推翻政權，而革命則是要通過暴力推翻政權。我看，不能盲目崇拜革命，因為不是任何革命行動都是好的，包括法國大革命、辛亥革命等等，都值得重新研究和評價。說戊戌變法不是革命的，不是貶低它。不少國家搞改革或改良，效果很好，例如英國、日本。哪裡需要革命，哪裡需要改革或改良，要作具體分析。我有個想法，過去講過，但沒有寫文章。我說：康梁的改良或改革，有可能成功；而辛亥革命則注定是要失敗的。它反掉了千百年來的皇帝，中國這麼一個大國便只能變成軍閥割據。

　　有個象徵集權的皇帝，從上而下地搞改革，要比推翻政權好得多。如果慈禧早死，光緒力量較大，個人才能較高，君主立憲就可能成功。所以我對康梁的評價高於辛亥革命。革命畢竟要流血，要動亂，如果能不流血、不動亂便可以做到的事，何必非流血不可？封建主義是必然要崩潰的，但康梁的失敗卻不一定是必然的。

　　必然與偶然，我重視偶然。我認為研究歷史要重視偶然。必然是一段很長時間才體現出來的規律，但每段具體歷史的變化卻

是以偶然的面目出現的。在蘇聯，假如列寧晚若干年去世；在中國，假如毛澤東早若干年去世；歷史就不一樣了。研究歷史，不能盲目崇拜必然性，這會導致宿命論。歷史都是通過偶然的事件表現出來。做一件事，可以成功，也可以失敗，都是通過偶然的事引起的。重視偶然性，就是重視創造性，不搞宿命論，重視每個個體對歷史的創造。

（原載：《廣州日報》1988 年 11 月）

五十三　白說也要說

　　危機主要不在文化上，而是全面的社會危機。除經濟問題外，還有社會秩序問題，流民問題，生態問題，包括缺水和污染、濫施化肥、地力減退、人口失去控制等等，現在不但有嚴重危機，而且隱藏著未來的動亂。

　　我同意再復講的文化危機就是沒有文化的危機。一講辦教育、增加知識分子工資就推說沒有錢。為什麼幹別的許多事卻有錢？譬如舉辦亞運會，肯定要賠錢，還要打腫臉充胖子。上次奧運會，我看輸得好，贏了更洋洋自得，不得了了，一些人總喜歡搞華而不實的事情。知識分子問題和教育文化問題，在領導層心目中到底擺在什麼地位？真值得研究。

　　知識分子不能指望恩賜，但我也不贊成暴力。從歷史上看，暴力不能解決根本問題。我希望能逐步地、和平地改革，但這種改革也得知識分子自己去爭取，去奮鬥，去鬥爭。應該大聲疾呼，並且不止在文化上。我們應該代表知識分子說點話，參與議論政治，儘管「說了也白說」，但「白說還得說」。例如，我一直反對搞核電站，不贊成搞「高峽出平湖」的三峽工程，不管效果如何，還是要說。

　　輿論監督是走向現代化民主的重要方面，也是克服文化危機

的題中應有之義。希望在還沒有真正民營報刊的今天,《群言》能自覺起到這方面的作用,使民主黨派不再作「花瓶」,而能逐步作為獨立的政治團體和政治力量,活躍在中國的政治舞臺上,加速我國的民主化進程。

在《群言》座談會上的發言

（原載：《群言》雜誌 1989 年第 3 期,原無標題）

五十四　關於中國傳統與現代化的討論

(一)

中國關於現代化的思想和行動，經歷了科技（「船堅炮利」、興辦現代工商業的洋務運動，1860 年左右開始）——政治（戊戌維新 1898，辛亥革命 1911）——文化（文化、心理的中西比較，要求拋棄傳統以改造國家、民族，五四運動 1915～1923）三個歷史和思想史的時期和過程。有趣的是，這一過程似乎今天又在重演，從而使我們回顧歷史，有了更深刻的感受和意義。

在第一時期，問題比較簡單。「現代化」被認為不過是「聲、光、電、化」、工廠、鐵路。保守派堅決反對這些東西，認為它們「有害人心」，應該完全拒絕，因此在他們那裡就不存在傳統與現代化的關係問題，只要堅持舊有一切傳統、排斥現代化就行了。但是，這種極端保守的立場和思想，在國家不斷被現代化的西方國家和後起的日本所打敗的現實面前，不得不被改良派思潮所取代。從五〇年代到七、八〇年代，一些官僚知識分子不但主張興辦現代工商企業，提倡現代科學技術，而且，開始提出從法律上保護民間資本，欣賞西方上下院代議制度，在文化上提出廢科舉、辦學堂。但是，他們仍堅決排斥西方近現代的社會政治理論思想，

無保留地擁護中國傳統的「綱常名教」。他們認為，西方的工藝科技以至政法制度只是拿來便可用的「器」，至於維護中國生存的「道」和「本」，則還是傳統的「綱常名教」。他們說：「蓋萬世不變者，孔子之道也」（王韜〈易言跋〉），「取西人器數之學以衛吾堯舜禹湯文武周孔之道」（薛福成《籌洋芻議》），「道為本，器為末；器可變，道不可變；庶知所變者，富強之權術而非孔孟之常經也」（鄭觀應《危言新編》）。九〇年代張之洞更明確指出哪些可以改變，哪些不可以：

「不可變者，倫紀也，非法制也；聖道也，非器械也；心術也，非工藝也。……法者，所以適變也，不可盡同；道者，所以立本也，不可不一。……夫所謂道、本者，三綱四維是也……」（《勸學篇》）

所謂「三綱」就是已奉行兩千年的「君為臣綱、父為子綱、夫為妻綱」，「意思是說，臣要絕對服從君，子要絕對服從父，妻要絕對服從夫」（《辭源》）。「四維」就是禮、義、廉、恥。這也就是說，他們主張在保留中國傳統的倫常秩序（主要是君主專制制度和以父家長統治為特色的家庭單位和社會縱橫秩序）、傳統的價值觀念和意識型態的基礎和前提下，吸取、採納西方（在這裡是「現代化」的同義語）的科學技術、經濟管理制度和部分的政治、文化體制。但在這種思想指導下，控制在國家舊體制手中的現代企業的實際情況卻非常糟糕：

「洋務派在八〇年代由求強而言富，著手創辦非軍工的近代工業。但是，與私有工業的資本家不同，主持、管理或監督這些

官辦、官督商辦企業的封建官僚們的個人利益與工業本身的利益是脫節的，官員們感興趣的不是企業利潤的擴大和資本的積累，而只是如何在企業內中飽貪污。陳陳相因、毫無效能的封建衙門及其官吏，當然完全不能也不願適應資本主義的經濟所要求的近代經營管理，所謂官督商辦，實質上是加在資本主義經濟上的一副沉重的封建主義的上層建築鐐銬。……資本主義經濟發展必然要求不適應於它的嚴重阻礙它的封建上層建築的改革。這一歷史必然規律在上一世紀八〇年代的中國開始顯露出來了……西方資本主義代議制度，在這時廣泛地被當時中國開明人士所注意所介紹所讚賞，被看作是救亡之道、富強之本。」[1]

於是，進入了以改革政治為思想中心和興奮焦點的第二時期。無論是改革派以英國、日本（君主立憲）為榜樣，還是革命派以美國、法國（民主共和）為模式，他們都幾乎無保留地接受了西方現代民主政治的觀念和理論、思想和學說，並立即付諸行動。從開學會（維新）到做炸彈（革命）……，都是為了進行政治體制的變革。

但是，傳統（主要是儒家思想）千百年來建立起來的權威性，在人們特別是在這些時代先鋒的知識分子心中，仍然具有極大的力量，以致他們在接受和宣傳西方現代民主、自由、人權、平等種種思想觀念時，也總要或者硬穿上一套傳統的衣裳，或者用它們來重新解釋傳統，或者用傳統來解釋它們。康有為打著孔子的

---

1 拙著《中國近代思想史論》，北京，1979 年，第 55～56 頁。

旗號來「託古改制」，強調他要進行的政治改革是遵循和符合孔子
教義的真實原意（這原意兩千年來被歪曲和篡改了）。

　　非常激烈的譚嗣同直接地公開地猛烈地抨擊「三綱」，要求徹
底廢除它們，指出「上以制其下，而不能不奉之，」「數千年來三
綱五倫之慘禍烈毒，由是酷焉矣」。並提倡「五倫中於人生最無弊
而有益……其惟朋友乎！……所以者何？一曰平等，二曰自
由，……總括其義曰，不失自主之權而已矣。……餘皆為三綱所
蒙蔽，如地獄矣。……故民主者，天國之義也，君臣，朋友
也，……父子，朋友也，……夫婦，朋友也。……侈談變法而五
倫不變，則舉凡至理至道，悉無從起點」（《仁學》）。但譚嗣同也
仍然要假借孔子的名義，用「仁」來代替「禮」，把西方近代自
由、平等、博愛的觀念勉強納到中國古老傳統的格局中去，認為
孔子和儒家的「仁」，就是西方現代的自由平等博愛。對中國傳統
的肯定性的認識和情感，在他們心中的積澱是那樣強大，他們真
誠地相信，孔子和中國傳統中仍然有許多與西學和現代化完全符
合一致，從而非常適合於改革的東西，他們盡量發掘、表彰、附
會中國傳統中的任何民主、平等、自由的觀念，他們盡量抬高從
孟子到王陽明、黃宗羲的思想主張。在他們這裡，所要提倡、宣
傳、傳播的「西學」是與傳統的「中學」混合「雜揉」在一起的。
從而，現代化與傳統的根本歧異、矛盾和衝突，在他們那裡還沒
有被清楚地揭示出來。儘管如此，比起第一時期來，他們在思想
上已經不自覺地轉到以現代化的「西學」（自由、平等、博愛、人
權、民主）為主體這個方向來了。

　　不僅改革派，而且革命派，包括孫中山、黃興、章太炎等人，也經常是把推翻清朝建立民國的革命行動和理論與中國固有的文化傳統連接起來。

　　到了第三時期，五四新文化啟蒙運動使情況有了根本變化。「西學」與「中學」、現代化與傳統的根本對立和水火不容，被極大地凸顯出來。人們認為是傳統阻礙了中國的進步，因此，要拯救中國、改變政治、振興實業，關鍵在於打倒傳統（傳統的價值觀念、語言、標準等等），重建文化。他們實際上繼承了譚嗣同，但再也不要孔夫子的衣裳了。他們喊出了「打倒孔家店」的驚天動地的口號。陳獨秀要求打倒忠、孝、貞操等一切舊道德；胡適提倡白話文，提出「全盤西化」，要求「死心塌地地去學人家，……不要怕喪失我們自己的民族文化」；魯迅說少讀或不讀中國書，激烈抨擊種種中國的「國粹」；錢玄同提出廢除漢字，吳稚暉主張把中國書扔到茅坑裡去……，總之，他們認為，傳統必須徹底打倒，必須根本扔棄，中國才能得救。

　　這個五四運動新文化啟蒙一開始就有強有力的對立面，這個對立面實質上是承繼著張之洞「中學為體」的傳統，並以梁啟超、梁漱溟、張君勱、章士釗等人為代表。他們提出了中國的「精神文明」或「東方文明」的優越性，並引起「科學與人生觀」的著名大論戰。如我的著作所已指出，前一派如果可說是西化派的話，那麼後一派則可說是國粹派。如果前一派的好些人（主要是年輕一代）後來日益走向馬克思主義，那麼後一派則變化為所謂「現代新儒家」。儘管這種分野具有某種政治的性質和成分，但它畢竟

又是文化的和思想的。在中國近現代，文化和思想總與政治結下不解之緣，也由於這種不解之緣，在以後的歷史進程中，終於使「救亡」壓倒了「啟蒙」（參見拙作〈啟蒙與救亡的雙重變奏〉），政治取代了文化；戰爭和革命使傳統與現代化的思想論爭和理論探討被擱置起來和掩蓋下去。革命勝利後的五、六〇年代，傳統與現代化的關係則在實踐中處於一種奇怪的相互促退的複雜關係中，它終於發展為「文化大革命」的所謂徹底反傳統。

文革以後，痛定思痛，使人們再一次要求研究為害甚烈的封建傳統。在向西方開放的現代化進程中，人們日益感受到單純的經濟改革、引進現代科技、吸取管理機制已經遠遠不夠，而且遇到困難和阻礙，於是政治上的體制改革和文化上的觀念更新，又一次成為知識分子們所關注和吶喊的重大要求。傳統與現代化的關係和相互作用，繼五四之後又一次呈現為「文化熱」討論（1985～　）。

現實與以前不同的是，今天似乎將上述近七十年的三個時期緊緊地壓縮在一起了，歷時態變而為共時態。在一場農民戰爭（太平天國）之後，由洋務（「同治中興」）而變法（戊戌）而革命（辛亥）而文化批判（「五四」）的這個歷史行程，今天似乎把它們緊縮在同一時態內了。本來，社會是一個有機體的結構系統，作為結構的改變轉換，有賴於它的諸因素相互作用所造成。特別是在中國，以從屬和依附於政治的知識分子為軸心建構基礎的社會文化心理，已成為制衡整個社會動向、經濟行為的強而有力的因素。因此，這個社會結構機體的改變，光引進西方的科技、工藝和興

辦實業,是不能成功的;光經濟水準是難以奏效的;必須有政治
體制(上層建築)和觀念文化(意識型態)上的改革並行來相輔
相成,同步行進,彼此配合,現代化才有可能。經濟、政治、文
化的三層改革要求的錯綜重疊,成為今天局勢的關鍵。

(二)

那麼,中國文化傳統究竟是什麼地方根本區別於現代社會或
現代生活,從而被認為與現代化發生矛盾、衝突以至阻礙現代化
呢?

這問題在五四時期和今天都有廣泛的討論,存在著多種不同
的意見,但陳獨秀當年所突出的西方的「個人本位主義」(現代)
和中國的「家庭本位主義」(傳統)的區別,至今仍不失為一種簡
單明白一目了然的解釋。當然,七十年後的今天,對這一中西區
別和傳統特徵的認識,已經達到了一個新水平。從大小傳統的多
方面的考察,使我們知道傳統與現代化的關係遠沒有那麼簡單,
而是錯綜複雜的。

中國號稱「禮義之邦」,中國人也素來以此標榜自己的傳統特
徵。「禮」是中國文化中國人民和儒家思想最為重要的基本範疇和
觀念。據《禮記・曲禮》:「夫禮者,可以定親疏,決嫌疑,別同
異,明是非者也。」它主要是一套套以血緣紐帶為基礎關係的尊
卑長幼的「度量分界」(《荀子・禮論》)、等級秩序、體系制度、
禮貌規矩,用以在行為上、思想上、情感上規範、指導和約束人
們,並貫徹到社會生活的各個方面各個領域中。我曾說:「就在稱

調和餐桌上，便也可說是一『名』一『實』地在日常生活中把這種以血緣親屬為基礎的尊卑長幼的等級秩序，作為社會風習長期地鞏固下來了。」[2]

中國傳統要求在飯桌上必須嚴格地 「長幼有序」、「主客有別」，要求控制或節制自己的食慾以循規蹈矩，不予放縱。本來，「從兒童心理學看，服從社會指令（普遍性、理性），克制自然需求（個體性、感性），不為物慾（如食物）所動，也正是建立道德意志，培育道德感情的開端。」[3] 中國傳統的確把這個方面極端地擴充了。

在「稱謂」上，中國傳統「稱謂」的繁密區劃的必要性和重要性在於，它以之示遠近、別親疏，從而指導、規範人們的行為、關係、態度和秩序，如叔父、姑父、姨父、舅父，如堂兄弟、姑表兄弟……。在中國傳統中，根據他們與自己的關係不同，從而對他們的行為、態度便各有區別。由於父系地位更重要，叔父姑父之於姨父、舅父亦然，而叔父比姑夫又更親一些；因為同姓重於異姓，男重於女。與前述的吃飯一樣，中國傳統的這種尊卑長幼的秩序規定（「禮」），已浸透到中國人「習焉而不察」的整個文化心理結構中去了。中國哲學之所以不發展為思辨理性的認識論，而成為規範行為倫理學，也正是這傳統的集中表現。在西方，人都是上帝的兒子，在上帝面前，所有世間的尊卑長幼都平等地接

---

2 《中國近代思想史論》，北京，1985 年，第 299～300 頁。

3 拙作《批判哲學的批判（修訂本）》，北京，1984 年，第 309 頁。

受最後的審判，在中國，人不相信上帝審判或來世天國，於是，人們執著地從理智到情感，從現實到觀念，都處在這個細密複雜的人世的倫常關係網絡中。我是誰？我是父之子，子之父，弟之兄，婦之夫⋯⋯，人的存在和人的本質就在這網絡之中。人只是關係，人的「自己」不見了，個性、人格、自由被關係、「集體」、倫常所淹沒。人被規範在這種「社會關係的總和」中。他（她）的思想、情感、行為、活動都必須符合這「社會關係的總和」的存在或本質。於是，父有為父之道，子有為子之道，此即「道在倫常日用之中」。沒有脫離人世的「道」，「天道」也不過是這「人道」的同構而已。

這與西方認為有獨立於人世的宇宙自然，有超越世間的主宰上帝，有自然律，是大不相同的。

在日常生活習慣中，也可以看出這一點。例如，見面打招呼，不是「早上好」，而是問「吃飯了沒有？」路上打招呼，不是說「今天天氣不壞」，而是問「上哪裡去？」⋯⋯這些在西方人也許會覺得「干預私人事務」的風俗，在中國卻正是行之久遠表現出某種「人際關係」的習慣。你的存在（吃飯與否）與行為（到哪裡去），都是集體的一部分，「集體」是有權過問和表示關注的。這仍是上面所說的，個體的存在、行為，是被規定在、束縛在綱常秩序的社會關係中。這裡難得有個體的自主、自由、平等與獨立。

又例如，當人被稱道或讚譽時，西方人常常回答「謝謝」即已足夠；中國人卻習慣於謙遜不遑地推謝：「過獎」、「不敢當」，

這正如中國人不很習慣於誇耀自己的才幹、能力一樣。總之，個體不能突出，這種種謙遜無非是有意識地去壓抑、貶低、掩蓋個性主體，以尊重、護衛、高揚集體（社會）的倫常秩序。中國人的衝突也習慣於由第三者的調停、協商，和諧解決，而不重是非曲直的法庭審理和客觀判斷。所以，禮俗替代法律，國家變為社會，關係重於是非，調解優於判定，「理無可恕」卻「情有可原」……等等，也就成了直到今日仍普遍存在的現象。它說明中國以「禮」為教的特徵，和以儒家學說為代表的傳統，大至政經體制，小至儀容禮節，已浸透到一般現實生活和習慣風俗中，形成了超具體時代、社會的「文化心理結構」了。這種結構的穩定性質，主要來源於陳獨秀講的「家庭本位主義」，亦即拙作《中國古代思想史論》裡講的「血緣基礎」——以遠古原始氏族社會為根源、建立在小生產自然經濟之上的數千年的家族血緣的宗法制度。

《中國古代思想史論》認為，血緣宗法是中國傳統文化心理結構的現實歷史基礎，而「實用理性」則是這一文化心理結構的主要特徵。所謂「實用理性」就是它關注於現實社會生活，不作純粹抽象的思辨，也不讓非理性的情欲橫行，事事強調「實用」、「實際」和「實行」，滿足於解決問題的經驗論的思惟水平，主張以理節情的行為模式，對人生世事採取一種既樂觀進取又清醒冷靜的生活態度。它由來久遠，而以理論形態去呈現在先秦儒、道、法、墨諸主要學派中。《中國古代思想史論》認為，與希臘哲學「愛知」為特徵，尋求宇宙的本源根柢，以了解自然、追求真理

為己任不同，中國先秦哲學大都是一種社會論政治哲學，它以「聞道」為特徵，要求理論聯繫實際，服務於實際，解決現實社會問題、人生問題，以「救民於水火之中」和「治國平天下」。西方基督教曾促使與實用無關的理想思辨和情感幻想充分發展，中國哲學則執著於人世實用，人與自然的關係服從於人的關係，人對自然的研究從屬於對人的服務，如前所述，「天道」實際上只是「人道」的延伸或體現。從而中國文化及哲學中缺乏對上帝以及惡的「畏」，從而缺乏謙卑地去無限追求超越的心理。中國人滿足在人世生活之中。

　　這種實用理性不同於美國現代的實用主義 (Pragmatism)，它不只是一種工具主義。它有自己的「天道」與「人道」、自然（宇宙萬物）與歷史（人類社會）相同構而溝通、統一的宇宙觀念、歷史信仰和客觀規範，主要表現為「參天地，贊化育」的《易傳》世界觀和漢代形成的早熟型的系統論模式。這模式成為中國人認識世界、解釋世界和指導自己實踐行動的基本心態，是中國整個物質文明和精神文明在文化心理結構上的積澱表現。它具體呈現在醫、農、兵、藝、歷史、哲學……之中。《中國古代思想史論》曾反覆指出，作為早熟型的系統論，中國文化善於用清醒的理智態度去對付環境，吸取一切於自己現實生存和生活有利有用的事物或因素，捨棄一切已經在實際中證明無用的和過時的東西，而較少受情感因素的糾纏干預。這是因為實用理性不是宗教，它沒有非理性的信仰因素和情感因素，來阻礙自己去接受外來的異己的事物並扔棄本身原有的東西。

　　正因為此，中國文化傳統在某種意義上，從物質文明到精神文明，從衣食住行到思想意識，倒是最能迅速接受和吸取外來文化以豐富、充實和改造自己的。日本今日保留中國古代的東西（如木屐、和服、「榻榻米」以及茶道、花道……）就比中國多。在唐代詩文中，可以看見當時作為國都的長安城，竟是一個「胡帽」、「胡酒」、「胡舞」、「胡姬」的世界。而今天中國的民族器樂中著名的「二胡」、「京胡」，也都是從異域傳來而落戶的，古代中國人絲毫沒有排斥拒絕它。包括與儒學教義格格不入的佛教、佛學，自印度傳來後，從南北朝到隋唐，兵不血刃地統治了中國意識型態數百年。

　　釋伽牟尼的地位經常在本土聖人孔夫子之上。不僅在下層百姓，而且也在上層士大夫知識者心目中，佛學比儒學的地位也常常更高一層。這說明中國儒家的實用理性能不懷情感偏執，樂於也易於接受外來的甚至異己的事物的。也正因為此，「五四」時代才有上述那種在其他民族文化裡所很少出現的全盤性的反傳統的思想、情感、態度和精神。這種全盤性反傳統的心態，恰恰是中國實用理性傳統的展現。從積極方面說，是為了救國，為了啟蒙，為了喚醒大眾。當時先進的中國知識分子認為必須激烈地徹底地抨擊孔孟、捨棄傳統，才有出路。這不是為個體超越或來生幸福的迷狂信仰，它是經過理智思考過的有意識的選擇。所以，這又仍然是積極入世以求社會、國家的生存發展的實用理性和儒學精神的表現。

　　從消極方面說，它之所以沒有非理性的宗教情感的阻擋、干

擾和抵制，也正是因為實用理性並非宗教信仰的緣故。所以，這種激烈反傳統的「五四」啟蒙運動，發生在具有高度傳統文化教養的第一流知識分子身上，以及中國知識分子在近代如此順利和迅速地接受進化論觀念，一舉扔棄歷史循環境的傳統思想，以及後來接受馬克思主義階級鬥爭學說，都並不偶然。它證明了中國實用理性這種為維護民族生存而適應環境、吸取外物的特徵、精神和方法，同時顯示著中國傳統文化的負荷者並不受本傳統的束縛限制的開放心靈，說明這個古老的文化心理傳統仍有其自身的活力。所以，它能延續數千年之久而不滅絕消失，不是沒有自身的原因的。

　　也正因為是以早熟型的系統論為具體構架，中國實用理性不僅善於接收、吸取外來事物，而且同時也樂於和易於改換、變易、同化它們，讓一切外來的事物、思想逐漸成為自己的一部分，安放在自己原有體系的特定位置上，模糊和消蝕掉那些與本系統絕對不能相容的部分、成分、因素，吸收接收之後加一番改造，使之同化於本系統。例如，中國人到漢代便把「天人」、「古今」，各種自然、社會、物質、精神現象統統構建、組合到一個系統裡。這個系統從一個統一的大帝國出發，其目的是為了穩固、保持這個巨大的社會機體的動態平衡，以達到長治久安。中國傳統社會為什麼那麼持久，到現在還那麼頑固，很大的一個原因是因為從漢代開始就有了這個系統，在文化心理結構上奠定了基礎。從漢代起，這個系統把天地人各方面都通過陰陽五行結構的方式組合安排起來。例如，五味、五食、五聲、五臟，等等。這個結構中

的各個部分，既相互聯繫滲透，又有相生相剋的反饋作用，它有
一套循環的模式，整個自然，整個社會，上自皇帝，下至百姓，
包括時間、空間、人體、社會制度、倫常秩序，統統都被安置在
這個模式中。李約瑟說，中國思想的特點是沒有上帝，沒有創造
主的概念。為什麼？我以為正是因為中國有這個系統觀。這個系
統本身大於一切，高於一切，天、地、人都在這個系統中，彼此
牽制著，例如皇帝主宰著百姓，但得聽命於天，而天又得聽聽老
百姓的意見。這是一個無所不包的循環的大系統。有了這種系統，
也就不需要有一個上帝來創造世界，主宰人世了。

　　這個系統為了維持自己的生存穩定，對外部特別注意和要求
能適應環境，它具有一種同化力，所以中國人喜歡講求同存異。
對待外來的東西，首先注意與自己的相同之處，模糊那些與自己
不同的東西，從而進一步吸收、消化它，使之與自己相協同。它
經常採用生物適應環境的那種同化形式，這正是這個穩固的系統
為適應生存對付異己所採取的動態（不是僵硬的）平衡的結果。
這個系統當然也有很大的缺點。它對內部要求秩序性、封閉性，
使每個人的行動作為和思想觀念都在系統中被規定好了位置，不
能越出特定的規矩和範圍。現在我們常說照顧大局，實際上就是
照顧系統的穩定性。

　　如此等等。

（三）

　　可見，從今天來看，五四對傳統和傳統與現代化的關係的看

法,即全盤否定傳統,認為傳統與現代化是完全矛盾衝突的關係,是過於簡單了。實際上中國文化傳統與現代化不僅有排斥衝突的方面,也有可以相互促進的方面,同時傳統既然是浸透在社會現實中的活的存在,而不只是某種大傳統的思想學說,它便不是你想扔掉就能扔掉、想保存就能保存的身外之物。所以,只有從傳統中去發現自己、認識自己,才能改換自己。傳統常常是集好壞於一身,優劣點很難分割,這就不是片面的肯定和籠統的反對所能解決,而首先是要有具體歷史的分析。只有將集優劣於一身、合強弱為一體的傳統本身加以多方面的解剖和理解,取得一種「清醒的自我覺識」,才能進行某種轉換性的創造。無論是肯定或否定,如果脫離了總體歷史,即可能成為抽象的論證。任何理解都有理解者本身的歷史性因素在內。歷史離不開歷史解釋者本身的歷史性。也正因為如此,理解傳統亦即是理解自身,理解自己也只有通過理解傳統而具體實現。

傳統既是扔不掉守不住的,它有其產生發展和改革變化的經濟根基。《中國古代思想史論》一書中強調指出了農業小生產的家族宗法制度,是儒墨兩家生存延續的根本基石。只有社會存在隨著科技引入和大工業生產的發達而造成人們生產方式、生活方式、行為模式的巨大改變,才能真正強有力地作用於人們的觀念意識、思想情感、人生觀和宇宙觀,使現代的思想觀念、價值標準真正紮下根來,而不只是少數知識分子的要求和空想。

但如果以為僅憑經濟的發展就會自動地更新一切,那便是懶漢的幻想。不能坐等經濟的改變,如前面所說,文化、政治與經

濟需要同步行進。傳統的再認識和自我更新將大益於經濟、政治
的現代化。所以,既不是全盤繼承傳統,也不是全盤扔棄。而是
用新的意識來對傳統積澱或文化心理結構進行滲透,改變其習性、
功能和狀貌。

在今天商品經濟所引起人們生活模式、行為模式、道德標準、
價值意識的改變的同時,在改變政治化為道德而使政治成為法律
的同時,在發展現代的嚴格的邏輯思惟和工具理性的同時,卻仍
然讓傳統的實用理性發揮其清醒的理智態度和求實精神,使儒家
道德主義仍然保持其先人後己、先公後私的力量光芒,使莊子、
禪宗那種直覺頓悟仍然在抽象思辨和理論認識中發揮其綜合創造
的功能,使中國文化所積累起來的處理人際關係中的豐富經驗和
習俗,以及它所培育造成的溫暖的人際關懷和人情味,仍然給中
國和世界以芬芳,使中國不致被冷酷的金錢關係、極端的個人主
義、混亂不堪的無政府主義、片面的機械的合理主義所完全淹沒,
使中國在現代化過程中高瞻遠矚地注視著後現代化的前景,不仍
然是非常重要的嗎?中國傳統的文化心理難道不可以由我們作出
轉換性的創造嗎?中國沒有基督教、宗教傳統,難道不可以從自
己傳統文化出發,以審美來作為人生境界的最高追求和心理本體
的最高建樹嗎?這樣,傳統將被更新,現代化也將中國化。這當
然是一個異常艱難、漫長和矛盾重要的過程。但它將給中國建立
一個新的工藝社會結構和文化心理結構,將給中國民族的生存發
展開闢一條新的道路和創造一個新的世界。

這裡還要注意的是:從中國目前的前現代化社會和某些高度

發達國家的走向後現代化社會，是三個不同的歷史發展階段，不能混淆它們。特別因為表面現象上，前現代化有某些近似處，便更需要予以清醒對待，不能因要求在現代化中注意後現代化問題，而將後現代化混同起來。

例如，對待自然，前現代化和後現代化也許更強調人與自然和諧或重視人回到自然懷抱，現代化則重點致力於征服自然，改變環境，前者重視精神的自由享受，後者首先著力於物質生活的改善。對待社會，前現代和後現代也許更重視財富平均、社會福利，而現代則主要是個人競爭、優勝劣敗。對待人際關係，前後現代都追求心理溫暖，現代則基本是原子式的異化的個人。對待人生，前後現代，倫理和審美占重要地位，人本身即目的、超功利、輕理性，否認科學能解決人生問題；現代則突出工具理性，關注於目的、功利、前景和合理主義，人自身成了手段。在思惟方式上，前後現代均重直覺、頓悟和個性經驗，現代則重邏輯、理知。在前後現代，每個人都是重要的，幾乎無分軒輊。現代則是明星、天才、領袖、名家的世界。……

所有這些描述，是非常粗陋和簡單化了的。之所以作這種描述是想指出，儘管前現代與後現代有某些接近或相似之處，但兩者在實質上是不相同的。現代與後現代儘管在表面上有些不同，在實質上卻更為相通和接近。

為什麼？因為現代和後現代基本上建築在同一類型的社會存在即大工業生產之上，與前現代建立在農業小生產自然經濟基地根本不同。正如沒有下過五七幹校的國外左派知識分子，會覺得

簡單的體力勞動是真正的愉快和幸福，吃膩了冰凍食物和習慣了家用電器會感到簡單落後的原始生活充滿了生氣和快樂……，實際上，這兩者是根本不相同的。所以，在傳統與現代化的討論中，重要的仍然是歷史具體的科學分析。只有這樣，才能在現代化過程中，一方面批判和否定傳統，另方面清醒地保存吸取前現代化中的某些因素（例如包括大鍋飯中的某些積極因素），來走出一條中國化的現代化道路。

因之，我不同意絕對的文化相對主義。這種文化相對認為任何文化、文明均有其現實的合理性，從而不能區分高下優劣；原始文化與現代文明、農業文化與工業文化都是等價的，因為它們不能用同一標準去衡量；人們在這不同文化裡的生活和幸福也是不能區分高下優劣的。這樣，就甚至可以推論根本不必現代化。我以為，物質文明在其生活質量、水平上（包括壽命長短）有其進步與落後的共同的客觀尺度。不管哪一個國家、民族、社會、宗教，人們都希望能乘坐飛機、汽車來代替古老的交通工具，都希望冷天有暖氣、夏天有空調，都希望能通過電視、電影，看到聽到世界上更多的東西，都希望能吃得好一些，活得更長一些，住得寬敞舒適一些……。人畢竟不是神，他（她）是感性物質的現實存在物。他（她）要生活著，就必然有上述欲求和意向。因此就仍然有一種普遍必然的客觀歷史標準，而不能是絕對的文化相對主義。

但是，人畢竟又不是動物。除了物質生活，人各有其不同的精神需要，並且這種精神需要滲透在物質生活本身之中，也推動、

影響、制約物質文明的發展，影響著物質文明所採取的具體途徑。
所以，文化發展既有其世界性的普遍共同趨向和法則，同時又有
其多元化的不同形態和方式。不同的民族、國家、社會、地域、
傳統，便可以產生各種重大的不同。總之，是基本上一元化的物
質文明和基本上多元化的精神文化。自五四以來的傳統與現代化
的討論中，西化派從康有為、嚴復到胡適、陳獨秀強調的是現代
化的普遍性，國粹派從章太炎到梁漱溟強調的是中國傳統的特殊
性。只有去掉兩者各自的片面性，真理才會顯露。

（1989 年 5 月，據拙文〈漫說西體中用〉
刪削改寫而成，未能發表）

 「五四」回眸七十年

──香港答林道群問

林：李澤厚先生，就我們所知道的，你是「文革」以後中國思想界頗引人注目的思想家。明年（1989 年）是「五四」新文化運動七十週年，距「文革」結束也有十幾年了。如你說過的，一切都要從「五四」談起，「五四」以來這七十年，中國文化的發展大概如何、有了什麼樣的變化，在此你可否跟我們談談？

李：我的意見在《中國現代思想史論》裡說過了。很有趣的現象是「文革」以後突然有很多情況很像「五四」，例如人道主義的呼喊、科學民主的要求、文化熱等等，整個歷史像在作圓圈遊戲，為什麼？值得研究。「五四」所提出的民主與科學到現在還不成功，我認為這是救亡壓倒啟蒙的結果。現在主要的問題，老實說，是「革命後遺症」。一方面是原來有革命熱情、方向和信念，現在這一切都喪失了，於是人們要再次去尋找自己的道路、熱情、信念。有人主張徹底的虛無主義，有人去找宗教。這和「五四」時代原有傳統信念崩潰而四去尋求，吶喊、徬徨，吾將上下而求索很相似。另一些人則認為「革命傳統是傳家寶，不能丟」，仍然堅持革命戰爭時期（那其實是一種非常時期）的那一套。毛澤東一講就是長征如何如何，總是欣賞、讚揚供給制、不怕苦不怕死，

一些老幹部也是如此，一講便是「延安精神」等等。於是，與青年們便產生了深刻的代溝。我們要從學術上研究、總結這問題，不能簡單化。既不能說革命傳統、革命精神是壞的，又不能把它們仍然作為具體制度、具體辦法來宣揚和推行。因為這對現代化和發展商品經濟很不利。這其實也就是我早在《中國古代思想史論》後記中講的倫理主義與歷史主義的矛盾。以後會怎麼樣？當然還是要提倡自由、民主，但不能再停留在原地上，自由與民主有多種涵義，從學術開發說，它們到底是什麼？關係如何？如何具體體現在制度上？有哪些不同的形式和方式？這些問題都很複雜，須要仔細研究，所以我提倡理性，不贊成提倡反理性。西方因為理性發展過分，科技力量太大，理性太多，制度太密，把人束縛太緊，使人異化了，於是有了解毒劑的反理性。中國根本沒有民主、科學，這套現代的民主、自由和科學靠反理性是建立不起來的。現在提倡反理性實際很容易回到「文革」。

　　林：說到對理性的看法，我們看到目前中國思想界有兩種跟你很不一樣的意見，譬如劉小楓所說，現代理性只是工具理性，它所提供的東西不能作為至高的終極價值真理，所以我們對理性的權能不能寄予無限的信任。又譬如高爾泰先生最近說，他頗不同意你在 1986 年 12 月在《中國文化報》上的一番說話，就是認為你說的中國需要理性而不是非理性，說理性就是「規則」、「規矩」等等，仍然是從理性與非理性的對立來看問題，仍然把理性看作是外在我們、制約我們的力量，這顯然是錯的。他說理性是人自己志性生命力運行的獨特方式，而不是外在於我們。並提出

「理性要成為我們自己的就必須與感性相統一」。所以，主張以感性為主導的感性與理性的統一的提法，來代替非理性與理性相對立的提法。你對以上的批評有什麼回應？

李：我提出中國當前要理性，而不是非理性，受到了許多攻擊。但批評首先應該把概念搞清楚。這可以避免一些無謂的糾纏。例如什麼是「理性」？「理性」本身就有很多解釋，在《批判哲學的批判》一書中我曾引布蘭夏德 (Blanshard) 分析「理性」一詞的涵義有多種。高爾泰把一些理性也算作非理性，這就不但使理性這概念變得更加模糊。而且也使他文章本身發生很多矛盾，他是藝術家，文字很漂亮，但思想很混亂，把理性也算是非理性，這就很難討論。劉小楓比高爾泰的水平要高得多。他的一些看法，例如認為理性並不是人的終極目標等等，我認為是對的。人不能只有理性，光理性就成了機器人，我在以前的文章裡十分強調偶然、感性和個體，其實我是在「文革」後最早提出這一點的。但我仍然認為目前中國更需要理性，現在一些批評我的文章很有意思，他們的文章不但所使用的概念（他們愛用一大堆大概念，一開口便是本體、存在、形而上，非理性等等）很不清楚，而且論證本身充滿矛盾，不遵守形式邏輯，缺少嚴格的論證，似乎作者們是在寫詩，貌似雄辯，實則糊塗。所以我曾提出大家都來學點平面幾何，學點形式邏輯，從這些文章中也可以看出我們還沒有經過理性的階段。但這些文章和著作讀起來似乎很痛快，很過癮，確能喚起人們的情緒，所以我不排斥甚至還尊重這些論著，但不把它們看作學術著作，具有什麼科學價值，我認為它們不能解釋

和解決任何問題，但可以作為「文藝」作品欣賞一番。

　　林：回到劉小楓所提出的終極關懷問題，是不是跟你提出的理性，大家有不同的關涉面呢？在這不同的層面上，兩者是否有所對立呢？

　　李：劉小楓認為中國現在要建立終極價值，認為只有基督能救中國，在這點上，他當然跟我衝突，我不認為基督教能救中國，終極價值也不只基督教才有。假如他只認為人的終極價值不是理性，這跟我在理論上便沒有什麼衝突。

　　林：目前中國出現一種情況，很多人也提到了，大陸出現思想道德危機，你是否覺得中國現在需要一個思想來統一整個社會？

　　李：不，我不認為中國目前需要一個共同的東西，來統一人的思想。現代和後現代的特徵之一是多元化，中國迫切需要多元化。你願意信佛教，信基督，信馬列都可以。我們不需要一個統一的意識型態來管治。我們提倡的理性本身並不是信仰，它是工具性的東西。胡適、丁文江當年的科學派誤把工具當作目的，在這點上便不如「玄學鬼」。但這工具對中國很重要，沒有這工具就不能走進現代，想超越現代邁入後現代，更不可能。中國傳統缺少這種現代生活所需的工具性的理性精神，包括政治、法律、經濟、文化各方面都如此。外國是制度太多，條文太多，中國相反，是制度、條文不足，憑領導人、個別人的意志、愛憎、經驗、決心辦事。

　　林：你在這裡所提出的理性，跟傳統中國的理性有什麼區別？

　　李：我所強調的是現代社會所需要的分析的理性、批判的理

性。傳統中國是奠基在經驗論上的實用理性，強調直觀和道德，強調與日常生活的實際相結合。中國沒有「為科學而科學」的傳統，一切科學都要為現實服務，缺乏獨立精神。到現在還是一味強調理論必須聯繫現實。其實理論本身有它的邏輯，有它本身的規則和需要，它與現實的關係很複雜，要分開不同層面、不同角度來處理看待。現在有些人想以一篇文章、一本書或用某種文化理論就來解釋或解決當前所有問題，其實也是這種缺乏科學精神的表現。所以我一直提倡微觀的實證研究，搞大量的小題目，細微研究一下，講清楚。開始的時候有人搞一些大題目，寫些宏觀文章，提出問題，提些重要看法，是可以的。但是，一窩蜂繼續這樣搞下去，就有問題了。

林：剛才你提到傳統中國的「實用理性」。最近王耀宗先生在《明報月刊》對此提出批評，認為你把「實用理性」說成是一個思惟形態以及人生態度，這樣對於中國傳統的儒家思想來說，會碰上這樣一個問題：無論中國知識分子做些什麼，都可以將他們解釋為傳統主義者，或者是儒家學說的體現者。

李：王先生批評我的文章是我所看到的批評文章中比較中肯的一篇。為什麼說明明反儒家的人，如胡適、陳獨秀仍然不脫傳統的儒家精神？因此，什麼是「儒家」？或「儒家」這概念究竟是什麼意思，有幾種不同的涵義，在哪種語境、哪種意義上使用這個語詞，就需要進一步分析。儘管成千上萬的文章、著作用這個語詞，但這個概念並不清楚。從古代到現代，什麼是「儒家」？當代新儒家是一種看法，例如牟宗三說某適是孔子的敵人，有的人

把董仲舒都排斥在外，那他們算什麼「家」呢？所以首先得把概念搞清楚。去年我在新加坡講演時專門談到這個問題，王先生的批評其實也是這個問題。

林：能不能就儒家這個問題再談一下？

李：我認為中國文化的主幹是儒家，儒家本身在變化，所以它有多種涵義，一種是相對於墨、法、佛、道來說的儒，另一個則相當於中國文化的主體，用它來形容、構述代表這個主體，好像說孔子是中國文化的象徵一樣。中國的士大夫知識分子基本上都是儒家教育出身，他們基本上都有對國家、民族和現實生活（俗世）的深切關懷，這就是儒家精神，就是道德。他們以及整個社會所遵循的價值規範行為標準，基本上也來自儒家的人倫秩序，在這個涵義上使用「儒家傳統」、「儒家精神」，涵義顯然遠為廣泛。那些反儒家的「五四」人物卻仍然主張「為人生而藝術」，後來毛澤東批孔，卻又強調文藝為政治服務，這些不又仍然可以說是「文以載道」的儒家精神的繼續嗎？作為已積澱為民族深層心理結構的「儒家」精神，這個概念顯然不同於用在區別墨、法、道、釋的「儒」的概念。這是使用語詞必須注意的地方。

林：王耀宗另外也對於你提出的「西體中用」的新概念表疑問（特別是有關「體」的涵義），當然，此前方克立先生也曾指你這概念是「理論混亂」。你有什麼回應？

李：「西體中用」這個概念遭到很多人的反對，我其實早說過我為什麼要使用這個似乎很不科學、很不現代化的陳舊概念。這是因為「中體西用」的提法、觀念和理論到現在仍很有市場。我

在一個會議上公開聽到一個學者說：「我們現在就是需要中體西用」，前幾年一些重要人物也說過，中國只要學習西方的科技、經濟管理就行了，其他的不必學。這就是「中體西用」的思想。針對它，我才提出「西體中用」來與之對立，運用這個語詞的鮮明性、刺激性來反對「中體西用」。語言的作用正在這裡，不能脫離具體的語境來批評語詞。語詞的意義只在使用之中。我已反覆說過這點，可惜仍不被注意到。

林：王耀宗對你關於「體」的看法的批評，可不可以在此闡述你的看法？

李：我所說的「體」的確有新的涵義。他批評我除了生產方式外又加上日常生活和一些心理、文化方面的東西，已經不是馬克思主義了。當然不是舊的或正統的馬克思主義，但它可以是發展了的馬克思主義。發展當然就得加入新東西。馬克思沒講文化心理結構等問題，我加了進去。但這又不是與馬克思主義完全脫離關係，我還是強調使用製造工具的實踐，講生產方式，仍然認為它們是「第一性」的。日常生活不是我提出的，法蘭克福學派早已講得很多，他們講日常生活批判，也算馬克思主義嘛。我認為馬克思主義千條萬條最基本的一條還是真理：即人首先要吃要穿，才能談其他，這一條我到現在還相信。馬克思其他的東西，我認為有很多錯誤，包括《資本論》，也有錯誤。因此要發展馬克思主義，除指出它的缺點錯誤外，還要加上一些馬克思沒有講過的東西，這並不奇怪。

林：你是較早就鼓勵年輕學者對文化討論提出他們的看法，

近年來的中國的確出現了一批年輕學者參與文化討論，包括《走向未來》、《文化：中國與世界》編委會，都是以年輕人為骨幹的。對青年思潮的出現，特別是一些年輕學者，例如劉小楓、劉曉波對你的批評，你對他們有什麼評價？

　　李：劉小楓的《拯救與逍遙》還沒看，沒法發表意見。但他基本思路我可能還了解。他那篇《讀書》雜誌發表的關於《金薔薇》的書評，文字漂亮，思想深刻，我非常欣賞。他的主題是崇拜苦難，要人在苦難中昇華，人應該在神的面前跪下來，不要狂妄自大。這是真正的基督精神，並且與現代歐美神學的趨向似乎相反。但是他的這種觀點我是不同意的，他所宣揚的忍受苦難、崇拜苦難、以追求超越那種杜思妥耶夫斯基的俄羅斯精神，我難以接受。所以我說十年後我再跟他對談，現在他已經進入了角色，不僅持之有故言之成理，而且對他已是一種信仰，現在和他辯論既無意義，也沒用處。得過一段時候，看看他的發展變化再說。我認為，這種俄羅斯崇高純淨的本身也有很大的弱點，在現實生活層面上，俄羅斯人民為什麼會長期忍受史達林那樣的殘暴統治，幾十年來連中國那種「五四」運動也從未有過，布哈林等人死前為什麼那樣表現，等等與這種忍受苦難、崇拜苦難精神有無瓜葛，便值得研究。

　　至於劉曉波跟劉小楓完全不一樣，是兩回事情。有人告訴我，劉曉波公開對好些人說，他寫文章要打倒我就是為了出名，既然這樣，這就沒有什麼話可說了。有人批評他，說他大量歪曲我的觀點來批評我。這使我想起在「文革」中有一種「抹黑戰術」，就

是他先給你「抹黑」，把你本來沒有的東西強加於你，如說你是特務、叛徒，你的文章中如何如何反毛主席，等等等等，你要回答，首先就得澄清哪些不是那麼回事，原意不是這樣這樣。他抹一下容易，你洗起來卻難多了，而且越洗越解釋辯白，還可能越使人不相信，於是陷入被動，這種戰術在「文革」中相當奏效，想不到劉曉波把這戰術用到「學術討論」中來了，那我何必去上當呢？還有，他的文章不講邏輯，這也不好辦。例如他說：「中國人個個是庸才。」[1] 劉曉波大概還會承認自己是中國人吧，那他本身也是「庸才」，既是庸才，那我又何必去和「庸才」辯論呢？並且，由一位「庸才」來提倡天才理論，不是有點滑稽嗎？但為什麼他的文章那麼受年輕人歡迎，因為他發洩了年輕人對現實社會和很多東西的不滿、憤怒、苦惱、苦悶的反抗情緒，恨不得要搗毀一切。我非常尊重年輕人的這種情緒，這就是我遲遲不作回應的主要原因。何必用理論去面對或「消解」這種正當的情緒呢?! 所以對我來說，劉曉波算不上真正的理論挑戰。

　　林：劉曉波的文章很少引你的說話，他說是對「整體的李澤厚」對話，不是跟一兩篇文章對話。高爾泰就頗欣賞劉曉波表現出來的這種突圍意識，認為就是情緒的反動，高爾泰說中國現在就是需要這樣的人。

　　李：劉曉波不引我一句話卻來批評我，對他來說似乎是一種進步，因為以前他所引用的根本不是我的原文，甚至連我文章的

---

1 見《明報月刊》1988 年 8 月號，第 42 頁。

標題也被改動，那就更不好了。這也很有點像文革中的「批判」發言和大字報，而且水平和性質也基本相當，只是語言詞彙等形式略有所變異而已。這種現象為什麼重複出現，也值得研究。其實當年好些年輕的紅衛兵那麼狂熱地「砸四舊」、反傳統，也是認為要產生一種新文化必須把舊文化徹底鏟除掉，不能說他們的動機和情感是壞的。但這種激烈的非理性的情緒反應並不能解決什麼問題，儘管這種情緒也有某種理論形態，如毛澤東講的「要鬥私批修」等。今天劉曉波等人又一次把這種情緒以「學術」形式表現出來了。但可以斷言，這也搞不出什麼結果，中國需要的是建設，而不是破壞，包括在學術領域，也如此，毛澤東說破字當頭，立在其中，但並沒能真正立起什麼來。劉曉波那種亂罵一氣很容易，但要正面作點學術建設，就得費點功夫和氣力，就沒有那麼簡單了。而且把罪過一股腦推給文化、傳統，恰好掩蓋了當前的主要問題。如果我們的主要問題是在傳統文化，那就人人都有份，即是說錯誤人人有份，真正要負責任的人就反而沒事了，這正好給應負責任的人開脫掉。我就不承認我應負責任跟某些當官的一樣大。我就不承認對「文化大革命」，普通人（儘管也狂熱）和毛澤東負有何同等的責任。現在情況很明白，是一批既得利益的封建官僚阻礙著社會進步和體制改革，怎能把罪過抽象地歸結到文化上面呢？

　　林：你剛才說到把問題歸結到文化上，是掩蓋了應該負責任的人的錯誤。甘陽先生前段日子來香港講演也談到文化的問題，他提到文化系統跟政治系統應分開……

李：我不知道甘陽所說的文化系統跟政治系統分開的涵義。科學本身要有獨立性，這沒有問題。科學和文化有不同種類和層面，有一些和政治毫無關係，有一些卻跟政治有密切關係，分也分不斷，且不說政治學、法律學，就是經濟學也如此。研究今天的經濟改革，便很難和政治分開。但即使如此，每個學科本身仍應有它的獨立性、科學性，不能去作政治的工具，為政治家的政策、行為作辯護。政治家怎麼說，理論趕緊去作論證，這就不是科學，科學的中性研究會產生正面或負面的效應，但不應去管它。這就是理性的精神。

林：你剛才的回答提到你對年輕學者的一些評價，你可不可以正面回應白杰明在臺灣《當代》雜誌對你跟劉再復發表在《人民日報》上的「文學對話」的批評？

李：白杰明很讚賞劉曉波，老給他打氣，但也缺乏論證。有些（不是所有）「洋大人」是至今從心底裡瞧不起中國人的，中國越亂，到處越亂扔炸彈，他的中國飯也吃得越香。我就是這樣看的，也可能不對。據說現在中國好些作家不敢得罪甚至去逢迎西方的漢學家，為了出國或得獎等等，我寧可不出國，也要說點老實話。

林：白杰明說你們對劉曉波等表現出一種家長式的褒貶……

李：他沒有說我為什麼是和如何是「家長式」，只說我和劉再復等人是什麼「所謂」的改革派理論家，我也不知道「所謂」是什麼意思，大概是假的、不值一談的意思吧，但也最好論證一下嘛。他不屑於論證，加個「所謂」就可以一筆勾消了。對劉曉波

的文章我還可以在反映青年情緒這一點上肯定它，但這位先生的文章我連這點肯定也沒有。實際上，劉曉波並沒有受到什麼嚴重的攻擊，反而是劉賓雁、劉再復這些被這位洋先生嘲笑的「所謂」，卻遭到了真正的迫害。

林：那麼你怎麼樣看甘陽的文章？

李：甘陽不錯。我跟他也熟。他很狂，但有水平。現在我們有很多狂士，有的自稱江南第一才子，有的自稱天下第一，彼此都瞧不上眼。這也不壞，如果他們能像武俠小說中的那樣比試比試就好玩了。我以前老批評我們這一代知識分子是「誠實有餘，聰明不足」，誠實到愚蠢的地步。反右時，有的人一些問題只是自己在想，想不通，就趕緊向領導匯報，「向黨交心」，結果被打成右派，其實你不講，他也不知道，誠實就可以到這種地步。現在年輕的一代卻相反，是「聰明有餘，誠實不足」。前一階段我老是鼓吹年輕的一代，因為那時候人們都說這一代沒希望，「文革」中沒讀書，是報廢的一代，我到處跟人爭論，也在《中國近代思想史論》裡寫了幾句評價。但現在我覺得要對這一代作些批評。可能這又是「家長式」了，但我還是要講。他們現在已經成長起來，再沒人能欺負他們。但他們（當然不是所有人）卻越來越以自我為中心，不顧起碼的道德價值、道德標準，一切都是為「我」利用和服務於我的工具。因此行為不再有任何規則可以遵循。這樣下去，人生不太可怕了嗎？

林：你可不可以對「代」的研究發表意見？最近大陸出了一本書名叫《第四代人》的書，研究中國各不同「代」的不同思想

形態，你對這類研究有什麼看法？

李：我還沒看到這本書，自己也沒時間搞這些研究。我以為，以這個世紀初上世紀末科舉制度的沒落和廢除為起點，出現了現代形態的知識分子，他們經常與中國現代政治鬥爭密切相關，所以我分成六代，辛亥是第一代，五四是第二代，毛澤東、鄧小平是第三代，第四代是抗戰的一代，第五代是解放的一代，這代比較長，然後是紅衛兵一代，即「文革」一代，那本書的第四代大概是我所說的第七代吧，我出近代思想史論時是七〇年代，第七代基本還未形成，所以只寫到第六代。我仍然對第六代，即金觀濤、甘陽這一代抱很大的期望，他們這一代搞自然科學可能沒有什麼希望了，但在人文社會科學方面，包括將來在政治舞臺方面，還是大有希望，可以大顯身手的。也希望在這一代和第七代裡產生大量的各方面的、各種各樣的專家，以在學術領域內把中國真正引入現代化。我願意重複強調，中國缺少嚴格的科學研究，缺少微觀專家。其實只有在大量專家的微觀研究基礎上才能進一步搞好宏觀研究。

林：你對近來最熱門的文化討論——《河殤》有什麼意見？

李：我還沒有看，沒法發表意見。

林：對這樣的現象，你怎麼樣看？

李：我覺得作為文藝作品，第一是不應該禁止，禁止是非常愚蠢的事。第二，作為文藝作品，它是一種情感性東西，表面上主題可能是否定傳統文化，實質上表現的是人們對現實的不滿批判情緒，所以引起了強烈的共鳴，獲得了巨大的成功。第三，作

為學術來討論，那是另一個問題，我已經講過我不同意把問題統統歸結為文化，把罪過歸結為黃河。但我總覺得《河殤》大概主要是批判現實政治，而並非批判傳統文化，後者只是一種面具而已。對文藝作品和作家、藝術家的非理性的東西，我是一貫支持的；但作為理論，像劉曉波、高爾泰，我是反對的。這我分得很清楚。文藝作品就是要起情感作用，理論是訴諸人的理性，兩者並不相同。

林：未來幾年中國的文化討論的情況會是怎麼樣？應該怎麼樣走？

李：我不是預言家。應該怎麼樣，我覺得還是要做大量實際的科學研究，不能指望一篇文章、一本書就解釋和解決了東西文化問題。

林：現在中國的文化討論有人說是重複著 1923 年的科玄論戰，你是否同意？

李：有近似的地方，但並不一樣。歷史好像在走圓圈，但歷史畢竟走了六十多年，世界和中國情況都不一樣了。

林：新的科玄論戰會出現嗎？

李：科玄論戰說了兩三年了，前年聽說甘陽跟金觀濤要辯論，到底辯論什麼？能辯論起來嗎？我看不一定。我還是提倡搞實際研究，一辯論就把許多人的精力集中在這個問題上，儘管熱鬧，不見得好，倒不如紮紮實實各人幹各人的事。

林：前些時候中國大陸理論界有一種新提法，就是有人提出目前可以採用幾句話概括國內學術界，譬如說哲學的貧乏，歷史

學的危機，法學的幼稚，經濟學的混亂等等……

李：這種概括太空泛，沒有多大意思。情況大家都知道，問題是怎麼辦？我目前最關心的是經濟問題，儘管我不懂也不搞經濟。我認為現在是一種結構改革，經濟、政治、文化也需要同步進行改革。經改本身也是一種結構改革，不是放開物價就能解決問題，因為中國大陸並沒形成市場機制。所以不是下決心衝鋒去突破一點就可以解決的，不能搬用過去打仗的辦法。經濟改革迫切需要健全法制，要制訂特別要嚴格執行和遵守法律，從最上層做起。沒有稅收法或不嚴格執行，倒爺們發大財，當然人民大不滿意，便是一例。憑藉封建特權發財更如此。改革需要依靠理性，而不是非理性，不是靠意志、決心、熱情等等。

林：回過頭來，我們想說說你自己。你到過新加坡研究一年，今年在美國講學也有大半年了，新加坡儒學研討會你也沒有去參加，跟外界的接觸也很少，很多朋友都希望你動心忍性了這麼久回來以後，能在文化哲學上開創新的方向出來。不知你自己有什麼大的計畫？你的研究又有什麼方向？

李：首先非常感謝大家對我的關心。我打算回去以後好好讀些書，並不準備寫書寫文章。我支持青年們多寫一點，記得年前我說過這話，現在已變成現實，現在大部分書刊都由年輕人占領了。很多事情他們能做，我就不必做了。我自己打算考慮一些比較抽象的問題。我非常感謝各種講演的邀約，但我不喜歡演講。這一點和好些人包括劉賓雁、劉再復、金觀濤諸位不大一樣。我從小不愛說話，朋友跟我聊天，我可以說很多，但見到陌生人，

心裡就不自然，緊張，儘管表面上看不出來，似乎我還很活潑。到現在還是這樣，所以很少很少社交活動，這好像是個性，很難改變。

林：最後的一個問題，就是關於你的三本思想史論，你說過總的來說是講中國命運的，在此你能不能概括你這三本書，談談你對中國命運的看法，做一個總結？

李：這很難，我認為中國這個民族經過長時間的混亂，還會生存下來。這次給美國學生講課，他們聽了中國人沒有上帝的觀念和信仰，都居然能生存幾千年，覺得震動。前途看來不會一帆風順，還會有曲折，但願不再有大災難才好。我不相信中國這個民族一定會完蛋，但命運是很難談論和預測的。

林：謝謝你接受訪問。

（原載：香港三聯書店《多元的反思》，
1989 年）

 「五四」的是是非非

問（孫尚揚）： 1989 年是「五四」七十週年，海內外各種大型紀念活動也許會使對「五四」這場偉大的愛國和文化思想解放運動的反思達到新的高度，同時也會使近幾年來經久不衰的文化熱更顯熱鬧。這裡，我們想了解您對「五四」的整體評價。在《中國現代思想史論》一書中，您似乎傾向於以全面的反傳統和全盤西化來概括「五四」運動的整體精神面貌，對嗎？

答： 這裡有個語言上的問題，我們使用的一些語詞和一些概念往往是模糊的、多義的，有些概念的使用經常帶著很強烈的情緒色彩，語詞的使用不應離開它的具體語境。今天，人們一般喜歡用全盤西化和徹底反傳統來概括「五四」精神，這種概括是否準確還值得深入探討。對「五四」的評價現在似乎有兩種意見，一種持肯定的態度，海內外有些學者持懷疑甚至批判的態度。我持肯定的態度，不太贊同用今天的眼光指責「五四」在某些方面太過分，因為如果沒有「五四」，就沒有今天這樣的一部現代史，至於這部現代史寫得不好與「五四」有沒有關係，還需要作具體研究，我一直認為那是「五四」以後的事。到現在為止，我還是肯定「五四」的。

問： 據我所知，對「五四」的評價至少有三種態度，第一種

認為「五四」的徹底反傳統造成了中國文化的斷裂，用牟宗三先生的話來說叫做「斷了中國傳統文化的血脈」，這無疑是對「五四」的否定；第二種認為「五四」反傳統還不夠徹底，應該繼續下去；第三種是賀麟先生在四十多年之前提出的，他認為「五四」新文化運動確實是反傳統的，但它反掉的正是儒家傳統文化中最僵化、消沉的部分，而使其中最有生命力的那一部分從反面得到了一次新開展的機會和動力。您怎樣看這三種評價？

答：我當然傾向於第三種看法。第二種說法認為「五四」反傳統不夠徹底與歷史不符。「五四」是很複雜的，當時有人提出廢除漢字，魯迅倡導少讀甚或不讀中國書，錢玄同認為中國書每頁都是昏話，吳稚暉主張該扔到廁坑裡去，如果有人認為「五四」反傳統尚不夠徹底，我就不知道他們如何「徹底法」，我也不清楚是哪些人和為什麼有這種主張。對第一種和第三種看法倒是可以理解的。

問：您的意思是今天反傳統的徹底性不可能超過「五四」了？

答：你的「徹底性」三個字是什麼意思呢？如果就具體口號來說，今天不可能有比「五四」更徹底激烈了，如果你的「徹底性」有別的涵義，諸如對傳統作更深入的分析批判，那當然可以，而且必需。因為「五四」對傳統的分析批判在理論上還是比較膚淺的，例如廢除漢字便既不可能，也無必要。這種口號顯然並不科學，儘管當時倡導科學，它反映的也是一種情緒。又例如魯迅反對讀中國書，而事實上他還是讀的，他對中國文化的了解也是很淵博而深刻的。對「五四」的許多口號要作科學的分析。應加

深「五四」的科學精神，彌補「五四」的不足。「五四」的民主也只是一種口號，民主究竟是什麼？民主與自由的關係到底如何？民主具有哪幾種不同的理論形式？美國、英國、法國的民主便各不一樣。這方面應作細緻的、具體的介紹和分析，輸入進來，並研究如何與中國的具體情況相結合，如何來克服中國的各種阻力和障礙而使之實現。這一任務「五四」並沒有完成。所以我們今天繼承「五四」精神是要進一步貫徹「科學與民主」的精神，使科學與民主不只停留在口號上，例如科學，首先當然指自然科學，但如何使科學精神體現在人文學科領域裡就很值得探討。這才是我所主張的「徹底性」。總之，「徹底性」並不能等同於某種反傳統的「徹底」情緒。

問：您所說的這種情緒在某些時期例如啟蒙階段……

答：是必不可免的，有時甚至是必要的、有益的。

問：那樣將犧牲思想的深刻性？

答：是的。啟蒙本身是理性的。但它作為一場運動，當然會有情緒性的成分。搞科學也包含情感，自然科學家以極大的熱忱去追求真理，其中還包括某種信念，有的自然科學家就以他們的工作成就來顯耀上帝的偉大。但重要的是，他不能讓上帝來干預某個自然科學命題的具體論證。

我的意思是如果今天我們還停留在「五四」水平上，甚至不如「五四」，卻自以為是在徹底地反傳統，如果這不是一種倒退，也是一種可悲的重複。

問：現在在一些中青年學者中確實有這種重複。北京大學曾

以「傳統文化與現代化」為主題舉辦過一次群英會。講臺上就有
人旗幟鮮明地肯定傳統文化中的一些觀念和人文價值，有人則激
烈反對，倡導全盤西化。在您看來，這是一種喜劇性的重複，但
這些學者是否有些新的理論視野和角度？

　　答：我不這樣認為。最近幾年我一直倡導多作些具體的、實
證性的研究。中國現在缺乏的正是這些研究，一講就是古今中外
一大套，自以為一篇文章、一次演講、一本書就解決了問題，找
出了中國的道路，我覺得沒那麼容易。我們現在需要的是大量的
微觀專家。日本有些學者在微觀研究方面就很有成就。我從美國
回來以後，走進書店一看，發現有很多新的著作，但大都是古今
中外縱橫談，很少豐富材料、細緻論證的微觀研究作品，而微觀
的研究才是真正的科學，也只有在這種微觀研究的基礎上才可能
有更科學的宏觀把握。我願意一再地反覆地強調這一點，雖然我
自己已沒能力來做這種研究了。

（一）今天需要的是理性和民主

　　問：《中國現代思想史論》在討論科玄論戰時，您承認確實有
些重大的問題如人的存在意義等問題是科學解決不了的。

　　答：那當然。最近我在答兩位香港記者時說：我是提倡理性、
提倡科學的。但是理性和科學並不代表人的終極價值、終極關懷。
理性只是一種工具，它本身並不一定是人的最高目的。但是這種
工具非常重要，沒有這種工具就別想走進現代。當年科學派正確
地強調了這工具，卻錯誤地把這工具當成目的自身，視人生如科

學，要大家去樹立所謂「科學的」人生觀。這方面玄學鬼倒是較為正確的。「活著為什麼」並不是科學所能解決的，不能說社會有其發展規律就能解決「活著為什麼」這個問題。這個問題不那麼簡單。越到現代或後現代，這個問題就越突出。

問：當今中國所缺少的究竟是科學的實證精神，還是缺少那種玄學鬼的精神？

答：我認為現在的中國更需要前者。在西方近代，理性精神過分了，所以出現了非理性主義，我把它叫做西方理性的解毒劑。現在德利達 (Darrida) 的解構主義就旨在解散這種東西，因為西方的科技力量太大，制度太嚴密。馬克斯・韋伯所說的那種工具理性從官僚機構到各種制度太束縛人了，使人異化掉。所以西方需要這種非理性主義。但中國太缺乏從而非常需要這種工具理性和實證精神。

問：您曾認為「五四」所提出的一些啟蒙口號和任務諸如個性解放、爭取個體自由、民主和平等不僅遠沒有得到具體實現，反而在更緊迫的政治救亡中被壓倒，甚至成為被當時的革命鬥爭所需要的集體主義和統一意志所擊碎的夢幻，而且這種集體主義和統一意志後來更倒退為封建主義的大復辟（文革），您是否認為這種歷史的進步（革命勝利，新中國建立），一定要以思想的停滯甚至倒退以及個性的壓抑為必然的代價？有沒有更好的選擇？

答：我的「救亡壓倒啟蒙」這一說法已受到一些批評。前不久金沖及就發表文章說救亡不是壓倒啟蒙，而是「救亡喚起啟蒙」[1] 我不太理解這提法，我還是堅持自己的看法。原因很簡單，

因為中國近代的「救亡」採取的主要是軍事鬥爭形式，即使辛亥不算，從北伐到抗日到解放戰爭，主要是發動組織農民進行武裝鬥爭。在軍隊裡是沒有什麼個性可言的，也無所謂民主，將軍、首長指向哪裡就得打到哪裡，軍令如山倒，錯了也得執行。軍隊裡只有一言堂和鐵的紀律。在軍隊和武裝鬥爭中去追求個性解放和民主自由是不可能的。所謂民主集中，也主要是集中。國民黨在抗戰時也強調意志集中，力量集中，民族至上，國家至上。對共產黨來說，它還有現實的群眾基礎，這就是廣大農民和從他們中選拔的幹部。中國的自由主義派的悲劇就在於他們沒有群眾基礎，始終沒能真正登上政治舞臺，因此西方自由民主那一套，從來沒有在中國演出過，目前臺灣似乎開始有了些苗頭。這就是「五四」以來的現實歷史，我們不可能空想出另一條道路，那沒有多大意義。關鍵在於總結這種歷史事實和經驗教訓。問題出在 1949 年後，我們沒有很好地反省這一歷史事實，我們認為在武裝鬥爭中形成的那一套是「延安精神」，是「革命的傳家寶」，不能丟。其中當然有些好的東西，如為了國家、民族，不惜犧牲個人利益、前仆後繼。但這一套在革命戰爭時期行之有效的東西，在和平時期就不一定適用，而應加以改變。

問：毛澤東曾倡導這樣的局面：既有統一意志也有個人心情舒暢……

答：是的，但他主要強調的仍然是集中領導下的民主，事實

---

1 載《人民日報》1988 年 12 月 5 日，第 5 版。

上，不可能有這種民主。他也在理論上確認民主只是手段，地位擺得不高。對他來說，恐怕是在「統一意志」之下的「個人心情舒暢」。老實講，戰爭時期共產黨領導的軍隊確實是最民主的軍隊，但那種民主與西方近代意義上的民主根本不同。我們有過包公式的為民作主的「民主」，也有過民主集中制之下的「民主」，還有過大鳴大放大字報的「民主」，它們在各個不同時期的意義是什麼？有些什麼作用（包括好壞兩方面）？如果有人就此作細緻研究倒是很有價值的。也只有在這種種具體研究的基礎上，方可能進一步了解什麼是我們今天所需要的民主。

問：是不是還有另一個問題，即在革命勝利後，國家被視作弗洛姆所說的那種用來實現某種最高精神價值的實體，因而導致對個性的忽視，以及政治上的專制？

答：在專制政治下實現近代化也是行得通的。例如拿破崙第三曾被馬克思痛罵過，但正是在他執政的那二十年中，法國資本主義有了空前的發展。在德國，俾斯麥也是很專制的，但在他執政時期德國資本主義也得到了發展。史達林專制，也使蘇聯實現了工業化。更不必說彼得大帝，明治天皇了。但中國錯過了三次好時機，一次是袁世凱時期，在他擊敗了國民黨第二次革命後，是個大獨裁者，如果他稍有點新思想的話，中國是可以實現現代化的，當年嚴復便是這麼指望的；另一次是蔣介石在 1945 年抗戰勝利後，如果國民黨不那麼腐敗，不一心想立即消滅共產黨，內戰也不是不可避免的，當時一些人也曾這麼希望過，那也是一次好機會，但失去了。還有一次是新中國建立後，如果毛澤東以他

當時的那種威望和權力致力於現代化，也會是一次很好的機會。但這三次機會偏偏都失去了。

這些說明了什麼呢？以上三人都是中國歷史上的強人，今後恐怕不可能出現這種強人了，也沒有這種必要。我們不能將中國的現代化寄希望於少數政治強人。歷史是充滿著偶然性的，沒有毛澤東就不會有文化大革命，所以我不同意宿命論式的歷史決定論，不能說一切都是必然的，個人特別是具有極大權力的政治人物可以起很大作用，具有很大責任。我也不同意新權威主義，以前這三位強人都辜負了人民的期望，今天如果繼續寄希望於政治強人，保險係數又有多大呢？我看還是寄希望於廣大知識分子、企業家和人民為好。

問：中國將來現代化的模式不會是專制下的現代化了？

答：這很難說。我認為這種模式在歷史上是行得通的，但在中國歷史上卻再三失敗了。

問：新加坡現代化是否可以列入上面那種模式？

答：可以。這種模式有個好處，就是權力集中，意志統一，可以強有力地排除干擾進行改革和建設。但失敗的例子也很多。

（二）歷史主義與倫理主義的矛盾

問：稍微關注一下人這個問題的哲學家，大概不會以現代化為歷史發展的唯一目標吧？

答：當然。現代化只是一個歷史過程，但不能超越現代化而進入後現代化。

問：現代化是否會必然以人的一些價值的失落為代價？

答：我在《中國古代思想史論》後記中曾指出過歷史主義與倫理主義的矛盾，現在看來很明顯。「一切向錢看」正像恩格斯所說的那樣作為惡而成了推動歷史前進的槓桿。但我們應該也可能尋求到最佳的方法和道路，盡量減少苦難和犧牲，但二者的矛盾和衝突一定會有的。歷史經常是在悲劇中進行的，以詩人的感傷來看待歷史是膚淺的，馬克思的深刻之處就在他的態度是冷靜的歷史主義。黑格爾認為對立、鬥爭的雙方都有其合理性，所以才構成悲劇。從今天的中國現實和世界遠景來看，有意識地提倡一點倫理主義，恐怕還有必要。但這並不是目前所拙劣地倡導的「雷鋒精神」。

問：有這樣一個現實問題：目前這種並不十分健全的商品經濟或許不會自發地給人們帶來民主或自由等觀念，這種情況下那種在您看來水平不太高的情緒性啟蒙工作也許仍是必要的吧？

答：我覺得現在的關鍵不是所謂的啟蒙以及文化問題，而是經濟政治體制的改革。那些反傳統最激烈的人恰恰掩蓋了這一點，我已多次反覆說過，過多地歸咎於文化，實際意味著錯誤人人有份。這就為那些應該負責的人開脫了，我自己絕不認為比他們應負同等的責任。現在的關鍵是改革那些非常不合理、充滿封建主義特徵的、弊端很多的各方面的體制。

問：應該從文化批判轉向社會批判？

答：不只是批判，而是踏踏實實地幫助如何能搞好體制改革，文化研究者也能在這方面做很多工作。例如關於民主的問題，如

前面已講過，便可以作很多實證分析，前面說過，世界上有美國式、有英國式的，也有新加坡式的民主，儘管只是形式，但畢竟允許一個反對黨議員在議會批評政府。日本的民主實際上也是自民黨一黨專政，但它經過選舉卻可以持續幾十年。為什麼？自民黨的一黨專政也是黨內有派。民主的形式有很多，學術上多作研究，找出最適合於中國的具體方案、步驟，比空喊口號和批判文化，對改革能起更實在的推動作用。

問：我問這個問題還是想回到上面那個問題：目前的這種經濟及政治改革會自發地帶來一些較先進的觀念嗎？比如民主、個性自由。能自發地帶來文化思想的進步嗎？

答：個性自由等觀念的涵義究竟是什麼呢？我之所以再三表示不贊同「空洞口號」，就是因為所謂民主、自由、個性解放等等都是很具體的東西，它需要通過政治體制改革而確立其法律保證的形式，如新聞自由、遷徙自由、出國旅行的自由、性愛自由、婚姻自由、選擇職業的自由等等，都需要具體的一系列法律形式的制訂和嚴格執行，這樣才能真正保障個性得到合理的發展，不受各種封建傳統和落後意識、制度、輿論的束縛、干擾，這樣才能得到個性解放，因為個性自由絕不是無秩序、無規則、每個人都隨心所欲。

問：現實生活中，中國人似乎缺少 Privacy（個人權益）的觀念吧？

答：是的，很缺乏，在西方，它是受到法律保護的，所以也不只是而且主要不是缺乏觀念的問題，中國連財產、人身有時都

得不到保障，何況其他？

問：經濟改革能自發帶來這種觀念嗎？

答：不是帶來，還是需要人們自覺地去爭取，並且主要不是去爭取觀念，而是爭取去全面制訂法律和嚴格執行法律。我願意再三強調法治。中國傳統中的法律是管束老百姓的，法與刑連在一起，或者是上面恩賜下來的「政策」。我們常見到一些「便民告示」，實際上也是戰爭時期從軍隊帶來的。這簡直是開法律的玩笑。現代法律是代表和維護老百姓的權益的，是民主的機制，通過它，可以控制和監督政府及其各級官吏的權力。所以必須分權，必須司法獨立，等等。只有通過法律形式才能真正保障個性的自由發展，保證個人權益不受侵犯。總之，個性解放需要具體形式表現出來，而文化研究應該也可以在這方面起些推進作用。

（三）知識分子身上的文化心理積澱

問：您似乎傾向於把「五四」看作一場偉大的文化思想解放運動，如果從這個角度來審視「五四」，那麼這場運動最重要的主體無疑是當時的知識分子，但您又認為知識分子在當時激烈的反傳統運動中始終沒有擺脫「以天下為己任」，以及「憂患意識」等傳統，這種傳統難道真是宿命論意義上不可擺脫的束縛？這種積澱在民族文化心理結構中的東西真是不可改變的嗎？

答：那倒不是。「五四」時期的環境要求那時知識分子以天下為己任，在內憂外患那麼緊迫的時期，中國士大夫也是可以擺脫這種傳統的，例如，二○年代初期就有人提出過「為藝術而藝術」

等口號。

　　問：魯迅早期提出的「任個人而排眾駁」至少可以說是一種對傳統的超脫吧？

　　答：但那種超脫仍是為了救亡。

　　問：中國士大夫面前似乎總有一個影子在晃動，那就是國家的強盛。

　　答：中國士大夫（主要是儒家）沒有上天堂的宗教超世要求，所以他們總是以天下太平百姓安樂為己任，希望救眾生於苦海。近代多內憂外患，這種傳統也就更有力量。你說這種傳統是宿命論意義上的束縛？

　　問：我想了解您所說的民族文化心理結構的積澱是實體意義上的不可變動的，還是那種流動的、有生命力的東西？

　　答：我提出積澱，是想描述一種歷史事實，它主要指那種不被人意識到的文化心理狀態。它不是靜態的、不變的，新的東西的積澱可以衝破舊的心理結構。

　　問：中國士大夫，尤其是近代以後的知識分子往往有一種超前意識，但在與現實的衝突中，這種超前意識以及在此基礎上所建構的理想社會的藍圖，往往淪為被擊碎的夢幻。這難道僅僅是因為他們對現實分析不夠冷靜深刻？毛澤東對中國現實的認識和分析可謂冷靜和深刻，這種冷靜和深刻一方面成為中國革命勝利的基礎，但晚年他對現實的那種冷靜分析卻導致了他的王權政術。這是否意味著對現實的冷靜分析，在某些時候只能導致對現實的妥協甚至向傳統的復歸？

答：我倒是覺得不一定是超前，如果那種意識是那個時代所需要的就不能叫超前意識，問題是這種意識有多大的現實基礎。封建時代的士大夫有很強大的地主階級作為他們的經濟後盾，因此他們的示範作用很大。近現代知識分子則沒有一個強大的中產階級的經濟力量的支持，他們與現實的關係不是妥協，而是客觀環境造成的產物。當然，如果為了個人利益去冷靜分析現實，很可能得出應妥協的結論，如果真是為了國家民族或人民的利益，冷靜分析現實恰恰應該得出不妥協的原則結論。毛的權術政治是有其落後的農業社會的各種力量的支持的。

問：毛澤東無疑也是一位知識分子，您如何看他的心態和個性？

答：國外有一些研究毛澤東個性的專著，當然片面，不過有的也很有趣。毛對梁漱溟的態度就很有意思，他們二人年紀相仿，早年在北京時，毛住在楊懷中家裡，經常當梁去看楊時，替梁開門，在延安會見梁時，毛還重提過這段往事，梁當然不記得了，他卻始終不能忘卻。後來他對梁那番謾罵與這恐怕確有某種意識或無意識的心理關係。毛對高級知識分子的輕視和鄙視，是某種與他的農民背景有關的深層心理。當然，知識分子在艱苦環境中的軟弱、動搖，不能吃苦等等弱點，也是使毛和好些工農幹部看不起的重要原因。

問：您認為現代中國知識分子應該具有什麼樣的心態才算是比較健全的？

答：我不想人為地下定義作規範。我只是覺得如果將「五四」

的科學民主的口號具體落實在人格、心態方面，也算是一大進步，成為現代人所應具備的精神和素質。可惜現在好些標榜反傳統的人卻恰恰缺乏這種現代人應該具有的科學民主的心態，亦即 Karl Popper 講的那種「你可能對，我可能錯」的理性態度，而常常是真理在手唯我獨尊的反科學反民主的非理性心態。聽說其中已有人崇拜起希特勒來，其實也並不偶然。

問：大陸上搞文學或哲學的似乎都對魯迅的那種心態和人格很鍾情，您是不是覺得魯迅作為知識分子具有一種較理想、健全的人格？

答：從初中到現在魯迅都是我唯一敬愛的人，他的性格對我影響很大，包括好的或壞的影響。

問：您認為他還有壞的影響嗎？

答：看在什麼意義上說，例如我外表雖活潑，實際上卻很孤僻、悲觀，不愛與人交往、很不合群，自我感覺很不良好，不是那麼朝氣蓬勃，等等。

問：這便是魯迅特有的那種孤獨和悲愴對您的影響。

答：也可以這麼說。

問：一般來講，西方社會都把知識分子看作社會的良心。杜維明先生曾倡導中國知識分子應擔負起自覺的群體批判意識的主體這一角色，您認為中國知識分子在思考現實、設想未來、甚至參與現實時怎樣才能擔負起這一角色，並且保持其獨立的人格？

答：我倒覺得中國知識分子並沒有辜負這一角色，他們始終是憂國憂民，關心國事民瘼，高層的知識分子如大學生、研究生、

教師等就更是如此。但他們為什麼難以保持其獨立性呢？因為他們沒有經濟上的獨立，也沒有法律形式保持獨立的社會地位。魯迅當年可以控告教育部長章士釗，而且勝訴，今天大概就絕對辦不到，這可以說是一種倒退。

問：魯迅當年曾看到知識分子中有一種悲劇：「有的高升，有的退隱」，今天的知識分子似乎也有類似的情況：有的徬徨，有的被官僚同化，有的也可能隱退，這是不是一種可悲的重複？

答：有這種情況。但我們應該看到這幾年知識分子有很大的進步，例如「清污」、「反自由化」難以深入下去就與這種進步有關，大家不約而同地加以抵制，形成一種群體的力量，但這還遠遠不夠，知識分子還沒有真正的獨立，還需要在經濟上、政治上、法律上予獨立人格以保障。儘管孟子早就說富貴不能淫、貧賤不能移、威武不能屈，人格獨立不需要外在的條件，不依靠外在的環境，但這是倫理理想，少數人能做到，作為現代人來說，還是要爭取這種種外在的條件和環境。

問：您認為中國知識分子能形成一個獨立的階層嗎？

答：中國沒有中產階級。我倒希望能看到出現幾百萬個資本家、企業家，臺灣的民主改革難以逆轉就在於有幾十萬個資本家這樣強大的經濟力量作基礎。

問：您認為個體戶將來能充當這種角色嗎？

答：這需要引導，需要為他們創造投入工業再生產的客觀條件，這樣會自然改變他們的生活方式（包括消費）和觀念意識。這主要也不是文化素質的問題。有了客觀條件，他們就能幹一番

事業。

（四）中國文化中的個體、感性問題

問：您在《中國現代思想史論》中指出：要完成「五四」提出的任務，包括對傳統文化的反省，關鍵在於創造性轉換。您的《中國古代思想史論》可以說是這種工作的一項成果，而且很受歡迎。但也有青年學者有不同看法，他們認為在您的這種創造性轉換中更多的是對傳統文化的肯定，從而失去了批判精神，例如他們就不同意您對「民本思想」、「孔顏人格」、「天人合一」等觀念和人文價值的肯定，並且提出個體感性生命本體論向您挑戰，即使這些青年學者帶著理智青春期的粗暴，您是否能持一種寬容甚至同情理解的態度？

答：當然我知道你具體指誰。劉曉波的「對話」我已在香港作了答覆。我為什麼遲遲不答覆劉曉波呢？主要正因為他的文章裡反映出一種年輕人的情緒，這種情緒是對社會、現實各個方面的不滿，我認為這是正當的，所以儘管「粗暴」，我可以理解和容忍。當然，從理論上來講，我有不同看法，個體、感性和偶然本是我最早提出的，例如十年前我講康德，就是為了對抗黑格爾的理性、整體和必然，強調了個體、感性和偶然。《中國古代思想史論》是不是倒退或「對自己的背叛」呢？我不這麼認為。我無論是講「孔顏樂處」還是「天人合一」，是說它們可以加以一種新的解釋和理解。中國沒有宗教，但人們需要追求最高目標，確實需要一種比理性更高的東西。劉小楓（不是劉曉波）提出要提倡基

督教，要求人們去崇拜痛苦，去信仰神，認為在苦難中人的精神可以昇華，達到最高的境界，即得到神的拯救。我認為這不適合於中國民族，中國缺少對人格神的歸依和屈從。但是，中國也可以達到同樣的準宗教境界，新儒家工作的意義就在於此，他們（如牟宗三）較深刻地挖掘了中國自孔孟到程朱陸王的這種心性論的準宗教境界，但它仍然不是宗教，因為它們仍然重視感性，不主張靈肉分裂，不像希伯來和基督教，也不主張理性和感性的分離，不像希臘。

問：您是說中國傳統文化中有一種重感性的傳統？

答：對。中國文化重視感性，它不強調靈肉分離，它肯定人可以去尋找感性的快樂。好些宗教是要求犧牲感性肉體的快樂，甚至通過摧殘肉體、感性以追求靈魂的超升，心靈的拯救這一套，說實話我也很欣賞。但中國傳統不講這些，中國講的是全身保生，長命百歲。

問：大部分中國人總覺得活得很壓抑，就是說他們沒有享受過那種感性突發的生活……

答：那是因為中國沒有進入現代，沒有現代意識。因此，即使貴為天子，也不過爾爾，儘管皇帝有嬪妃千百，你說他真正懂得性愛嗎？

問：您剛才說中國有感性的傳統，但從荀子以後就有以理化情的傳統……

答：中國傳統一方面肯定感性和情欲，但另方面又要求節制和控制它們，不使感性失控，情欲泛濫，這就是我最近一本書《華

夏美學》裡講的所謂「禮樂傳統」，一方面是滿足快樂，另一方面是節制快樂，因為樂過分了就會走向反面，損害自己的身心，也破壞了社會的秩序。

問：一般來說，感性應該是跟個性相聯繫的。

答：對。

問：但是我的理解是，在中國的感性傳統上產生的不是重視發展自己的個性，而是相反，以個體內心的理性來壓抑……

答：這是以群體的超我來壓抑利必多 (libido)。在西方，徹底放縱與徹底禁欲攜手同行，中國走的卻是中間道路，當然這並不意味著中間道路就好得很，我只是指出這一歷史事實，並非作價值判斷。

問：您說的中國文化的感性傳統恐怕……

答：這是將中國的「禮教」較之於西方基督教而言的。至於它的歷史作用和影響，便需要作具體分析，不能單純鼓吹（現代新儒家有此缺點）。剛才沒有多講宋明理學，宋明理學在具體的歷史條件（成為官方哲學）下，給人民以很大壓迫、損害和摧殘，所謂「存天理滅人欲」，變成了完全摧毀否定人的感性，這種影響到今天還存在，所以還需要花氣力去批判禁欲主義和以理性為名義的各種封建主義。

（五）《河殤》及其他

問：現在有種說法，認為我們應該放棄對傳統文化的批判，從而轉向對現實的批判，您是否認為他們割裂了傳統與現實的關

係？

答：無論如何，目前的關鍵即是體制改革，因此，光文化批判的確不能解決問題，要解決問題，就需要多參與現實，如知識分子去經商或從政，便很好。

問：您在界定知識分子概念時，是否把後面這種人也包括在這個概念外延之內？

答：我希望回答是肯定的，因為如何定義「知識分子」現在也很難說清楚。沙特等賦予知識分子「以天下為己任」的特質，這倒符合中國的情況。但是我覺得，現在無需在意識型態方面搞很多東西，這並非當務之急。再重複一遍，現在讓一部分知識分子去經商、從政，發揮自己的才能，是很好的事情。

問：中國知識分子跟西方的相比，有一點很大的不同。如果他想從政，就很可能被同化，遭到真正有社會良心的知識分子的排斥。他們缺少西方知識分子賴以保持自己人格的基礎，因此，中國知識分子就陷入一個兩難的境地：或者與政府合作，喪失自我，被官僚同化，或者不合作，孤守自我，受到冷落。您對此如何看？

答：我覺得這更多是一個選擇的問題。

問：那您認為這樣的選擇自由嗎？

答：那怎麼辦呢？與政府合作，也不一定就同化掉，現在有些人帶著良心走進政府各部門，各種機關事業單位，如當編輯、主任、科長之類，幹得相當不錯嘛！在允許的限度內，可以盡可能多作一點，比如我在單位裡當編輯，我就盡可能地發一些人民

需要的文章。只要對人民負責，對歷史負責，還是可以做一些好事的。儘管可能是一點一滴的改良，但如果持之以恆，又有許多人這麼作，就會有效果。各種改革包括科學民主都不會是從天而降的恩賜，而是人民首先是知識分子奮鬥的結果，這裡就需要有魯迅先生的那種韌性精神。

問：可是現在有些知識分子提出對自己負責，您如何看？

答：「對自己負責」這個口號涵義也很模糊，需要界定。什麼叫「自己」呢？對自己的什麼東西負責呢？對自己的自私自利負責？至少我不贊成殺人強姦幹壞事也算「對自己負責」。按照康德的倫理學，這個口號似乎不能成為普遍性的原則。也許口號的本意是要提倡個性解放，掙脫外界的束縛，進行自我設計，它真正反映的是人們對長久以來以群體、以社會的名義進行壓迫的反抗情緒。但是，僅僅停留在這個水平上是遠遠不夠的，這上面已經講過了。

問：您的那一套思想史論，最初出的是近代，接下去是古代，然後才是現代，這用意何在？

答：有人說那正好是否定之否定。近代是否定儒家的，古代則對儒家持肯定態度，現代又是否定。其實，問題並不那麼簡單。

問：您在現代思想史論中曾談到人道主義，對它的積極意義頗多肯定，您能談談它與馬克思主義的關係嗎？我覺得馬克思的歷史唯物主義不僅僅是為了揭示歷史，它更多的是為了人類的自由解放和幸福。在這個意義上，可以把馬克思主義叫做人道主義嗎？

答：馬克思主義並不等於人道主義，我想馬克思本人也不會同意把兩者等同起來。但是在你上述的意義上的等同，在特定歷史環境下又是可以的。我只是認為，馬克思主義是一種歷史觀，用人道主義沒法解釋人類的全部歷史現象，比如說戰爭。在這些方面，馬克思主義比一般人道主義深刻。

問：現在理論界的同志在嘗試建立馬克思主義的人學理論體系，您覺得如何？

答：我不反對，我主張多元化，主張各種體系並行。包括我不贊成的理論或體系。但我不贊成設立一個統一的意識型態來管治大家，包括這種人學體系在內。這是學術自由思想自由的原則。

問：您能否談談馬克思主義中國化的問題？弗洛姆認為馬克思主義似乎更多地繼承了希伯來優秀傳統，但也接受了自由的傳統，而在中國，它與中國文化似乎另有一個結合點——倫理道德。

答：馬克思主義到了中國實際上已變成關於中國革命鬥爭的戰略策略的理論。但事實上，所謂「農村包圍城市」、「武裝奪取政權」等等，都是毛澤東的戰略思想，跟馬克思主義基本理論並無直接的關係。

問：還有一個問題請教一下，就是您所談的「西體中用」的具體涵義，您所說的「用」好像是動詞吧？

答：這問題已講過很多次了，這次在香港又回答了一次。「體」、「用」本已是陳舊的詞彙了，但我為什麼還要它呢？就是為了語言上的刺激性，以與「中體西用」相對抗。語言的意義就在運用之中，離開了這個具體語境、語詞，「西體中用」也就沒有

意義了。

問：就是說，有時候為了刺激，也可以犧牲語言的清晰性？

答：我仍保持了它應有的清晰性。首先我說明，我是如何規定「體」的，我賦予了「體」以新涵義，它首先指的是社會本體。什麼是根本的本體？照我看來就是日常生活，亦即生產方式、生活方式，也包括科技（因為它是生產力），精神方面則是本體意識（學）。現代西方的本體意識包括馬克思主義，但不止馬克思主義。所有的這些都要運用到中國來，這就是中用。例如我們今天並沒有廢除漢字、漢語，但其中已包含許多外來的成分，所傳達的內容很大一部分則完全是現代生活。

問：但如何解決西體中用實施的過程中與中國文化本身的體用產生的衝突？

答：從根本上拋棄中體西用。

問：那又如何與全盤西化區分開？

答：我們在全面改革政治、經濟與文化時，可以保持中國的一些傳統。比如中國人喜歡調解、協商、「和為貴」，如果我們在足夠嚴密的法律（西體）前提之下，也可以保留調解協商的精神和傳統，不必事事都上法庭，但重要的是必須有法律這個前提，否則調解無效便沒辦法，那是絕對不行的。主要還是要靠上法庭，在這前提下才可以做到不必事事上法庭。

問：文化衝突的結果最終都導致文化的融合，但是融合的方式可以是多樣的。日本近現代史上，既有明治維新那樣強大的內驅力，又有二戰後被美國強加的民主政治改革，其文化融合的結

果並不盡如人意，相比之下，中國似乎沒有那麼強大的內驅力，也沒有那種強大的外力，如果我們還自覺地倡導調和或融合，會有什麼樣的結果呢？

答：日本並未全盤西化，它在許多方面保存傳統特色。中國文化與日本文化根本不同，而且沒有相類的內、外動力，的確更為困難，所以現在根本不必去談文化融合之類的問題，首先應該考慮的還是如何搞好政經改革，只要政經體制改革好了，文化是比較好辦的。新加坡某些風俗比中國還落後，但它與經濟發展並不矛盾，主要原因就在於它繼承了英國一整套富有實效的政治、經濟體制，具有高度行政效率。

問：就是說您覺得最重要的還是現實方面的改革？

答：那當然。文化熱其實是沒辦法的事。現實問題不好談，只好借文化來談。《河殤》就是如此。

問：所以有一種提法：《河殤》是不敢對現實批判，然後逃向對傳統文化的批判，這是一種逃避心理。

答：不是逃避，而是無可奈何。

問：即使如此，《河殤》還是受到了一些挫折。

答：昨夜我剛看了一集《河殤》，使我驚奇的是，我並沒有怎麼感到它是如何徹底反傳統，例如它對秦長城就相當肯定，秦長城當然比明長城要偉大得多，後者（叫長城）的確是一種退縮。當然，《河殤》按嚴格學術的標準，有許多毛病，好些觀點，我也不同意，這可以討論。作為藝術作品，儘管也有雜亂、散漫、深度差等毛病，但無論如何，我是完全支持的。原因是《河殤》強

烈地表現了廣大知識分子和人民大眾對現實社會的不滿。大量觀眾對古董並不一定會那麼感興趣，他們感興趣的是罵得痛快。

　　問：但是我覺得，《河殤》對傳統文化的反省是真正起到了啟蒙作用的。社會上文化層次比較低的人以前只知道我們傳統文化如何悠久，現在才發現，原來傳統文化並不那麼非常優秀。

　　答：這正說明了他們對現實不滿。他們並不是對過去文化有了正確認識，只是因為對現實不滿，所以對老宣傳我們歷史如何悠久，我們祖先如何優越（潛臺詞是我們今天也將不錯）等等大起反感。

　　問：今天您談了很多，內容很豐富。謝謝。

（原載：《論傳統與反傳統》1989 年，李中華編，山東人民出版社，）

 **啟蒙的走向**

（「五四」──七十週年紀念會上發言提綱）

（一）啟蒙與救亡

1. 1986 年在〈啟蒙與救亡的雙重變奏〉一文中，其後在《中國現代思想史論》一書中，我提出和初步論證啟蒙與救亡作為現代中國和現代中國思想史的主題，開始是相輔相成，而後是救亡壓倒啟蒙。

這論點遭到批評和反對。理由之一：啟蒙是在救亡呼喚下發生的，即五四的啟蒙歸根結柢仍在救亡。

這似無的放矢。因不僅五四，而且上起戊戌，中經辛亥，梁啟超、譚嗣同、鄒容諸人的啟蒙論著和活動，從時務學堂到《新民叢報》，都是為了救亡，這一點我已反覆說明，關鍵在於，經過戊戌、辛亥之後，五四主要人物把重點放在啟蒙、文化上，認為只有革新文化，打倒舊道德文學，才能救中國，因此不同於以前康、梁、孫、黃把重點放在政治鬥爭上。但中國現代歷史的客觀邏輯（主要是日本的侵略）終於使文化啟蒙先是從屬於救亡，後是完全為救亡所壓倒。三〇年代，五四的啟蒙方面便曾遭到瞿秋白等人的嚴厲批評；何干之等人提出的「新啟蒙運動」，更不過是

為喚醒民眾參加抗戰的宣傳鼓動，即救亡活動之一個部分而已。

2.救亡走著自己的路，即中共領導的農民戰爭之路：發動和組織廣大農民進行武裝鬥爭。其他一切都圍繞、配合、服務於這鬥爭，包括延安整風運動。十年前紀念五四六十週年時，曾有文章認為五四是第一次啟蒙運動，延安整風是第二次啟蒙運動，啟教條主義之蒙。我對此論頗為懷疑。延安整風是一次思想整肅運動，即批判資產階級小資產階級思想，批判個人主義、自由主義、絕對民主主義等等。它與強調個性解放、個人自由的啟蒙思潮恰好背道而馳。這思想整肅運動在當時有其極大的現實合理性：為了救亡。在你死我活的戰爭條件下，需要統一思想，統一意志，團結隊伍，組織群眾，去打擊敵人，消滅敵人，一切其他的課題和任務都得服從和從屬在這個有關國家民族生死存亡的主題之下，這難道不應該嗎？

當然應該。這整肅從思想上保證了革命的勝利。

3.武裝革命取得成功，中國終於站起來了，再也不受任何世界強國（包括美、蘇）的欺侮。於是，在救亡歷程中，特別是在軍事鬥爭即戰爭中所獲得的經驗、制度、傳統、習慣……，受到了極大的肯定，被固定化、形式化和神聖化。出身成分、紀律秩序、供給制式的平均觀念、一言堂的軍事長官意志、「相信和依靠組織」的集體主義、「大公無私」的犧牲精神、做馴服工具的螺絲釘哲學、少數服從多數，下級服從上級的民主集中制等等，無一不作為「革命的傳家寶」被廣泛地長期地論證、宣傳、教育，並推行給全社會，成為某種普遍狀態和普遍意識……

以後又如何，大家都知道。

4.這就是我所說的「救亡壓倒啟蒙」。這是一個歷史事實，誰也沒法再去改變這一行程。問題在於今天有否勇氣去正視它、提出它和討論它。

（二）激情與理性

1.啟蒙與救亡的雙重主題，是從客觀形勢說的；如果從主觀心態看，則理性與激情的錯綜交織，是另一個雙重變奏，它可以作為五四的另一特徵。並且影響久遠。以至今天。

啟蒙當然以理性為嚮導和標誌，五四曾以常識的理性來衡量一切，來打破迷信、否定盲從，解除精神枷鎖，它提倡「科學的人生觀」。

另一方面，無論是文化運動的啟蒙先驅，或是廣大學生的愛國活動，五四充分洋溢著衝破重重網羅的激昂熱情。如果理性引導人們去思索去認識，那麼熱情則引導人們去否定去行動。熱情與理性在當時的結合，發出了轟然巨響的意識型態的衝擊波，這就是對傳統文化的徹底批判。

這批判曾經是理性的，它分析、論證了千百年來封建傳統的虛偽、殘暴種種禍害。

這批判更是激情的，它宣洩了巨大的憤怒和仇恨。

2.也很明顯，兩個方面比較起來，激情更多一些。這不但使所謂「好就一切都好，壞就一切都壞」的思維模式風行一時，而且也造成先是籠統否定中國古代傳統，後是（在接受馬克思主義

之後）籠統否定西方資本主義傳統，它以一個空懸著的完美烏托邦作為追求目標。

救亡壓倒啟蒙後，激情與革命的結合成為巨大的行為力量，而所謂「否定的辯證法」則變成了「素樸的」情感反射和簡單的「階級」語言（如立場、觀點、方法之類）。「國際高歌歌一曲，狂飆為我從天落」，本為理性所點燃的激情之火卻不斷地燒灼著理性自身。五四的激情有餘理性不足，在更大規模更大範圍內取得了成果，也種下禍根。它也表現為對成功不去作理性的分析和消化；以激情為內容的一切經驗被當作革命的聖物，要求人們無條件地去繼承去光大。

3. 於是，有了「文化大革命」。「文化大革命」表面上也有某種理性的理論指導，如《共產黨宣言》中的「與傳統徹底決裂」，但其根柢卻仍然是某種道德主義加烏托邦的狂熱。分析的、建設的理性完全失落，人似乎陷在癲狂中。

4. 之所以如此，也與中國傳統的文化心理結構有關，因為沒有宗教，情感的狂熱與某種經驗的實用理性相結合，便排開現代的科學理性而走向這種「癲狂」。從中國古代的農民起義和反對傳統中，可以看到儒道互補的情理和諧，經常是以這種破壞和諧、癲狂盲動來作為否定的。這是值得密切注意和深入研究的問題。

5. 「似曾相識燕歸來」。當代中國的時髦意識，從徹底反傳統到倡導非理性主義和新權威主義，似乎又一次重複著理性不足、激情有餘。儘管它們也有某種理論形態作旗號，但許多時候卻連形式邏輯的基本規則也不遵守，從概念模糊到論證過程不遵守同

一律，以至四名詞錯誤、自相矛盾，甚至不作任何論證，公開用「他媽的」、「操蛋」之類的詞彙來替代說理等等。

6.因之我以為，今天要繼承五四精神，應特別注意發揚理性，特別是研究如何使民主取得理性的、科學的體現，即如何寓科學精神於民主之中。從而，這便是一種建設的理性和理性的建設。不只是激情而已，不只是否定而已。

7.發揚理性精神具體表現為建立形式。五四成就最大的正是白話文、新文學、新史學（如疑古）等現代形式的建立，它們標誌「遊戲規則」（Wittgenstein）的有意識的變換，由新詞彙、新語法、新文體所帶來的嶄新的觀念、內容、思想和規範。這形式便不是外在的空洞的框架，而恰恰是一種造形的力量。它以具體的形式亦即新的尺度、標準、結構、規範、語言來構成、實現和宣布新內容的誕生。在這裡，形式就是內容，新形式的確立就是新內容的呈現，因為這內容是由於這新形式的建立才現實地產生的。這正是五四的白話文、新文學不同於傳統的白話文、白話小說之所在。

可惜的是，在其他領域，特別是在政治領域，五四以來一直沒有建立這種現代新形式。啟蒙所提出的民主意識，始終沒有通過現代化國家所需要的法律形式構建出來。或者初步構造了，卻得不到嚴格遵守和執行。如多次制訂憲法，但常常等於一紙空文，並無權威性可言。其他法律更付諸闕如。於是民主永遠停留在空洞的條文或激情的口號上，行政則始終憑藉和依靠少數人制訂的「政策」，靈活辦事，主觀隨意性極大。科學也由於沒有論爭形式

和論爭習慣的建立 ， 不但產生後來絲毫不講道理的所謂 「大批判」，而且唯我真理在手，不容他人分說的反科學反民主的心態，一直廣泛地影響至今。

　　8.可見，重要的是真正建立形式：首先是各種法律制度和思想自由的形式。構建理性的形式，樹立法律的權威，乃當務之急。如果說，過去革命年代是救亡壓倒啟蒙，那麼在今天，啟蒙就是救亡，爭取民主、自由、理性、法治，就是使國家富強和現代化的唯一通道。因之，多元、寬容、理性、法治，這就是我所期望的民主與科學的五四精神的具體發揚，這就是我所期望的啟蒙在今日的走向。

1989 年 4 月

五十八 答《未定稿》記者孫麾問

記者：「新權威主義」所定的目標似乎也是實現現代化，但在現代化途徑的選擇上，卻突出了「新權威」這一特殊條件，這就是依靠具有政治上的鐵腕作風的強人，自上而下地建立其權威政治，然後由這種政治「精英」設計和推行經濟現代化。這種主張有沒有合理性？其政治實施的客觀條件存在嗎？在新權威操縱之下的中國能不能實現現代化？

李：我看首先概念要清楚。「新權威主義」到底是什麼意思？新在何處？許多學理上相當複雜的問題在一些文章中似乎都被簡單化、抽象化了。「精英治國」，這並不是什麼新權威，現代化的民主國家就是精英治國。說穿了，所謂新權威只能是個人獨裁。

那麼，在新權威主導或推動之下中國能否實現現代化？從世界歷史事實來看，通過政治上高度集權即個人獨裁的方式是可以走向現代化的，即使是在史達林個人獨裁時期，蘇聯不也實現了工業化嗎？如新加坡、臺灣、南韓等「亞洲四小龍」也在現代化國家或地區之列。有一個鐵腕領袖，它的好處是意志集中、力量集中、易於迅速果斷地排除各種阻礙。所以，不能說簡單地現代化與集權政治絕不相容。但問題的關鍵在於分析

具體情況和各種歷史條件。實行集權政治、個人獨裁、建立權威主義並不必然就能實現現代化，集權不是實現現代化的充分條件。中國現代史上就有幾次經驗教訓。最初是嚴復幻想袁世凱作為強人，結束民國初年的混亂局面而使中國富強，結果如何？後來，1945年的蔣介石、1949年後的毛澤東，都是極具權威的強人，但也都沒有使中國實現現代化。可見，不能想當然來抽象立論。

歷史充滿了偶然性。集權政治常常取決於權威者個人的個性、品質、才略、手腕、理想、眼光，甚至一時的喜怒愛憎，還有生理因素等等，其中偶然因素未免太大了。那麼，把整個國家的前景寄託在這種個體偶然性的基礎之上，把十多億人民的命運交由一個人或幾個人的個性去左右去決定，這至少說是太冒險了，同時也是十分危險的。毛澤東這位公認的天才人物留下的教訓還不夠深刻嗎？而且，世界上靠集權實現經濟飛速發展的國家留下的社會後遺症也不少。

從現實角度看，中國當前有沒有建立「新權威」的條件？恐怕也沒有。新權威的建立至少要一個才能經過證實，從而令人佩服的領袖人物和與之相應的某種意識型態，形成一種建築在信仰和服從之上的高強度的凝聚力。中國目前恐怕完全做不到。大家信服的鄧小平已經半退休了。

記者：您的分析，雖然簡略，卻很值得認真冷靜地思考。現在的情形是，一方面，無論從歷史、現實，還是從理論可行性上，中國都不具有建立所謂權威的基礎；而另一方面，「新權威主義」

卻頗能贏得一些人的認同。原因何在？

李：這是個應引起重視的問題。說中國不具備建立新權威的現實基礎，不等於說沒有產生「新權威主義」的土壤。在目前商品經濟開始衝擊著傳統秩序，一切顯得似乎鬧烘烘亂糟糟的時候，特別是物價高漲、貧富不均、各種黑暗事物又急遽出現的時候，便使好些人——從貧苦農民到老幹部，從小市民到某些知識分子，都可能產生這種期待、思想和主張。何況，一、中國還沒有改變農民國家的傳統，農民以及小市民天真地希望「好皇帝」來「主持公道」，包公和伯樂甚至在知識界都很吃香，也說明這點；二、中國的改革的確使一部分享有特權的既得利益者喪失了權威；三、總有一些缺乏獨立人格、歡喜依附權威的文人。這些並不能代表新的生產力。然而，不具有現代化意識和行為導向的勢力卻極容易參加或製造「新權威主義」的大合唱。但這絕不會將中國推向現代化，而只能重新返回到愚昧落後的封建時期。沒有真正推動社會前進的力量（如廣大知識分子）支持它，歷史的車輪怎會向前走？我看，即使是主張「新權威主義」的人對此也會感到頭疼和惶惑的。由新權威主義者聲噪一時，倒應該使我們更加清醒：中國二千多年的封建陰魂要求重新全面掌權的危機並未消散。

記者：不過，我們不能一概地反對權威。這股思潮之所以會產生，也說明在全面深化改革的過程中，隨著舊質的專制權威逐漸衰落，在社會發展的新階段也確實需要樹立一種新質的權威，建立一種新秩序。只是對權威的性質要重新界定。

李：我贊成建立權威性，特別像中國這樣大的國家，沒有中央的權威性，很容易封建割據，各行其是，或者又回到一盤散沙的過去。但我指的是建立現代法律的權威，這其實才是現代化的一個最關鍵的問題。人人都必須服從法律，不應該存在站在法律之上的特權者。所以，司法要獨立，立法要與行政分開，這樣，權威與民主就不是對立的。而且，民主只有通過具有權威的健全的法律制度才能真正實現；民主、自由沒有法律的保障和監護，便淪為空洞的口號或義憤的言辭。所以，我們需要法律的權威，這一方面是實現民主、自由、規範和監督行政職能的具體途徑，另一方面又是保持安定團結、維持秩序的有效手段。但我們現在恰恰是沒有這種權威。立法太慢，像牛步，執法不嚴，最糟糕；正因為沒有法的權威，於是便只好依靠人的權威，一句話，一個條子便可以解決問題，甚至可以使生者死，死者生，更不用說興土木、蓋樓臺、浪費國家資金了。為什麼流通領域的「倒爺」有了錢不願投入生產而肆意浪費掉呢？為什麼吸引外資這麼困難？根本原因在於沒有強有力的法律作保障。經濟領域尚如此，更不用說別的方面了。

記者：作為知識分子的一員，您認為「新權威主義」的危險性是什麼？

李：中國現在特別需要知識分子在各個方面發揮作用。應該努力造成一個多元、漸進、理性、法制的新時代，這才是現代化社會和走向現代化的真正健康的道路。政治上的新權威主義與意識型態領域中的反理性主義在當前中國倒正是阻礙現代化的孿生

兄弟，它們都只有助於封建法西斯主義的復辟，再一次造成對知識分子的全面專政，對廣大人民極其不利。

（原載：《世界經濟導報》1989 年 4 月 17 日，原標題為「『新權威主義』與現代化」）

五十九　答《人民日報》記者楊鷗問

問：在童年的哪一瞬間，您突然發覺自己成熟了？

答：以前已說過（見《走我自己的路》），上初中一年級，也就是十二歲的時候，有一天突然發現人是一無可免地都要死的，我自己要死，親人也要死。這一瞬間我覺得自己長大了。

問：哪位親人影響最大？

答：母親。趁此機會，作一個重要更正。有一本《李澤厚美學思想研究》（王生平著），因為出版前我拒絕審閱，結果發生了許多錯誤，特別是將我父親的一首詩錯得不像詩了，今將原作抄錄如下：「潦倒誰於邑，謀生哪自由；韶華過似箭，期望渺如鉤；身世兩同恨，鄉心一樣愁；壯懷終是夢，有負少年頭」。可見，我父親也一直鬱鬱不得志。我父母親都沒活到四十歲便先後病故了。

問：請您各舉一個您崇拜的政治家、思想家、作家的名字，並請略敘崇拜的理由。

答：我從不崇拜什麼人，只能說喜愛。從初中到現在，魯迅對我影響很大，我喜愛的人還有愛因斯坦、馬克思、車爾尼雪夫斯基、康德等等。

問：北京、上海文化討論熱鬧非凡，廣州、深圳不聲不響，但在國民性的改造方面，後者步伐似乎更大，您更贊成哪一方？

答：我認為都可以，應該是多元的。你願意掙錢就掙錢，願意議論政治就議論，不能說哪個對哪個錯，各人有自己選擇的自由。這很複雜，不關心也可以是一種關心。我在 1986 年一個講演中已講過了。

問：您如何評價文化界離婚率升高現象？

答：這當然是一種進步現象。中國一直在封建主義束縛之下，禁欲主義盛行。恩格斯說過婚姻本來是一定歷史時期產物。現在婚姻受外在條件限制多，婚姻不自由，大家非常習慣的「終身大事」的提法便相當荒唐。

問：談談您所理解的新聞出版自由。

答：中國現在很需要新聞自由。新聞自由是一種輿論監督方式，它需要具體的法律保證，不受其他因素束縛、干擾，這也是體現現代社會、現代國家的一個重要標誌。我對你們新聞工作者抱有很大希望，因為目前中國沒有什麼可以限制政權，上面說了算，人民的意願、意見現在還只能通過報紙、雜誌來反映來表達。所以我開玩笑說，我主張四權分立，三權之外加上新聞自由。

問：如何解釋出國留學定居與愛國主義的關係，不回國等於不愛國嗎？

答：我認為這無所謂，你願意在哪兒定居就在哪兒定居，這不算不愛國，不要扣帽子。中國人才潛力很大，多出去一些人沒關係，對中國也許還有好處，在某種意識上也是愛國。有些人在國內滿是牢騷，出去以後就愛國了。中國有兩大優點，一、是地方大人多，又不發達，因此承受力強，多大的災難都能挺過去；

二、是人才潛力大，你看才幾年，一下子就翻譯出版了那麼多的書，都是年輕人翻譯的，儘管質量可能不高，但畢竟有勝於無，數量驚人，而且質量也會慢慢提高。所以我說，即使現在知識精英全部流失出去，很快又會產生一批，事實上出去不回的只是很小一部分，這種人才潛力的優勢是哪個國家也比不上的。問題是沒有很好地發掘和實現這潛力，常常是阻礙、損耗和摧殘。這套舊體制是不能「人盡其才」的根本原因。

問：您是否同意亞洲「四小龍」和日本的起飛是儒家資本主義的成功？

答：我認為日本文化傳統與中國文化傳統表面上看起來相似，實質上截然不同。儒家文化在日本文化中占的地位並不大。當然日本文化受中國文化一些影響，但它已將儒學改造了，而日本本身的文化完全是另外一回事。把日本和臺灣、新加坡、香港放在一起，我不贊成。

新加坡、香港、臺灣當然主要是中國文化，但它們的經濟起飛主要也不是靠儒家，我認為主要是引進了現代的制度，主要是法制即英國那套文官體制、規章制度。新加坡、香港留存的英國的那一整套政治制度至今在有效地起作用。至於為什麼起作用，則可能與儒家文化有一定關係。為什麼它們在印度就沒有那麼有效？與文化傳統恐怕不無關係，但這畢竟是次要的。

問：如何評價紅衛兵運動？除政治原因外，其文化和哲學原因是什麼？

答：紅衛兵運動是複雜的問題，不能簡單地否定或肯定。現

在把一切壞事推到紅衛兵身上，我認為是不公平的。但值得注意的是，目前年輕人中流行一種徹底反傳統現象，在某種程度上與紅衛兵現象倒有某些近似：紅衛兵是在馬克思主義的「理論」下破「四舊」，現在是在尼采等的理論下反傳統。這種要求改變現實的情緒不能輕易否定，但這種方式值得考慮。為什麼會重複出現這種現象，這與中國封建文化有關。像前面談到的封建主義在新的形式下出現，自以為是最新的東西，如「創造一個紅彤彤的新世界」，卻恰恰恢復了舊的東西。這還是缺乏批判的理性，只是批判的激情的結果，批判的理性就要求分析，要求允許多元化。今天的一些年輕人不是選擇，認為只有我正確，其他都不行，都要徹底打倒，這與紅衛兵當年所謂「踏上千百隻腳」，使對方「永世不得翻身」，實際上差不多。真正現代心態是具有多元的、寬容的精神。這也是民主的精神。中國現在最需要建立的正是這種真正的民主精神。中國缺乏現代理性，而不是非理性。所以我說今天中國寧肯多提倡一點卡爾·波佩耳那種「你可能對，我可能錯，讓我們共同努力以接近真理」這種批判理性，而不是那種高喊原始衝動、否定一切的種種非理性和反理性。前者看來似乎太簡單，哲學味不夠，甚至「虛偽」，但若能真正做到（這是可以做到的），對改變現在的風氣（包括學風，文風），大有好處。「原始衝力」之類在文革中我們已經看得不少了，儘管今天它以最新的時髦衣裝出現，我也持懷疑態度。當然你知道，我說的是以劉曉波為代表的那些年輕學人。

問：我發現您的一些著作中有時喜歡引證自己，是不是？為

什麼？

　　答：是。為了偷懶。一些問題一些看法，以前說過了，這次就乾脆直接抄襲前文。因為我也發現好些中西論著，有的還是名作，反來覆去老是在說那一點意思，不過變一下詞句或文章組織而已，如其那樣，不如我這樣省事。所以我的《華夏美學》一書中就直接抄引了《美的歷程》、《中國古代思想史論》好幾處，不必另行造句說那相同的意思了。

六十 答《東方紀事》記者舒可文問

舒：你曾在給王浩先生的一封信中談到「語言的洗禮」。你所說的「語言的洗禮」指的是什麼？

李：就是指分析哲學，主要指日常語言學派所強調的分析和澄清觀念、概念的工作。西方有些學者現在已不滿足於停留在分析哲學中。王浩在他的 *Beyond Analitic Philosophy* 等著作中也表示了對分析哲學的不滿意。而就我國目前的理論狀況來說，「語言的洗禮」，我以為卻是必不可少的。

舒：從你的語氣中我感到它意味深長，請你談一談我們為什麼需要語言的洗禮？

李：從二、三〇年代以來，分析哲學逐漸在歐美理論界占統治地位，這不是偶然的。

這種理論與現代科技的發展相一致，符合時代的需要。在我們考慮和談論問題時，這種分析起澄清的作用。澄清各種概念的不確切性，並進而使我們了解語言的本性，如後期維根斯基。這也很大地幫助我們進行準確的思維。這應是二十世紀哲學的最大成果。

中國非常需要這種語言的洗禮。至少在社會—人文學科中，很多概念在使用中常常是多義的，給予澄清，才能更好地進行思

維。這是很重要的。但我們許多學人根本不注意和重視這一點，連思惟方式也常常是直覺式的，缺乏嚴密論證，更不用說不注意概念、命題的精確性了。因此我說中國還沒有走進語言，還不能確切地、科學地使用語言。所以需要語言的洗禮。

舒：這些年來，西方的很多種理論思潮被介紹進來，其中在西方有如此大優勢的分析哲學思潮，及其所倡導的澄清語言的方法，在中國理論界的反響不如存在主義，海德格引起的反響廣泛深入，這是否與中國文化的傳統有關係？

剛才你講到，我們中國的理論界還沒有走進語言，可是為什麼我們老早以前就已經企圖超越語言了呢（比如，禪宗、道教所主張的）？並且至今，這種試圖超越語言的願望依然如故？

李：的確，這其中一部分原因是中國文化傳統的缺陷。中國文化是審美的文化，喜歡直觀，輕視科學所要求的論理性的精確。我們的上層文化傳統經常追求的並不是科學性，而是道德——審美境界。

另一部分原因是我們現在還缺少現代人的心態。現代人的心態就是多元的，寬容的，民主的，尊重少數的。這在英美發展得最為充分，這有歷史的原因。我們中國人一直比較更喜歡德國哲學，這也仍然與文化傳統有關。當然，德國哲學比英美經驗論更為深刻，對人生，命運的忍受，把握更深沉，也更合乎中國人的傳統口味，但我說過，這並不一定是件好事。對海德格如此偏愛和這種接受方式，我很懷疑。我覺得我們應該強迫自己接受一點與本文化傳統不大習慣的東西，也許這樣好處更大。這樣才能真

正溝通、融會。

舒：我們的審美文化傳統與精確的科學性是否有天然的排斥？

李：那倒不必然。中國古代的名家就推崇推理。這說明我們民族有科學推理的能力，具有這樣的潛力，只是沒能充分發展而已。

舒：為什麼？

李：這與我們傳統的實用理性有關。一開始，名家與古希臘的邏輯便有所不同。這一點金觀濤、劉青峰有很好的論證。在實用理性支配下，我們更注重技術發明，包括數學也重視應用，缺乏歐幾里德那種公理系統。所以我早說過，中國古代沒有真正發達的純科學領域，卻有非常發達的兵、農、醫、藝、以及天文、曆算等技術學科。

舒：可是我們的進步很慢。從廣泛介紹西方科學、文化的一百年來，有很多具體的、基礎的工作，像澄清語言這樣的工作，到今天還沒有做好。這種速度的緩慢是由於文化傳統的影響，還是因為我們的文化運動總是與政治糾纏在一起？

李：主要是政治的原因。政治始終是中國近代歷史的中心環節。有時候是現實政治問題的真正迫切，有時候政治本沒那麼迫切，卻人為地強迫性的政治化。這就嚴重妨礙了文化的獨立發展。有很多學科，如社會學、文化人類學、心理學甚至政治學、法律學等等都幾乎沒有建立起來。

舒：你曾說過，對傳統文化要進行轉換性的創造。知識分子既是文化傳統的典型代表，又是進行轉換性創造的承擔者，這談何容易。我想，如果我有著這樣的文化傳統，這樣的心理結構，

在進行吸收、批判、轉換、創造時，就有一個選擇的問題。我應該以什麼作為標準，這標準又是以什麼為標準？

李：選擇也是多元的，應允許有個人的自由和學術上的自由。一般說，針對目前情況，我提倡多選擇一點具有科學性的東西，多來點經驗論、卡爾·波普等等，少來點海德格和神祕主義。

儘管我本人更喜歡後者，並且認為對神祕主義的研究應積極展開，它具有很大前途，但主要力量不能放在這方面。「主要力量」不是指個人，是指整個學術界和學術傾向。總之應該有一種清醒的自我意識，真正了解自己文化的特點，了解自己文化中缺少什麼。

舒：我們的文化的缺點是什麼？

李：缺點也正是它的優點，就是我們太講究實用理性，忽視了思辨理性，這是很不適應現代科學的發展的。中國與日本相比，日本文化中非理性的成分更多一些，倒更容易接受現代化。中國文化中理性成分過多，沒有酒神精神。酒神精神反映的是本能，生命力的衝力，是非理性的，中國文化恰恰是用理性限制這種衝力並使之理性化。這反而使我們走向現代化的阻力更大。但我又不贊成今天來大大提倡酒神精神，提倡非理性、原始衝力等等。這是一個很複雜而很有趣的問題。

舒：我們在選擇接受、吸收的東西時，用什麼保證選擇的正確性？

李：很難保證選擇的正確。但是在各種意見的爭論中使有意義的意見顯現出來，總會有一個人們（不一定是多數）所認同的

真理標準。並且，我們不能僅僅是接受、轉換一下，把西方東西拿過來，使自己的傳統作某種轉換是遠遠不夠的；我說「轉換性的創造」，強調的是創造。這種創造帶有轉換性，但重點在新形式的建立。

舒：這就不僅僅是吸收西方的，也不僅僅是保留傳統的了？

李：當然。積澱是真正的力量。打破我們舊有的積澱、創造新的東西，這種創造又可以變為新的積澱。積澱本身正是構成傳統的力量，新的積澱可以成為新的傳統。所以創造是動力，轉換只是成果。

舒：我們已經經過很多年的對傳統文化的反思，和對西方理論的介紹，這兩方面似乎互不相干。建設性或創造性的成果不太明顯，是不是反思得太多？

李：我們的理論工作的整個基礎比較薄弱。對一個人來說顧了中國的便顧不了西方，反之亦然。真正能二者兼顧的還很少。

所以需要更多的各個中西領域內的專門家的溝通、合作，首先要有這麼一批專家，現在並沒有。

但也不能過於急躁，你這樣提問也反映了這種急躁情緒。我以前就講過，有人讀了三個月美學書，就可以要寫文章，發議論，討論美是主觀的客觀的，等等。這一方面說明美學學科不成熟，另一面就是太輕視科學工作的長期性、艱巨性，過於浮躁。現在應反覆提倡科學精神，反對浮躁學風。最近我反覆說過，有一些文章、著作，洋洋灑灑一大篇，實際只是在一個自己構造的迷宮中遊戲，首先來嚇唬別人，結果自己也迷在裡面走不出來了，這

樣的文章經常概念不清楚，在論述中自相矛盾，經不起認真的推敲、追問。原因之一就是沒有澄清語言，缺乏語言的洗禮所致。另一類文章則是古今中外，縱橫比較，似乎頭頭是道，從古希臘到中國先秦，從中國古代、近代到西方的希臘、文藝復興、現代主義無所不知，無所不談，是真的都懂嗎？老實說，我相當懷疑。有人讀書還沒有搞清涵義，就開始評論。比如，我講救亡壓倒啟蒙。有人讀了後就寫評論說，怎麼是救亡壓倒啟蒙呢？不是互相促進嗎？解放區婦女解放、掃盲不是啟蒙嗎？有人說不是救亡而是農民革命壓倒了啟蒙，等等。其實我的第一個標題就是救亡與啟蒙的相互促進。我講的啟蒙也根本不是指識字、婦女解放之類。我明明著重講了救亡因為採取了農民革命和長期武裝鬥爭的農民革命的方式，所以把啟蒙壓倒了，等等。有人就是這樣讀書和大寫文章「專著」的。這已經不是一、二個人，而表現為一種流行的作風，缺乏科學性。所以我提出反對。

　　這也是對知識的態度。人越是沒有知識，他就越「大膽」，越粗心大意。越有知識，就越謹慎，越覺得問題沒那麼容易、簡單。書不是越讀越少，而是越讀越多。越讀書越覺得有更多的書需要讀，不讀書倒覺得沒書可讀。

　　舒：為什麼會有這種學風呢？

　　李：原因之一是中國學人缺少近代自然科學的訓練和傳統。自然科學是硬打硬的，不能說大話、空話。

（原載：《東方紀事》1989 年第 3 期）

六十一 三答于建問

問：彷彿自您去年 11 月回國以來，一直是諸多記者追蹤的對象。見諸報端，以《文匯報》和《世界經濟導報》發表的兩篇對話是最引人注目。其中涉及問題甚廣，但就其總體而言，我以為您近來所強調的中心問題，仍為 1986 年底我們第一次對話時您所提出的：「中國現在更需要理性。」

答：以前我們已談過兩次了。

在 1986 年時談到兩個問題，一是我認為在當時流行的各種文學思潮和文體中，還是報告文學更有前途，其中提到劉賓雁。現在似乎證實了我們的看法，不是由劉賓雁，而是由蘇曉康來證實的。第二就是剛才你說的，「中國現在更需要理性」。但是這兩點一直遭到反對。對第一點提出反對的，就是在我們後一次談話中講過的那位大談「文學本體」的「文學地球」先生。最近又讀到他在《文藝理論與研究》上的文章，他似乎不好直說晚期魯迅寫雜文變成了痞子，而說他「被痞子所包圍著」，很為魯迅晚期因為寫雜文而沒成為「文學巨人」感到惋惜。不過口氣好像不如論證文學等於地球時那樣有把握了。第二點關於理性問題，當時主要是針對劉曉波，因為他狂熱的鼓吹「非理性」。其實我十年前就提出過藝術不是認識、創作的非自覺性等等，就是講「非理性」，你

上次還問了這個問題。但他們這樣一搞，我就不贊成了，因為我講非理性，主要是指文藝，特別是文藝創作中的審美特徵，他們卻膨脹為一種哲學或意識型態傾向，這就很不妙了。

　　問：現在看來，您當時提出兩個問題卻依然值得我們討論與思索。關於報告文學問題，1979 年以來小說所擁有的大量讀者，近一兩年普遍轉向報告文學，甚至一些頗有名氣的小說家、詩人，也都或客串或主要轉入了報告文學創作。

　　答：可見高唱非理性也好，文學本體也好，文學地球也好，首先還是要在現實中生活。為什麼大家那麼關心反映現實生活的報告文學作品？因為現實生活太令人不滿意了。

　　問：另一方面，小說現在似乎正變得越來越難讀，很難引起人們的閱讀興趣，理論界已有不少人提出近年小說的不景氣，對此，有的朋友頗不以為然，以為諸位不去讀這些小說，有什麼資格來說三道四？但我以為，倘若連文學圈子裡的人都失卻了對小說的興趣，那麼儘管可能仍存在一些好小說，也依然說明不了小說的興旺。

　　答：我擔心現在許多文學批評、理論文章也只有很少人讀了。在這裡，語言被搞成一個迷宮；講得玄乎其玄，喜歡用些看起來很深奧的詞彙、句法、語言，構成一座座晦澀難懂甚至不合語法的迷宮大廈，使讀者讀得暈頭轉向、迷迷糊糊。老搞這種迷宮，讀者們就不大願意進去了。有趣的是，現在連批評家們自己也迷失到裡面去了，迷失到了自己玩弄的語言遊戲中。暈暈乎乎，自得其樂，自以為講出了許多新道理、新思想，但幾個基本問題一

問，又茫然若失，答不上來，自己也不知道到底要講什麼，結果處於一團漿糊的狀態中。

問：有些批評家提出，現在的報告文學熱，熱的並不是文學，而是文學以外的東西，如新聞性等。用文學界通常批評報告文學的一句話來說，叫作「文學性不強」。

答：問題在什麼是文學性？

問：不錯，什麼是文學性？倘若這一基本概念不清楚，討論問題就缺少前提。您能談談您所理解的「文學性」這一概念嗎？

答：我想這是可以講清楚的，但不是這裡幾句話就能說清。不過如果將文學比擬於地球，或者說「文學就是文學」，那就永遠也說不清楚了。許多報告文學確實並不以文學性取勝，它首先是以它報告的那些新聞、事件，其次是通過它報告的方式、形式、語言、描繪來吸引、打動讀者。總之，是通過一定的審美方式，將生活本身、生活中某些東西真實地展現出來，吸引、打動著讀者。所以它既不是純文學，又不是純粹新聞報導。

問：此外，現在報告文學還包含了理性成分。不僅記錄著客觀現實和作家情感，更有理性的概括和分析。

答：是的，它可以幫助人們去認識。這些東西不一定能構成它足夠的文學性，幾年之後，不少現在很有影響的報告文學作品可能會成為過眼煙雲，但它們在目前卻是不可少的。而且，從這些作品當中，可以真正發展出好的文學作品來，有這種可能性。比起那些關在「象牙之塔」內搞出的東西，我以為這種可能性要更大一些。當然，關在「象牙之塔」內也可以搞出非常好的創作，

我反對的只是，文學地球先生們強調唯有「象牙之塔」搞出來的才算文學，其他都是痞子。我還是提倡多元化，「象牙」也好，「痞子」也好，可以並行不悖。

問：我們再次回到理性這一問題。根據您上次談話和剛才講的，您的關於「理性」的這一命題，顯然不是就藝術創作或審美態度而言。那麼您是在什麼意義上提出這一命題的呢？

答：這是針對我國目前所面臨的各種實際情況和問題，作為一種哲學思潮、行為方式和人生態度而提出的。

問：那麼我想借用您上次問過我的一句話：你的「理性」是什麼意思？您能為這一概念作出明確的界定嗎？

答：用一句哲學語言來說，所謂理性，我以為就是要建立形式。五四運動的很多成功之處，如白話文、新文學等，在很大程度上都取決於形式的建立。在這種情況下，形式本身就是內容，理性表現為形式。

問：您說您的理性問題是針對中國目前的具體情況而提出的。因此，您的所謂「建立形式」，就不單純是一個哲學命題。那麼您認為，在中國，在今天，首先應該建立的是哪些形式呢？

答：建立和健全法制。今年我們紀念「五四」運動七十週年，在我看來，現在要真正繼承和發揚「五四」的科學與民主精神，一是要提倡多元，多元並不簡單，它不能是無序的混亂，而仍然是有理性的秩序的。它是一種自由的秩序、批判的理性。二就是提倡理性了，包括民主，也需要理性才能建立，即寓科學於民主之中，使民主具有科學的形式，即理性的形式。

問：說到「五四」，您在《文匯報》與孫尚揚的答問錄中說，「應加深五四的科學精神，彌補五四的不足」。這個「不足」，是否就是指的理性不足？

答：不錯，我對「五四」的一個批評是，激情有餘，理性不足。有理性，但還不夠強大。

問：您以為現在是否仍存在這個問題？

答：正是。現在許多東西包括文章、「學術」，都是情緒性的反應。我曾經講過，許多論著只有情感價值，反傳統也只是情感性的，理性的分析太少了，這一直是中國士大夫知識分子的一個弱點。這種情緒經常容易被利用，毛澤東就是利用紅衛兵和廣大群眾對官僚體制不滿的情緒發動了文化大革命。

問：正是鑒於這種歷史經驗，您才特別強調「加深五四的科學精神」，提倡理性，是嗎？

答：準確地說，是建設的理性和理性的建設。我們現在破壞的激情很大，什麼都扔棄、否定。反映在學術上也如此，包括王元化提倡的所謂否定的辯證法。還有劉曉波搞的那些東西。其實很多都是過去的重複，甚至是重複文革，不過是用黑格爾的語言代替毛澤東的語言罷了。總之，不是理性地建立形式，而是情緒地否定一切。

問：按照您的看法，我們繼承「五四」傳統七十週年，今天所致力的口號較之七十年前卻並未有任何真正的突破？

答：如果開玩笑，可以說今天有兩個人超過了「五四」。一個就是劉曉波。劉曉波最近公開主張，中國的出路是去做三百年殖

民地（見香港《解放月報》1988 年 12 月號）。「五四」沒有這種
主張，因為「五四」是反對作殖民地的。如果說我以前不直接反
駁劉曉波是考慮到他反映了青年的某種情緒，而這種情緒仍有著
一定的合理性，那麼他現在提出這種主張，我以為就並不完全能
以情緒來開脫了。其實，他以前的論著，古今中外，無所不知，
無所不談，遺憾的是概念模糊，論證混亂，知識欠缺，僅以情感
辭藻的語言迷宮來打動和迷糊讀者（這一點與高爾泰相同），他所
強調的掙脫一切理性的感性，說白一點，就是動物性，所以我在
一篇文章說過，他的理論實質上不過是在王府井高喊「大家都來
性交罷」而已。他脫離開具體的歷史過程，極其抽象地談論個體、
整體、人性，便沒法把問題講清楚。例如他反覆說，「能否成為具
有自我意識的獨立個體，這是人與動物的最根本的區別」，什麼叫
「具有自我意識的獨立個體」呢？不清楚。按照他的說法，包括
孔子、屈原在內的人都是充滿「奴性人格」的，那當然不是「具
有自我意識的獨立個體」，那他們都不是人，都是動物。這能說通
嗎？這只是舉一個例，劉曉波的論證充滿了這種論證，這能算學
術嗎？他自己說，他不考慮科學性，他也表示懷疑他的著作能否
有一定的「學術價值」，其實不必懷疑。但人們仍不妨去欣賞一
下。

　　另一個是劉小楓。他提出「五四」的一個主要問題是，不該
提倡科學民主，而應當提倡宗教。他認為中國傳統缺少宗教精神，
應當把基督教搬過來，這似乎也是「五四」運動的西化主張中沒
有過的（當時也有人提出過，但影響甚小，也沒作多少理論論

證）。他自己就相信基督教。他講為了「護教」而批判我。我認為他在理論上還比較能成立，至少比劉曉波強多了，但我相信中國人不會接受，他的理論太脫離中國的實際。他認為要忍受苦難、歌頌苦難，人不要驕傲自大，應該跪在神面前，要怕。我以為這與中國的精神不符合。要講與「五四」真正有什麼不同，我以為只有這兩個人。其他無論反傳統，無論提倡民主科學，再怎樣激烈，我以為也並未超過「五四」。

問：不同於「五四」的科學民主傳統，「新權威主義」作為一種理論口號近時期來時髦一時，您在和《未定稿》的記者孫麾的答問中已對這一口號表示了否定的態度。但是，難道這不也是對「五四」的突破，或曰「建設的理性」嗎？

答：我並不認為「新權威主義」是建設的理性，恰恰相反，它和「非理性主義」倒是孿生兄弟。

問：為什麼？您能具體談談它們之間的關係嗎？

答：關於新權威主義我已在和孫麾的答問中談過了，不再重複。總之，新權威主義所建立的並不是一種理性的形式，它是建立在某種偶然性上的暴力專政，也就是非理性的。最近的事情倒是對新權威主義論、非理性論、做殖民地論、忍受苦難論、文學等於地球論等等理論一個很好的否定的檢驗。

問：就今天的中國而言，您認為有真正實現民主、法治的社會基礎及現實可能性嗎？

答：這就需要研究。我認為，中國當務之急，是應建立法律的權威。民主在政治上應體現為法律的權威。我多次說過，西方

民主有很多種，美國的民主，法國的民主，英國的民主，等等，法律也並不一樣。應根據我國的情況具體研究哪種民主最接近於我們或更適合於我們。好比輿論監督問題，應有法律來保證，現在的報紙連一個部長都不能批評，談什麼輿論監督？如果有各種詳盡的法律規定，而且不是一紙空文，民主就具體化了，所以我強調法律，認為法治是民主理性化的具體落實。

　　問：您是不是認為，中國要建立真正的民主，首先要從輿論自由開始？

　　答：從建立法治，嚴格執行法治開始，其中輿論自由便是一項極重要的內容。現在政府不是提倡輿論監督嗎？那麼怎樣實現和保證這種監督呢？當年北洋軍閥時代，魯迅還可以告部長章士釗，而且勝訴，今天可能嗎？法律是人民用來制約、監督政府的行政權力和職能的，所以要有新聞法。但光制訂法律還不行，要嚴格執法。現在，黨委書記就可以把法院的判決取消，置法律的權威於何地，法律是代表全國人民的意志和利益，它應該高於其他任何事物和人物。

　　　　　　　　　　　（原載：《文藝報》1989 年 6 月 3 日，原標題為「語言的迷宮及其他」）

六十二　美學答問

問：近十年美學、文藝學空前繁榮，禁忌打破了，視野開闊了，爭鳴展開了，討論深入了，回顧這段進程，您以為在理論上有哪些最主要的收穫和突破？

答：很難回答好。原因是對十年來美學和文藝學的很多文章、書都沒來得及看。文藝學及美學是兩個不相同的學科，你們刊物中有許多文章我還是很喜歡看的，確實有些文章寫得很好，主要是談具體學術問題的，我對專題研究文章比較有興趣，題目越大的文章我越看得少。（插話：現在辦理論性、學術性的刊物很不容易，很嚴肅的理論、學術問題，引不起很多讀者重視。）這要看刊物的對象和性質是什麼，如果一個刊物的對象是較高層次的，發行量多了，反而是失敗。假如是通俗刊物，則是另一回事。這是題外話。

十年來，文藝理論與批評進展較大，突破較大，特別是近四、五年來更為顯著。美學與政治的關係不像文藝理論與政治的關係那麼密切，因此，美學在「文化大革命」前，自由度還比較大，幾派之間的爭論，並沒有定論，誰對誰錯，始終是各有各的理論。文藝理論則不同，說爭鳴，總搞成批判，文藝理論的模式比較固定，因此十年後逐步地打破禁區是很明顯的。十年前我在一篇講

形象思維的文章裡提出「藝術不是認識」、「藝術是情感的邏輯」，當時很多人批評我，現在這就不是問題，有些人的觀點比我激進得多，可見進步很大。最大的成績還是多元化，這與文藝創作有關係，首先是詩歌與小說，後來是繪圖與造型藝術。前不久開的現代派畫展，這在以前是不可想像的，開「星星畫展」時困難那麼大，現在遠遠超過了。正因為文藝領域的創作發展了，相應的理論與批評也發展，當然它們是互相促進的。現在，西方的現代的許多主張、流派都進來了，理論上、批評上、創作上都是這樣。外國理論翻譯比較多，這個作用不可低估。文藝創作與文藝理論與批評中有些不同意見，這可以展開討論。現在的毛病還是生搬硬套的比較多，從語言、詞彙到文體，很多人在構造語言的迷宮，讀者不愛看，作者自己也迷失在裡面了。下一個十年在此吸取、搬用的基礎上進一步應該作些真正的開拓性工作，首先是在創作上，也在理論上和批評上。有一個現象是最近很多人轉向，開始搞中國傳統的東西，這很好。立足於中國現實的基礎上，創作、理論、批評都能搞出新的局面，大概要到下個世紀初吧？

　　美學在理論上沒有什麼新的進展，沒有什麼特殊的觀點。美學與文藝理論不太一樣，它是個哲學問題。

　　問：許多人認為美學這十年進展得很快。粉碎「四人幫」後，美學熱潮掀起來了。五、六〇年代的幾派理論都進入發展深化時期。您的美學也進入深化、體系化的時期。您認為您的美學理論有哪些最主要的發展？

　　答：美學的進展恐怕主要是表現在量的擴展方面。五、六〇

年代主要停留在哲學美學的爭論上，現在，美學的領域擴大了，從心理學角度來研究美感，從各自藝術部類來研究，從技術科學來研究，這是好現象。「美學」這個詞現在用得很濫，但也反映出美學深入到很多部門、領域了。說進展不大，就是指真正科學研究還很不夠，只是開拓些領域罷了。我自己的看法與五、六〇年代相比較，有所展開。最近出的這本《美學四講》概括了我的美學觀點，對美學是什麼、美是什麼、美感是什麼、藝術是什麼這四個問題作了一些基本的說明，有些思想和提法與五〇年代有變化，但主要觀點沒有根本性的改變。從 1962 年發表〈美學三題議〉提出「美是自由的形式」，到現在還是這個看法，但作了比較充分的說明。

問：在哲學基礎上有沒有改變呢？

答：沒有改變。但我明確提出人類學歷史本體論的哲學、主體性的實踐哲學，可以說是這十年的「發展」吧。這不但是對美學，而且是對整個哲學提出的。最近我有篇〈哲學答問錄〉，就是講哲學問題的。《美學四講》主要也是從哲學講美學，還是哲學美學。其中吸取了一些現代的成果，像分析哲學、格式塔的心理學等等。這本書香港版的書店作廣告說它「回應了現時流行的中外各美學流派」。

問：是否還有存在主義的影子？

答：當然有。對存在主義、弗洛依德，我在書裡都作了哪些贊同哪些不贊同的說明。與以前相比，這十年間我更加公開指名道姓了。假如以前我的哲學和美學都受康德的影響，但不能明說，

現在便可以公開提出從康德、席勒到馬克思的線索，並且從馬克思又回到康德。還有就是這十年我對中國古典美學作了一點研究，出版了《美的歷程》、《華夏美學》。它表明了我的理論與中國古典美學的關係。因此這十年我所作的就是這兩點：一是把我的理論放在現代世界各種美學理論中間來確定它的地位，明確它與其他各派相同與不同之處。二是把我的美學放在中國土壤中確定它與傳統的關係，哪些是繼承傳統，哪些是不同於傳統。這主要表現在最近的這兩本書，即《華夏美學》、《美學四講》中。

　　問：「實踐觀點的美學」、「人類學本體論美學」、「主體性實踐美學」是不是一回事？（李：對，都是一回事。）這一美學的特點主要是邏輯上的綜合，還是一種基於社會歷史新土壤上的特定的體系？是結構主義的，還是歷史主義的？

　　答：我認為哲學是沒法脫離它的時代的。我所搞的是哲學美學，當然與時代有關。任何一種哲學，包括分析哲學、結構主義，儘管它主張共時性，主張非歷史，但實際它本身仍然帶有歷史的痕跡。像分析哲學便不可能產生在兩個世紀之前，結構主義也不能產生在中國。我是歷史主義者。

　　問：關於美的本質的探討，最有影響的觀點有：美是人的本質的對象化，美是自由的形式，美是自由的表現，美是自由的象徵等。這些提法有什麼實質性的差別？

　　答：我對這問題已沒有什麼興趣了。「美是自由的形式」，是我 1962 年提出的，現在仍然堅持這一提法。這在《美學四講》中著重講了。「美是人的本質力量的對象化」，本來也是我 1956 年提

出來的，我現在放棄這個提法，原因是這個「人的本質力量」提法不清楚，可以做不同解釋。我所指的人的本質力量是人類實踐的客觀物質現實力量，即以人的使用、製造工具為核心的人的改造世界、改造自然的客觀實踐活動，不是指人的思想、情感對象化。那麼，難道情感不是人的本質力量嗎？難道思想不是人的本質力量嗎？那當然也是，但如果以情感、思想對象化就產生美，這還是跟朱光潛講的一樣，而與我不相干。我所講的實踐活動當然也包括思想情感，但它表現為一種物質力量，不是表現為精神的東西，所以有根本區別。這也是與「美是自由的象徵」區別所在，象徵、符號是一種思想、精神活動的產物，它不是一種物質力量。詩人作詩、巫師念咒也是自由的象徵，這不能構成美，不能構成實實在在的美，只能構成藝術作品，根本區別就在這裡。「自由的表現」，概念不清楚，抒發情感也是表現。（插話：有的又叫自由的實現。）實現，照我的解釋是通過物質力量去實現，就沒有什麼差異，假如講的不是這樣，那麼寫首詩實現自己呀，表現一下呀，就不同於我的理論。所以這種差異和分歧還是我跟朱光潛的分歧，他們講的並沒有超過朱光潛所講的，不過換了些好聽的名詞如自由呀等等罷了。

問：現代美學中，「自由」成為最普遍使用的概念。老一代的美學家談「自由」，新一代年輕學者寫的幾本書也談「自由」，有您所說的「自由」，有高爾泰同志所說的「自由」，還有其他同志所說的「自由」，大家都使用「自由」這個詞。「形式」也是這樣。請您對這兩個概念作更進一步的說明，怎麼理解這個「自由」、這

個「形式」呢？

　　答：「形式」與「自由」，我在《美學四講》中專門講了。「自由」現在用濫了，變成了時髦的標籤，其實應該很謹慎才對。「自由」是什麼？要看自由用在什麼領域，用在政治領域、經濟領域和用在哲學、藝術裡，涵義是不一樣的。沙特講的自由是哲學意義上的自由，跟政治意義上的自由、經濟學中的自由並不是一回事。在什麼意義上用這個詞要首先規定一下。自由更不是隨心所欲，那不叫自由，而恰恰是自己情欲的奴隸。這點黑格爾講得很清楚，任性不是自由。我所講的自由，就是 1962 年講的，是規律性與目的性的一致。庖丁解牛為什麼自由呢，因為他的活動的主觀目的性，完全與客觀規律性相一致，這就是自由。

　　「形式」主要指一種造型的力量，是一個東西成為這個東西的力量、原因。它不是外在的框架，（插話：也可以理解為模式？）不是模式，模式是已經形成了的東西，形式恰恰首先是種力量，所以我講社會美首先講過程。美首先是在活動過程中，然後才變成一種產品，一種成果。（插話：一種物化。）過程本身就是物化活動。假使你合規律的話，本身就是物化的實現。它是一種物質現實性的活動，是很具體的，付出體力的，而不僅僅是精神活動。當然包含有精神活動，但首先表現為物質現實性活動。在我看來，首先在物質生產過程中產生美，同時也就有美感意識，就有美的感受，所以它早於藝術。「形式」指的不是外形式，而是實在的活動和力量，「形式」這個哲學範疇在古希臘是非常重要的範疇，亞里士多德的形式因是個非常高的概念，形式造成內容，

不是內容決定形式。

我願意再次提醒讀者及美學工作者，一定要注意自由、形式等等詞彙的準確涵義，並且必須從哲學角度來加以把握與判斷，不能作為漂亮的詞彙來看待和使用。要弄清它們具體的哲學涵義是什麼。現在好些文章非常喜歡隨意使用像自由、形式、理性、本體、超越、有限、無限這些大字眼，卻沒有解釋這些詞的嚴肅的哲學涵義。我為什麼老強調學西方哲學呢？原因之一就是為了從根本上了解這些字眼的準確涵義。我看到最近幾篇關於美的本質的文章，便有這問題，沒有發現自己本文中概念不清楚。

問：您剛才說，人的本質是作為一種現實的力量，作用於客觀對象，這就引出自然美的問題。這幾年來，自然美問題有一個很大的爭論，就是自然人化或人化自然。其中您談過狹義的和廣義的兩層，後一層意思有許多人難以接受，有文章提出不同意見，您可否藉此機會予以回答呢？

答：以前我已講過多次，這次在《美學四講》一書中也列了專節。首先從美這個詞有幾種涵義談起，美作為審美對象，美作為審美性質，美作為美的本質，涵義不同。「自然的人化」也有幾種涵義，一種是狹義的，另一種是廣義的。廣義的是說在一定歷史條件下，自然與人的關係發生了根本的改變。這是自然美的根源，即整個自然之所以能夠成為人的審美對象的根源，是因為客觀上自然與人的關係發生了改變。從時間講，可能是從農業社會開始。至於哪些自然對象，哪些山水花鳥成為人的審美對象，這是由許多別的因素決定的。中國對山、水的欣賞比西方對山、

水欣賞要早得多。西方中世紀認為自然是誘惑你的魔鬼，你不應去欣賞，以免受魔鬼的引誘，這是和它的宗教思想聯繫在一起的；中國沒有基督教的宗教思想，所以就能欣賞自然。可見，各種山水花鳥等自然美作為審美對象是有宗教因素、傳統習性、文化類型等等因素在起作用。但是，作為審美對象的自然美，與自然何以能從根本上成為人的審美對象是兩回事。有些人混淆在一起就講不清楚了。關鍵就在這裡。講自然的人化是從最後根源上講的。

問：這是作為廣義上講的自然美。持不同意見的同志認為：在自然沒有成為人的審美對象時，就存在有自然美。您有何評論？

答：這還是我與蔡儀的老分歧。沒有人，自然也是美的，這句話我不知道有什麼意義。沒有人類，所謂「善」、所謂「美」究竟是什麼意思呢？請回答。1956 年我寫過文章，現在還是這個觀點。相信有上帝，沒有人類，自然仍然是美，是善，因為它們符合上帝的意志。不相信上帝，怎麼辦呢？所以倒是朱光潛的意見，認為自然美是因為自然與人接觸後人的情感移入自然對象，與人的思想情感發生關係才美，較易於接受。問題在於為什麼這個自然對象成為美，別的一些卻不成為美呢？為什麼欣賞山水要專程到桂林而不是任何地方都可以呢？顯然自然本身有一種外形式，它們具有審美素質。但是為什麼這些形式、素質就成為美，就使人普遍必然地產生美感呢？格式塔心理學作了比較好的說明，它認為這是因為它們與人類心理有種生理、物理上的同構關係。但光是生理又不能解決問題，動物也可以有這種生理同構關係，牛

聽到音樂也可以多出奶。所以歸根結柢，還是要從人類活動這個根本上去說明。這就是我所講的「自然的人化」。人對於節奏、和諧、比例、對稱等等形式的把握，便不是從精神上而首先是從物質實踐活動中即生產勞動中去把握，這也就是馬克思講的「自然向人生成」。社會的人在與自然打交道中，把自然界的規律把握住了，自然人化了，在此基礎上，產生了形式美，它屬於社會美範圍。自然美也是這樣，山水花鳥在原始社會與人類沒有關係，自然要麼與他無關，要麼是威脅損害，不能成為美。我說過多次，好像人在暴風雨中被淋得狼狼不堪不會去觀賞，只有在安全時才會欣賞暴風雨一樣，人類只有在獲得生存發展的基本條件之後，社會生活與自然的客觀關係改變了，這樣自然界的山、水、花、鳥才能有美，所以1956年我就說即使是自然美也具有客觀社會性。我也講過，文明越進步，便越能欣賞恐怖的東西，如沙漠、猛獸等等。因為這些與他的客觀關係改變了，對他無妨礙。這是個歷史的尺度，要從整個人類發展的歷史角度去認識。這是背景。至於哪些具體東西成為審美對象，那就要看具體條件了。把具體的審美對象直接跟美的本質聯繫起來，就變得荒謬。這中間有許多中介，所以我認為反對我的意見，至今並沒有超過朱光潛和蔡儀。

問：現代主義藝術或現代藝術，作為美學研究對象，很重要的一個現象就是突出了醜。能不能說在當代新的美學現象或文藝現象中，關於美醜的界限或區分已沒有什麼重要的意義了？

答：美，看你是在什麼意義上使用。西方現在講藝術很少用

這個詞，而用表現、創造這些詞。古代西方「崇高」與「美」也是不可相互包容的詞。中國人喜歡用美這個詞，範圍較廣，崇高在中國是所謂「陽剛之美」。在西方，崇高、悲劇與美是對立的，不能置放到美裡去講；中國卻大講悲劇美，陽剛美，這與中國哲學傳統有關係。所以，要看你從什麼意義上講美醜。中國公園裡的怪石，好像是抽象派的醜，但在中國人看來也是美的。鮑申葵用「艱難的美」來形容醜。這表明傳統的美醜對立已經過時了。至於美學 Aesthetics，與美 Beauty 則並無字源學的聯繫。現代藝術主要是現代主義的藝術，它當然不是傳統的美的概念所能包含。但我認為不必要糾纏在詞彙上。

問：現在不也正流行著醜學嗎？

答：這都是詞彙的問題。什麼叫醜學？我的學生劉東寫了一本《西方的醜學》，實際上講的還是美學，是講西方現代藝術的美學。

問：我們曾發表過一篇文章，提出對「美學」要作重新界定，認為「美學」、「美」引起很大的誤解與爭論，因此打了許多不必要的筆墨官司。作者主張「美學」就是關於美的學問，只作為下屬概念，歸到鮑姆嘉敦所提出的大概念裡去。對此您有何看法？

答：我認為這毫無意義。我提倡實證的研究，要麼搞點分析哲學、分析美學，否則就不要在這些概念名詞上糾纏不清。早就有人要給美學正名，但沒法改，因為早已約定俗成，換個名字，沒人接受。前幾年有好些人想搞所謂系統論的美學體系，以為這

就能解釋一切美學問題。就像總有人想發明永動機一樣，是一種幼稚的表現。以為換套名詞、概念就能改變一切，這恰恰表現為不成熟，雖然熱情是好的。也因為美學這個學科還不成熟，更容易產生各種幻想，以為提出一個新的關於美的本質說或美學體系，就能把所有問題解決了。

問：當代美學、文藝學中，主體性這個範疇比以往得到空前的重視。但對此概念的理解，人們有很大的分歧。對於個體主體性的主張得到更多的強調，這會不會導致整體上的無主體性？多元化本身會不會因出現無限的元，而導向美學和信仰上的不可捉摸的相對主義？從而走向無序？

答：主體性是我提出來的。我對主體性的解釋是：主體性有兩種，即個體主體性和人類總體的主體性，後者是人區別於動物的界限。我之所以不輕易用「人類學本體論」而用「主體性實踐哲學」，就是因為「人類學本體論」在字面上難以突出個體主體性，它突出的是人類總體的主體性，所以我才提出「主體性實踐哲學」，這正是為了突出個體主體性。但是我認為個體的主體性與總體的主體性之間關係很複雜。個體主體性是在總體主體性的基礎和背景下才能引申出來，它是一個指向未來的方向，現在有的人完全否定和離開總體性來講個體性，像劉曉波，這既不符合歷史事實，對現實也無幫助。生物進化到人類，也並不是某一個人先變成人，而是一群猴子共同變成人。隨著人類的發展，個體主體性才越來越突出。在原始社會不存在個體主體性，奴隸社會也很少，封建社會略多一點，資本主義社會大大多起來，將來會更

多。個體的主體性是通過人類總體的主體性的發展得到發展的。再重複一遍，我認為完全擺脫或否認人類總體的主體性來談個體主體性，只能是些漂亮的情感詞藻而已。總體對個體的有些制約、規範是必要的，有些是需要我們努力去打破的。只有具體地歷史地認識這兩者的關係，才能真正發展個體主體性。抹殺和否定了這個關係而想發展個體性，表面上看來很激進，實質上恰恰不可能。我贊成理性主義，認為只有非常理性地認識個體主體性與總體主體性的關係，進而了解個體主體性的前途與現實的位置，才能真正發展和展開個體主體性。有些人他們高唱個體主體性，鼓吹非理性，實際卻是奴隸性的表現。

第二個問題，多元化在美學領域會不會造成無序？不會。多元化，首先是能夠一起存在，同時互相有關係，要麼是聯合關係，要麼是衝突關係，要麼是並存關係，在這裡面可以構成一種富有生長性的秩序。但這個秩序不是固定的格式，有時有主流，有時沒有，而是各派並存，三分天下。這本身也是秩序，像地圖一樣有各種顏色。隨著時代的發展會有不同的顏色變化，有時有主色，有時沒有，有時是這個色調為主，有時是另一個，這正好是流動著的關係。

問：那麼，在當代美學世界中，馬克思主義美學處於什麼樣的地位？

答：馬克思主義幾十年一直是兩部分。以蘇聯、中國為代表的馬克思主義美學顯然處於衰落的過程，因為這種美學與政治關係太密切，也不符合馬、恩的原意；它們產生於革命時代，一切

為革命服務，現在革命時代已經過去，必然要衰落。從西方美學界來說，馬克思主義美學始終是一股健康力量，是對資本主義社會的一種批判。但東西方馬克思主義又有共同點：第一，它們都把藝術作為主要對象，第二，認為藝術與社會聯繫密切，重視研究藝術與社會的關係、作用、意義等等。我所希望發展的馬克思主義美學有所不同，它不僅是講藝術，不只講藝術與社會的關係，而是從構造人類心理本體、情感本體來討論。它不僅僅是藝術理論。這與馬、恩、列、毛、普列漢諾夫、盧卡契都不同。

問：您提出從「文化心理結構」入手來發展馬克思主義美學，您認為這項工程包括哪些方面的工作？

答：我以為從哲學提出新的角度來發展美學，可以使美學領域改變很大，這是長期的工作。哲學方面要講清什麼是「文化心理結構」，表現在藝術上又是什麼樣，我認為，藝術作品的價值恰恰在於它是人類心理本體的對應物，同時反過來幫助人類心理結構的建設。我把這與中國古典美學聯繫起來，因為中國古典美學講究陶冶性情，提到哲學高度就是建構心理本體，它不在於馬上起什麼社會作用或認識作用。這就是我所講的「自然的人化」的另一種意義，即人的內在的自然的人化。自然的人化有兩個方面，一個是外在的自然的人化，是美的本質、根源。內在的自然人化是美感的本質、根源。所以美感不是理性認識，也不是生物性的自然感覺，也不是性欲的變相滿足。但它又包含這些東西，它包含人的各種欲望、需要的滿足。這是一種自然性與社會性相統一的滿足，我稱之為建立新感性。它是一種新的感性，是通過藝術

來實現的，藝術品就是這種新感性的對應物。這好像物質世界的美是人的實踐活動的對應物一樣。藝術是物態化了的新感性，同時幫助新感性的成長，因為人不僅有物質生活的世界，還有心靈的世界。藝術幫助心靈的成長，也就是陶冶性情。

問：講到美感，您認為意志在審美中有沒有地位？

答：什麼是意志？人們的說法不一。對美感的心理機制，我講想像、情感、理解、知覺等等，都是初步的粗線條的描述。用意也只是從哲學上指出美感不是單純現象，它是一種有多種心理功能相互作用的活動過程和成果，但要真正研究哪些心理因素和它們為何相互作用，那就要等到心理學充分發展以後。意志，如果作為心理功能的一種，也可能以間接、曲折方式在審美中起作用，例如在審美期待中。但在我的美感描述中是不講意志的。

問：在康德那裡，在叔本華那裡講審美，都是要排除意志的，這該如何理解？

答：我認為這又是概念不清楚。意志在康德那裡是實踐理性，這是哲學概念上的意志，在叔本華那裡也如此。這與心理學講的意志不完全是一回事，但也有關係。我們在美學中講意志，首先要把涵義界定清楚。

問：您認為從「文化心理結構」入手，美學建設就會出現改觀，能具體談談嗎？

答：像對藝術品的研究，便可以把傳統藝術作品作為心理的對應物來研究不同時代、不同社會的情感、思想、認識、想像、感覺、知覺及它們的各種不同組合，這不很有意思嗎？再可以把

這些與當時的文化聯繫起來，也是條路子，即研究文化如何變為心理，心理狀況又如何表現在文化上；積澱是如何出現的，如何發展、變化的；為什麼一些古典作品到現在還能感動人；各種心理因素配置、組合在哪種形式裡，現在還在起作用等。這樣對歷史與現實的關係，便可以有更深的理解。這要作大量的細緻的研究。比如中國的詩詞，為什麼改動一個字會引起不同的感受？為什麼詩由五言變為七言又變成詞？形式的變化包含著什麼樣的心理改變和積累？這方面的研究還可以吸收接受美學的許多東西。

問：現在許多同志提出建立當代形態的馬克思主義美學、文藝學。在社會主義階段，建構馬克思主義美學、文藝學的當代形態，首先就有一個歷史前提，即承認不承認社會主義是高一級的社會形態？然後在理論上要回答，社會主義的文藝審美理想是什麼？而對於這個問題的探討，有沒有理論上的價值？您對您的美學如何看？

答：你說的社會主義，我不清楚，所以這個問題沒法談。特別是美學，與社會主義到底有多少關係？它與文藝還不同。我把我的美學叫做「人類學本體論」的美學，你說它是馬克思主義的也好，說它不是也好，人們怎麼說，我都不在乎。我認為我至少是吸收了或繼承了馬克思主義的某些基本東西，但與傳統的和目前的馬克思主義美學又有很大的區別。馬克思主義哲學（不是「馬克思主義美學」）的基本東西，還是我的美學的哲學基礎。這是指上面講過的物質實踐活動問題。

　　問：我們要建設具有中國特色的社會主義，因此想到要建設具有中國特色的馬克思主義美學，不是很自然的嗎？

　　答：我認為我的美學是有中國特色的。但它並不是用幾個中國傳統的範疇、詞彙而已。有些人以為搞中國特色的美學就是加幾個中國範疇，「意境」、「意象」、「氣」、「韻」、「道」……就行了。我強調的是文化心理結構，強調陶冶性情，這就是從根本上抓住中國特色、中國傳統。《華夏美學》就是從禮樂傳統講起。陶冶性情與我提出的建立新感性、內在的自然的人化直接有關。所以我的美學一方面承繼馬克思主義，另一方面又承繼中國傳統。「自然的人化」是馬克思主義的基本觀點，也是中國傳統的精髓。我覺得這兩方面在我這裡匯合了，這是精神實質上的繼承，而不是表面上繼承運用幾個範疇、命題、詞彙。不過這有點像王婆賣瓜，見笑見笑。

　　問：中國美學、文藝學的發展與中國當前社會發展一樣，既要面對傳統，又要面對西方；傳統有惰性，西方有拉力、吸引力，如何處理既要揚棄傳統的東西，又要批判吸收西方的東西？這幾年大家都在做這項工作，您看還有哪些需要注意的問題？

　　答：這我說不好，我不能指導別人。但我認為現在這樣就不錯，你們刊物發的文章，有的實實在在在介紹西方的學派、學說，比較具體，我願意看；有的對中國傳統的一些問題、一些範疇作具體研究，我也很願看。但我對那些空談美的本質、美學體系的文章，則一點提不起興趣。真正對傳統的研究，對西方的介紹，這些具體的工作是極需要的，這叫科學工作。傳統與西方，不是

要不要的事，而是個現實。有人想擺脫傳統，但反傳統本身中就有傳統的影子。傳統是扔不掉的積澱。文化心理結構是反不掉、擺不脫的。關鍵是要首先有清醒的自我認識，不必先評價。我還是這個老觀點。我們最大的毛病是還沒有弄清事實前，匆忙下結論、做判斷。

問：當前許多同志追求新的馬克思主義美學形態或者其他的美學形態，搞新體系，熱情很高，該怎麼看？

答：我也不完全潑冷水，有一部分人可以關起門來苦思冥想，構建體系。但是我不贊成很多人都如此。我仍然認為主要的還是要做具體的科學研究工作。

問：搞科研，就得突破，不是得觀念更新嗎？

答：我覺得觀念不更新也沒有關係，現在愛講觀念更新，也不見得就新，新了也不見得就能解決問題。現在也愛講「突破」，也沒見突破了多少，那些不唱高調不講突破而是紮紮實實地研究具體問題的作品倒是一種真正的突破。現在最可怕的是在一本書內就把古今中外都談遍，這種書能有多少價值？這不是科學，是一種真正無序的混亂。微觀研究才是科學。宏觀研究是哲學工作。哲學工作有一小部分人搞就夠了，不需要所有的人都來搞哲學工作。我是沒有辦法，無法改行了。但我最近幾年發美學文章就極少。最近寫的《美學四講》，也是過去幾篇文章增補調整，一共才十萬字。以後，我大概不會再寫美學方面的文章和書，我這種大而無當的東西也可以告一段落了。這方面日本學風值得借鑑，研究得特別細，但也有缺點，缺乏宏觀把握，有的細得沒有意義了。

目前中國年輕人的毛病是相反，總想搞大的，搞什麼體系，看不起小的，這作為潮流，作為傾向是不好的。刊物不要把所有的或多數人都導向這個方向，但也要允許一些人這麼搞，多元化嘛。

（插話：有的同志有突破某種觀念、範圍的熱情，我們也發表了他的文章。但是更多的，我們還是注意和大量發表細緻的微觀研究方面的文章。）是啊！正因為這樣，你們刊物我才願意看。有些刊物就沒什麼看頭。

問：這幾年，我們在中國古典美學方面發了不少文章。還在東方美學研究方面做了些工作。對此，您能談些意見嗎？

答：東方美學主要是中國美學、印度美學及日本美學。日本傳統與中國傳統完全不同。我們對日本美學、印度美學研究得不夠。與其老想搞什麼「突破」，還不如去研究這些具體問題，包括日本美學中的問題、印度美學中的問題、中國美學中的問題，以及它們之間的比較。總之，不是構造什麼體系，搞什麼突破，而是實實在在的實證研究，這才是中國在學術領域裡進入現代化的必由之路。我一再說，專家嘛，只能專一點，什麼都專就不是專家了。在現代，一個數學家不可能什麼數學問題都了解，而只是了解某一方面某一部分而已。同是搞物理學，低能物理和高能物理是完全不同的領域，一個物理學專家只能專其中某一領域、某一課題。現在中國需要大量的這種分工極細的專家，而不是大量的體系構造者；如果培養出大量的體系構造者，那就是悲劇。哲學家就不是專家，所以我不承認我是專家。你說柏拉圖是什麼專家？康德、黑格爾是什麼專家？他們什麼也不專。中國現在需要

少來點哲學家，多來點科學家，不僅自然科學領域，而且社會人文領域也如此。

《文藝研究》，1989 年 5 月，張瀟華提問、記錄、整理，未能發表）

《啟蒙名著選讀》序

　　啟蒙喊了很久了，民主、自由的口號喊了很久。但是，到底什麼是民主、自由、人權、平等？什麼是啟蒙？卻似乎並不是所有喊口號者所了解，當然更不是那些仇恨口號者可以回答。後者所能做的，只是把臉一變，把手一揮，以為只要這樣就把一切的一切都打發乾淨了。

　　其實不然。古今中外有那麼多那麼厚的書籍依然存在。有些書的作者們的確當時就被打發掉了，有的書也曾經是禁書、「壞書」，不讓出版、傳播。但曾幾何時，由警棍刑具所供奉和維持的皇冠、寶座一個個倒塌下來，而宣揚和論證啟蒙的書籍、思潮，卻「不廢江河萬古流」在不斷地洶湧澎湃地漫遍全世界……

　　但那些書又畢竟太多太厚了。對中國大眾讀者來說，逐一閱讀，幾乎是不大可能的事，於是年輕的熱心人編了這本書。手此一冊，便在最短時間內能大體瀏覽一下古今中外有過如此這般的論議。可哀的是，好幾百年前的議論，今天讀來仍如此新鮮，仍然可以如此激動人心。

　　對這本書，我做的唯一的事，是看了一次目錄，老實說，覺得不太滿意。但不管前幾年那位披著金戈鐵馬的先生如何凶狠地攻擊我主編的《美學譯文叢書》（見中國社會院學術動態），我仍

然堅持「有勝於無」的原則，認為這是一項喊了好久，卻始終沒人來做的，向廣大人民進行啟蒙的有價值有意義的切實工作。

這種工作是絕對不會白做的。

願意引魯迅當年給李大釗遺文寫〈題記〉中的最後那句話作為結束：「以過去和現在的鐵鑄一般的事實來測將來，洞若觀火」。

　　　　　　　　　　　　　　（此書未能出版，此序未能發表）

六十四　無　題

　　我的最好的朋友都是女性。這倒不是要有意模仿沙特，說類似的話，而是我自己非常願意記錄下來的一種事實。女人之所以能成為最好朋友，大概是因為可以有各種超語言的交流。這種交流一般不會是學術問題的討論，和女性常常無法爭論，據理辯論也無用處，因為她們似乎從根本上便不大信任邏輯。不過，當對某一問題（也包括學術問題）彼此會心一笑的時候，或者毫不遵循邏輯卻爭辯得面紅耳赤甚至是氣急敗壞的時候，其交流的內容和包容的意蘊，便並不亞於甚或超過嚴密論證。有時還似乎可以達到某種「超越的」人生勝境。當然這種交流更多是在日常生活中。在各種各樣的現實事務中。在這裡，女性朋友似乎更坦率，更真誠，更可以信賴。而生活畢竟遠大於學術。

　　生活之大於學術，我想，原因之一在於它的五彩繽紛，在於它有豐富的感性世界。女性是感性世界的當然主人。例如，我所知道的女性，當然也有一些例外，無不喜逛百貨公司者。儘管不買東西，並無特定目的，或泛泛瀏覽，或挑揀細觀，對她們來說似乎總是一大賞心樂事。如果買到某種稱心的東西，一件衣裳，一個小物件，……都可以使她們高興好半天。開始我很難理解，只好勉強奉陪，但在她們那嚴肅認真專心致志的快樂中，我突然

省悟到由這些滿目琳瑯的感性物件所獲取的快樂，是一種人在真正生活著的快樂，是一種對感性世界的歡欣和肯定。女人絕不像煞有介事的男士們那麼單調、乾癟和抽象。

最大的生活快樂之一，當然是性愛的快樂。不過這方面我又是蠢材。大概還是從小時候讀小說開始，由於只見敘說男人強姦女人，不見女人如何強姦男士，便誤以為性愛的快樂特別是生理快樂專屬男人。這一直到很晚很晚，才知道女性之需要性愛以及那生理方面的強度、「力度」、興奮度，也常常是男人所望塵莫及的。不過，由於種種原因，看來主要是社會原因，在千百年來以男性為中心的社會傳統下，女人們的這種強烈的性愛要求和生理快樂的需求，被深深地壓抑了、傷害了，甚至被埋葬了。它們犧牲在種種錯誤的觀念、思想、禮俗、規範中，使很多很多女性（特別在以禮教著稱的敝中華）一生也沒有機會甚至不知道去實現或要求實現自己這種天賦的本性，女人似乎只是為了做妻子做母親而生活著。從而，女性喚醒自己的性愛快樂，努力去取得與男性完全平等的性愛快樂的權利，似乎也可以作為女權運動的內容之一。特別這方面在這幾十年來大陸中文文獻裡，在中國今天的現實生活中，很少被人們所提到和強調。

女性對性愛的另一傾向，我覺得，似乎是非常注意和追求心理感受。男性逛妓院，專為滿足生理需要，女性（至少一部分）似乎便不如此。記得一位朋友對我說，她所不愛的男人連碰她一下，她也不願意，儘管可以是好朋友。即使是頗具性感的翩翩少年或魁梧壯士，儘管也動心，但並不像男人那樣立刻產生生理上

的（被）侵犯欲。她所愛的人，則儘管不漂亮，也願老抱在一起。所說可能有所誇張，但那重視性愛的心理快樂方面卻是無可置疑的。這似乎意味著，在女性性愛中不僅僅是感性而已，而且是感性中融進了某種理性的東西。但這理性又並不是那些可以認知的觀念、思想、語言、標準等等，而是已經與感性水乳交融的直接存在，它與感性已是一個東西，所以才會是那說不清道不明的感受和快樂。難怪，在這裡，在與女性的親切交往中，在戀愛中，在做愛中，人們能夠獲得最溫暖的和最堪回味的人生。而人生本義也由此而深沉地瀲積著。這，不也就是美嗎？不也就是某種「天人合一」的神祕嗎？

　　理性在感性中，與感性水乳交融，女性這一美的特徵有時卻又可以走向反面。年輕時候讀《紅樓夢》，不懂那麼喜歡青年女性的賈寶玉卻極端痛恨大觀園裡的老婆子們，總以為是後者不具備生理吸引力之故。後來才明白，事情並不如此簡單。正因為女人是感性世界的主人，也喜愛和沉溺在感性世界中，於是，女性在人生路途中便經常容易由於各種有關現實利害的主宰、支配、扭曲而使她們的整個感性世界（興趣、習慣、行為、情感、愛好……）變得庸俗、猥瑣、無聊、凶惡和極端醜陋。我曾親眼看見五〇年代初好些天真無邪、熱情革命的女學生如何一個個變成兩面三刀、心非口是，阿諛逢迎、打小報告的李國香（《芙蓉鎮》電影中最成功的形象），也看過到好幾位革命幾十年本該是光明磊落實際卻奸巧陰險的「馬列主義老太太」。所以，我所痛恨的人物中也有女性。

　　這是不是也算女性脆弱的一面，比男人更易受外在環境的影響而讓自己主宰的感性世界多所污染呢？從而，女人們如何能長久保護其本來是那麼玉潔冰清如此豐足的感性世界呢？

　　願女人們男人們的感性世界更健康更深情更歡快更美麗。

　　以此祝賀《女性人》的創刊。

六十五 黃昏散記

又好幾天沒去散步了，今天頂著寒風，也出去走了半小時，當回身往家轉時，突然看到了那個剛上來的滿月；原來今日是元宵，難怪遠近都有一些稀疏的鞭炮聲，以前卻似乎一點也沒聽到，大概是沒有留意。

啊，那月亮，那麼大，那麼圓，那麼貼近，它就好像在那高樓的背後不遠。今天有風，空氣本也不清潔，那月亮雖沒被雲掩罩，但也總有點朦朦朧朧。最使我奇怪的是，似乎從來沒看到過這麼大這麼親切的月亮。我看月亮好多好多次了，記得不久是在科羅拉多兩度看到的滿月：那麼冷，那麼遠，那麼安靜。這次卻渾渾濁濁，熱熱鬧鬧、朦朦朧朧，但特別親切，特別惹人喜歡。

主要是它顯得那麼傻。那個胖臉龐，笑嘻嘻的，圓得過分。於是我想起 E，我想如果我們這時走在這路上。

吃飯時聽廣播說今夜有月全蝕。總是這樣，剛完滿便有巨大的缺陷，歡喜之後便是黑暗，「月有陰晴圓缺，此事古難全」。人生何時能做到心靜如水，一波不興呢？但那樣，豈不也就死了麼？人便在缺陷中生存，在苦痛中歡欣，然後，「回首向來蕭瑟處，歸去，也無風雨也無晴」。

E 明日不能來；她將有新的期待、希望和歡樂，而我則如鐘

錶一樣，仍將慢慢散步在已很少行人的大道旁，像一切都不曾有過。然而，我總難忘記屠格涅夫《貴族之家》那最後的小說結尾，麗莎——這個決心作了修女的少女——眼睛的睫毛畢竟要輕輕閃動一下。難道這就是人世的芬芳，人生的真諦？沒有它，就將地老天荒。

那麼，又有什麼要再言說的呢？窗外的月亮已升得很高，也不再那麼大那麼傻那麼親切了。我於是停筆。

1989 年元宵匆筆

 # 《走我自己的路》增訂本序

　　這本《走我自己的路》打算出版時，如序文所說，我一直是有點惶恐不安、生怕挨罵的，因此特此增補了好幾篇冗長的學術論文，以「加重分量」，提高身價；並且，不久我就遠走異域他邦，不去管它了。出我意料的是，先後有好幾位朋友來信告訴我，人們更願意看我那些小文章。

　　這使我加添了增訂再版的勇氣。由於《中國現代思想史論》《華夏美學》《美學四講》《我的哲學提綱》相繼出版，初版中的那最後六篇章長文都找到了自己應該去的地方，這次就全部刪除了。增補的是自 1986 年底到 1989 年 4 月底的一些序文[1]、答記

1　這次又增添了一批序文，大部分仍是未看書稿，借題發揮。為此，我曾遭到人們的批評。他們的意見當然正確，但我的確沒時間去讀那麼多書稿。因此，我想藉此機會聲明一下，請相識和不相識的朋友們以後一定不要再硬逼我作序了，我將不勝感激。同時，還想藉此再說一點，我不斷收到不少讀者、青年的來信，或提問題，或寄文稿，或要求報考研究生，或匯錢買書等等，不一而足；雖然我也寫了一些回信，但畢竟不及十分之一。我還沒資格請助手，有秘書，如果每信必覆，我就不必幹任何別的事情了。但我知道，寫信而無回音，心情之不愉快可知，因此我懇切請求不要再給我寫信了。此外，近來我還收到好些所謂「名人辭

者問、採訪記之類。雖未全收，但大體在這裡了。

這些東西有什麼價值和意義呢？恐怕還是沒有。也許，對我個人來說，它有某種「留此存照」的歷史意味。但是不是從這種記錄中，如我初版序所講到的，也能在極小的鏡面裡，反映出某種時代印痕來作為「立照」和紀念呢？我不敢說，但願如此。

中國現代知識分子一直在走著一條苦難的歷程：物質生活的苦難和心靈歷程的苦難。我們這一代，尤甚。在各種主客觀的扭曲中生存、掙扎、喊叫、悲憤，卻仍然只能以「溫柔敦厚」的表達方式，宣洩一二而已。這些序文、答問、訪問錄中之所以有大量的重複，並不只是因為自己思想貧乏，也不只是為了對青年朋友再三勸說，更重要的是，好些喋喋不休強聒不捨，反映出那些最基本的願望、要求、權利、主張竟如此之不易爭取，如此之遇到艱難困阻；反映出中國知識分子幾十年來經濟、政治、社會之境遇困苦，乃古今中外所罕見。

為什麼？救亡壓倒啟蒙，農民革命壓倒了現代化。所以，五四啟蒙之火七十週年之後仍然顯得那麼灼亮，燒得那麼猛烈。中國近代歷史的圓圈遊戲的確該結束了，今天，啟蒙就是救亡，民

典」、「社會科學家辭典」之類的表格，我一律未覆，也請不要再寄了，我不想擠進什麼名人行列，更沒福分進入辭典。序文寫畢，增此一注，不算多事吧。

主、法治就是國家民族富強之道。願作為實現現代化的主體的知
識分子群，振作精神，不屈不撓，繼續奮鬥。

（1989 年 5 月初編成「增訂本」，在大陸
未能出版。1990 年由臺北風雲時代出版社
出版發行。但錯字、漏字、誤排、倒置等
處極多，不堪卒讀）

下編

一 答臺灣《遠見》雜誌記者問

問：你有沒有分析過自己的思想？

答：我的思想……在我們這一代人中間大概是比較頑固的。大概是受魯迅的影響比較多，對很多事都持懷疑的態度。從五〇年代起，當別人非常熱衷的時候，我就開始懷疑。記得那時候一片「學蘇聯」，哲學系開「蘇聯哲學史」的課，包括馮友蘭在內的很多老教師都去聽。我就感到很懷疑，因為看了講義，水平很差嘛！沒講出個道理出來，不過那時候不說就是了。

解放前和解放初期，我當然也狂熱過，後來慢慢冷靜下來。我現在提倡「批判的理性」。

問：以你所著《中國現代思想史論》而言，你覺得立論是相當中肯、客觀、理性的呢，還是中間含有……

答：那當然還是有情緒。研究一樣東西要完全避免情緒是不可能的，人文科學更是如此，你一定有一種立場，一種感情與態度，但不能讓感情涉入太深。

問：你所發表的這些理論，有沒有受到什麼樣的制約、限制？心靈真正是自由的嗎？

答：你指的限制是外界的還是內心的？

問：兩者我都想知道。

答：前年我在香港答記者問時便說過，我採取的是邊緣政策。當然有外界的約束，我的書要在大陸出版，這就是約束，書不能在大陸出版就沒有意義。自由是相對而言的。比如我在寫《中國近代思想史論》時，有些想法就沒寫出來，因為那是十年前出版的。很多年輕人在字裡行間看出來，我覺得這就夠了。很多人沒看出來，那也就過去了。只要有人看出來就行了。

十年以後，當時的一些想法現在可以寫了，那我就寫出來。是不是都寫完了？當然也沒有。

至於內在，當然也有限制。我說過，我這人各方面都有很多缺點、弱點。

問：可不可以說，你基本上是一個馬克思主義的信徒，在從事思想研究的工作？

答：馬克思主義的「信徒」……我不敢這麼說。因為什麼是馬克思主義的信徒？對於馬克思的東西，我大概只能相信他很小的一部分，最基本的一部分，比方馬克思認為人先要吃飯穿衣，然後才能幹別的事情，這到現在仍然是真理。我信這一點，我認為馬克思主義這一條最重要。

馬克思仍然是一個很了不起的人，馬克思主義包含太廣泛了，所以很難說。我並沒有想到要捍衛馬克思。我很喜歡愛因斯坦、馬克思、魯迅這一類的人物，要說限制，這些人給我的影響也許就是限制。

問：近代史、現代史距離我們太近了，很難說不受自身環境的影響。

答：那當然！所以每個人都有他的局限性。

我們這一代是很悲慘的一代，最值得珍惜的年華都被浪費掉了，我浪費了好多年在搞體力勞動，所以是鬱積了一些情感，但是我不想寫一些情緒發洩的東西，那沒意義。

問：你是什麼時候接受共產主義的？

答：1947、48 年吧，我在讀中學的時候。那些書作為禁書，都是躲著看的。

我們五〇年代成長的一代，非常老實的遵奉「螺絲釘哲學」，沒什麼作為，但是有信仰，相信自己是在為一個理想社會在奮鬥。

六〇年代成長的，包括初期的紅衛兵，雖然胡鬧，但是仍然有信仰、有激情。更年輕的就不同了，他們看到的社會主義、共產主義只是說得好聽，做的根本不是那麼回事。社會上很多腐敗的事，都來自社會主義的名下，造成他們心理的逆反。

現在有些三十多歲的人，非常討厭馬克思主義，事實上他們並沒研究過馬克思主義。就像臺灣很多年輕人討厭三民主義，其實也並不了解三民主義，情況一樣。

問：今年是「五四」七十週年，與七十年前相比，有什麼相同與不同之處？

答：最根本的相同處是中國還沒脫離封建主義。

本來「啟蒙運動」是為了反封建，可是現在大陸上是變了形的封建主義：官本位制，等級森嚴。比方和尚有什麼「處級和尚」，飯館有什麼「科級飯館」，教授也有什麼「局級教授」，一切都納入官本位，都有等級。這不可笑嗎？

　　不同的是，現今中國不是處於世界局勢大變化期，國家也沒有面臨強敵，不能再談救亡；應該允許大家多說話，讓社會多元化。

　　現在知識分子是比較敢講話了，有一句順口溜：「不說白不說，說了也白說，白說還要說。」因為現在比較寬鬆了，說些尖銳露骨的話，一般也不會把你怎樣，所以是「不說白不說」。可是說了又怎樣？沒人要聽你的，所以「說了也白說」。雖然如此，知識分子總要盡言責，不能坐視不理，所以「白說還要說」。

　　　　　　1989 年 4 月
　　　　　　（原載：《遠見》雜誌 1989 年 4 月 15 日，
　　　　　　記者尹萍，原標題為「我也狂熱過」，略有
　　　　　　刪削）

《秦王李世民》觀後隨感

　　這次在上海有幸看到新上演的話劇《秦王李世民》。第二天
講課時，我又重申了二十五年前的一個舊主張：文藝評論應該
從感受（審美感受）出發，而不要從概念（主題、題材、情節、
梗概……）出發。這種不同的出發點經常可以導致對藝術作品
的不同理解。例如，拿這齣戲說，如果根據劇目名稱、劇情介
紹以及場景安排、人物渲染等等，主角應該是秦王李世民，如
劇情說明書所解釋的，「這個戲從晉陽兵變寫到玄武門之變，雖
然沒有正面寫貞觀之治，但是李世民的精神、理想和品格都已
經展現出來」（「導演的話」）。但是如果從感受出發，情況似乎
並不如此。因為這個戲使人印象最深、感受最強的，並不是李
世民。李世民的正面形象，儘管劇中如何著意誇揚、高舉，老
實說，仍然是相當一般甚至單調、貧乏和概念化了的。相反，
對比起來，那位身著黃袍卻心懷憂恐，縱情聲色又並不糊塗的
李淵，倒更使人注意些，儘管給他抹上了些醜化的白粉，卻仍
然具有某種活龍活現的真實性。你看，他既擔心建成篡位，又
害怕秦王功高；既提防這位秦王，又必須依靠這位大將；既憤
慨、憂慮建成、世民圖謀皇位，然而他們又畢竟是自己嫡親的
兒子。因而，不管兒子是好是壞，事情是真是假，他總似乎意

識到自己處在被圖謀被威脅的危險地位。於是他不安，發急，疑慮，試探……，容易為各種讒言誹語所激動、所擊中，一會兒他獲悉密信立即拘捕建成，一會兒幾句進言又使他為了給李世民顏色看執意殺劉仁靜……。所有這些都使人感到真實可信，而這就正是「典型環境中的典型性格」。什麼「典型環境」？封建宮庭中爭奪接班人的你死我活的鬥爭也。什麼「典型性格」？在這種「父子不相讓，兄弟各為仇」的爭鬥中諸人物的複雜動盪的行為、活動、性格、心理也。這個戲在表現這一方面應該說是多年未有的可貴嘗試，因此這甚至使我懷疑現劇名是否作者有意為掩蓋上述主題硬加上去的，如果不是這樣的話，那就更是我主張的所謂「創作中的非自覺性」的一個例證了。一笑。

　　典型總有代表性。旅館中無書可查，如果翻一下廿四史的「本紀」，這種為繼承問題的爭鬥，恐怕相當突出。有意思的是，好些雄才大略不可一世的英明皇帝，都偏偏要在這個「傳位給誰」的問題上翻筋斗，傷腦筋，反覆折騰，風波屢起，弄得局面十分緊張，自己也搞得頗為狼狽。秦始皇如此，漢武帝如此，李世民本人不也如此麼？都是太子們立了又廢，廢了又悔。康熙皇帝也同樣，最後甚至乾脆不立太子，大臣建議立太子就被痛斥；然而結果自己倒底如何「駕崩」的，雍正接位搞了什麼鬼沒有，至今史家仍感燭光斧影，頗為惑疑。為什麼著名的「英主」們會這樣？為什麼總是對自己屬意的人反而不放心、不放手、疑慮重重？似乎很值得研究。在太子方面，當然

也必然這樣。雖身只居一人之下，卻總憂心忡忡，喜懼交錯，總怕稍有閃失，便一朝被廢、斷送了唯我獨尊的「偉大」前程。於是，或戰戰兢兢，假裝老實；或勾心鬥角，爾虞我詐；或抓住時機，搶班奪權。李世民實際便是這樣做的，「玄武門之變」如果恢復歷史的真實，恐怕是李世民長期計畫布署，並搶先下手的結果，李淵從而被迫退位。李建成、李元吉據史書記錄也遠非無功之臣，無能之輩，他們同樣帶兵打仗，立過功勳（可參閱陳寅恪《唐代政治史論述稿》）。所以我有時想，搞歷史的人不宜看歷史劇，看了總覺得與史料不符，缺乏歷史學科所要求的那種真實性。

然而，這並不妨礙藝術的真實。藝術並不是去考證以求得確鑿的認知。相反，它通過人物、情景的塑造描繪，給以深切的感受。拿這個戲說，通過對李淵、李建成等人的活動和心理的表現，使人們在審美中清晰地領悟到、明確地感受到封建社會最上層為圍繞「接位」問題所展開的政治鬥爭的嚴重性。「導演的話」裡有「古為今鑒」的話，說的是人心向背與王朝興亡的關係，其實如果改用在這裡，似乎更為確切。因為這齣戲實際並看不出有多少前者的內容，使人們感到有興味、有意思的恰恰是後者：即為繼承皇位問題，宮庭爭鬥在封建社會裡所具有普遍必然性。那麼，從這裡，從這種感受、領悟中是否該得出今天應該徹底根除「皇位接班」，建立真正的民主與法制的邏輯認識呢？

《文匯報》的同志熱情地要我為此戲寫點評論，戲只看了一

遍，難免誤解錯讀。臨行匆促草此數紙，文不成章，言不盡意，
這是要請大家特別是上海的同志們原諒的。

　　　　　　1981 年 9 月 5 日晨七時於申江飯店 312 房

　　　　　　（此文十餘年未能發表。今日讀來，似更

　　　　　　有趣，一字不易，作紀念也）

三 《中國現代思想史論》韓文版序

繼兩本有關美學的拙著之後，如今又有我的思想史的韓文版，我當然高興。

因為古典的美學和藝術雖然深玄美妙，但人們畢竟生活在並不那麼美妙的現實生活裡。這種現實生活是歷史性的存在。昨天的東西正擠壓著、作用著今天。這對於中國人來說，它意味著太多太多。其中，百年來對帝國主義特別是對日本帝國主義侵略的抗爭，這個充滿了眼淚、血水和集體英雄主義的「救亡」主旋律，在中國近現代史上是那樣的高昂激越，以致幾乎壓倒或壓抑了其他一切重要和不重要的聲音、色彩、興致和成就，它終於以農民武裝戰爭的形式取得了勝利。但從而又在相當長的時期內付出了沉重的代價。這究竟是「偶然」還是「必然」？是個人因素還是社會因素？便是個值得思索的問題。

今天，這歷史是否或如何在延續？它該是如此嗎？如何回顧昨日從而與歷史進行公平的對話？這仍然是今天中國的一大問題。

儘管韓國的歷史與中國有非常密切聯繫和類似，但我仍很難想像我的這本小書能給韓國讀者以什麼印象，或具有什麼意義。這本書已經惹了不少麻煩，這次居然能被翻譯和奉獻給韓國的學

術界，如本序文一開頭所說，我是深感愉快的。還要再說些什麼呢？也許不必了，至少目前。

1991 年 5 月 7 日於北京皂君廟

《楊州園林美學會議論文集》序

　　近兩年多來我很少參加會議，一是因為邀請少了；二是自己本來就懶於應酬，自昔已然，如今依舊。但使我既驚且感的是，最近幾次外出總受到各種熱烈歡迎。或自發鼓掌，或招待周全，真是令人「別有一番滋味在心頭」。我不懂園林，也不懂建築或環境藝術，楊州園林會議的組織者和東道主卻殷殷盛情，再三邀約，使我不得不勉力參加和發言，也不得不勉力為此文集寫幾句佛頭著糞的外行話，卻之不恭但寫來實大有愧。

　　從何說起呢？按當今規矩，該從歌頌祖國大地山河來破題發筆。中國確乃泱泱大國，幅員廣闊，山清水秀，但人口卻眾多得實在可怕，又面臨一個邁向現代化的巨大課題。在此大規模地空前迅速地處處工廠、隆隆機器的歷史行程中，如何能使我們這塊世界上已罕有的、基本尚未受高度污染的巨大寶地，能盡量少受些破壞、損害和毀傷？如何能從大處著眼來保護、保存、保持以至豐富發展中華國土的自然美——包括自然風景和人造園林？這恐怕是當前數一數二的重要問題，當然更應是風景園林藝術工作者們的義不容辭的艱巨任務。如何從這個前提出發，高屋建瓴地來思考探索、創造自己的藝術天地、藝術境界和藝術作品，從整體環境布局、大的景色安排到樓臺亭榭、一丘一壑的推敲處理，

是原封不動更古色古香一些呢？還是更現代化國際化一些呢？是時代性為主還是民族性為主？或兩者不同比例的結合或交融？凡此種種，不都大有文章可作麼？我以為，無論從理論上或創作上，都不應該也不可能一刀切，不能是一個公式、一條定律，而應該是在上述保護環境的總的前提下，各各服從於、相宜於具體的不同時空、條件從而多樣化、多元化。

中國傳統一向講究生活情趣，重視人與自然的和睦相處，強調自然對人的慰安、調節和認同，這也就是所謂「天人合一」。用我常說的詞彙就是「自然的人化」和「人的自然化」。即是說，隨著歷史行程行進到今天，自然已日益成為人的自然。人能夠築高壩、起電站、治洪水；立森林、減風沙、肥土壤……，社會的進步使自然已不再嚴重為害於人，人不但不再時刻處於自然威脅之下，而且自然還日益成為人們觀賞遊玩的對象，越來越多的人們在到處旅遊。同時今天的自然美景似也有所別於古代，雖然人們仍如古代一樣地欣賞那不變的江山勝景、削壁危岩，但人生情趣畢竟不再只停留在茅亭竹舍、三兩風帆之中，不再只停留在花木盆景、假山假石之中……，從通衢鬧市的街頭公園到人跡罕至的雪山荒漠，也都日益成為風景——園林的重要內容，成為人們起居生活和旅遊觀賞的重要對象。可見，在自然日益「人化」的時日裡，人也日益要求自然化。君不見，日益蓬勃興起的體育運動，從西方的激烈競技（盡量發掘人的原始生理力量）到東方的氣功瑜伽（追求生命節律與宇宙節律的交會），不就正是這種「人的自然化」的明顯表現嗎？旅遊日益成為人的一種需要，不也是這種

表現嗎？人日益要求從各個方面廣泛地投入自然的懷抱，從精神到身體與自然進行深入的溝通和交流，從而使個體會獲得更為健康更為愉快的生存和延續，……這問題將來會更加突出和重要。它不只是社會學、生態學、生理學、醫學等科學問題，而且也是一個美學問題。這美學不正好與風景—園林工作者直接相關嗎？風景—園林美學領域的藝術家和理論家們正因為自覺地意識到了這一艱巨的歷史性使命，為此寫了不少文章，開了這個會，出了這本專集。

因此，雖然我是外行，但我衷心祝願：這文集將成為如此美麗江山上的第一聲響亮吶喊而影響四方！是為序。

五 應某刊物約寫的小傳

　　李澤厚，男，1930 年 6 月生，湖南長沙人。1945 年湖南寧鄉靳江中學、1948 年湖南省立第一師範畢業。任小學教師一年。1954 年北京大學哲學系畢業。1955 年分配至哲學研究所工作至今。履歷異常簡單，生活極為平淡。雖亦有悲歡曲折，境遇坎坷，但較之同輩中備遭劫難之右派生涯，或下輩知青歷經苦辛之艱難道路，此不過茶杯中之風浪而已，何足道哉。然雖魯迅亦有命交華蓋之嗟，我又豈無世路險巇之嘆。況少即蒙「不合群」之譏，長復有「不肯暴露思想」「不能依靠組織」「群眾關係不好」之責，雖恭儉溫良，以讓為先，兢兢業業，半生謹慎，仍不克見諒於人。於是乎文革前四度下放，文革中名被××，1960 年則險被一馬列主義老太太實為政治娼妓所整死。但亦由是而索性橫下心來，我行我素，既知人事難酬，玲瓏不易，不如關起門來，自成一統。富貴非吾願，聲名不可期，只有「堅守自己的信念，沉默而頑強地走自己認為應該走的路。毀譽無動於衷，榮辱在所不計」（1978 年告學生語，見〈讀書與寫文章〉），如此而已而已。關鍵確在於「沉默而頑強」，蓋非「沉默」無足以保身全生，非「頑強」不可

以韌性持久。是以黃卷青燈，敢辭辛苦？任人責罵，我自怡然。
我繼續走我自己的路。

1989 年 9 月 15 日於皂君東里 12 樓

（未發表）

六　趙士林《心學與美學》序

　　據編輯部說,《中國社會科學博士論文文庫》所收文稿一般均
有導師所作序言。趙士林是我的博士生,數年前已給他另一本書
寫過序,實在不想再寫了,因為我實在寫不出那種擺出架式,說
一通既「有一得之見」又「還有問題沒有完全解決,學無止境」
之類的似有似無、冠冕堂皇卻空無一物的美妙議論。因此,這裡
只想指出一點,即這本書所涉及的問題,特別是王陽明心學與晚
明社會變化的關係,是一個很有理論意義又富有現實興味的課題。
它也曾經是我三十多年前就極感興趣而始終未能去研究而倍感遺
憾的問題。這,記得以前也在某處說過。

　　晚明商品經濟發達,市場繁榮,禮俗風習較之傳統,大有變
異。一方面是社會活力空前增長,思想情感日趨解放;另方面則
是所謂「道德淪喪,紀綱蕩然」,這相當典型地在開始展露我所謂
的「倫理主義與歷史主義的二律背反」的歷史運動。這裡面有很
深的哲學問題。一方面,人需要也越來越需要多方面的現實生活
的豐足,不能將情欲需要、物質享受從而衝決網羅作為「反天理」
的「人欲」力加壓制;另方面,人又仍然需要也許在未來世界中
會愈來愈需要精神快樂、心理崇高。因之,這兩者究竟是種什麼
關係,它們之間的嚴重的矛盾、衝突和可能的和諧、補充,究竟

如何複雜地、具體地展現在過去、現在和未來……，便是一大公案。此案至今尚少人認真探討，其實它還呼喚著大批的專門著述。趙作也許可說在為這方面的研究作些先行工作，也可算作開風氣先吧！

說也奇怪，我在理論和實際上一貫強調歷史主義，但另方面，也許仍是受魯迅的影響？我又非常注意人們的處世、為人。在我所認識的人中，我一直非常尊敬、讚佩和更為親近那些或勤勤懇懇、老實本分，或錚錚風骨、見義勇為的人，儘管他們非常普通，既非才華蓋世，又未顯赫於時，可說是「名不稱焉」吧，但他們比那些經營得巧名重一時的「俊傑」老翁，或左右逢源聰明圓滑的時髦青年，總要使我覺得可愛可信得多。中國古人有言說，士先器識而後文藝。可惜這點點「倫理主義」在近幾代（不能只指責青年一代，前面不是提到「俊傑」老翁嗎[1]？）中國知識分子好些人中，似乎在不同程度上被忽視被遺忘了。

不知是由於家庭環境還是個人經歷，我覺得趙士林身上卻還存留著這方面的一些東西。對此我很欣賞。趙為人甚至在文章中，都帶有一股粗糙、簡單、獷野但亢直、明快的特點。他不是謙謙君子，也談不上「文質彬彬」，而毋寧更像一個豪爽痛快、「提三尺劍」的「慷慨悲歌之士」。雖然並非沒有某種保留，但在總體上，我是喜歡這種風格的。我很看重他的為人大節，希望他繼續

---

1 此類俊傑老翁，張岱年先生即其一也。

保持，當然我也希望他在學問上、著述上以後會作得更精密更細
致。

1991 年元月於皂君東里

七 高龍《形拓印章作品》序

　　歲在己巳，時維八月，我在北京，不相識的高龍先生邀我作序。我本已多次公開聲明不再作序，何況對這些藝術，我實在是門外漢，說不出什麼話來。

　　但此時此地的盛情邀約，似又別具一番意味，頗有卻之不恭之嫌；於是，我硬著頭皮，細細地翻閱了這些作品的照片和拓片。不料，不看也罷，一看倒忽然使自己變得興奮起來。不但那些現代雕刻如〈漢子〉、〈我不要面具〉等作品中潛藏著的民族風味使我高興，更突出的是，那些形形色色、各種各樣、變化多端的小形拓印（高龍先生稱之為「形拓」者），使我非常愛看。像〈山裡的美人〉、〈愁悶〉、〈滿足〉、〈大家都來跳舞〉、〈過去的事〉、〈天狗食月〉……等等等等，在這小小方寸之地，正如我如今擁有的這方寸生活，居然可以有那麼多的情趣和生活、人生和哲理。或詼諧、或嚴肅、或痛苦、或歡快……，這確乎出於我的意料，而不能不感到是一種創造了。我孤陋寡聞，以前沒有看過這樣形式的作品。中國漢代有圖紋章，但後來似乎主要只剩下文字名章，如今高龍先生在創新中卻又似在「復舊」，這不很有意思嗎？高龍先生的作品既非抽象，又非具象；既有上層藝術的高雅，又有民間藝術的稚拙（像把畫面填得那麼實在），配上各種俏皮的、深刻

的、悲哀的、歡樂的……文字標題，視覺的審美享受添上了文學的深沉感觸。這些作品，在我看來，既是傳統的，又是現代的；既是知識分子的，又是普通老百姓的；既是藝術的，又是文學的。如果說，這可以是中國現代藝術發展途徑之一，該不算過分吧?!

是為序。

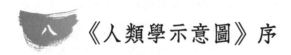

八 《人類學示意圖》序

此時此地，此情此景，居然有幸讀到 Osvaldo I. Martinez 所長先生有關人類學的哲學論文，真是別有一番滋味。

我對 Martinez 先生的研究沒有研究，對他從一種似乎是自然進化論的角度所作的哲學設想和前景展望，因為不懂，也不能有很多話可說，只是很感興趣罷了。我仍然堅持對同一學術問題可以有而且應該有各種不同的角度、觀點、方法去接近、去探索，儘管某些角度可能使人感到非常陌生、很不習慣，甚至有「異端」之嫌（這篇論文不就是如此嗎？），但嗤之以鼻或謾罵一通卻只會讓自己變得愚蠢可笑，而科學和真理總是在平等討論和客觀競爭中取得進展的。

我也仍然堅持我的人類學本體論即主體性實踐哲學的觀點。因之，對這篇論文中所提出的如下的 「基本思想」 和 「基本觀點」，不但欣賞，而且認同，即：

一、人並不是生來就是這種人，他成為這種人是通過⋯⋯

二、人性的人也不是生來就是這種人的，他成為這種人是通過⋯⋯

但是——

三、在種系發生史上變成人 (Hominisation) 與成為人性的人 (Humanisation) 之間存在著巨大的差別。

　　1.人性化正處在我們物種的地平線上。

　　2.人性的人是可能的——基本信念。

　　但我的回答不是 DNS 和這篇論文中的那些圖表，而基本是某種歷史社會的觀點。我的學生劉東反對我的這一觀點，說它是「心理變成本體，歷史構成理性，經驗成為先驗」。我欣然同意這一概括，並認為這正是我所要做的。因為，在我看來，如果承認理性（人性的重要標誌和特徵之一）不是上帝所先驗賜予，那便只能是來自千萬年的人類歷史。我以為，像認識論領域內的時空直觀和因果範疇（康德的「理論理性〔廣義〕」）和倫理領域內的道德律令（「實踐理性」）便都來自人類總體的歷史行程，這個行程是以使用——製造工具為基礎實踐的。正是這種人類所獨有的實踐和歷史構造了區別於其他一切生物種系的人類獨有的文化心理結構。這也就是人性，它就是人類的本體所在。其說詳見拙著《批判哲學的批判》一書和那幾篇有關主體性的哲學論綱。

　　當然，這裡面有許許多多的問題、難點和困惑需要進一步研究、探索，我不過初步提出這看法而已，正如這篇論文的作者提出自己的看法一樣。如同這位作者一樣，我也認為這是一個極為重大的問題。它關係著研究人類的前途和命運，關係著再重新構

建人類所需要的大同世界的烏托邦。

中國古代哲人說,「為天地立心,為生民立命,為往聖繼絕學,為萬世開太平」。建立心理本體可稱「立心」,哲學探索命運即是「立命」,那麼,「往聖」是什麼呢?我想,至少應該包括孔夫子和馬克思吧?!

我明白意識到自己是被嚴重局限了的:我仍然願意承繼孔老二、康德和馬克思。這,倒不知 Martinez 先生會大搖其頭或啞然失笑否?

是為序。

1990 年 5 月 7 日於北京皂君廟遠處鑼鼓敲打聲中

儒學作為中國文化主流的意義

　　我對浙東學派沒有研究，主席一定要我講，就省去「浙江」兩字，一般講講儒學與中國文化吧。但這個題目太大，只能講一點點。

　　我仍然認為儒學是中國文化的主流。這是什麼意思？這說法究竟有什麼意義？我以為，儒學作為中國文化的主流，主要還不在它有許多大人物，如孔、孟、程、朱、陸、王等等；而更在於它在歷史上對形成中國民族的文化心理結構（或稱之曰國民性、民族性格）方面起了決定性的作用。只要中國人存在（如今已經有 11 億！），為儒學所塑造所形成的文化——心理結構便存在，它對我們的過去、現在和未來都頗關重要，這就是要點所在。而儒學和研究儒學的意義也就在此。

　　從十年前的〈孔子再評價〉起，我便一直這麼講。但這裡面包含許多問題還要作深入展開。例如，中國沒有基督教，伊斯蘭和佛教也未能普遍或長久地統治中國。統治或管轄中國人的心靈、中國人的精神方向、生活態度、人生信仰、行為模式、價值觀念、思維方法、情感態度……的，仍然是儒學。儒學實際上起了某種準宗教的作用。這也是孔、孟、程、朱不同於柏拉圖、亞里士多德、康德、黑格爾的地方。後者對一般老百姓的生活和生存大體

上沒關係，前者卻大有關係，而且影響巨大，儘管中國老百姓可能並不了解或不知道。這裡就引出一個「大傳統」與「小傳統」或上層文化與民間文化或「雅」與「俗」的關係問題。在西方，這兩者常處於分裂或距離甚大的狀態，上層講的哲學與下層信的宗教可以互不相干。中國民間雖然也一直有佛道等宗教，但如上所述，許多方面卻仍是儒學在支配，不但家裡供有「天地君親師」或祖先牌位，而且佛道信仰和儀式也滲入了或具有著儒學的世俗性能和人文特質。如中國的「紅白喜事」，其精神、心理和氣氛便頗異於西方基督教的婚喪儀式。中國的大小傳統究竟是如何連接交融的？它的中間環節是什麼？等等，便是一個問題。

我曾講秦漢奠定了中國民族的穩固基礎，不僅在疆域、事功、物質文明上，而且也在文化心理結構上。如以陰陽五行來建構系統論有機性的宇宙圖式的漢代儒學，至今在民間仍有影響。而其間大傳統到小傳統的中間環節之一，在漢代便是儒家的「教化」。宋明理學也如此，它不斷落實在各種鄉規族訓中，而支配著人們的生活和心靈，窮鄉僻壤也可見到的牌坊、碑石正是這種心理建構的物態的文化對應物。這當然是好壞糾纏在一起的。重要的是應該多作些客觀的實證研究，把一些無意識的東西意識化，這樣才能真正進一步探討今天所遇到的問題和未來的命運，而這也就為儒學與中國文化的研究打開了更為廣闊的途徑和前景。

（原載：《孔子研究》 1992 年第 1 期，

何雋整理）

 晚　風

（外一章）

散步在晚風中，這風是北風。

街上已空無一人。風刮得很凶很冷，不斷地捲起各種白天扔掉的廢紙：大的、小的、白色的、雜色的、完整的、破碎的、塑料紙、報紙……，但並沒有刮得多高，不過離地數寸在捲起，移動，又落下而已。

突然聽到一種清脆的咔嗒咔嗒的聲音，非常奇怪的聲音，響在這相當靜寂只有風聲的街道上。仔細一看，原來是一個塑料做成的橘子在空蕩的人行道上滾著。原來是它發出的聲響。

我停步，看著它時快時慢地獨自滾動著。一會兒東南、一會兒西南。明明是隨著風的勁頭和方向，卻依然很像是它在自主、自動和自由地滾。

這滾動，因為平常很少見到，便顯得很好笑，很好玩，並有些荒謬感。同時立即想到，它可以是恐怖電影中的好鏡頭。

你想：一只球在空蕩蕩的、杳無人跡的灰暗黃昏中，沿著一條對它來說是足夠寬廣的道路上，自由地滾動著。

1990 冬，北京

像做夢一樣，又回到了這個地方。依舊是古老的小教堂，依舊是舒適的圖書館，依舊是那靜悄悄的夜晚的月亮。時間似乎停止了，……但還是三年前的那個世界嗎？

好像是。好像我不曾回去過。然而，又確然不是了。且不說多少大事已經在這些年裡發生，且不說異鄉遊子的雙鬢已經斑白，而且，「畢竟意難平」，心境已難依舊矣。脫身到如此優美寧靜的氛圍中，怎能不使人更為傷感，更想起那些一去不再復回的悲慘的盛夏的生命？當不堪回頭話當年的時候，卻偏偏驀然記起當年未發表的小詩，為何結尾竟會無意識地寫成讖語？難道冥冥中真有主宰者在？

誰之罪？……黑格爾 (Hegel) 曾說，真正的悲劇是由於雙方都有其片面的必然而兩敗俱傷，全無勝者。於是，「只落得一片白茫茫大地真乾淨」。然而，大地真能乾淨嗎？黑格爾總教訓人們去深刻地認識歷史，去取得更多的「自我意識」，但學費竟如此高昂，這未免太殘酷了。

你能感受（不只是認識）這歷史的殘酷嗎？依舊是春風楊柳，依舊是熙熙攘攘，像什麼事情都沒有發生，但什麼事情都發生過了。

1992 春，科羅拉多

（原載：《中國時報週刊》美洲版第 8 期）

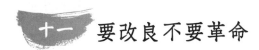要改良不要革命

　　寫完這個標題，不免暗自有些驚異：我治中國近現代思想史，雖斷斷續續，也「凡四十年」，卻終於得出了這麼一個「反革命」的結論，蓋亦大有異於初衷者矣。

（一）從戊戌、辛亥談起

　　這對我也是相當痛楚的。

　　從 1950 年代初到 1958 年拙著《康有為譚嗣同思想研究》一書出版，我主要研究以康、譚等人為代表的晚清改良派變法維新思想。儘管我當時對改良派作了相當的讚許和肯定，但基本上還是人云亦云地認同於大陸人文學界的「既定」結論，即認定以康有為為主要代表的戊戌變法的改良思想，在這個世紀初由於反對革命，就日益成為「反動」──「阻礙歷史前進」的東西了。革命，只有革命，才是推動中國政治、社會、歷史前進的動力。

　　這，幾乎是大陸數十年來一致認同和奉行的哲學理論和歷史事實。大躍進的經濟大革命、「文革」的文化大革命政治大革命，「反修防修」、「破私立公」的思想道德革命，且不說三反五反，鎮反肅反、反右派等等規模較小的「群眾革命運動」了。當然，本文所謂「革命」，主要是指用群眾性的暴力活動來破壞、打倒、

推翻、摧毀現存的事物（包括人和物）、制度、秩序、程式等等，所謂「造反有理」、「無法無天」，非程序，用暴力者是也，而並不包括科技文化以及社會生活各方面迅速而巨大的變革，也不包括用暴力或武裝抵抗外侮和侵略。但總之，奉革命為聖物，革命，革革過命的人的命，不斷革命……，這幾乎構成了二十世紀中國史的一個主要內容。

在文化大革命中，我開始對這種「造反有理」、「革命總是正確的」的觀念產生了懷疑。為什麼一定要革命呢？革命為什麼一定就是好的？就是正確的呢？這種「先驗」原則是從哪裡來的呢？由於對改良派有過一些研究，對一貫被視為「保守」、「倒退」的康有為、嚴復有些同情和了解。我在 1978 年出版《中國近代思想史論》時，儘管擁護革命的基調未能大改，但有意識地有所變更。例如講嚴復時，我硬塞進了這麼一段與主題並無直接關係的話：

「嚴復對資本主義社會的了解比改良派任何其他人更為深入，他站在資產階級立場上，把個人自由、自由競爭、以個人為社會單位，等等，看作資本主義的本質，從政治、經濟以及所謂『物競天擇』的生存競爭進行了論證。並且指出，民主政治也只是『自由』的產物。這是典型的英國派自由主義政治思想，與強調平等的法國派民主主義政治思想有所不同。在中國，前者為改良派所主張，後者為革命派所信奉。然而，以『自由貿易』為旗號的英國資本主義，數百年來的確建立了比其他資本主義國家（如法國）更為穩定、鞏固和適應性強的政治體系和制度。其優越性在今天也仍是一個值得研究的課題。嚴復當年的眼光是銳利的。」（《中

國近代思想史論》，北京，1979 年版，第 281 頁重點原有）

這話現在看來實在平淡無味，但記得當時寫時，還不免膽戰心驚。當時春寒尚重，「凡是」猶存，「革命氣氛」仍甚濃烈。我想，不要被人識破話中有話才好。所以，不止這一處，這本書好些地方都是「點到為止」，不多發揮。後來一些人告訴我他們還是「注意」到了，這使我非常高興。同時也高興它們一直未為官方理論家所「偵破」。其實，關於這一點，偵破了也很平常。就是說，我認為，改良並不一定壞（錯），而革命並不一定好（對）。雖然這並不是說中外古今所有的革命或革命主張通通都錯了（這需要具體分析），但就本世紀中國來說，一味地提倡革命，肯定革命，歌頌革命，的確並非好事，而是思想史上值得研究和總結的一大問題。

隨著 1980 年代禁忌逐漸解除，學術氣氛逐漸活躍，我終於敢在少數朋友中宣講「戊戌變法可能成功，辛亥革命一定失敗」「辛亥革命未必然或必要」之類的論調了。不過此調雖然講已十年，卻至今未捉筆寫文，文字上從未正式提過。因為「懷疑」、「反對」、「否定」辛亥革命，這還了得？海峽兩岸大概都得起而「全國共誅之」了。

於是，我只好在記者來訪時偶爾透露說，「包括法國大革命、辛亥革命等等，都值得重新研究和評價。」（見《走我自己的路》（修訂本），臺北，風雲時代出版公司，下簡稱《路》，第 502 頁）當時未敢提其他的革命。但即使如此，講後也仍心懷惴惴。幸好，報紙一般第二天就扔，一個小消息沒人注意。辛亥革命的

學術討論會經常舉行，我也如例被邀參加，只是我不能撰文發表這通議論罷了。

（二）辛亥革命未必必要

我之所以認為辛亥革命未必必然，是因為我以為自 1908 年以來，同盟會革命活動在屢遭失敗後已進入低潮，組織離析，人心渙散。1911 年黃花崗之役損失慘重，元氣大傷。如瑞澂不跑，武昌舉義未必成功；舉義之後，武昌本也能如漢口、漢陽一樣為清軍收復。但歷史總是在偶然中遊動運行，偏偏光緒慈禧前數年接踵歿亡，偏偏沒殺袁世凱，並讓他輕而易舉地乘機控制清廷並按兵不動……。於是有辛亥的成功，有袁世凱的篡位，有袁死後的軍閥混戰。不過，即使沒袁，辛亥成功之後也一定會是一個大爛攤子。因為在具有「名號」權威和一定實權的清朝皇帝、政府和傳統體制突然垮臺之後，中央和地方的各種勢力和人物必然乘機無所顧慮無所約束地擴展自己。以中國之大，人口之多，觀念差異之大，各種利益的衝突、各種情況的不均衡等等，要重新建立一種統一的公認的權威、中心、體制、觀念以及「名號」，是非常不容易的。誰也不會真正聽孫中山的，更不可能讓宋教仁去搞政黨政治，很可能一開始就是各種新舊都督據地為王，爭奪權力，混戰一番。可見，辛亥革命帶給中國的，倒必然會是社會、政治、經濟、文化各方面一大堆無序的混亂、破壞和各種權力、地盤、財產的爭奪、掠取。我看過這個世紀初龍門石窟的一些照片，其保存的完整程度與今日比簡直不可以道里計。一千餘年的古蹟竟

大半毀在這個世紀之內，真令人慨嘆不已。這不過是一個非常細小的事情，但它實際象徵著：這個世紀中國在經濟、政治、文化、社會各方面的損失多麼之大。我想從辛亥起，如果本世紀沒有那麼多的革命，社會各方面由無人管理、無序混亂、傳統毀棄、動盪不安而帶來的各種破壞損失一定要小得多。

　　辛亥革命之所以「未必必要」，正如上述它「未必必然」一樣，需要作認真的研討和論證，非這篇非學術的小文所能勝任。如簡言之，我認為，當時各地立憲派已大體長成，以紳商為主體的地方勢力日益坐大，並正積極議政、參政甚至主政，許多新的制度、機構、規則在不斷建立、籌劃和實行。中央政府的清廷也一再宣告「預備立憲」，並派大臣「出洋考察」等等，這些未必如革命派當時所攻擊的那樣：都是作虛弄假，欺騙人民。當時和今日一律斥之為「偽立憲」，是不足以服人的。當然，立憲的「預備期」，或人嫌之過長，但如平實說來，五年、七年，又算得了什麼？中山先生不也有其「訓政時期」，而介石先生不把它「訓」了幾十年麼？

　　如果革命只作為威懾力量(這倒是十分重要和有很大作用的，即保持一種體制外的政治壓力來推動體制內的改革)而不真正發生，局勢真能慢慢由「預備立憲」而立憲，而逐漸「虛君共和」(康有為)，不打碎那個雖已腐敗無能但畢竟還在，並還有實際的和心理的一定權威、力量、象徵和慣性，還代表著現存社會秩序、制度、章法的舊框架舊制度和舊「國家機器」，來逐步地和平地漸進地進行改革和改良，未必不佳。「打碎了重來」固然痛快，但

「打碎」本身就代價高昂，多少頭顱多少血；而「重來」就更不容易了。歷史證明，「重來」了許多次，並不一次就比一次好，有時倒恰好相反。我曾說過，軍閥時代，教育部僉事周樹人可去平政院控告教育總長章士釗並且勝訴，國民黨時代就未必可能了，共產黨時代便在「不可思議」之列。經濟史也證明，民族工業發展最快的時期是那些社會較少動盪的非革命的年代。文化學術上更如此，四、五〇年代比二、三〇年代已差一大截，以後更每下愈況了。記得有人說過，革命容易，改良卻難。革命其實並不易，而改良則的確更難。它比革命更為麻煩，更為複雜，更為瑣細，更為緩慢，更為捉襟見肘，更為令人生氣。因此它需要更多的意志、信念、耐心、毅力，需要更為細緻、繁瑣、枯燥、複雜的調停、協商、和解、妥協、合作的工夫和功夫。痛快當然莫如革命：快刀斬亂麻、一切似均可迎刃而解，慷慨悲歌，義無反顧，生為英雄，死為烈士，於是「莫謂書生空議論，頭顱擲處血斑斑」。

（三）激情有餘，理性不足

我原來也是這麼相信這麼感受的。想當年，在國民黨白色恐怖下偷讀馬列禁書，在軍警林立戒備森嚴中偷運毛澤東的油印文告，雖非共產黨員，但又何嘗不是一腔熱血、滿腹豪情，大有置生死於度外的革命氣概？後來，研究思想史時責備改良，頌揚革命，又何嘗不是赤膽忠心真誠無二？然而，義憤出詩人，卻不一定出學問，更不能感動上帝，改寫歷史。而自辛亥以來的革命歷史給人的痛苦教訓，卻實在太慘痛了。所以我在 1989 年紀念「五

四」的短文〈啟蒙的走向〉中（此文始終未能在大陸發表，見《路》），曾提出「五四」有一個「激情有餘，理性不足」的嚴重問題，它延續、影響幾十年直到今天。所謂「激情」，就是指急進地、激烈地要求推翻、摧毀現存事物、體制和秩序的革命情緒和感情。它可以表現在政治上，也可以表現在文化上，兩者是相互聯繫著的，文化、學術上的激進經常以政治上的革命、激進為背景、為環境、為起因。所以當時該文確乎有感所發，是有所指的，指的就是當時以劉曉波、《河殤》為代表，在青年中影響甚大的激烈的急進的反傳統思潮。我當時一方面肯定劉曉波在反映青年們的不滿現狀、要求迅速進行政治改革等激憤情緒的正當性，但主要是批評這種以情緒（即非理性或反理性）代理性和以文化代政治（即將一切罪過歸於傳統文化）是不正確的。特別是那種要否定一切打倒一切的「革命」情結和意氣，那種不講邏輯，沒有論證，好像絕對真理在手，不容他人分說的學風和文風（主要指高爾泰、劉曉波、吳亮等人，均見《路》一書），我是頗不以為然，並認為是紅衛兵情結改頭換面的重現，值得注意和深思。我之所以強調「多元、寬容、理性、法治」來作為啟蒙的「走向」，也因此故。我以為，今日談「啟蒙」不應再是憑激情來評價、估價、否定（所以我不同意王元化先生所提出的「否定辯證法」），壓倒一切。我再三強調波佩耳 (Karl Popper) 的「你也許對，我也許錯，讓我們共同努力以接近真理」的「批判理性」，強調尊重對方的寬容精神，認為只有這樣才能實現多元化。所以我也一直不贊成充滿激情去徹底否定傳統和徹底否定現實的全盤西化論，無論

在文化或政治上，都如此。

1987 年新加坡一位記者的採訪稿說（我）的特點是「不主張全盤西化……加強中國的法律和民主制度應從現有的基礎上做起，而不能胡亂吸收西方式的民主和法律制度」（見新加坡《聯合早報》1987 年 10 月 20 日）。我一向厭惡有關民主的空談。我認為迄今為止，有關民主的許多（當然不是所有）談論大都或是抽象的口號，或者是情緒的宣洩。從洛克 (Locke)、博克 (Burke)、托克維利 (Tocqueville) 到波佩耳、海耶克 (Hayek) 等人的論著並沒人認真介紹翻譯，真正腳踏實地的研究和論述更如鳳毛麟角，極為少見，對歐美各國的政治體制和歷史也如此。我不是搞政治學的，對民主也毫無研究；但憑常識，我也知道民主、自由都是非常複雜的問題。民主不是為所欲為，自由不是隨心所欲。近現代的自由、民主實際上都是一種限制，即關於各種責任和權利界限的理論和體制。嚴復把約翰穆勒 (John Miller) 的《論自由》譯為《群己權界論》，是很有道理的。而且各國實現的民主還有其各自的歷史背景和發展過程，美國不同於英國，英國不同於法國，更不用說東方國家了。拿美國的普選投票權來說，也經歷了漫長的過程。因此，如何結合和尊重中國的現實和傳統，來進行細緻的實證的研究、分析和討論，逐步找出和建立一套適合中國的具體狀況和條件的辦法、方案和步驟，便是一個難度極大卻必需努力去做的大問題，這是一種艱苦的、嚴格的、積累性的科學工作，決不是憑急進情緒或革命感情（不管這情緒或感情如何高貴、如何正義、如何道德）所能做到，也不是一場運動、某個主義、幾

本書幾篇文章，更不是少數領導人的恩賜命令、一群烏合之眾的狂熱宣言所能突然實現的。民主首先是一套理性的程序，它通過法律才能實現。所以我總強調要努力制定出一套又一套的法律（而且首先是程序法），並嚴格執行之。不分尊卑老幼、不論官階大小，法律面前一律平等，並逐漸養成習慣、變成習俗。我認為沒有法律或有法而不執行、極其缺乏制度性的運作，這才是當前中國政治的首要問題。民主就需要從這裡具體開始。如何能夠民主地立法、司法、守法便是關鍵所在和當務之急。所以我在〈啟蒙的走向〉一文以及其他好些文章或「答問」中一直強調的是建立形式（從哲理說）、程序（從具體過程說），強調法制、理性、改良、漸進、建設，我一直反對的是反理性、新權威、激情、革命、否定、破壞、狂熱、無政府。我「一直以為，最壞的政府也比沒有政府好，長期的無政府狀態是最可怕的」（香港《明報》1991年2月8日）。

如當年一樣，今天本文強調「要改良不要革命」，仍是這個看法，並同樣是有感而發，針對今日世事而言。我感覺，今日中國的局面好些方面酷似上世紀末辛亥之前，只是還沒有一個真正的革命黨罷了，但極端不滿現狀，渴望「推倒重來」的革命情緒、願望、意欲、主張甚至理論，在年輕的知識群中卻大量地、深深地潛伏著、存在著、發展著。現實並不像某些人所認為的那樣「六四事件之後……民眾的不滿情緒有所緩解……化解了知識分子與不滿現實的民眾結合為新的激進抗議運動的可能性」。（蕭功秦文，見《中國時報週刊》4、5、6期）情況可能恰好相反，「革命」情

緒已在積存，隨時都有可能在某時某地突然迸發出各種激烈的行動，並迅速蔓延一片。而且老人一死，分裂和內戰的危險極大，並都可能打出各種「革命」的旗號以蠱惑青年吸引民眾。所以「要改良不要革命」，正是希望注意到這些現實和可能，努力接受歷史教訓，未雨綢繆。

（四）唯物史觀與改良

「要改良不要革命」既是針對中國實際而發，也符合於馬克思主義的基本原理。1988 年我曾說「馬克思主義千條萬條，最基本的一條還是真理，即人首先要吃要穿，才能談其他，這一條我到現在還相信，其他的東西，我認為有很多錯誤，包括《資本論》，也有錯誤」（《路》，第 531 頁）。這是兩年來我被批判得最屬害的一條罪狀，即認為我把馬克思主義說成「只剩下一條」，而這一條又是被我歪曲了的，即我把馬克思主義說成只是強調吃飯的哲學了。其實這個簡明有力的通俗說法，並非我的發明，而是恩格斯所表述的。他在馬克思墓前致詞中指出，馬的貢獻或發現有兩條，第一條便是：「人們首先必須吃、喝、住、穿，然後才能從事政治、科學、藝術、宗教等等」這個「為繁茂蕪雜的意識型態所掩蓋」了的「簡單的事實」。這其實就是唯物史觀。我認為馬克思主義的哲學也就是（也只是）唯物史觀。1987 年在香港另一次答記者問中，我也說馬克思主義的基本理論是唯物史觀，「唯物史觀並不是簡單的經濟決定論，而是講的一個社會結構，其中有政治、經濟、文化、宗教，它們是互相影響的，不是經濟可以隨時

決定一切的。但是從整個人類歷史來看，經濟還是最基本的」
（《路》，第 423 頁）。只因為人要吃飯要生存，所以經濟最根本，
物質生產亦即經濟建設（其中特別是生產力）是一個社會、時代、
民族賴以存在的基礎，它在根本上和長遠的意義上（不是一時一
地）決定著社會的其他方向。這個馬克思主義的最基本的一條，
我至今相信。近年東歐蘇聯的變局，以及歐洲共同體的日漸形成
等等，我以為恰好證實著馬克思所發現的這一「簡單事實」和基
本道理。其實，今天正是使馬克思主義在世界範圍內從百年來（包
括百年前馬克思本人那裡）的主觀主義、意志主義、倫理主義、
民粹主義的嚴重滲入和混雜中解脫出來，獲得新的解釋和真正發
展的大好時機。

　　十多年前，我從哲學上提出以「人類如何可能」來回答康德
「認識如何可能」的著名哲學問題，提出以「使用一製造工具」
來界定馬克思主義的「實踐」概念，強調生產力的重要，強調唯
物史觀和實踐論的統一，反對高唱革命、批判的意志主義、主觀
主義、倫理主義（均見拙著《批判哲學的批判》，1979 年初版），
以後我又提出「西體中用」，認為科技是「體」而非「用」，強調
這個「體」的建立，以及我強調馬克思主義應是建設的哲學，不
能老是批判……，凡此種種，都是同一思路。非常有意思的是，
儘管我一點也沒有想去聯繫現實的政治、經濟，我的《批判》一
書寫在「四人幫」時期，交稿在鄧小平上臺之前，但我所主張的
這種馬克思主義哲學卻恰好與鄧小平以後提出的「以經濟建設為
中心」「科技是第一生產力」的「改革開放」路線相平行相一致。

同樣有意思的是，我的這些論點論斷，偏偏在十餘年後的今天大遭批判和圍剿，說它們是「為資產階級自由化提供理論基礎」。為什麼呢？似乎沒什麼道理。但仔細一想，也屬必然。因為我不再談階級鬥爭，不再主張無產階級專政，不再無條件地贊成革命，不再相信「革命是歷史的火車頭」「暴力是新社會的助產婆」（馬克思）之類的說法了。因此儘管贊成唯物史觀，自認仍然屬馬，但在正統馬姓看來，顯已背叛馬列，理應革出教門，加以討伐，何況還「毒害了青年一代」呢。不過討伐自討伐，我卻依然故我，心安理得，仍然「要改良，不要革命」。過去的革命已經革了，誰也沒法挽回，如今實在該去總結這些「革」的教訓，為了十二億人要吃飯，為了經濟發展，不論是何種名義，都不能再「革」了。

這裡就該具體地談談 1989 年的事件了，因為它與改良或革命有關。我不能因為個人利害和某些原因（政治的、學術的、人情的）完全避開這個重大事件。但我尚未詳細了解資料，這裡只能說說當時自己的一些情況和看法。

（五）對八九民運的看法

簡單說來，對這場由學生發起的愛國民主運動，在絕食之前我是贊同和支持的，我覺得有一種體制外的群眾性壓力來表達民意，對改革有好處，但自 5 月中旬大搞絕食以後，我就不大贊成了，那以後我一直是同情多於支持，悲觀甚於樂觀。5 月 13 日我去天安門，是真心勸說同學們主動停止絕食撤離廣場。我說，有

利有節，適可而止；這次該結束了，下次還可再來，我是不贊成繼續對抗下去的。但這些看法根本沒人能聽。我沒法說服別人，只好控制自己，這以後的許多活動，我或者沒有參加（如多次遊行、慰問等），或者明確反對（如組織「首知聯」、號召高級知識分子參加大絕食等）。我在「解放」後生活了幾十年，不說深嘗但也淺知中共黨的各種軟硬功夫及其厲害，我也沒有忘記1986年鄧大人就發過不怕流點血的話，我知道，那些經歷了數十年革命和勝利的第一代和「三八式」那一大批「老革命」（當然總有例外）在壓力和對抗中公開讓步、棄權、示弱，對他們來說，簡直是屈辱和投降，「面子」上也過不去，何況還有實際利益。加上上述我對民主的看法，當時我認為，學生運動不可能爭取到民主，如果拖延下去，把全國捲入情緒狂熱的無政府主義狀態中，倒是非常危險和有害的。因此運動只會失敗，帶來的可能是「一個漫長的反動年代」。我向一些學生表說過我的這種態度和看法，他們說，「情感上不能接受」（又是「情感」！）。

當然，並不一定非流血不可。如果再拖一個星期，學生們難以支持，可能會自動漸漸散去（所以當時我堅決反對劉曉波等人去搞什麼「打強心針」的「七十二小時絕食」之類）。另方面李鵬事後也說本也可用另外的辦法來解決（此話恐非李所敢說，大概出自鄧之口）。可見，如果雙方有一點現代政治引為常規的讓步、妥協觀念，不堅持對抗（即革命）姿態，更多一些妥協（亦即改良）精神，相互或單方面退讓一步，事情本可和平解決。

但終於鎮壓了，流血了。這當然政府和最後拍板人不能辭其

責，而那些「謊報軍情」，或誇大其辭或無中生有，故意提供假情況假匯報以至於影響決策的人，更是「罪莫大焉」。對手無寸鐵的平民百姓開槍，當然不是一般的錯誤，而是凶殘的罪惡。這一點已經說得很多，我就不在此重複了。

但是，那些提出「絕食鬥爭」、「打倒鄧、李」、「反對撤離」，故意要激化形勢製造對抗局面的人，難道就沒有任何責任了嗎？這種對抗，其實也就是一種用群眾運動的壓力形式逼迫對方非接受條件不可的「革命」。當時就有好些人稱這場運動是「革命」，並認為主張妥協、讓步就是軟弱、怯懦、背叛、軟骨頭；有人反對撤離說「要用鮮血來喚醒人民」，這種種議論、思想、主張，不正是要革命麼？語言、詞彙也有點像辛亥。但辛亥前陳天華等人蹈海以求喚醒廣大國人，儘管並無多大實效，也是一種無謂犧牲，但無論如何還可以理解（那是這個世紀初的事），今天此調重彈，卻實在令我非常反感。因為不但彈此調者本人並未去貢獻鮮血，不但確實流了血也未見得就「喚醒」，而且最主要的是，到底什麼叫「喚醒」？「喚醒」了又怎麼樣？又去上山打游擊嗎？又來一次武裝革命嗎？或者來個全國大絕食、大罷工、大遊行？這樣就能使中共接受要求？這一切有多大的把握？這種「革命」的思想、主張、議論、演講，到底有多少客觀的依據？多少主觀的責任心責任感？血是那麼容易流的嗎？誰無父母、親屬、朋友，空口白喊一些煽動情緒蠱惑人心的冒險性的口號和主張，又有什麼好處呢？

我這個人向來兩面不討好。1989 年以前，我就一方面受到中

共學者如蔡儀及其門徒們的凶狠批評，另方面也受到以劉曉波為代表的青年學者們幾乎同樣凶狠的批評。這兩年來，我在大陸受到官方的大批判，今天出來之後，是否又會要遭到另一種批判呢？當年蔡儀門徒批判我是「崇尚個體、貶低總體」，是存在主義；劉曉波則批判我是「崇尚總體、貶低個體」，是固守傳統；今天大陸批判我是「為資產階級自由化提供理論基礎」，「毒害一代青年」，「企圖瓦解共產黨的領導」等等，在海外是否又會被批判「為四項原則提供理論基礎」、「背叛青年一代」、「企圖鞏固共產黨的領導」等等呢？

（六）法治才是實現民主的關鍵

但是，不管何種批判，我仍將堅持上述觀點，並繼續說些不中聽的話。既然我認為吃飯問題（包括吃點好飯）和發展經濟仍為今日中國第一要務，社會穩定自然至關重要。所以我始終擁護鄧小平緊抓經濟建設和社會穩定這兩條，並也認為一切有關的政治改革，包括各方面的民主、自由，也只有在這前提下，根據中國的情況，有計畫和有步驟地，由上而下和由下而上相結合地逐漸前進、推行，才能真正搞好。至今我不認為中國有可能和有必要走東歐蘇聯的道路。那條路充滿危險，對中國非常不利。即使如何好的多黨制（反對黨制）也不能立即直接搬用於中國，如果目前一下子全部開放，便很可能出現一萬個政黨。黨派林立，互相攻訐，把社會的注意力吸引在大量的爭論吵鬧中，從而人心動盪，無所適從，任何決策和執行阻礙更大，經濟發展大受影響。

中國人口奇多，地區差別極大，文化素質很低，封建根基極深，「一盤散沙」的習慣仍在，宗派、山頭、幫會的積習尚存。蘇聯商店前人排長隊可以井然有序，無人「夾栓」，中國地鐵售票處五個人也你爭我搶互相推撞。二十年前又有過「文革」的經驗，萬一因黨爭、派仗發生失控的變故動亂，就會不可收拾。首先是無政府主義氾濫，失去任何權威，誰也不聽誰的，隨後便是各種分裂、爭奪、封鎖、割據，最後便有真槍實彈的內戰危險。於是，數十年（特別是這十餘年）來的經濟發展便毀於一旦，將整個國家民族又一次推進深淵。拿中共黨和中國現政府說，你的確有足夠理由去詛咒它，痛罵它，憎恨它，但就現實政治情況和社會結構說，像東歐蘇聯那樣突然解散、禁止、取締它們，社會生活的各方面會是什麼樣子，便很難設想。我看是凶多吉少，無序混沌，天下大亂。這幾十年來中國之所以能夠做到從未有過的空前統一和鞏固（這當然也有其壞作用的一面），徹底改變了中山先生所慨嘆不已的「一盤散沙」的長久局面。一個主要的原因即在於中國有這麼一個在長期戰爭中形成從而具有高度組織性紀律性、可以發揮高度行政效能的中共黨作為某種社會力量的存在。正因為它幾乎無處不在，從軍隊、政府、機關、企業、學校到僻遠的城鄉居民，因之像某種筋骨血脈，它使作為身軀的整個社會凝聚結合起來，而不致癱瘓阻塞或分崩離析。像這次華東大水災，大概也只有在這種能夠集中意志、集中力量的中共黨及其絕對領導下的軍隊和政府的組織控制下，才可能如此迅速反應，大力救援，安排善後，井然有序，而不致災民千萬湧入城市，治安大亂。所以

我不贊成推翻這個仍具有重要效能的支柱力量，因為至少在相當一段時期內還不可能出現另外的力量、機構、體制、支柱足以替代它。可以反對它，批判它，攻擊它，但我不贊成打倒它，取締它，摧毀它。這就是我的看法，即使被批判為中共唱讚歌也沒關係。

正因為這個緣故，我始終反對一切不負責任的豪言壯語、空洞議論，反對各種只有情緒意義的主張或理論（用這種語言去寫文學作品或搞藝術，我不反對、甚至讚賞），例如當下的中國不如分裂論、中共立即解散論、政府明日垮臺論……等等，便都屬於此類。

當然，也毋庸諱言，「六四」已成為中共黨歷史上的某種轉折點。中共黨及其政府的信譽、力量、效率、功能正在大幅度地、加速度地下降，黨的道德傳統日益喪失，黨內腐化情況嚴重，秉公苦幹樸實無華的人得不到重視，吹牛拍馬圓滑投機者卻屢屢升遷，特別是一批上中層幹部瞞上壓下、等級森嚴、一言堂、官本位，「馬列主義口朝外」「關起門來作皇上」等封建餘毒在惡性發展。它們已如白蟻似地在內部蛀空共產黨。雖然總想搬出「整風」和「雷鋒」來挽救局面，但多次「整風」統統失敗，學習「雷鋒」也無疾而終，「延安經驗」不再靈驗。本來，靠「學雷鋒」，靠「思想政治工作」，靠革命時期中的那一套，在今天是根本沒有用的。我在 1978 年講太平天國的學術論文中，就含蓄地指出過這一點。十來年我反覆強調，政治和社會不是靠道德、靠「良知」、靠「革命感情」所能長久維繫。

　　我仍然認為，唯一可以依靠的只有法治——即前述的制定法律、執行法律，實行制度性的運作。如果中共及其黨員能成為嚴格服從、遵循、執行和維護國家法律的模範，而不再是黨比法大，黨組織不再干預和侵犯立法司法，某些高級幹部不再高踞於法律之上，那麼中共便大有希望，中國也就大有希望。捨此不圖，甚或不認識這一點，那中共黨的前途便並不美妙。

　　所以，在制定法律執行法律的同時，我主張應儘快依據法律有步驟有計畫地履行和擴大人大（人民代表大會及其常委會等）和政協所應有的職權，使它們真正逐步具有議政、參政、主政、監政（監督行政、軍隊和政黨）的功能和權力。從中央到地方，如果人大、政協能開始如此運作、逐步實現有限度但不斷擴大的民主權力，積以時日，逐步進展，便大有可為，大有希望。這比一天突變要穩健實在得多。正如目前的三資企業、對外開放已在迫使經濟領域內的現代化的立法、司法和守法不得不逐步進行一樣，所有這些政治變革，都必須以保持和發展目前經濟改革和經濟發展的強大勢頭來作為根本基礎，這幾乎是某種必要條件。只有這樣，才能不斷使地方經濟逐步坐大，自主權力逐漸增強，意識型態不斷放鬆，輿論開始有所自由，公眾社會 (Civil Society) 允許存在……。所以議會制、反對黨制雖不是一蹴可得，非目前可以立即要求實現的現實，但政企分離、黨政分離、輿論開放、公眾社會等等，卻是可以在現有體制和框架內逐步實現的，而它們的實現必然會以某種中國式的形式突破現有框架和體制，這就是辯證法。其實，「六四」之前，這些都已開始有了苗頭或希望，可

惜被「六四」一場烈火全部燒光了。

　　從而，我完全不贊成「新權威主義」。這種「主義」呼喚「強人政治」，在目前並沒有「強人」（鄧已老）的情況下，可能造成的實際後果是大家爭相搶作「強人」，而使中國陷入混亂以致內戰。而且，歷史（袁、蔣、毛）也證明，把國家民族的希望寄託在個別人身上是太冒險了。所謂「新保守主義」（前引蕭功秦文）則不過是「新權威主義」加上一件抽象玄妙更為「理論性」的新衣而已。它強調經濟的「宏觀控制」，論證保持甚至加強在「四項原則」藉口下的個人（或極少數人）的絕對權威和強制專斷的「合法性」，完全斬斷任何走向民主化的改良進程，而對所謂「力求建立某種過渡性機制」，又說不出任何具體的東西。儘管說要推動商品生產、市場改革，這又如何可能呢？它沒有提出任何具體的主張、辦法或步驟，許多看法實際比深圳等特區的目前現實還要落後。我當然不能贊成這種裝潢漂亮本質上卻是開歷史倒車的空洞理論。我主張「多研究些問題，少談些主義」，讓知識界的興趣和注意力多放在研究些具體的改良步驟、想法和方案上，少放在這些大而無當、華而不實、譁眾取寵、徒亂人意的「主義」上。這也正是「要改良不要革命」的題中應有之義。百年來，中國的「主義」不也太多了麼？

（七）「和平進化」復興中華

　　要改良也就是要進化 (evolution)。evolution 也正好可以相反對於 revolution（革命）而言，即不是通過突變、飛躍、革命，而

是通過改良、改革、積累而取得進步，改良自然是「和平進化」即 peaceful evolution。「和平進化」有何不好？可惜大陸已將「和平進化」譯成「和平演變」，此譯情感色彩強烈，也確乎具有「由社會主義演變為資本主義」的詞義內涵。我主張「和平進化」，那當然是「反對社會主義」了？

其實，並不一定如此。因為沒人能說清楚什麼是社會主義。社會主義牌號極多，有希特勒的國家社會主義、緬甸的社會主義，也有北歐社會民主黨的社會主義。鄧小平不是也說過，「社會主義」到底是什麼並不那麼清楚麼？

但社會主義不是什麼，我以為是清楚的，即它不應該是變相的封建主義，也不應該是今天的資本主義。它應該能更多更好地避開如貧富不均、苦樂不均、壓迫掠奪、無安全感、種族歧視、吸毒盛行、精神空虛、道德淪喪、環境污染、生態破壞等等弊病和禍害。今天的資本主義未能避開這些弊病，所以並非理想社會。那麼，為什麼不可以有一個優越於資本主義的社會理想呢？這種理想名之為「社會主義」，又有何不可？為什麼一定會反對它呢？當然，這種社會理想不應再是那種烏托邦的社會工程，即人為的整體設計（包括財產國有、計畫經濟等等），這一點波佩耳早就說過，幾十年來史達林的社會主義也證實了此路不通。如何才能通，如何才能通過逐步改良，和平進化出一個優越於現存的資本主義的社會，不正等待中國人去創造麼？這不是很值得去做的事情麼？為什麼「要改良不要革命」的「和平進化」，就一定非以資本主義為最高目標不可呢？並沒有這種邏輯的必然。可以換一個名詞，

不是「和平演變」，而是「和平進化」，復興中華。這也就名正言
順了。

　　我不讚揚辛亥革命。但對孫中山先生的人格卻一直是敬佩
的。以前我認為他是偉大的革命家，貧乏的思想家；現在的看法
有些變化，他的革命是失敗的，但他的思想雖然淺顯，理論深度
很不夠，卻是有現實意義和有生命力的。他的民族、民權、民生
（臺灣今日稱為「均富」）三大原則，對今日中國仍有價值。中
山先生自己講或是別人講過（記不清楚了），他這「三民」雖然
取自西方，但也繼承了傳統。我這些年來研究中國哲學和美學，
我認為應該重視中國傳統文化中的優良成分，包括儒學的某些
基本精神，如稠密人際（首先是親子）關係，不要見利忘義等
等，這也正是希望對身心發展更為健康愉快、人際關係更為親密
和諧、精神生活更為豐富充實即比今日資本主義較為優越的社
會理想作些預備性、可能性的暗示、設想和探索。中國傳統文化
能否朝這個方向作出一些積極的貢獻呢？這就是我想探索的問
題。

　　但是，我不認為，中國傳統文化就是孔孟陸王，我也不認為
宣講道德形而上學就能拯救世界，這是我與今日新儒家的分歧所
在。恰好相反，如上所述，我認為，政治必須從宗教、道德、情
感中分離出來，才是現代化的進化之道。今天中國的問題之一，
正在於將政治與道德與情感糾纏包裹在一起，混淆不清，於是變
成了一堆亂麻，剪不斷，理還亂。不論是民主鬥士或中共當局，
不論是新儒家或革命者，都有這個「前現代」的問題。「要改良，

不要革命」，正包括強調指出和要求糾正這一點。

　　不要革命，並非不尊重過去革命所高揚、所提供、所表現的英雄氣概、犧牲精神、道德品質、崇高人格。它們仍然是對人類的一大貢獻，「太上立德」，這些英雄們在這個方面給人類留下了巨大的精神財富、情感語言和典範人品。我始終記得幾十年前看過的一部蘇聯電影，它描寫的是十月革命時期一群青年兒女在火車上的故事，小節已經記不清楚了，不是名片，片中也沒有大人物，但那些青年們的種種英勇戰鬥、忠誠無二、堅決不屈、無畏犧牲，事件雖然很小，但可以驚天地、泣鬼神，其英雄氣概，其浪漫情懷，其慷慨悲歌，其從容赴義，感人之深至今記得。它過去和現在都會觸發人們的上進之心和奮發之情，使人們從頹廢消極中解脫出來，去努力在生活和人生中做些有意義有價值的事情。人們可以從過去的革命情懷中吸取力量，用在更有實效更少毀傷的生活和人生道路上。因此，儘管十月革命已經泯滅，儘管那美好的理想早已落空，那些流血犧牲似乎並不值得……，你可以去責難那些設計者、領導人、空想家，但那奮鬥，那流血，那犧牲本身（也包括那些領導人本身的艱苦奮鬥、流血犧牲），不仍然給後代人們樹立了值得學習、仰慕和尊敬的光輝的道德榜樣、人格力量和崇高形象麼？怎麼能去非議去詆毀它們本身呢？這就是我常講的「倫理主義與歷史主義的二律背反」的悲劇形式之一。人類的歷史便經常是這樣的殘酷而光輝。

　　要改良，要進化，不要革命，正是感受和認識到這種「二律背反」而提出來的更為合理的歷史前進之道：光輝而不必那麼殘

酷。不能作宿命論者，歷史總是人所創造的。為什麼我們不能主動地將歷史創造得更好一些呢？

（原載：《中國時報週刊》美洲版 1992 年
18、19 期）

《美的歷程》德文本序

　　散步在附近的小森林中，今日想及的是如何寫《美的歷程》德文版序。

　　如何下筆呢？當然，我首先想到的是應該感謝 Karl Pohl 教授和其他的翻譯者們。我特別感謝他們如此嚴肅負責，費了很大功夫，逐字逐句地進行了研究和翻譯。全書除經我同意略去極個別的詞句外，完全與漢文原版一樣，包括所有引文，也都譯了。英譯本搞了八年多才出來，圖片很漂亮，印刷也好，但可惜翻譯錯漏不少，好些難譯的地方被掠過，很多引文也全刪去。因此幾位美國朋友建議並準備另一個譯本。日譯由東京大學戶川芳郎教授在做，他告訴我已進行多年，但至今尚未問世，可見譯事艱難。韓譯本 1991 年出版了，譯文如何，我不知道，只注意到譯文後保留了很多詩詞和其他材料的漢字原文，想是為了幫助理解譯文，韓國懂漢文的人大概還不少。總之，這小書因為直接援引了許多中國古典詩、文評論（畫論、書論、詩話、詞話等等），造成了翻譯上的嚴重困難。那麼多的人名、書名就夠令人頭疼的了，何況還有好些點到為止、未曾細說的各種複雜背景和看法？所以，我對德譯者不避艱險，完成翻譯，一絲不苟，深為感動和欽佩。這次我親身領會了在中國早就聞名的德國人那種極為嚴格認真的民

族精神。

　　談到翻譯，我在國內國外，在華人中和洋人中，講得最多的
一點是，中外翻譯太不均衡。中國翻譯西方各方面的著作遠遠超
過西方翻譯中國的。因此，並非研究西方的中國知識分子，包括
大學生、科技人員、一般幹部，大都知道從古希臘到近現代西方
的著名作品和人物。例如德國的萊辛、歌德、席勒、貝多芬……。
西方的知識分子大都知道毛澤東和鄧小平，也許還有孔子和老子，
但是除漢學家外，究竟有多少人知道陶潛、杜甫、蘇軾、范寬、
八大山人和魯迅呢？我們知道《浮士德》和《陰謀與愛情》、《布
登勃洛克家族》和《變形記》，但西方有多少人知道《詩經》《楚
辭》《紅樓夢》和《阿Ｑ正傳》呢？我們欣賞德國哲人將建築比擬
為「凝凍的音樂」，西方學者是否注意到中國美學將書法看作是流
動的音樂和舞蹈呢？

　　我常常說，這不能責怪西方人，理由是他們沒有需要去知道。
不知道中國，他們照樣生活，中國卻不然，百餘年的落後和挨打，
使了解西方、學習西方從而趕上西方，成為中華民族生存的需要。
不但科學技術，不但經濟政治，而且文學藝術；不但西方的今天，
而且西方的昨日和前天，都成為我們必需了解必需知道的對象。
所以本世紀以來，各種有關西方文化（當然包括德國文化）的翻
譯作品，大量問世，銷路很好，特別是這十來年。

　　我心想，也祝願，如果我們中國能夠從今以後在各方面（首
先在經濟方面）逐步地、不再大受挫折地發展下去，以如此巨大
的時空實體（八千年未間斷的歷史傳統，9.6百萬平方公里的疆

域，11 億人口），下個世紀的這個時候，全世界（包括西方）恐怕也非得迫切了解不可了吧?!中國古典文化於是不再只有古董式的玩賞價值，漢學不會類似於埃及學、敦煌學僅有純歷史意義，而將成為現實的世界文化中不可缺少的、具有深厚價值和貢獻的重要組成部分。從而也就會有更多的、越來越多的翻譯。特別是由於中國歷史傳統並未死去，它依舊活在中國人的心底，積澱為中國人的文化心理結構的一個部分，而將在未來的世界中具有意義，發揮作用，這種翻譯也就更重要了。這也正是本書最後一句話的意思所在：「俱往矣，但美的歷程卻是指向未來的」。

在漫步中，我想到百年來中國人最樂於接受、影響中國最大的西方哲學是德國哲學，是馬克思、黑格爾、康德以及海德格爾，也想到海德格爾晚年曾與人合作翻譯了數章《老子》；那麼，在對未來的哲學—美學的追求中，中國哲學與德國哲學、中國學人與德國學人是否會有更多的深沉的對話、交流和合作呢？

這是否可以作為我在這個充滿傳統文化氛圍的美麗古城的小森林中所作的美的想像和嚮往呢？是所願焉。

1992 年 6 月於圖賓根

（德譯本已於 1992 年 10 月由 Herder 出版
社在德國出版）

《華夏美學》日文本序

十三

在我的美學論著中，《美的歷程》大概最為流行。大陸兩家出版社先後印了八次，臺灣盜印版我看到了三種。英、韓、德譯本已問世，日譯、法譯也在進行。但我自己和少數幾位朋友卻以為，比《美的歷程》晚七年出版的《華夏美學》，也許更為重要。這可能是由於自己偏愛哲學的原故。記得當年在刊物上發表《美的歷程》各章節時，曾注明它是《中國美學史》的「外篇」；而「內篇」，即《華夏美學》是也。《華夏美學》涉及的哲學問題，比《美的歷程》要多。因此，日譯者如此獨具慧眼，選中此書，當然令我很高興。

《華夏美學》提出中國美學仍以儒學為主流，這是頗有異於許多中外論著的。這些論著大都承認儒家在政治、倫理等領域內是主流，但在藝術、美學中，卻力主應以道家為主幹。本書未能苟同這一流行看法。為何和如何不贊同，請看本書，此處不贅。

其次，更為重要的是，本書強調了中國文化傳統和文學藝術，既非模擬，也非表現，而是以陶冶情感、塑造人性為主題，也就是強調內在自然的人化和人的自然化。這種哲學─美學思想對今日和未來，對設想更為健康更為愉悅的二十一世紀的社會生活和人生境地，希望仍有參考價值。

本書香港版和北京版的封底，由一位青年朋友寫了一個內容提要，相當精鍊地概括了本書內容，免多辭費，抄錄如下，以供參考：

華夏美學，是指以儒家思想為主體的中華傳統美學；它的悠久歷史根源在於非酒神型的禮樂傳統之中，它的一些基本觀點、範疇，它所要解決的問題，它所包含的矛盾，早已蘊涵在這個傳統根源裡。從而，如何處理社會與自然、情感與形式、藝術與政治、天與人等等的關係，如何理解自然的人化和人的自然化，成為華夏美學的重心所在。

作者漸次論述了遠古的禮樂、孔孟的人道、莊生的逍遙、屈子的深情和禪宗的形上追索，得出結論：中國哲學、美學和文藝，以至倫理政治等等，都是建基於一種心理主義上，這種心理主義不是某種經驗科學的對象，而是以情感為本體的哲學命題。這個本體，不是上帝，不是道德，不是理智，而是情理相融的人性心理。它既超越，又內在；既是感性的，又超感性，是為審美的形上學。

最後想說的一點是，我以為中日文化基本上是不相同的。中國好些人認為日本乃儒家文化，我不以為然。本書中只約略提及中國禪和日本禪的不同，未及細說。其實，中日文化的不同，很值得研究探索。正因為不同，才更需要了解對方，以相互借鑑和補充。我這本小書不知道能在這個方面起點作用否？它在日本學

者和讀書界中會得到什麼樣的反響呢？欣欣焉，惴惴焉，余亦不
自知其可也。

1992 年春月於 Ann Arbor

（日譯本已於 1995 年 6 月由平凡社在東京
出版）

遲發的悼念稿
——悼馮友蘭

　　我算不上馮先生的學生，我沒能聽他的課，也沒有和他一起工作過。

　　但馮先生從我學生時代起便一直注意我，表彰我。我很少去看望他，這些大都是別人不斷轉告給我的，我心中非常感激，那個時代很少有人誇獎我、鼓勵我。

　　我常用以自慰的是，幾十年來我自覺沒有參加對他的「批判」（實際是圍攻、打擊），儘管我對他的好些看法頗不贊成，儘管當時也有人要我寫文章。

　　馮先生是現代中國已少見的名實相符的哲學家。今天紀念他的最好方式，就應該是認真談點哲學。

　　哲學總是從最根本的地方、從所謂「原始現象」談起，從頭談起。我認為，這個「頭」，這個「根本」或「原始現象」，就是「人活著」這一事實。

　　其他的一切，如「語言」、「上帝」、「純粹意識」、「客觀世界」等等，都是派生的或從屬於「人活著」這一事實的。

　　「人活著」便生發出或包含著三大問題：如何活？為什麼活？活得怎樣？

　　作為個體的「人活著」，是一種被扔進一個「與他人共在」的世界中的存在 (to be with others, within-the-world)，但人又總是一個特定生物族類（人類）的一員而存活著，這不是個體所能選擇和決定的。

　　這種 「人活著」 也就是日常生活、生活形式或社會存在 (everyday life, form of life, social existence)。

　　可見，「人活著」的第一個涵義是「如何活」。所謂「第一個涵義」，是指「如何活」比「為什麼活」要優先。也就是說，「活」比「活的意義」(what means to be)、非本真 (unauthentic) 的存在比本真 (authentic) 的存在要優先。因為只有「活著」才有「活的意義」的問題。

　　於是先要來察看人如何活。人活著必需食、衣、住、行，亦即人的生產─生活方式，其核心和特徵是我十多年前即強調提出過的：以製造─使用工具為基礎的群體實踐活動，即人類學主體論，或亦可名之曰歷史本體論。我以為，語言以及其他許多東西都是從這裡生發出來的，所以，是使用─製造工具的活動而非語言，才是 「如何活」 的根本，才是 「存在之家」 (the house of Being)，至今我仍然堅持這一點。語言的經絡──語法、邏輯，便是從「與他人共在」（即群體生存的活動亦即人）「如何活」（首先又仍然是使用─製造工具）的需要和規範中生發出來，而成為律令的，它首先是倫理的，而後才成為認識─思維的。深奧的問題在於這如何可能，這種可能意味什麼？

　　但「如何活」不能替代「為什麼活」。我在另處說過，沒有什

麼「科學的人生觀」。知道了社會法則或群體要求並不就解決了「我為什麼活」。人類主體性只是個體主體性的前提，卻並不替代後者。

個人被偶然地生下來，拋擲在這個世界裡，人生似乎很無聊。但人又是動物，有戀生之情（不會都去自殺），即使如何厭世、悲觀、無聊，又還得活著。那為什麼活呢？

回答「為什麼活」，有各種各樣的宗教信念、倫理學說和社會規範。有人為上帝活，有人為子孫活，有人為民族、國家、政黨、他人活，有人為自己的名譽、地位、錢財、享受活，有人為活而活，有人無所謂為什麼活而活……。所有這些，都有某種文學藝術來表現，也都有某種理論、哲學來論證，但又都不見得能解決問題。為什麼活？仍然是由你自己去尋求、去選擇、去決定。特別是在明天，當「如何活」（人能活下來）大體不成問題的時候，為爭取活而活作為「為什麼活」的意義和動力（如「革命的人生觀」）逐漸消失之後，這問題將更突出。

「活得怎樣」則是「為什麼活」或「如何活」在某種交融下的現實化形態。「活得怎樣」當然不是指你的物質生活怎樣，而是指人活在哪種「境界」裡。如果說，「如何活」屬於人類主體性，「為什麼活」屬於個體主體性，那麼「活得怎樣」則是某種無主無客、主客混同、混然一體的人生－精神狀態。馮友蘭的《新原人》（我認為這是馮的主要著作）提出的正是「活得怎樣」的人生四境──：「自然境界」、「功利境界」、「道德境界」、「天地境界」。馮從覺解、心性、才命、學養、生死各種角度對此四境作了說明、

論證，並批評了將「天地境界」混同於「自然境界」的誤解。我以為，這是承接中國古代哲學的一種貢獻，馮所說哲學只在於提高人生境界的說法，是對宋明理學所作出的一種現代解釋和繼承。所以我將馮列入「現代新儒家」（見拙著《中國現代思想史論》）。

對此，海外似大有異議。主要理由有二，一是馮的政治人格（主要指文革中積極批孔）不符儒家品德。二是以熊十力、梁漱溟、牟宗三等人為代表的「現代新儒家」均以活潑的生命或生命力作為儒學精髓，馮之純邏輯的「理世界」的體系（《新理學》一書）有悖於此。

對此願作簡答。學術與人格之某種分離乃自培根 (F. Bacon)以來的現代世界性常見現象（是否應該如此屬另一問題，我本人反對分離），海德格爾之例便很突出。儘管海氏一度之納粹立場與其哲學恐不無深層聯繫（我作如是觀），但海氏哲學之價值仍然巨大。馮之哲學地位當然完全無法與海相比擬，但馮之客觀處境和心理狀況卻較海更為惡劣和複雜。一般而論，熊十力等其他新儒家的公德私誼也並非全無可議之處，有些情況較馮也只五十步百步之差。其中最為清醒卓越律己甚嚴的梁漱溟，也曾主動歌頌大躍進，對毛自始至終大有迷戀。畢竟人非聖賢，孰能無過。現代新儒家雖然所崇所奉者為聖為賢，但他們本身到底還是更為複雜的現代人物。當然，包括《三松堂自序》的有關部分，我覺得，仍大有自我掩飾的成分，並未「立其誠」，但比海德格爾的「遺書」還是要好得多。

第二理由似更充分。如以主觀心性論來界定「現代新儒家」，

馮與熊、梁、牟以及唐君毅等確有根本不同，自可不必列入。不過此種界定過於狹窄，似乎「現代新儒學」便只是熊十力學派，而熊本人也並非專談心性，從宇宙論到外王學，他也談了不少，心性論者仍志在外王。梁漱溟也如此。因此此一界定似難成立。

　　我所謂的「現代新儒學」涵義不廣不狹，較為確定，指的是「現代宋明理學」亦即 modern neö-confucianism 的準確意義。所以，正如即使奉陸、王或胡（五峰）劉（蕺山）為正宗，仍不能將程、朱開除出宋明理學一樣，「現代新儒家」又何莫不然？熊、牟承續開拓了陸、王，馮則明確宣稱自己是「接著程朱講」的，事實也確乎如此。所以馮之屬於「現代新儒家」，乃理所當然。

（原載：《明報月刊》1992 年 6 月號）

海外訪談錄選存之一

（附錄三篇）

——美國丹佛《美中時報》總主筆薛海翔的採訪記

中國著名哲學家，有「青年思想導師」之譽的李澤厚教授，終於獲准攜妻來美，在科泉市的科羅拉多學院哲學系講學。日前，本報負責人專程去科泉市探望了李教授夫婦。闊別八年，海外重逢，大家不勝感慨。身在海外的人們更關心的是這兩年來李澤厚是怎麼過來的。

看上去，李澤厚是老了些，然而，一經交談，他的談鋒雄健，思路敏銳，不減當年。

（一）六十多篇批判文章

李澤厚說，天安門事件期間他作為十二名知識分子之一，去天安門廣場勸說學生們回校。後來，這項行動被「平暴報告」列為罪行。「六四」後，他到達廣州，本可來海外，但還是回到了北京，他覺得還是留在國內作用大些。但是，這兩年來，他受到了創記錄的「圍勦」式的批判，從中央到地方，各類報刊點名批判他的文章達六十多篇，遠遠超過劉賓雁、方勵之、嚴家其等人，

而他卻根本無處發表反駁文章，他的著作從一些書店、圖書館被搬掉，成了禁書。在國內他沒法起作用了。

（二）溫和的改革論者

李澤厚雖身處逆境，依然保持著冷靜的思考狀態。他說，他一直是個「溫和改革者」，早在 1978 年，即提出「法國派」與「英國派」之分，他贊成英國式的改良。法國式的暴風驟雨的大革命，代價過於沉重。學生們在廣場悼念胡耀邦，卻忘了胡耀邦說的話：「火車開快了，會翻車的。」十年思想解放的勢頭很好，可惜毀於一旦，如今思想又禁錮，回到「文革」時代。然而，經濟自由化如今勢頭擋不住，儘管國家拿大量錢補貼大型國營企業，但「三資」企業和私營經濟的發展還是不可阻擋。

「有學生問我，」李澤厚說「做生意還是做學問？我說，當然做生意，搞實業，你如果成為大企業家，對社會該有多大貢獻」。如果有一個中產階級階層，像臺灣那樣，民主化的進程會順利得多。

他指出，中國人承受動盪的能力，目前遠較蘇聯人小，「蘇聯人可以在嚴寒風雪中耐心地排隊購買食品，在北京買地鐵票，只有五個人，也要你爭我搶」。中國只要不大亂，不內戰，和平改革，到下世紀半葉，便不可小視了。

（三）盼望華人紮根海外

談到大量的人材散布海外時，李澤厚明確地說：「我不認為這

會對中國造成多大的損失，文革十年，人材培養全部中斷，但改革十年，人材又成批湧現，海外人材，目前在政治上對國內的影響微小到感覺不到，但將來，在科技和學術上，會對國內產生作用。」他把目光投向海外，他指出，「海外這大批人材，將來在美國紮下根來，對下世紀中華民族的復興具有戰略意義，現在海外華人在科技界教育界嶄露頭角，如果未來在經濟界、政治界也有真正的實力，作用就大多了。」所以，「海外人材的未來作用不在大陸，而在美國」。

目前，李教授在科羅拉多學院哲學系講授「中國傳統文化與思想」和「中國近現代意識型態」。他的獨子在同一學校物理系念二年級。「他還未出世，就被決定了不再走文科道路，那是七〇年代初期，我剛從幹校回來」，李澤厚憶起二十年前的往事，笑容裡，透著飽經苦難的中國知識分子的蒼涼。

（原載：《美中時報》1992 年 2 月 27 日，
總編輯薛海翔）

為留以存照，作為紀念，下附批判文件三篇，二為文章，一為報導，雲豹非常，略見一斑而已。

〔附錄之一〕

這是一個什麼「思想庫」？

──李澤厚先生近年理論觀點評析

在中國當代思想界，李澤厚先生的影響頗為不小。他獲得了許多「桂冠」和「花環」：「哲學靈魂」、「青年導師」、「學術泰斗」、「改革派理論家」、「中國人文科學領域的一個思想綱領的制訂者」、「當代中國思想界一位承前啟後的人物」，等等，不一而足。這種現象，既反映了李澤厚學術思想的蕪雜和龐大，也反映了一些人對他崇拜的深切和狂熱。

李澤厚到底是一個什麼樣的「哲學靈魂」和「青年導師」？一個什麼樣的「學術泰斗」和「思想綱領的制訂者」呢？

當 1989 年春夏之交的動亂風雲和暴亂硝煙漸漸散去，人們冷靜地坐下來反思這幾年中國思想界的狀況和教訓的時候，不難發現，李澤厚近幾年許多著述中的觀點，早就在為資產階級自由化思潮的湧動作著輿論準備，早就在為自由化思潮的泛濫，起著或潛移默化或呼風喚雨的作用。李澤厚在動亂期間的各種表現，絕不是偶然的。

特別值得人們注意的是，有人稱李澤厚為「青年一代的思想庫」。在去年的學潮和動亂中，有人公開聲稱「要到李澤厚那裡討理論的武器」，這清楚地表明李澤厚作為一個「思想庫」的性質和面目。

（一）

　　李澤厚這幾年把主要精力放到了思想史論的研究上，接連出了《中國近代思想史論》、《中國古代思想史論》、《中國現代思想史論》和《馬克思主義在中國》等四本書。

　　為什麼李澤厚對此項研究這樣熱衷呢？用某些人的說法，李澤厚的思想史論，「總的來說是講中國命運的」。講現當代中國的命運，這是近年來李澤厚理論觀點的軸心和要害，正是在這個核心問題上，李澤厚把他的學術觀點和政治觀點緊密地結合在一起：他的政治觀點是他思想史研究的動力和歸宿，而他的哲學觀點又是他政治觀點的論證和支柱。

　　綜觀李澤厚對中國近現代思想史的論述，可以看到，在政治方面，他認為中國現實社會一切問題的總根子是兩條：一條是「農民革命的後遺症」，再一條是缺乏「資本主義的洗禮」；多了一場農民革命，少了一個資本主義。

　　據此，李澤厚提出了所謂「救亡壓倒啟蒙」的命題。這個命題的實質，是認為「救亡」使中國選擇了馬克思主義、選擇了社會主義，然而這個選擇錯了。他認為，中國現代史本來可以有另一種選擇，即選擇資本主義，可是「愛國救亡」救了一個舊文明，卻把中國引向了非現代化的死胡同。在這個問題上，遵循李澤厚思路的蘇曉康講得更加徹底：「這猶如『日出』般的新文化運動，恰在『五‧四』這一天走入迷津」（〈世紀末回眸〉，《文匯月刊》）1989 年第 5 期）。

李澤厚的「救亡壓倒啟蒙」論，分析起來有四個方面的內容：

其一，革命戰爭擠壓了資產階級的啟蒙思潮和自由理想。他認為，「整個歷史像在作圓圈遊戲」，「『四人幫』倒臺之後，『人的發現』、『人的覺醒』、『人的哲學』的吶喊又聲震一時。五四的啟蒙要求、科學和民主、人權和真理，似乎仍然具有那麼大的吸引力量而重新被人發現和呼籲，拿來主義甚至『全盤西化』又一次被提出來」。這乃是「救亡壓倒啟蒙」造成的「悲哀滑稽的歷史惡作劇」（《中國現代思想史論》，東方出版社，1987 年版，第 36 頁）。

其二，他認為，長期進行一場以農民為主體的土地革命戰爭，其後遺症就是泯滅了人的個性，喪失了民主意識，忽視了個人的權益，讓個體充當了歷史的「工具和螺絲釘」。「中國根本沒有民主、科學。」（〈五四回眸七十年——香港答問錄〉，見《文匯報》1989 年 6 月 15 日）

其三，他認為，馬克思主義在這場農民戰爭中，由於受到傳統文化的熏染和倡導者個人素養、氣質和品格的局限，已經被扭曲。「共產黨領導革命取得了政權，但也有將馬列主義封建化的慘痛教訓的一面」（《走我自己的路》，三聯書店，1986 年版，第 229 頁）。

其四，他認為，由於中國沒有經歷西方資本主義那樣的歷史階段，至今都有著中世紀傳統的巨大陰影，因此，當前主要反對的還應是封建主義（《中國現代思想史論》，第 44 頁）。他始終將資產階級民主政治和民主思潮未能在中國生根視作憾事。

　　由上可知，李澤厚提出「救亡壓倒啟蒙」的命題，旨在否定中國人民在中國共產黨的領導下，反對帝國主義和封建主義，把半殖民地半封建的舊中國改變為社會主義的新中國的歷史，鼓動人們對現實社會和現實政治進行猛烈的「批判」。他在 1986 年出版的《中國古代思想史論》一書「後記」中說：「在思想觀念上，我們現在某些方面甚至比五四時代還落後，消除農民革命帶來的後遺症，的確還需要衝決網羅式的勇敢和自覺。」正是從這一立場出發，李澤厚對電視系列片《河殤》表示了「完全支持」。他意識到《河殤》「主要是批判現實政治，而並非批判傳統文化，後者只是一種面具而已」（〈五四回眸七十年〉）。他對《河殤》表現出的「對現實的不滿批判情緒」發生了「強烈的共鳴」。也正是從這一立場出發，李澤厚對像劉曉波那樣極端虛無主義者、極端個人主義者發洩的「對現實社會和很多東西的不滿、憤怒、苦惱、苦悶的反抗情緒，恨不得要搗毀一切」的情緒，給予了「非常」的「尊重」，認為這都是「正當的」（〈五四回眸七十年〉）。

　　李澤厚不但是言者，而且是行者。當 1989 年學潮起來以後，他就積極幹起了鼓勵學生上街遊行、示威、靜坐，甚至絕水、絕食的事情。在他參加簽名的《我們對今天局勢的緊急呼籲》中，要求中央負責人公開宣布這次學潮是「愛國民主運動」，公開承認「高自聯」等非法組織為「合法組織」，反對「以任何藉口、任何名義、任何方法對靜坐絕食的學生採取暴力」，並以威脅的口吻說，「如果政府不能做到以上三點」，就要和學生們一道「堅定不移地奮鬥下去」，同時還把學潮和動亂中學生的情緒稱為「最可貴

的理性精神」。這就暴露了李澤厚的所謂「思想啟蒙」是什麼東西。

（二）

李澤厚為了論證「救亡」之悖理和「新啟蒙」之必需，他把理論鋒芒直接對準了馬克思主義，對馬克思主義本身及其在中國的傳播，進行了肆意的歪曲和攻訐。

李澤厚認為，馬克思主義有很多錯誤和矛盾，馬克思主義的基本理論和基本策略間有矛盾，「即使在基本理論範圍內……也有問題和矛盾」。

在哲學上，李澤厚說：「從黑格爾到現代馬克思主義，有一種對歷史必然性的不恰當的、近乎宿命的強調，忽視了個體、自我的自由選擇並隨之而來的各種偶然性的巨大歷史現實和後果。」（《李澤厚哲學美學文選》，湖南人民出版社，1985年版，第159頁）因而他認為，在馬克思主義中，人的存在及其創造歷史的主體性質就被掩蓋和閹割掉了，人成了認識的歷史行程中無足道的被動的一環，成為某種社會生產方式和社會上層建築巨大結構中無足道的「沙粒和齒輪」。他斷定，存在主義說存在先於本質、康德說本體高於現象，都具有某種合理的意義。在李澤厚的眼裡，馬克思主義哲學應該由存在主義和康德主義來改進。

在經濟學上，李澤厚以十分輕蔑的口吻說：「我認為馬克思主義千條萬條最基本的一條還是真理：即人首先要吃要穿才能談其他，這一條我到現在還相信，其他的東西，我認為有很多錯誤，

包括《資本論》也有錯誤。」（〈五四回眸七十年〉，《文匯報》1989 年 6 月 15 日）其實，他「現在還相信」的「還是真理」的最基本的一條，正是他對馬克思主義的肆意歪曲。把人首先要吃要穿看作馬克思主義的最基本的真理，豈不是把馬克思主義曲解為「吃穿主義」嗎？難道馬克思主義的科學貢獻，就是發現了「要吃要穿」嗎？至於《資本論》為什麼「也有錯誤」，李澤厚說：「在《資本論》中是否有離開工具，只著重分析論證『勞動力』的支出、買賣和創造剩餘價值，而相對忽略了在勞動中科學技術、工具變化所帶來的種種有關創造價值及剩餘價值的問題呢？」（《馬克思主義在中國》，第 106 頁）稍有馬克思剩餘價值學說常識的人，讀了這番話，都有根據懷疑李澤厚是否讀過《資本論》，甚至懷疑他是否讀過中學政治經濟學讀本。

在科學社會主義方面，李澤厚認為，由於「中國社會思想中一直有烏托邦的傳統」，所以馬克思的社會主義學說在中國被接受（《馬克思主義在中國》，第 12～13 頁）。這種見解竟然出自一位專攻「思想史」的學者，豈不令人吃驚！

李澤厚儘管對馬克思主義一竅不通，但他為了論證「救亡壓倒啟蒙」，還是要念念有辭地對馬克思主義進行「批判」。因此，他當然不能不特別重視「批判」列寧和毛澤東。這種「批判」集中到一點，就是責難列寧、毛澤東把資本主義的政治制度和經濟制度給革除掉了。他說，列寧猛烈抨擊和否定了資本主義議會制度，因而十月革命後由於「再沒有資本主義社會眾多法律以及輿論之類的束縛限制了。於是，無產階級專政變成了黨專政，以至

最後變成了史達林一個人的獨裁」（同上，第 109～110 頁）。對於毛澤東，李澤厚認為，實踐論走向唯意志論和主觀唯心主義。他把中國共產黨領導中國人民選擇社會主義道路，說成是從主觀意志出發的結果。他誣稱毛澤東「並沒有多少馬克思主義理論上的客觀論述。有的只是這種哲學推演：整個宇宙、世界、社會既然是靠矛盾、鬥爭來推動和發展，那麼地主階級消滅了，『理所當然』便是無產階級與資產階級這個『兩軍對戰』來作為社會前進的動力。這好像是從毛澤東所理解的馬克思主義的宇宙觀──辯證唯物論所必然推出來的結論」。（《馬克思主義在中國》，第 77～78 頁）看來，研究歷史的李澤厚，為了急切地呼喚「新啟蒙」，也就只好無視歷史真實去捏造歷史了。

（三）

李澤厚給未來中國的命運開了什麼救世的「藥方」呢？他認為中國今後應當走怎樣一條路呢？李澤厚為此提出了「西體中用」。

李澤厚「深信」當前中國社會前進首先「需要基礎的變動」，需要「改變相應的各種經濟政治體制」。「在意識型態領域，首先要努力配合這一變化。」（《中國古代思想史論》，人民出版社，1986 年版，第 325 頁）李澤厚本人和他的崇拜者也都明確說過，「西體中用」的內涵是一個「道路」問題。既然中國以往的政治選擇命乖運蹇、「走投無路」，既然「啟蒙」應該提到首要位置，既然對中國現實社會的「批判」已「體無完膚」，那麼，引出的結論只能是一個：中國應當重新選擇資本主義，走西方之路。

　　如果說在李澤厚那裡，「救亡壓倒啟蒙」的命題的著重點在「破」（「破」中國革命），那麼，「西體中用」的命題的著重點就在「立」（「立」資本主義）。有人已經這樣概括：「李澤厚對於中國思想史的全部研究，最終落實在這樣的結論上，他認為，中國文化擺脫困境的出路，是尋求傳統與現代的創造性轉化。這種轉化的形式應當是『西體中用』」（《光明日報》1988 年 5 月 16 日）。

　　李澤厚極力主張並論證「西體中用」，似乎以此同「全盤西化」相區別。但李澤厚明確地指出，他的所謂「體」指的是「社會本體」和「本體意識」，其中包括「物質生產和日常生活」，包括「生產力、科學、技術以及相應的經濟政治理論、科技文化理論以及價值觀念等等」（《走我自己的路》，第 227～228 頁）。這一切都要從西方引進，這一切都要以西方為本位。他的所謂「中用」，就是特別注意不要使「西體」、「西學」變樣，「被頑固強大的中國傳統封建力量給溶『化』掉」（同上，第 229 頁）。因此，他的「西體中用」的實質，就是要在中國實現資本主義。

　　從 1988 年以來，李澤厚連續發表紀念「五四」七十週年的答問、談話。其中，李澤厚公開呼喚中國應該有一個「中產階級」，呼喚中國應該出現「幾百萬個資本家（企業家）」。他論證說，「臺灣的民主改革難以逆轉就在於有幾十萬個資本家這樣強大的經濟力量作基礎」（〈「五四」的是是非非——李澤厚先生答問錄〉，見《北京大學研究生學報》1989 年第 1 期）。另一方面，他認為中國知識分子正擔負著「自覺的群體批判意識的主體這一角色」，但「因為他們沒有經濟上的獨立，也沒有法律形式保持獨立的社會

地位」，「難以保持其獨立性」，因此，他富有煽惑性地主張：「光文化批判的確不能解決問題，要解決問題，就需要多參與現實」，並積極鼓動「知識分子去經商或從政」（〈「五四」的是是非非〉，見《文匯報》1989年3月28日）。這是李澤厚動亂前夕發出的呼喊。這呼喊同方勵之、劉賓雁、萬潤南、陳一諮、溫元凱之流的聲音完全一樣。由此也不難看出李澤厚的「西體中用」是什麼東西。

這裡值得一提的是，李澤厚在他的治國「藥方」中，對那些頑固堅持資產階級自由化立場的中青年「精英」是寄予無限希望的。他在談到中國不同「代」的不同思想形態時說：「我仍然對第六代，即金觀濤、甘陽這一代抱很大的期望，他們這一代搞自然科學可能沒有什麼希望了，但在人文社會科學方面，包括將來在政治舞臺方面，還是大有希望可以大顯身手的」（〈五四回眸七十年〉）。金觀濤們在中國也確實為否定社會主義、鼓吹資本主義賣了力，他們在政治舞臺上也頗活躍了一陣子。繼《河殤》之後，金觀濤、蘇曉康等主持編輯的五集政論電視片《五四》（因動亂失敗未能出籠）確乎演繹了李澤厚的思想，給「救亡壓倒啟蒙」論做了頗為形象的「解說」。可是，好景不長，這些青年「精英」們的「大顯身手」的「舞臺」坍塌了，一些人心中隱藏的「期望」之星，也已成了泡影。這大概是李澤厚先生始料所不及的吧。

（原載：《當代思潮》1990年第3期，

筆者凌似）

〔附錄之二〕

若干哲學、思想史問題系列討論會第二次會議紀要

　　若干哲學、思想史問題系列討論會第二次會議 6 月 21 日至 23 日在北京召開。會議由國家教委社會科學發展研究中心、中國社會科學院哲學研究所和文學研究所、北京大學哲學系、中國人民大學、北京師範大學中文系、山東大學、湖南師範大學、《文藝理論與批評》編輯部、《高校理論戰線》編輯部等單位聯合發起，中國社科院哲學研究所所長陳筠泉和北京大學教授黃楠森主持了會議，張岱年、蔡儀、李奇、肖前、鄭杭生、陳先達、傅青元、敏澤、陸梅林、程代熙、武兆令、朱德生、樓宇烈、施德福、葉朗、陸貴山、孫永仁、王正萍、黃美來、王善忠、涂武生、湯龍發等五十餘位學者參加了會議。

　　若干哲學、思想史問題系列討論會的第一次會議是 1990 年 5 月 5 日到 8 日在湖南長沙召開的。那次會議著重討論了哲學研究所研究員李澤厚同志提出的「救亡壓倒啟蒙」、「新啟蒙」、「西體中用」等政治口號和政治主張。這次會議則著重討論李澤厚提出的「主體性實踐哲學」或「人類學本體論哲學」。

　　與會學者認為，應當從國際思潮和意識型態鬥爭的廣闊背景上把握李澤厚「主體性實踐哲學」的本質。中國人民大學哲學系主任陳先達教授指出：「主體性實踐哲學」是世界性的馬克思主義

「重建」思潮的一部分。李澤厚提出這一哲學，他的意圖並不在於如何理解主客體的關係或如何重視實踐，而在於否定馬克思主義。早從盧卡契開始，「主體性」和「實踐」就一直是西方「重建」馬克思主義的兩個基本範疇，是打向馬克思主義的兩塊石頭。他們用這兩塊石頭來攻打所謂「傳統」的馬克思主義、攻打恩格斯和列寧，藉以製造馬克思和恩格斯的對立、早期馬克思和晚期馬克思的對立以及馬克思和列寧的對立。

為了否定馬克思主義，李澤厚把馬克思主義說成是僅僅屬於十九世紀、僅僅在十九世紀發生某種影響的一個學派。中國社會科學院哲學研究所谷方指出，李澤厚把馬克思同西方實證主義創始人孔德、法國資產階級社會學家杜克海姆劃為「歷史學派」，認為只在十九世紀發生某種影響，而在二十世紀則讓位於以弗洛依德為代表的「心理學派」，這不符合歷史事實。李澤厚說「二十一世紀也許應是二者的某種形態的統一」，就是企圖把經典的馬克思主義變成「弗洛依德──馬克思主義」，使馬克思主義面目全非，成為資產階級可以接受的東西。

為了否定馬克思主義，李澤厚又提出「從馬克思回到康德，再往前進」的口號。很多發言者指出，李澤厚有一個時期曾反覆強調「從康德到馬克思」，即以康德哲學作為出發點重新解釋馬克思主義。後來他乾脆提出「從馬克思回到康德再往前進」，公然要求拋棄馬克思主義，實現歷史的大倒退，北京大學哲學系教授朱德生指出，「回到康德去是老修正主義的口號，在他們那裡，這個口號是同否定社會主義目標連在一起的」。還有同志指出，「回到

康德去」過去曾是第二國際伯恩斯坦主義的口號，伯恩斯坦主義同現在的民主社會主義有思想聯繫。

　　與會學者對「主體性實踐哲學」的理論實質展開了熱烈討論。很多同志認為，「主體性實踐哲學」的實質是西方的人本主義思潮或新人本主義思潮（包括存在主義思潮等等）。中國人民大學中文系教授陸貴山指出，李澤厚的「主體性實踐哲學」或「人類學本體論哲學」是新人本主義思潮在我國的代表。新人本主義思潮是現代西方社會思潮和文藝思潮的主潮、總綱。這一思潮在八○年代開始侵襲中國思想界，來勢很猛。所謂人類學本體論、主體論本體論、實踐一元論本體論、新感性本體論等等，都是新人本主義的表現形態或變種。他還分析了新人本主義將馬克思主義弗洛依德主義化、存在主義化、反理性主義，以個體本位等三個主要特徵。中國社會科學院文學研究所研究員蔡儀指出，李澤厚在〈五四回眸七十年〉中說「馬克思主義千條萬條，最基本的一條還是真理，即人首先要吃要穿，才能談其他，這一條我到現在還相信，其他的東西，我認為有很多錯誤」，那麼，如果馬克思主義有一萬條，他就把九千九百九十九條都否定了，他還相信的那一條卻根本不是馬克思主義的。馬克思主義認為人類的第一個活動是生活物質資料的生產本身，在這裡才提出唯物主義歷史觀。但是，李澤厚卻認為馬克思提出的是「食」的問題，這就把馬克思主義人本主義化了。中國社會科學院哲學研究所所長陳筠泉指出，李澤厚想動搖《資本論》這塊馬克思主義基石是徒勞的，他所謂的《資本論》也有矛盾、錯誤的說法是毫無根據的。陳筠泉在發言中對

此作了詳細的分析和有力的批駁。陳先達指出，李澤厚講的康德，
也是人本主義化的康德。他的「人性就是主體性」的命題就是康
德和費爾巴哈的結合。北京師範大學社會科學處處長袁貴仁指出，
「主體性實踐哲學」的內容和對象都是人本主義的東西，李澤厚
是用人本主義來改造馬克思主義的主要代表人物之一；這股思潮
是國際性的，對社會主義國家普遍產生了消極影響，因此，全面
分析、批判人本主義思潮是當前哲學工作者的一個很重要的任務。

　　與會學者認為，李澤厚這種人本主義、新人本主義的哲學，
從根本的哲學路線上說完全是唯心主義的。北京大學哲學系教授
黃楠森對此作了長篇系統的分析，他指出，李澤厚在他的著作中
確有說「本體」（「最後的實在，一切的根源」）「不是自然」，「也
不是神」，而「只能是人」。李澤厚又宣傳所謂「人化的自然」，認
為離開人及其實踐，自然就不存在或者無意義，這種人本主義和
實踐本體論的觀點顯然背離了唯物主義。李澤厚還認為物質本身
無形式，形式是實踐給的，自然從屬於實踐。但是，沒有未經改
造的自然，哪來對於自然的改造？因而他必須否定反映論，宣揚
唯心主義的先驗論。中國社會科學院文學研究所張國民指出，李
澤厚完全肯定「人為自然立法」的唯心主義觀點，認為「人的主
觀能動性」就是「為自然立法的人的主觀能動性」，不僅抹煞了客
觀規律性，而且取消了實踐本身，「主體性」成了被神化了的主觀
性。

　　很多同志指出，在李澤厚的「主體性實踐哲學」中還包含了
人本主義和庸俗生產力論的某種奇特的結合。中央黨校教授王正

萍指出，李澤厚所講的「主體性」實質上是康德的所謂心理主體，在講這種主體性的同時，他又大談使用工具、製造工具的實踐，把人類生產實踐活動抽象化。人類的生產活動是社會的生產，包括生產力和生產關係兩個方面。李澤厚卻只歸結為使用工具、製造工具，從不談生產關係、社會關係。張國民說，脫離生產關係、脫離社會去侈談「以生產力、生產工具為標誌的人」，就使人非社會化，成為虛幻的「超人」，也就是西方存在主義所謂「自由人」。

　　與會學者一致認為，李澤厚的「主體性實踐哲學」與他的某些政治觀點是緊密聯繫在一起的。對於李澤厚的這些政治觀點，去年在長沙的討論會上很多學者作了系統的分析，指出李澤厚提出「救亡壓倒啟蒙」、「西體中用」等命題的涵義就是認為中國選擇社會主義是歷史的錯誤，中國應該走資本主義道路。在這次會議上又有許多學者作了進一步的分析，中國人民大學哲學系教授肖前說，李澤厚把他自己的一本書題名為《走我自己的路》，他自己的路是什麼路？很明顯是一條「民主個人主義」的道路。中國社會科學院哲學研究所研究員李奇說，李澤厚的《中國現代思想史論》，比較集中地表現出他對中國的歷史和現實有一條系統的政治思想綱領，這一綱領性的東西由三個命題構成，即五四時代「救亡壓倒啟蒙」，後來的中國革命是農民革命，建立的政權是封建主義的，現在應該走「西體中用」的道路，這個綱領離開馬克思主義和社會主義太遠了。北京大學哲學系教授樓宇烈指出，李澤厚的思想理論不是純粹的學術問題，而是和政治問題密切相關，它牽涉到如何正確對待馬克思主義和我們黨領導的民主革命和社會

主義革命的根本問題。

很多同志在發言中對李澤厚如何用「主體性實踐哲學」論證他的政治觀點作了具體分析。李澤厚一方面把個體的人加以絕對化，把個體人的自由意志、目的、需要加以絕對化，宣傳「人的一次性」、「不可重複性」，強調超越一切社會關係，超越現實因果性和必然性，只關心「實實在在的『我』的血肉、情欲和自然需要」，另一方面又把工具加以絕對化，用以否定生產關係，否定生產關係、社會制度變革的規律性，這兩個方面都是為了否定中國走社會主義道路的歷史必然性，從而論證他的「西體中用」的政治綱領。陳先達指出，李澤厚提出「要康德，不要黑格爾」的口號，學術界有一些人也跟著他以貶低黑格爾為時髦，就是要把人和規律對立起來，用個人的價值、個人的選擇來否定客觀歷史規律。揚康抑黑，實際上是揚康抑馬，這種存在主義的哲學語言表達的政治主張是很明顯的。北京大學哲學系教授施德福指出，李澤厚的實踐概念抽掉了三個東西，一是抽掉生產關係，只講工具，二是抽掉社會性，只講個體實踐，三是抽掉客觀制約性，只講主體性。這樣，實踐就成了無限制的自我，這樣就為呼喚經濟上的私有化、政治上的自由化、思想上的多元化提供了理論根據。清華大學李崇富指出，李澤厚崇尚個體、貶損總體或群體，指責馬克思主義壓抑人的個性發展，實際是鼓吹個人的絕對自由，鼓吹極端個人主義，呼喚絕對獨立的「主體意識」、無所顧忌地搞「自由化」。

與會學者還對李澤厚宣傳的「真理多元」論以及李澤厚「六

經注我」的學風進行了批評。李澤厚的「真理多元」論是美國實用主義哲學家詹姆士「真理多元」論的翻版。「真理多元」論否定客觀真理，也否定馬克思主義世界觀、方法論的指導作用。中國社會科學院哲學研究所劉奔指出，李澤厚認為真理是多元的，不管是哲學還是美學今天都不需要一個完整的統一的作為世界觀的哲學了；但是他自己就在真理多元化的名義下，提出了今後哲學的發展方向，即用弗洛依德、海德格爾、維特根斯坦等人的觀念來解釋和「補充」馬克思主義，這樣做勢必導致用西方的價值觀念、現代資產階級哲學思想來取代馬克思主義。還有的發言者指出，李澤厚明確地講「中國迫切需要多元化。……不需要一個統一的意識型態來管制」，這是否定馬克思列寧主義、毛澤東思想的指導意義，與「政治多元化」主張是一致的。很多發言者都談到李澤厚的學風，他們認為李澤厚的「六經注我」是一種主觀主義的學風，這幾年在學術界產生了很不好的影響。北京大學哲學系教授張岱年說，李澤厚的文章常常沒有根據就大發議論，因而常常違背客觀實際。例如他提出「西體中用」，不但理論上是站不住的，而且充滿了概念的混亂。又如他把中國古代哲學概括為什麼「實用理性」，也是完全錯誤的。

　　與會學者認為，國內外敵對勢力正在政治、思想、文化、經濟等廣泛的領域加緊對我國進行和平演變，進行滲透和顛覆活動，思想文化領域的鬥爭極為突出。有的人不承認這一點，但這是不以人的意志為轉移的客觀事實。只有從這個背景，才能理解李澤厚及其著作為什麼曾一度在我國走俏；也只有從這個背景才能理

解我們今天為什麼必須對李澤厚的政治、哲學觀點開展嚴肅的、原則性的討論和批評。李澤厚同志本人應該正視這些批評。中國社會科學院哲學研究所黨委書記傅青元指出，李澤厚的思想和著作為資產階級自由化思潮提供了理論基礎，我們批評的目的，就是為了辨清理論是非，清除其消極影響，同時也是為了幫助李澤厚同志本人。黃楠森指出，這次會議和上一次會議都曾邀請李澤厚同志參加。如果李澤厚同志參加這兩次會議，將會有助於討論的深入，也會有助於李澤厚同志本人撥正政治方向和理論方向。但李澤厚同志兩次都沒有接受邀請，這是令人遺憾的。與會的學者一致表示，當前反對資產階級自由化的教育和鬥爭有了些進展，做了些工作，但我們仍然要從反對和平演變的高度重視意識型態領域的鬥爭，要繼續深入研究哲學、思想史方面重大的理論是非和理論課題，堅持和發展馬克思主義，為社會主義精神文明建設作出應有的貢獻。

（原載：《文藝報》1991 年 9 月 14 日，
嚴實整理）

〔附錄之三〕

民主是有階級性的

——再評李澤厚先生的民主觀

　　最近看到香港出版的《明報》1993 年 10 月號上登載的李澤厚先生題為〈北京行〉[1] 的文章，文中對《真理的追求》（1993 年第 5 期）對李先生的批評作了答覆。這個答覆我看比較重要，現摘錄介紹如下：「我在北京時，看到同月（7 月）《真理的追求》雜誌，這期仍在大登批判我的文章。其中，批我如何如何之後說，他終於跑到美國去找民主去了，大有一去不返的諷刺在內。我看後，心中不免暗笑：難道北京永遠是你們的天下？今天我不又回來了麼？而且以後我還要回來的。北京的民主，中國的民主比美國的民主，畢竟對我更為重要。」

　　《真理的追求》1993 年 5 月份（李先生誤為 7 月份）發表了一篇文章，批評李先生在〈啟蒙與救亡的雙重變奏〉一文中的一個觀點。這個觀點認為，「以西方的個人主義來取代中國傳統的封建集體主義」是五四新文化運動的主題，但這個思想啟蒙的主題卻被政治救亡的主題「全面壓倒」了，最後終於導致「封建傳統全面復活」，因而「啟蒙與救亡（革命）的雙重主題的關係在五四以後並沒有得到合理的解決」，過了七十年，人們又回到了五四運

---

1 見本書最後一篇。

動時的起點，這是「悲哀滑稽的歷史惡作劇」。《真理的追求》上刊載的那篇文章指出，任何人也無權嘲笑七十年來救亡與革命的主題。李先生將七十年來無數中國人民為之英勇奮鬥，無數烈士和革命者為之拋頭顱、灑熱血所鑄成的歷史，包括抵抗日寇鐵蹄踐踏的八年，使上千萬中國人民喪生在內的這七十年歷史，稱之為「悲哀滑稽的歷史惡作劇」，這種說法，不是既輕薄又狂妄嗎？

這個批評難道不對？救亡運動是在日寇大舉入侵的形勢下展開的，大難臨頭，救亡第一，遑論其他？革命是在國民黨法西斯統治之下爆發的，推翻國民黨統治為當務之急，民主只好放後。那時，不救亡則亡國，不革命也亡國，連生存也談不上，而李先生卻責備它們「壓倒了啟蒙」，其實，沒有當初的救亡和革命，恐怕李先生現在未必有機會發表這通高論。而且，把革命和啟蒙對立起來也是荒謬的，革命喚醒了最廣大的群眾主宰自身命運的覺醒，啟發了他們掌握自身權利（這就是民主）的要求，這就是啟蒙。沒有革命的啟蒙，就沒有獨立的新中國。李先生責怪革命壓倒了啟蒙，顯然，他不贊同共產黨領導下的新民主主義革命，而他所說的啟蒙也是另外一種啟蒙。特別是他說「封建統治全面復活」，並無時間限定，一直管到今天，可謂畫龍點睛，道出了他的內心的想法。將推翻三座大山而建立起來的人民民主專政說成是封建統治，這是資產階級自由化思潮的一個重要論點，使用頻率很高，其真意是要以資產階級民主代替「封建統治」。李澤厚先生站在資產階級立場說話，這是他的事，但不能違背客觀的歷史事實，如他說西方的個人主義被救亡壓倒了，這是事實嗎？從中國

近代史看，救亡運動勃興之日，也就是西方個人主義者活躍之時，這是中國的革命運動初期具有民主主義性質所決定的。毛澤東同志把這批人稱為民主個人主義者，包括胡適、傅斯年等人。這批人是西方民主制度（我們稱為舊民主主義）的精英，他們參加了救亡運動，但也支持蔣介石的統治。不是救亡運動壓倒了他們，而是舊民主主義革命轉入新民主主義革命以後，他們不能接受，跟隨蔣介石到臺灣去了。這件事的象徵意義就是舊民主主義，也就是李澤厚先生所說的民主，在中國大陸的終結。

李澤厚先生在《明報》上的文章之所以重要，就是因為他非常坦率、毫無掩飾地承認他要把美國式的民主移植到中國大陸。他說：「難道北京永遠是你們的天下？」他「以後還要回來的」，而他要回來的目的是：「北京的民主、中國的民主比美國的民主，畢竟對我更為重要」。就是說，他不會長期在國外享受美國的民主，而要把美國民主帶到中國大陸來普遍推行。

「難道北京永遠是你們的天下？」你們和我們，界限分明，切齒痛恨之意，顯然可見，大張撻伐之聲，隱約可聞。被有些人稱為學者的李先生，在這裡可以說是圖窮匕首見了。這裡所說的民主，自然是在〈啟蒙與救亡〉一文所說的「西方的個人主義」，即資產階級民主，他所說的「你們的天下」的民主，自然是指我國的人民民主專政。他明確表示，他從美國拿來的民主要進駐我國大陸，在大陸實行，永久長駐。這位學者褪去溫文爾雅的衣裝，以政治家的真正身分亮相了。這是很可能得到在大陸上的一心想以西方民主改造中國的人們的歡心的。

　　然而，李先生說出了世界上存在著兩種民主，卻不失為一種貢獻。有些人特別是青年人至今並不了解這個事實，他們不會區別「民」有不同的「民」，因而由什麼「民」來「主」也就不同。他們可能認為，李先生要求民主有什麼不好呢？你們不同意李先生的民主，豈不就是不要民主了嗎？其實，在任何社會制度中，民主都是具有階級性的，決沒有離開階級關係的、抽象的、純粹的民主。列寧說過：「只要有不同的階級存在，就不能說『純粹民主』，而只能說階級的民主。」（《列寧全集》第35卷，第243頁）在資產階級社會中，資產階級成為統治階級，掌握國家政權，實行資產階級專政，對出賣勞動的雇傭者進行剝削和壓迫；在社會主義社會中，以工人、農民和知識分子作為人民的主體，由他們成為統治階級掌握國家政權，實行人民民主專政。如果我們不區分兩種民主，往往就會墜入李澤厚先生之流所設的陷阱：以追求民主為誘餌，實際上要實行的是資產階級專政。

　　馬克思主義者認為，在資本主義制度下，只有資產階級的民主，而沒有人民大眾的民主。資產階級是人口中的少數，它不能代表全體人民。恩格斯指出，資產階級的民主制是騙人的，也無非是一種偽善（見《馬克思恩格斯全集》第1卷，第576頁），列寧也認為，資產階級民主制「對富人是天堂，對被剝削者、對窮人是陷阱和騙局」（《列寧全集》第35卷，第244頁）。馬克思主義者在無產階級沒有取得政權以前談論資產階級民主，只是為了利用這種民主來達到無產階級的目的，而決不是肯定這種民主，而在無產階級奪取政權以後，就會立即建立另一種類型的民主制，

即人民民主，來保衛人民的利益。

　　今天，連資產階級的政治學家也承認民主具有階級性。英國的政治學家、美國布朗德斯大學的教授拉爾夫・密利本德在 1982 年出版的《英國資本主義民主制》一書中指出，資本主義民主制是一種「遏制壓力」，它「要求工人階級承認現有社會秩序的普遍正確和合法性；要求它相信，它可能有的任何不滿或要求都可以在這個範圍和通過政治體制的傳統步驟得到補救；要求它相信，對現有格局的任何徹底變革定將嚴重損害它的最大利益」。因此，資產階級民主制對民主所持的態度是：「只有細心地加以限制和適當地加以控制，『民主』才是可以接受的，甚至從某些方面看來是符合人們的意願的。但越出那個限度的任何『民主』行動都應該加以反對。」（《英國資本主義民主制》，商務版，第 34、65 頁）這個對資產階級民主的觀點，同馬克思主義對民主的觀點何其相似！看來，拉爾夫・密利本德還是有尊重客觀事實的良心。

　　無產階級民主同資產階級民主還有一個重大區別，就是無產階級把民主看成是一種手段，而資產階級則把它看作是目的。因為民主的性質和採取什麼形式，是由經濟基礎決定的，經濟基礎如果發生變化，民主的性質和形式也會發生變化。資產階級不承認社會發展規律，將資本主義制度看成是永恆不變的、終結的社會制度，因而也就把民主看成是目的；我們共產黨人相信社會發展規律，認為資本主義制度必將為社會主義制度所替代，所以把資產階級的民主，也把人民民主專政看作一種隨著社會的發展終將消亡的手段。我們現階段需要民主，但我們的目的不是民主，

最終目的是建成共產主義社會。民主制是國家形態的異稱，國家是同階級相聯繫的，隨著階級的消亡，國家要消亡，民主制也要消亡，而社會還要發展下去。

這就是為什麼我們不贊成資產階級民主而要堅持人民民主的理論根據。因為社會主義制度比之資本主義制度是一種社會進步。

鄧小平同志說：「關於民主，我們大陸講社會主義民主，和資產階級民主的概念不同。西方的民主就是三權分立，多黨競選，等等。我們並不反對西方國家這樣搞，但是我們中國大陸不搞多黨競選，不搞三權分立、兩院制。我們實行的就是全國人民代表大會一院制，這最符合中國實際。」（《鄧小平文選》第 3 卷，第 220 頁）為什麼這樣說呢？那是因為西方民主不僅是虛偽的，而且是初級的。列寧曾經說過：「在無產階級奪得政權以前，為了從政治上教育和組織工人群眾，利用資產階級民主制特別是議會制曾經是（必需的）必要的，而現在，當無產階級奪得政權以後，在蘇維埃共和國實現了更高類型的民主制的情況下，任何退到資產階級議會制和資產階級民主制的步驟都是為剝削者即為地主和資本家的利益效勞的絕對反動的行為」（《列寧全集》第 36 卷，第 82 頁）。我們的人民民主比資產階級民主高級的地方，在於它消除了資產階級為了阻止勞動者參與政權管理而設置的種種選舉資格的限制，保證了勞動者參加政權管理的權利，保證了各級人民代表大會的代表絕大多數是勞動者，我們的民主的範圍和基礎都要比資產階級民主廣大、深厚；我們將民主和專政結合起來，公開聲明要依法鎮壓一切破壞社會主義制度的分子，以鞏固我們付

出無數人民生命建立起來的新制度，這同資產階級民主實際上具
有鎮壓勞動者的作用而又掩飾這種作用適成對比。

　　上面這些話扯得遠了一些，但為了說明李澤厚先生所推銷的
民主是一種什麼樣的民主，又似乎是不可少的。以民主為招牌來
欺騙年輕人，這是堅持資產階級自由化思潮的人的慣技。關於民
主的階級性，即使是一些常識性的話，也不妨多講，因為現在有
些青年人缺乏這種常識。

　　李澤厚先生這次回到大陸，按他自己的說法，是為了「探探
水溫」。探的結果如何呢？似乎不大美妙，看他的說法：「輿論仍
然一律，政治和意識型態毫無鬆動可言，要恢復到『六・四』以
前的寬鬆環境和寬鬆氣氛，還極不容易，還得費很大的勁，甚至
得走很長的路。這也在我意料中，而且我估計暫時不會有變化。
變化也只能很慢很慢地來，不過我以為慢一些也無不可，只要不
倒退就行，不倒退就是前進。當然，那大變化遲早要來的，我仍
然希望它逐漸地來，一步一步地來；太急驟，太痛快，太戲劇化，
可能反而不好。」拜讀這種高論後，深受教益。李澤厚先生那麼
迫切地（雖然文字上說「慢慢來」）希望中國共產黨垮臺，中國的
社會主義制度垮臺，情見乎詞，他等得有些不耐煩了。誰說堅持
資產階級自由化的人不想在中國大陸復辟資本主義，這段表白不
就是一個鐵證嗎？他們日日夜夜都在指望那個「大變化」的到來，
並且肯定「大變化遲早要來的」，在這後面，是用盡心思和力量在
促使「大變化」的到來，難道我們可以高枕無憂，嬉樂無備！這
是一場嚴重的鬥爭，這場鬥爭正在進行。對於李澤厚先生的快來

也好，慢來也好，中國共產黨人是不會睡覺的，因為要不要那個
美國式的民主，關係到中國勞動者作主人抑或是作奴隸的問題，
中國共產黨人不會默爾而息。這場鬥爭在 1989 年的「六四」較量
過了，以後還要較量下去的。

（原載：北京《真理的追求》1994 年第 1
期，筆者陳良謀）

海外訪談錄選存之二
—— 「德國之聲」記者林岩 (Peter
Wiedehage) 的採訪記

曾被人稱為「中國當代思想界第一人」的李澤厚先生今年 4
月 26 日從美國攜夫人來到德國南部古老的大學城——圖賓根。這
是他第一次來德國。

近年來圖賓根大學漢學家 Pohl 教授組織翻譯了李澤厚的名
著《美的歷程》，李先生相信：

> 德國人做事情比較認真，非常嚴格。他們費了很大的力量，
> 逐字逐句的研究。所以我想，這個譯本的準確性比在北京出版的
> 英文本要好得多。

這位十年在北京只作過十次報告的思想家，生平第一次以客
座教授的身分在這個大學以英文講授「中國古代傳統與文化」，主
持以「中國近現代意識型態」為專題的研討班。在他看來傳統文
化和意識型態是中國現代化過程中的二個重要主題。他說：

> 意識型態本來是一個很大的問題，特別是現在。我比較擔心

的是中國目前，特別是在青年中間，因為沒有信仰，沒有信念，不像西方有基督教這種宗教。以前把馬克思、列寧主義作為一種信仰，現在很多人也不信了。因此在道德、行為方面就沒有標準，沒有規範。我覺得這是一個很大的問題，特別是對將來來說。將來待經濟發展以後，人很容易變成金錢的俘虜。人生到底是為了什麼？或者人應該有個什麼基本行為和道德的標準？這很難說。但是否能在傳統裡面找到一些比較好的東西，以建立一種道德規範和一種社會理想。我覺得研究中國傳統思想也好，研究中國現代意識型態也好，應該注意這些方面。這樣的研究不僅僅是來解釋或者描寫歷史，而且是為了現在和未來。我覺得中國文化或中國傳統應該對中國未來，甚至對世界未來作出它的貢獻。中國人注意人際關係，注意人情味，互相很關心，這是一個很好的方面。有些地方由於經濟發達，個人或個人主義成分過多，會帶來許多毛病。而中國這方面能否作出些貢獻呢？但這是一個很大的問題，要作出很大的努力去研究，不是我一個人能幹的。

六四事件以後，李澤厚是被中國官方批判最多的一個知識分子。在報上公開批判他的論文就有 60 多篇，同時為了肅清他的思想的影響，在他的家鄉湖南、在北京主要的大學及學術界開展了對他的批判。報刊上已禁止刊登這位思想家的言論。同時他被剝奪了參加學術會議的權利。他的許多重要著作如《中國現代思想史論》被列為禁書。他要求去國外訪問的申請被束之高閣。1990年德國明斯特大學曼紐什教授 (Herbert Mainusch) 去北京要求會

見李澤厚被中國政府拒絕。在這種高壓下他沒有低頭檢討,並兩次拒絕要他參加批判他的會議。

為了使李先生能夠擺脫這種困境,在美國的華人和學者作了種種努力。去年美國外交部長貝克訪問中國時帶去了他們給中國政府的信。最終促成了他的出訪。當記者問及這事件的經過和他出訪的目的時,李先生談及此事時,強調了外界沒有注意的德國學者和政府對他出訪的幫助。他說:

我出訪的目的其實是進行學術交流,純粹學術性的。我也不準備進行任何政治方面的活動。所以這件事情我確實要感謝美國很多學者,似乎將近一百個學者,有的簽了名,有的寫信。他們做了很多的努力。同時我這裡也感謝一下德國的一些學者,比如Pohl教授為這個事情也寫信給江澤民了。還有就是德國大使為我的事情也向中國外交部作過很多交涉。在此我願意向他們表示感謝。

李澤厚作為中國知識分子的代表,與其他中國所有知識分子一樣,體驗著物質和心靈苦難的歷程。但他的哲學思想首先是實踐的,他認為中國知識分子應該是改革開放的主體。當記者問他現在大量的中國青年知識分子在海外,他們是否還能夠成為現代化的主體時,他說:

我認為大量的知識分子還是在國內。出來的畢竟是非常非常

少的一部分人，所以這個意見沒有改變。我還是寄希望於在國內
的大量知識分子，當然海外的知識分子也可以為中國做很多事情。
但我覺得主要的力量和希望還是在國內。

　　李澤厚先生被中國官方批判為反馬克思主義的理論家。他的
「西體中用」觀念被批判為把中國引向資本主義的理論。但實際
上他至今還沒有放棄馬克思主義。1989 年他稱自己為「後馬克思
主義者」。六四事件後的一個星期，他已在廣州，有人勸他經香港
去外國，給他提供一切條件，但他沒有去，還是回到了北京。他
認為中國按照八〇年代發展的道路，完全可以成為一個有希望的
國家。在這裡他解釋了「後馬克思主義」的涵義。他說：

　　我覺得所謂後馬克思主義也就是說我們對馬克思主義不能全
部否定，像中國或者西方很多人那麼看。其實馬克思主義還是有
些很重要的東西。我們應該保持這些東西，但是不能停留在原來
的情況下，特別有些已經經過一百多年被世界性的社會實踐證明
是錯誤的東西就應該拋掉，在這個基礎上我們來發展馬克思主義。

　　1991 年中國當局展開了反「和平演變」運動，李澤厚是在劫
難逃，他們把批判的矛頭再一次對準了他。而李澤厚先生對「和
平演變」卻有自己獨特的看法。最近他創造了一個新的詞，以「和
平進化」來取代「和平演變」。下面是他對「和平進化」的解釋。
他說：

　　我覺得「和平演變」強調的是「變」，即強調要把社會主義變成資本主義。我的「和平進化」可以不是這個意思。因為社會總是要進化的，可以進化成比資本主義更好的社會。社會主義不作為史達林式的模式、框子，而作為一種美好的社會理想、希望，那有什麼不可以?! 因為資本主義根本不是十全十美的，也有很多毛病，美國也好，德國也好，都如此。中國為什麼不可以走更好的道路？為什麼不可以進化到一個更好的社會？你不能說一個社會不要進步，進化也就是進步嘛。我特別注重「和平」二字。為什麼？我認為中國近代從辛亥革命以來，革命太多了。所以我不贊成再有任何一種很激烈革命性的行動來改變目前的狀況，不管是什麼旗號的革命。因為這會造成很大的混亂。很多年輕人不會贊成我的看法，因為他們情感很激動，覺得這太慢了。我覺得應該吸收歷史的教訓，我們寧肯不要太急。特別讓經濟慢慢的發展，經濟發展需要一個長期的和平穩定的環境。中國有一句古話「欲速則不達」，你想快，反而達不到目的。青年們就是想快，毛澤東也想快，「一萬年太久只爭朝夕」一下子就達到共產主義。我贊成改良、進化、慢。我的「進化」(evolution) 是相對於「革命」(revolution) 來說的。

　　李澤厚不管是研究歷史還是美學，都強烈地關注現實政治。他的思想探索始終與中國命運相關。他不願意談論他的寫作計畫，但寄希望於中國經濟上的自由發展，關心的是青年一代的思考。三年來中國的聽眾沒有聽到過他的聲音。在這裡他表達了他對於

青年一代的希望。他說：

　　首先我要感謝很多中國聽眾，特別是青年人這幾年對我的關心。我這幾年收到一些青年朋友，好些我不認識的朋友寄給我的各種卡片或者信件，對我的情況表示關心。其實我想說的就是中國是一個很大的國家，有這麼長的歷史。儘管中國現在情況不怎麼好，但是我希望你們不要悲觀。我聽說有些青年非常消極頹廢，感到一切都沒有希望。我覺得情況不應該是這樣，還是應該打起精神來，做自己認為應該做的事情，在各個方面得到發展，不要把時間浪費掉。我覺得從世界角度來看，從中國本身的角度來看，中國還是大有希望的。

（原載：「德國之聲」1992 年 5 月播發，
記者 Peter Wiedehage）

海外訪談錄選存之三
——香港《信報》記者張一帆採訪記

被海內外譽為當代中國思想家的李澤厚，10月13日出席日本橫濱的「世界中心漢學文化圈」國際討論會。在接受本報採訪時，他特別指出：「革命為什麼不能反呢？事實上，從歷史上看，革命並不一定完全正確。」

李澤厚自今天1月底初獲准出國講學，先在美國，後一度轉至德國四個月，目前又轉回美國大學，一邊教授中國思想史，一邊繼續從事學術研究。下面是這次訪問的具體內容——

記者：你曾被世界上不少著名學者譽為中國八〇年代的思想啟蒙家，是八〇年代的梁啟超，你對自己有一種怎麼樣的歷史使命感？

李：能夠得到這麼高的評價我很高興，我不願意掩飾。另一方面也感到不敢當。

這個說法最早是香港有人在文章中提出，說我是當代梁啟超。

（一）受正統派、激進派兩面夾攻

記者：你對中國年輕一代的影響是深刻的，這不容置疑。但是，也有青年向你的一些觀點提出挑戰，其中最有代表性的是原

北師大青年學者劉曉波，他的《選擇的批判——與李澤厚對話》一書主要批評了你的「積澱說」，你認為他的批判是否有道理？

李：我認為沒有道理。我始終是受兩面夾攻，一方面正統派說我離經叛道，太激進；而激進派又說我太保守。

劉曉波所代表的不是一個人的意見，代表了一批激進青年看法，認為我保守，批判我。這是很正常的。

我雖然不同意劉曉波對我的批判，但我不生氣。劉曉波的文章我認真看過，當時有朋友勸我答覆他，但我沒有寫答覆的文章，原因我已說過，因為他所反映的是一種情緒，這種情緒有他的合理性和正當性。但從學術性來講，是沒有道理的，因為劉曉波自己也說，他不遵守形式邏輯。有人指出他的文章裡自相矛盾的地方，他說矛盾沒有關係。

在文學作品裡，做詩人可以有矛盾，情感上的矛盾是很多的。但是，作為搞科學、做學問、寫論文，起碼應該能夠自圓其說，至少不能產生形式邏輯上的矛盾。這是學術的起碼要求。所以，從這個標準來衡量，他的文章在學術上就沒有什麼價值。這我也早說過。

他反映的一代年輕人的情緒，對社會的不滿，要想激烈變革的情緒是可以理解的。至於這個情緒對不對，是另外一回事。

（二）革命往往爆發在富起來的時候

記者：今年年初你曾在一篇文章裡說，中國目前正處在辛亥革命的前夜。現在，中國的形勢有了很大的變化，你對這個看法

有何修正？

李：這篇文章完成在 2 月初。鄧小平南行講話，我還不知道。

最近我沒有回國，但各種跡象表明，改變很大。所以，我的估計及看法與一年前有些變化。

記者：哪些變化？

李：我一直擔心中國發生內戰。辛亥革命的後果就是軍閥內戰。現在來看，假如經濟發展，像我聽到的那樣，繼續維持幾年，那麼會是另一種情況。經濟會消失很多東西。消除內戰，消除革命。但是也應該注意到，這也不是絕對的。我記得托克維利二百年前說過，革命不會發生在最貧困的時期，往往會爆發在富起來的時候。那個時候社會貧富不均，貧困的階層會產生對社會的不滿意，這是一個危險因素。

另外，商品經濟一定會造成人口的大量移動。中國人口這麼多，流民幾十萬，甚至可能數百萬，這也很危險。

（三）辛亥革命後中國革命不斷變壞

記者：你對辛亥革命的評價是海峽兩岸當政者都不能接受的。客觀而言，你不認為辛亥革命確實結束了封建統治，改變了中國歷史？

李：辛亥革命當然改變了中國的歷史。但是我想，當初如果沒有辛亥革命，對中國可能更好。中國現在可能已經進入現代化了。

記者：根據呢？

李：清朝政府雖然腐敗，但在相當程度上它能控制局面，如果當初立憲派即改良派勝利，逐步實現民主化的可能性是很大的。

辛亥革命相當偶然，沒有必然性。當時立憲派的力量很強，尤其是在地方。

清朝政府已經著手改革。所準備的班子提出的改革措施相當不錯，按照他們提出的改革步驟，至少可以消除辛亥革命以後的那種混亂和軍閥割據。

我最怕內戰。一打仗，任何建設都不可能。當時改良儘管慢一點，但可以搶在日本大規模侵略中國之前，把中國引上現代化的道路。

我在寫《中國近代思想史論》的時候就已經感覺到這個問題。對「革命」表示了我的懷疑，但當時還不敢仔細想、公開說。

我不是空洞地一般地否定革命，對革命要作具體分析。但是中國的革命，是被辛亥革命「革」壞的，以後就不斷革命，不斷變壞。

在中國，「反革命」是最嚴重的罪。我想，革命為什麼不能反呢？革命為什麼一定是神聖的東西？事實上，從歷史上看，革命並不一定完全正確。

周揚文革之後復出，檢討了很多錯誤，但有一條，他說問心無愧，他是為了革命。好像一革命，就能消除了他許多錯誤。革命至今在大陸還是一個很香的詞。（在臺灣可能也一樣，「國民黨」不是也不願放棄「革命」政黨的稱號嗎？）

記者：在中國歷史上，革命不斷，爆發革命的原因，是不是因為「政教合一」，世俗權威和精神權威合而為一所使然？

李：中國的癥結是政教合一。中國的「教」，不是西方意義上的宗教，是儒教。儒教是道德哲學，是入世的。政治與倫理在中國不分家，倫理就變成了「教」。倫理總是與政治搞在一起。中國接受馬克思主義之後情況更嚴重。

馬克思的意識型態與政治也是不分家的，是意識形態領袖，也是政治領袖。毛澤東一直想做革命導師。「四大偉大」，他只要保留一個。

記者：我注意到你最近一直在呼籲要有一個美的夢，共產主義作為十九世紀的夢，隨著蘇聯的解體、東歐的巨變已經破滅，中國難道還要去製造一個類似這樣的夢嗎？還需要這樣一個夢？

李：我講的夢，不僅是指中國，而是指世界。不是要求每個人都去做夢，有些人願意做夢，沒有什麼不可以。

但是，我所講的夢，不是講去如何設計一個社會，設計社會應該怎麼組織發展、建立一個烏托邦工程。經濟發展了，而是說，吃飽了肚子，要感覺到生活的意義，人活著為什麼，就是為了當下即刻的歡樂？可不可以再做一些關於明天的夢呢？我看還是可以的。

我不想建立什麼思想體系，如果有人若想建立，也可以。但建立思想體系不一定要去搞統治，更不要按照烏托邦的理想去搞一套實踐的方針。

記者：美學界一直有唯物主義和唯心主義之學，在大陸，不

允許有唯心主義存在，這是不是對學術的一種反動？

（四）堅持唯物主義美學觀

李：當然是一種反動。美學界的討論開始於五〇年代。在其他領域往往是以討論開始，以批判結束，最後一家說了算。但在美學領域，官方始終沒有說話，所以一直是三種意見。因為美學比較遠離政治，與文藝理論不一樣。討論一些抽象的概念。

但是，在當初那個背景下，每個人都標榜自己是唯物主義，包括朱光潛先生在內。

現在回過頭來，唯心主義為什麼一定錯了？唯心主義有什麼不好呢？

宗教不是典型的唯心主義嗎？但它對社會能起積極的穩定社會作用。

任何問題簡單化、政治化之後就不是學術性了。

記者：在我的印象裡，你從五〇年代開始就堅持唯物主義的美學觀，現在有改變嗎？

李：沒有。我還是認為，美與人的實踐活動有關係。人的實踐是一種客觀的、物質性的活動，美是在這個過程裡產生的，所以是唯物的。唯物主義、唯心主義應該在嚴格規定意義條件下使用。

記者：朱光潛先生是中國美學界的泰斗，貢獻巨大，你們之間曾有過論戰，你對朱光潛的學術思想有什麼評價？

李：朱先生的書《談美》、《文藝心理學》等，在三〇年代影

響很廣泛，對中國的美學界是具有開創性的。他做了大量翻譯薈萃工作，對黑格爾的《美學》、《歌德對話錄》的翻譯付出了辛勤的勞動。但是，他自己的看法並不多，他自己也承認這一點。

（五）要康德而不要黑格爾

五〇年代到七〇年代初的時候，搞美學的人都不知道宗白華。但是他的書八〇年代初出版之後，影響很大，他對中國的文藝作品有自己的看法，現在宗白華的美學地位已經超過朱光潛。

記者：你曾在一篇文章裡說，中國缺少的是康德，而不是黑格爾。康德對哲學的貢獻主要是提出了許多問題，你的意思是不是認為在中國缺少提出問題的人？

李：我出版過一本書《批判哲學的批判》，主要是研究康德的。

在西方一次學術討論會上有過一個題目——「要康德還是要黑格爾」。當初我說，假如我來回答這個題目，我會說，要康德而不要黑格爾。六四之後，這也成了我的一條罪狀。指責我是修正主義、新康德主義。

我也不是不要黑格爾，我本人也受黑格爾的影響。黑格爾的一些思想也是很精彩的。

我認為康德在中國被埋沒的時間太久了，講康德的文章在中國極少。當然，他的書很難讀。

康德對世界文化的貢獻很大，很多自然科學家，根本不看黑格爾，只看康德。因為康德的一個特點，像你所說，提出了很多

問題。黑格爾自稱是什麼問題都能解決，用辯證法變一變，就解決了。這是一種變戲法，哲學上的變戲法是從黑格爾開始。康德則比較老實，不知道就是不知道。他提出的一些基本問題，到現在為止仍沒有辦法解答。

（六）沒有六四，對中國更好

記者：1987年的時候你說過，中國還是進步的，只是進步得太慢，慢到令人焦急不安。誰也沒想到二年之後，發生了六四風波，你認為這是進步，還是倒退？

李：這很難說是進步還是倒退。從事件的結果看，使中國的歷史倒退了，但這不能怪學生。學生上街遊行，表示一種覺醒，不能說是倒退。但我明確一點，決不盲目讚揚或追隨任何群眾運動：不管是學生運動還是人民運動；不管是被組織被煽動起來的，還是自發的，前者如納粹、文革，後者如八九，因為這種群眾運動，主要是情緒性衝動，很容易走上反理性路途，非常危險。

六四之前在經濟方面、政治方面、輿論的解放方面已經相當不錯，如果順著這個潮流，慢慢發展下去就好了。

如果沒有六四，對中國更好。但不能因此去譴責學生。學生沒有錯。但是有些人提出的口號、做法我是不贊成的。他們也是負有責任的，例如「五一七」宣言、打倒鄧小平、絕食，我是反對的。想用絕食壓政府屈服，這是天真的想法，這只會造成對抗的局面。我為什麼反對革命？就是為了避免發生對抗的局面。對抗能解決什麼問題？

但是，我沒有想到六四之後我反而會受到這麼大規模的批判。

記者：你曾把馬克思主義理論比喻成「吃飯」的理論，那麼能不能說，只要人還需要吃飯，馬克思主義就會存在下去，並且不會過時？

李：這要看對馬克思主義怎麼解釋。對馬克思主義可以有二種解釋。一種是強調他的唯物史觀，一種是強調他的造反哲學，造反哲學不僅毛澤東有，西方也有。造反哲學應該說是過時了，但馬克思主義的唯物史觀，也就是吃飯哲學，不會過時。

（原載：《信報》1992 年 12 月 21～22 日，記者張一帆）

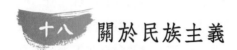 關於民族主義

一、「民族主義」是一個極為含混、多義而複雜的概念，它與愛國主義、國家主義、種族主義、民主政治、民族文化、宗教信仰、意識型態等等究竟有什麼關係以及與它們的異同，便很不清楚。我以為首先要作的，似應是語詞分析。「民族主義」一詞可能包括有十種左右不同而相關的涵義，似應以「民族主義 a」「民族主義 b」……來標出，說明是在哪種涵義（a 或 b 或 c 或……）上使用，這樣當有助於討論和研究。否則很可能愈弄愈糊塗愈混亂。這次討論的好處是證明了問題比原來以為的要複雜得多，可以起一種提醒的作用。

二、在未經分析之前，我只好把問題簡單化一點。我覺得「民族主義」一詞主要是政治學、政治思想史的概念，它直接與近代建立「民族國家」有關。提倡或宣揚民族文化應否屬於「民族主義」範圍，是否有所謂「文化民族主義」等等，我存疑。

三、但什麼是「民族國家」又是一個複雜而模糊的問題，它是以種族？血緣？地域？語言？宗教？文化？還是別的什麼作為基礎，我不是政治學家，在這方面完全是外行，根本沒知識沒能力發表意見。但民族主義之所以總與「國家主權」、「民族義憤」等等相聯繫，正因為與「民族國家」相關。

　　四、我之所以主張應從世界一體化的角度來看今日的民族主義，原因之一，是覺得目前及今後一段時期內，以族類、族群、語言、宗教、文化……的不同而要求建立獨立的民族國家，很可能成為某種潮流，這種潮流無論對該「民族」或世界來說，恐怕是利少弊多。如果說，上世紀和本世紀前半葉，為反對封建王朝和帝國主義的軍事侵略和政治壓迫，強調建立民族國家的民族主義確有其保護「本族」「本國」人民的作用，那麼在後帝國主義的今天，它便非常容易以上述種種「理由」（族群、地域、宗教……等等）人為地煽起仇恨和分裂，製造出種種動盪、騷動、紛爭以至內戰。事情已經開始如此，但願明天不再為烈，因為這實際是開歷史的倒車。

　　五、現時代的世界總趨勢是，地球在縮小，交流在擴大，政體在接近，現代生活在普及，從亞非到拉美，全世界緊步發達國家的後塵，都處在現代化（現代生產方式和生活方式）的過程中。這是因為以現代科技為基礎的世界經濟力量在迅速發展，它（如跨國公司等）不斷地在打破各種地域、國家、語言、宗教、文化、意識型態……的差異、限制和阻礙，而使世界走向一體化或國際化。所有人無分種族、國家、文化或其他都希望物質生活（衣、食、住、行）的提高和改善，現代化確能帶來這種改善，所以它成為不可抗拒的潮流而席捲世界。

　　六、有意思的是，百年前馬克思曾期望「全世界無產者聯合起來」，認為工人無祖國，應共同去實現 international 的社會主義。結果在馬克思主義旗幟下實現的卻是民族主義，甚至發展到

南（鐵托）蘇交惡、中蘇交惡、越柬戰爭、中越戰事等等。反而是在馬克思傾望的西歐，卻由發達的資產階級聯合了起來，打破地域、國家、政治、語言、宗教、文化上的種種分歧、差異和障礙，由經濟而政治，逐漸走上「共同體」的道路。儘管進程曲折而緩慢（如從整個文明史看倒應該說是很快），卻難以逆轉。因此，所謂「一體化」或 international（國際化），既不可能建立在武力征服和軍事侵略上（從古代的各種大帝國到現代的納粹、大東亞共榮圈等），也不可能建立在意識型態和政治吞併上（如所謂「無產階級的國際主義」和蘇聯的社會帝國主義等），而只能是經濟發展的自然走向。經濟的發展和利益將在世界範圍內逐漸消融民族主義。當然這並非一蹴可得，而是道路漫長久遠，其中還會有尖銳、複雜的反覆和爭鬥，如今天的美日矛盾、美歐貿易戰等等。但從歷史長河來看，這些畢竟只是些小波折。以現代科技為基礎與億萬人們日常生活直接相關的經濟力量有如大江東流，誰也阻擋不住的。

七、可見，民族主義仍具有歷史的性格。它大概起源或萌芽於種族、族群、族類相爭相戰的古代社會，發展、成熟於近代建立民族國家和反對帝國主義的過程中，而將逐漸消亡於後帝國主義的未來幾個世紀內。

八、最後，也是最重要的一點是，經濟力量推動的世界一體化的社會物質生活，迫切需要有各民族文化特色的多元化的精神生活來作必要的補充，否則這個世界便太單調太貧困了，成為完全被商品和科技統治著的異化的可怕世界。在物質生活、食衣住

行不再貧困之後，人們對精神生活的要求：豐富、多樣、文化多元化會日益增大和強烈。保持和發揚各民族的文化和特點，將成為今天和今後極為重要的工作。其中，如何對抗和消解由現代經濟和科技所帶來的文化損失和精神危害，便是關鍵環節之一。決不可能讓經濟和科技主宰和決定一切，教育學、人性和心理本體將成為未來的中心建設。

　　九、因之，我的結論是：提倡民族文化，反對民族主義。兩者不但可以並行不悖，而且應該相輔相成，這才是未來的健康社會。當然，這又是一個非常複雜艱難而有待仔細分析研究的課題，其中仍然充滿著矛盾和衝突，我這裡只是作為一個外行，說些簡單化了的意見而已。

　　　　　　　　　1992 年 12 月 24 日於 Seattle 機場，據在香
　　　　　　　　　港中文大學中國文化研究所主辦的「民族
　　　　　　　　　主義與現代中國國際學術研討會」的兩次
　　　　　　　　　發言整理增刪而成

　　　　　　　　　（原載：《明報月刊》1993 年 2 月號）

十九　四個「三言兩語」

（一）「統購統銷」關閉了市場經濟之路

我很注意金觀濤近幾年發表的大塊文章，因都是潛心研究之作，頗值一讀。當然見仁見智，也有一些不同意見。如「馬克思主義儒家化」、「中國烏托邦傳統」之評述，我便覺得似是而非，不能苟同。但總第 13 期的〈中國共產黨為什麼放棄新民主主義〉中好些看法則極為贊成，並認為是一篇很重要的文章。中共五〇年代以來之左傾，與當時如何處理對待社會現實問題的具體決策，當然直接相關。其中，「統購統銷」確為走上「社會主義道路」的重大關鍵。因為正是它開始從根本上關閉了市場經濟之路，我一直視它（而不是農業合作化或三大改造）為歷史的某種轉折點。正如不是毛逝世或四人幫垮臺而是林彪事件是思想史上的某種轉折點一樣。中外史家似多未重視這些關鍵環節。

金、劉文且具有方法上的意義，即不能僅以毛的個人思想來解說歷史。毛與中共其他領導人（如劉、周等）雖確有潛在的不同思想傾向，但在具體的政策決策上，最終並無原則的思想分歧，這一直包括到文革發動期。

不過，五〇年代以來中共領導層之所以採取或接受如此這般

的政策、決策，又仍與一、蘇聯社會主義樣板的存在；二、長期
戰爭中形成的革命觀念、傳統以及當時人們對「社會主義」的一
般認識和嚮往；三、毛個人思想的「發展」，三者直接有關。正是
此三者使中共從不自覺（如「統購統銷」）和自覺（與「統購統
銷」幾乎同時的「總路線」和隨後的三大改造）兩方面都「自自
然然地」放棄了新民主主義綱領。這在當時有其所謂「必然性」
的方面，卻正是歷史和思想史的真正悲劇所在。

（原載：《二十一世紀》總第 15 期）

（二）關於顧城事件

貴刊不理睬顧城事件，我非常欣賞。海內外一片惋嘆聲，實
在奇怪。顧殺人兇犯，死有餘辜，應予嚴屬譴責。用稟性奇詭、
精神失常、詩人氣質等等解釋，無異為之開脫，極不應該。人可
以自殺，但無權利殺人。詩人「天才」，也無特權。不以普通人自
居的矯情造作和自私自利，實在令人厭惡。顧詩亦小家子氣，偶
有佳句而已，何足道哉。值得惋嘆的是顧妻，真情一片，犧牲一
切，卻落得如此痛苦的死。

謹以此緊縮形式，冒天下之不韙，悼此冤魂，並以誌憤。

（原載：《二十一世紀》總第 21 期）

（三）思想家淡出，學問家凸顯

這期（《二十一世紀》總 22 期）內容豐富，提出好些問題。首先是關於當代藝術的討論，甚為重要。我以前公開說過，這個世紀好些所謂藝術品，遲早有一天要從博物館掃進垃圾堆；可惜中國人好些還在亦步亦趨地模仿不已；特別是在理論上，包括文學理論及批評等等，名曰新潮，實無出息。其次是為學衡翻案的文章，此乃勢所必至。八〇年代我讀過臺灣出版的沈雲僑有關學衡派的研究專著一種，持論近似，材料遠為翔實，願向有興趣的讀者推薦。九〇年代大陸學術時尚之一是思想家淡出，學問家凸顯，王國維、陳寅恪被抬上天，陳獨秀、胡適、魯迅則「退居二線」。這很有意思，顯現出某種思想史的意義，提示的或是人生價值、學術價值究竟何在及兩者的複雜關係等等問題。此外，本期劉再復、劉康，特別是陳來的文章都很好，頗值一讀。你要我寫反應，信筆數行如上。

（原載：《二十一世紀》總第 23 期）

（四）難道這一切都必然嗎？

大著（《開放中的變遷》金觀濤、劉青峰著，香港，1994 年）收到，尚未細讀。初讀印象是某些細部極好，但總的觀念，我不贊成。似乎剛從黑格爾式的「歷史詭計」的哲學必然性走出來，又被安排到貴「歷史意志」（第 434 頁）的「科學」必然性裡。從

而百餘年的中國史都成了結構互動（這「結構」等等既太簡單，又不很清楚）的「必經」（第 464 頁）產物，歷史實際上成了沒有人的結構決定史或「宏觀模式」（第 473 頁）史。我認為，政治、軍事、文化等事件有很大的偶然性，並非都能由「結構」決定或由「模式」解釋。例如，個人因素便不可忽視。沒有毛，就沒有文革；蔣不硬打內戰，不會有 1949 年的「新中國」。如果袁世凱不當皇帝，如果光緒更有才幹，如果慈禧早死或晚死……，歷史面貌也會不同，從而個人均有其歷史的責任，並非「不可避免」地一環扣一環演化到如此的今天。十五年前我曾提出「偶然」與「必然」是歷史學的中心範疇，主張要仔細分析每個歷史環節、事件這兩者的不同關係及比例。如籠統套在貴結構說的模式中，則一切都成為「必然」的宿命了，是這樣的嗎？我懷疑。

（未刊出）

 北京行

「為什麼回北京？」朋友問。

「為了取點書；第二，會會朋友，特別是女朋友們。」我半開玩笑似地回答。其實，也許還有更為重要的第三、第四。這「第三」是想探探水溫；這「第四」是想看看北京。

說也奇怪，在北京時討厭北京，離開後又老想它。記得有次從新加坡回去，走到西外大街，那擁擠的行人、那喧囂的氣氛，使我頓時感到親切和愉快：是到家了。也記得 1989 年 6 月 11 日，我到了廣州，香港友人勸我出走。猶豫了一陣，終於決定留下來並很快回了北京（儘管後來頗有些後悔）。理由很多，但其中不自覺的因素，恐怕仍與留戀北京不無關係，畢竟我在北京生活了四十年。

說也奇怪，前幾次離開北京遠比這次時間短，但回去走進自己的住室、書房時，總有一陣既熟悉又陌生的奇異的感覺。這次回去，當然也期待這種感覺。不知是什麼原因，它沒有出現：一切仍然是那麼熟悉，像才離開幾天似的。

對，好像一切都熟知如舊，一切都沒有什麼變化。北京的人還是那麼擁擠，北京的塵土還是那麼飛揚，還是那麼污濁的空氣……，特別是從地廣人稀、潔靜之極的瑞典回去後，更感覺如

此。

　　沒有變，但又仍有變化：賣食品賣衣服的小攤販更多了，特別是那叫作「麵的」（「麵包的士」的簡稱？）的黃色微型出租車，滿街都是，招手即停，惠而不費，十公里十元人民幣。我以前總說，衣食住行四大項，前三項北京一般算可以了，就是行路難，擠不上公共汽車。如今這問題似乎解決了，朋友們也如是說，我為之高興了很久。雖然它頗有礙景觀──這種醜陋之極的蝗蟲，成災似地遍地爬行，使空氣和氣氛更為污濁。但也的確方便了人們。

　　一年多來，是變了一些：更豐足的商品，更喧囂的鬧市，更高檔的時裝，更昂貴的飯館，也更闊綽的人群。理髮七元，我走時才八角；洗澡三元，走時才六毛。當然糧食、副食、衣服並沒漲這麼多，好些漲不到一倍，所以朋友們對物價似怨言不多。一位朋友告訴我，她一月賺六至七百元，夠花了，還可以負擔一個孩子。但我想，這不能上飯館。不過，不上飯館，還是可以吃到雞鴨魚肉，市場價格並不太貴。那麼，就讓那些有錢的、願受宰的上飯館好了。而且飯館也還有各種不同的等次，即使小攤販上的食品、飯菜，也並非完全不可以上口。我覺得這樣很好，並希望貧富不繼續過分拉大，多元的、可供選擇的、不同層位的消費生活，是條健康發展的道路。這樣才能使那些「君子固窮」的人們「固」得下來；否則，如真的連飯都吃不上，還能搞什麼學問？

　　不過，好些人仍然勸我：再在外面呆呆吧，國內沒什麼學問可做。當然，我知道，在國內，做學問遠不如跑買賣。不可能再

有什麼「文化熱」，持續的將是生意熱。這在我意料中，但我以為
這是好事。同時我也知道，即使如此，也還是有很多不「下海」、
不能「下海」、不願「下海」的人，仍在一本正經地做學問。而且
更年輕的一代學人在迅速成長，他們甩開政治，專攻學術，依然
勃勃雄心，意氣風發，他們也來找過我。看來，只要不去硬碰政
治，不講人權、民主，你讀薩特，講尼采，寫哈貝瑪斯，是不會
有人來干預了。前兩年批判我的那種左勢，真成了強弩之末，我
那些被批判的觀點、看法不仍然大有人在寫、在用、在「宣傳」
嗎？只是不能提我的名字罷了。這很可笑，但歷史和事實常常便
是荒誕奇怪的，特別是在現時代的中國。

　　當然，朋友們並不快樂：輿論仍然一律，政治和意識型態毫
無鬆動可言，要恢復到「六四」以前的寬鬆環境和寬鬆氣氛，還
極不容易，還得費很大的勁，甚至得走很長的路。這也在我意料
中，而且我估計暫時不會有變化。變化也只能很慢很慢地來，不
過我以為慢一些也無不可，只要不倒退就行，不倒退就是前進。
當然，那大變化遲早要來的，我仍然希望它逐漸地來，一步一步
地來；太急驟、太痛快、太戲劇化，可能反而不好。我的一個學
生今年在官家雜誌上發表了一篇講哲學對象是觀念和「觀念界」
的文章，離開馬列主義的哲學定義已經十萬八千里了，但談得深
奧之至，玄之又玄，於是照發不誤，誰也不管。這不很好麼？那
些被斥責為「腐朽、反動、沒落」的「現代西方資產階級」的文
化、學術、文藝作品又一本一本地、一批一批地在出版在發行，
這不也很好麼？

　　我這次的北京行，來去匆匆，總共不過二十多天。除再復等一兩位外，幾乎沒人事先知道，這使海內外的朋友都大吃一驚。既到了北京，我當然去了本單位，並見了所、院個別領導人物。寒暄之後，一位院領導人笑我這次回來是「閃電式」，並責怪我給《防左備忘錄》寫反左文章。我說，我贊成「不爭論」的原則，但「左派」先生們不是還在鍥而不捨地批判本人麼？如今年 4 月號的《中流》雜誌、5 月號的《真理的追求》雜誌等等，我當然有理由寫文章，並採取「閃電式」的方式回京「以防萬一」了。該領導人也是我的朋友，苦笑了一下後重申：歡迎回來並保證來去自由。

　　也的確好笑。我在北京時，看到同月（7 月）《真理的追求》雜誌，這期仍在大登批判我的文章。其中，批我如何如何之後說，他終於跑到美國去找民主去了，大有一去不返的諷刺在內。我看後，心中不免暗笑：難道北京永遠是你們的天下？今天我不又回來了麼？而且以後我還要回來的。北京的民主、中國的民主比美國的民主，畢竟對我更為重要。

1993 年 8 月 Colo-Springs

美學論集

李澤厚　著

作者提出以人類總體實踐的基礎的「自然的人化」，來解說美、美感及自然美的根源，不僅在當時耳目一新，而且影響至今。此觀點由作者獨創，為前人所未曾道，因頗具哲學深度，為愛好理論之青年學人所歡迎，而迄今大陸美學仍少有能逾此藩籬者。本書收集作者參與五〇年代美學論爭的全部論文，以及其他美學、中國古典文學等論著，呈現作者前期主要的美學思想。

我的哲學提綱

李澤厚　著

作者有意從內容到形式都步踵中國先賢後塵，以簡潔形式提出自己的哲學體系，即「天大，人也不小」，以一個世界為根本特徵的人類歷史本體論，創造以使用物質工具為基礎的工藝社會本體和以心理情感為人性指歸的文化心理本體。在全書結尾的〈哲學探尋錄〉中，作者概括地提出「人活著」、「人如何活」、「為什麼活」和「活得怎樣」，深刻點出了生活價值、人生意義諸基本問題。

中國古代思想史論

李澤厚　著

本書從剖析孔子仁學開始，論說了自先秦至明清的各種主要思潮、派別和人物。其中著重論證了中國的辯證法是「行動的」，而非「思辨的」。

秦漢時期的「天人感應」宇宙觀；莊子、禪宗對人生作形上追求的美學；宋明理學則作為道德形而上學而具有重要價值，以及在明清時期思想中「治人」與「治法」已出現分離，象徵著傳統中國的政教合一制度動搖，思潮逐漸向近代靠近。

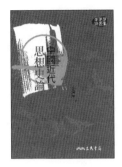

中國近代思想史論

李澤厚　著

本書收錄作者對近代中國自太平天國至辛亥革命時期各主要思潮和重要思想人物，如康有為、譚嗣同、嚴復、孫中山、章太炎、魯迅等的系統論述和細緻分析。首篇即從思想角度剖析太平天國為何「其興也勃，其亡也忽」，指出農民革命戰爭諸多規律性的現象，慨乎言之，深意存焉。其後數篇則詳盡分疏戊戌變法的維新思想和人物，於康有為大同思想和托古改制策略，評價甚高。此外，對嚴復在中國近代思想史的特殊地位、章太炎民粹主義的突出思想特徵、本世紀初知識分子由愛國轉而投身革命的心路歷程，以及梁啟超、王國維等人的獨特意義，都或詳或略予以點明和論述。

國家圖書館出版品預行編目資料

走我自己的路／李澤厚著.－－二版一刷.－－臺北
市：三民，2022
面；　公分.－－（李澤厚論著集）

ISBN 978-957-14-7344-4　（平裝）
1. 哲學 2. 美學 3. 文集

107　　　　　　　　　　　　　　110019262

【李澤厚論著集】

走我自己的路

作　　　者	李澤厚
發 行 人	劉振強
出 版 者	三民書局股份有限公司
地　　　址	臺北市復興北路 386 號 (復北門市) 臺北市重慶南路一段 61 號 (重南門市)
電　　　話	(02)25006600
網　　　址	三民網路書店 https://www.sanmin.com.tw
出版日期	初版一刷 1996 年 9 月 二版一刷 2022 年 3 月
書籍編號	S120990
I S B N	978-957-14-7344-4

三民書局

4/14-111